Os Desafios
Contemporâneos
à Ação Externa
da União Europeia

Os Desafios Contemporâneos à Ação Externa da União Europeia

(LIÇÕES DE DIREITO INTERNACIONAL PÚBLICO II)

2018

Ana Maria Guerra Martins
Professora Associada com Agregação
Faculdade de Direito da Universidade de Lisboa

OS DESAFIOS CONTEMPORÂNEOS À AÇÃO EXTERNA DA UNIÃO EUROPEIA
AUTOR
Ana Maria Guerra Martins
EDITOR
EDIÇÕES ALMEDINA, S.A.
Rua Fernandes Tomás, nos 76, 78 e 80
3000-167 Coimbra
Tel.: 239 851 904 · Fax: 239 851 901
www.almedina.net · editora@almedina.net
DESIGN DE CAPA
FBA.
PRÉ-IMPRESSÃO
EDIÇÕES ALMEDINA, S.A.
IMPRESSÃO E ACABAMENTO
ACD Print, S.A.

Setembro, 2018
DEPÓSITO LEGAL
445384/18

Os dados e as opiniões inseridos na presente publicação são da exclusiva responsabilidade do(s) seu(s) autor(es).
Toda a reprodução desta obra, por fotocópia ou outro qualquer processo, sem prévia autorização escrita do Editor, é ilícita e passível de procedimento judicial contra o infrator.

 GRUPOALMEDINA

Biblioteca Nacional de Portugal – Catalogação na Publicação

MARTINS, Ana Maria Guerra

Os desafios contemporâneos à ação externa
da União Europeia : (lições de direito internacional
público II). – (Manuais universitários)
ISBN 978-972-40-7610-2

CDU 341

A todos os alunos que, ao longo de quase 30 anos,
comigo algo aprenderam, agradeço o muito que me ensinaram

ÍNDICE

Nota Prévia.	17
Abreviaturas utilizadas.	21
Bibliografia recomendada	27
Bibliografia básica de direito internacional público	27
Bibliografia básica de direito da União Europeia.	28
Bibliografia específica sobre a ação da União Europeia na "cena internacional".	30
Bibliografia específica sobre os desafios contemporâneos à ação da União Europeia na "cena internacional".	31
Alguns sites úteis da internet.	32
Alguns blogs interessantes	32
Introdução.	33
1. Premissas de que se parte nesta obra	33
2. Metodologia	35
3. Plano da obra.	36

PARTE I
Enquadramento Geral da Ação Externa da União Europeia ... 41

Capítulo I
A subjetividade internacional da União Europeia ... 43
    1. Questão prévia: a personalidade jurídica internacional em geral ... 43

1.1. Definição de personalidade jurídica internacional 43
1.2. Breve referência aos sujeitos de direito internacional 44
2. A personalidade jurídica internacional da União Europeia 47
   2.1. Antecedentes: a personalidade jurídica internacional
       das Comunidades Europeias 47
   2.2. A criação da União Europeia e a problemática da sua
       personalidade jurídica internacional 48
       2.2.1. A ausência de personalidade jurídica expressa
            no Tratado de Maastricht. 48
       2.2.2. O impacto dos Tratados de Amesterdão e de Nice
            na personalidade jurídica internacional da União. 49
       2.2.3. A atribuição de personalidade jurídica expressa
            à União Europeia pelo Tratado de Lisboa 51

Capítulo II
A influência recíproca do direito internacional e do direito da União 57
3. A influência do direito internacional no direito da União Europeia . . . 57
   3.1. A vinculação da União Europeia às normas e princípios
       de direito internacional geral ou comum 58
   3.2. A vinculação da União às decisões das organizações internacionais
       – o caso especial das resoluções do Conselho de Segurança
       das Nações Unidas 69
4. A influência da União Europeia e do seu Direito no desenvolvimento
   do direito internacional 81
   4.1. Fontes de direito internacional 81
   4.2. Os sujeitos de direito internacional. 82
       4.2.1. O reconhecimento de Estados 82
       4.2.2. O direito à autodeterminação 83
       4.2.3. A prática da CE e da União nas organizações internacionais . . 84
   4.3. Responsabilidade, solução de conflitos e execução
       do direito internacional 89
       4.3.1. O contributo da União para o projeto da Comissão
            de Direito Internacional sobre responsabilidade
            das organizações internacionais. 89
       4.3.2. O contributo da União para a solução de controvérsias 89
       4.3.3. O contributo da União para a execução do direito
            internacional. 90
   4.4. A contribuição da União em áreas específicas
       do direito internacional 90

Capítulo III
Os valores, os princípios, os objetivos e os interesses da União
"na cena internacional" 93
5. A base axiológica da "ação da União na cena internacional" 93
   5.1. Os valores e os princípios da "ação da União na cena
      internacional". 94
      5.1.1. A democracia 95
      5.1.2. O Estado de direito 99
      5.1.3. A universalidade e a indivisibilidade dos direitos humanos
           e das liberdades fundamentais 101
      5.1.4. O respeito da dignidade humana 104
      5.1.5. Os princípios da igualdade e da solidariedade 107
      5.1.6. O respeito dos princípios da Carta das Nações Unidas
           e do direito internacional 109
6. Os objetivos e interesses da União "na cena internacional" 110
   6.1. Desenvolvimento de relações e constituição de parcerias com
      terceiros Estados e com organizações internacionais que partilhem
      os princípios enunciados no artigo 21.º, n.º 1, par. 1.º TUE 110
   6.2. Definição e prossecução de políticas comuns e ações e diligências
      no sentido de assegurar um elevado grau de cooperação
      em todos os domínios das relações internacionais 112

Capítulo IV
A coerência e a consistência da ação externa da União Europeia 115
7. A coerência e a consistência da ação externa da União antes
   do Tratado de Lisboa 115
8. A coerência e a consistência da ação externa da União após
   o Tratado de Lisboa. 119
   8.1. Definição e redefinição de coerência e consistência 119
   8.2. A coerência ao nível horizontal e o princípio de respeito
      e não interferência mútuos. 120
   8.3. A coerência ao nível vertical e o dever de cooperação leal
      dos Estados-Membros. 121

PARTE II
Os Direitos da União Europeia como Sujeito de Direito Internacional. ... 125

Capítulo V
O direito de celebração de convenções internacionais. 127
   9. Indicação de sequência. 127

10. Questão prévia: a aplicação do princípio da atribuição
às competências externas da União Europeia 128
11. A génese e a evolução da repartição de atribuições entre
a União e os seus Estados-Membros em matéria de celebração
de convenções internacionais 131
   11.1. Das origens até ao Ato Único Europeu 131
   11.2. Do Tratado de Maastricht ao Tratado de Nice 133
      11.2.1. O Tratado de Maastricht 133
      11.2.2. O Tratado de Amesterdão 136
      11.2.3. O Tratado de Nice 137
   11.3. As atribuições implícitas da União "reveladas" pela
jurisprudência do TJUE no domínio da celebração
de convenções internacionais 141
12. A repartição de atribuições externas entre a União
e os Estados-Membros após o Tratado de Lisboa 151
   12.1. Os antecedentes do Tratado de Lisboa 151
      12.1.1. O TECE. 151
      12.1.2. O mandato da CIG 2007 155
   12.2. As categorias de atribuições após o Tratado de Lisboa 156
      12.2.1. As atribuições externas exclusivas 159
      12.2.2. As atribuições externas não exclusivas da União 171
   12.3. As atribuições explícitas e implícitas da União
para celebrar tratados internacionais 174
      12.3.1. As atribuições externas expressamente previstas
nos Tratados. 175
         12.3.1.1. As atribuições externas provenientes de normas genéricas
– remissão. 175
         12.3.1.2. Atribuições externas provenientes de normas
específicas 175
         12.3.1.3. Acordos resultantes das políticas e ações internas
que incluem aspetos externos 186
      12.3.2. As atribuições externas implicitamente previstas
nos Tratados. 187
13. Os tipos de acordos internacionais celebrados
pela União Europeia 188
   13.1. Acordos no domínio da política comercial comum, em especial,
no âmbito da OMC 189
   13.2. Acordos de cooperação no âmbito da política de apoio
ao desenvolvimento. 197

13.2.1. Acordos com os Estados ACP: as convenções de Yaoundé,
Lomé e Cotonou 197
13.2.2. Acordos no âmbito da política europeia de vizinhança 199
13.2.2.1. Acordos no âmbito da cooperação euro-mediterrânea . . . 200
13.2.2.2. Acordos de parceria e cooperação com a Rússia,
a Ucrânia e outros Estados da ex-URSS 203
13.3 Acordos de associação 207
13.3.1. A base jurídica dos acordos de associação 207
13.3.2. A função dos acordos de associação. 207
13.3.3. Os principais acordos de associação. 208
13.4 Acordos mistos. 211
13.4.1. Noção de acordo misto 211
13.4.2. As razões da celebração de acordos mistos 212
13.4.3. Os principais problemas que levantam os acordos mistos . . . 214
13.4.4. Diminuição da relevância dos acordos mistos após
o Tratado de Lisboa? 217
14. O procedimento de conclusão das convenções internacionais 218
14.1. O procedimento comum de celebração de convenções
internacionais 219
14.2. Os procedimentos especiais. 222
14.2.1. Os acordos no âmbito da política comercial comum 222
14.2.2. Os acordos no âmbito da política monetária e cambial 223
14.2.3. Os acordos concluídos no âmbito da PESC 224
14.2.4. O acordo de adesão da União à CEDH. 225
15. Os efeitos das convenções internacionais nas ordens jurídicas
da União e dos Estados-Membros 229
15.1. Questões relevantes. 229
15.2. O efeito direto das convenções internacionais e dos atos adotados
em sua aplicação na Jurisprudência do TJ 230
15.2.1. A negação do efeito direto 231
15.2.2. A aceitação do efeito direto 236
15.3. Os efeitos indiretos das convenções internacionais. 243
15.4. O primado das convenções internacionais sobre o direito
derivado da União Europeia 246
15.5. O caso especial dos acordos concluídos pelos Estados-Membros
antes da entrada em vigor do TCEE ou antes da sua adesão 248
15.6. A interação entre o direito internacional, o direito da União
Europeia e os direitos nacionais 251
16. O controlo judicial das convenções internacionais. 252

16.1. O controlo preventivo dos acordos internacionais. 253
　　　　16.1.1. Objetivo do pedido de parecer 253
　　　　16.1.2. A noção de acordo 254
　　　　16.1.3. Legitimidade 254
　　　　16.1.4. A extensão da jurisdição do TJ 254
　　　　16.1.5. Limites temporais 255
　　　　16.1.6. Consequências do parecer 257
　　16.2. O controlo sucessivo dos acordos internacionais 258
　　　　16.2.1. O processo das questões prejudiciais de validade
　　　　　　　　e interpretação 258
　　　　16.2.2. O recurso de anulação 260
　　　　16.2.3. O processo por incumprimento 265
　　　　16.2.4. A ação de responsabilidade extracontratual. 265
　　　　16.2.5. As dificuldades do controlo sucessivo 265

Capítulo VI
Os outros direitos da União Europeia inerentes
à sua subjetividade internacional 271
　17. O direito de participação em organizações internacionais 271
　　17.1. Bases jurídicas 272
　　17.2. A cooperação útil e as ligações oportunas. 273
　　17.3. A participação da União em organizações internacionais 274
　18. O direito de legação 275
　　18.1. O direito de legação ativo e passivo da União Europeia 275
　　18.2. O Serviço Europeu para a Ação Externa 277
　19. O direito de participação da União no sistema internacional
　　　de controvérsias 281
　　19.1. Enquadramento geral da questão. 281
　　19.2. As dificuldades que a União enfrenta no sistema internacional
　　　　　de controvérsias. 282
　　19.3. O contributo da União para o sistema internacional
　　　　　de controvérsias. 285
　20. A responsabilidade internacional da União Europeia. 286
　　20.1. A responsabilidade internacional das organizações
　　　　　internacionais em geral 286
　　20.2. As dificuldades que a União enfrenta no domínio
　　　　　da responsabilidade internacional 288

PARTE III
A União Europeia, a Segurança e a Defesa   293

Capítulo VII
A Política Externa e de Segurança Comum   295
21. Das origens da Política Externa e de Segurança Comum até
    ao Tratado de Lisboa   295
    21.1. Enquadramento do problema   295
    21.2. Os antecedentes remotos da PESC   296
    21.3. A PESC no Tratado de Maastricht   300
    21.4. Os desenvolvimentos da PESC nos Tratados de Amesterdão
          e Nice   302
          21.4.1. O Tratado de Amesterdão   302
          21.4.2. O Tratado de Nice e as inovações posteriores   305
    21.5. O quadro institucional da PESC antes do Tratado de Lisboa   306
    21.6. O financiamento da PESC antes do Tratado de Lisboa   308
    21.7. Primeiro balanço   308
22. Os antecedentes próximos do Tratado de Lisboa   309
    22.1. O Tratado que estabelece uma Constituição para a Europa   309
    22.2. Idem: o mandato da CIG 2007 no domínio da ação externa
          da União   318
23. A PESC no Tratado de Lisboa   320
    23.1. A remodelação total da PESC   320
    23.2. A aplicação das disposições gerais relativas à ação externa
          à PESC   321
          23.2.1. Os objetivos, os princípios, os valores e os interesses
                  da União   321
          23.2.2. Dificuldades de articulação entre a PESC e a restante
                  ação externa   322
    23.3. As disposições específicas relativas à PESC   323
          23.3.1. O âmbito da PESC   323
          23.3.2. Os procedimentos específicos   323
    23.4. O quadro institucional da PESC   327
    23.5. O papel dos Estados-Membros no âmbito da PESC   329
    23.6. Os instrumentos jurídicos de atuação da PESC   330
    23.7. O procedimento de decisão no âmbito da PESC   332
    23.8. O controlo jurisdicional da PESC pelos Tribunais da União   334
    23.9. O financiamento da PESC e da PCSD   338

Capítulo VIII
A Política Comum de Segurança e Defesa 341
  24. A evolução da Política Comum de Segurança e Defesa até ao
      Tratado de Lisboa 341
    24.1. As principais dificuldades de afirmação da política europeia
        de segurança e defesa 341
    24.2. Os primeiros avanços no domínio da política europeia de defesa
        e segurança 342
    24.3. A estrutura política e militar criada até ao Tratado de Lisboa . . . 349
  25. A PCSD após o Tratado de Lisboa 351
    25.1. Antecedentes próximos do Tratado de Lisboa 351
    25.2. O objetivo do Tratado de Lisboa no domínio da PCSD 353
    25.3. O âmbito da PCSD 354
    25.4. A atualização e alargamento das missões de Petersberg,
        incluindo a luta contra o terrorismo 354
    25.5. A cláusula de assistência mútua no domínio militar 355
    25.6. A "cláusula de solidariedade" no domínio não militar 356
    25.7. A "cooperação estruturada permanente" entre alguns
        Estados-Membros 357
    25.8. A Agência Europeia de Defesa e o fundo de lançamento 364
    25.9. O papel dos Estados-Membros no domínio da PCSD 365

Capítulo IX
A atuação da União no âmbito da PESC e da PCSD 367
  26. As ações da União no âmbito da PESC e da PCSD 367
    26.1. As missões e operações civis e militares 367
    26.2. As medidas preventivas e restritivas 369
    26.3. Medidas positivas 371
  27. Síntese conclusiva sobre a atuação da UE no âmbito da PESC
      e da PCSD 372

PARTE IV
Os desafios atuais à ação externa da União Europeia 375

Capítulo X
O cidadão como primeira prioridade da ação externa
da União Europeia 377
  28. Manifestações recentes da relevância do cidadão
      e da pessoa humana 377

29. A promoção e defesa da democracia, do Estado de direito
   e dos direitos humanos no âmbito das relações externas da União... 379
   29.1. Das origens ao Tratado de Lisboa 379
   29.2. O Quadro Estratégico e o Plano de Ação para os Direitos
      Humanos e para a Democracia 380
   29.3. A implementação das diretrizes relativas à promoção e defesa
      da democracia, do Estado de direito e dos direitos humanos.... 383
   29.4. Apreciação crítica 387
30. A Estratégia Global para a Política Externa e de Segurança
   da União Europeia 388
   30.1. O conteúdo da Estratégia Global 389
   30.2. Apreciação crítica da Estratégia Global 395
   30.3. A implementação da Estratégia Global 396
31. Os desafios do ciberespaço à segurança e defesa
   da União Europeia...................................... 398
   31.1. A (in)definição do ciberespaço, cibersegurança e ciberdefesa ... 398
   31.2. A União Europeia e o ciberespaço 399
   31.3. As ameaças híbridas 407

Capítulo XI
A dimensão externa do espaço de liberdade, segurança e justiça 411
   32. A passagem da dimensão interna à dimensão externa do ELSJ 411
   33. A resposta (ou falta dela) da União Europeia à recente
      crise migratória 414
   34. A luta contra o terrorismo na União Europeia................ 416
      34.1. Enquadramento do problema 416
      34.2. Definição de terrorismo......................... 416
      34.3. A estratégia de luta contra o terrorismo da União Europeia 417
      34.4. Cooperação com parceiros internacionais............. 420
      34.5. A resposta à radicalização dos europeus 420
      34.6. O reforço da segurança interna da União Europeia 421
      34.7. Síntese conclusiva.............................. 425

Capítulo XII
O impacto do *Brexit* na política externa, de segurança
e de defesa da União Europeia................................ 427
   35. Enquadramento jurídico-político da saída de um Estado-Membro
      da União Europeia.................................. 427
      35.1. A discussão acerca da retirada de um Estado-Membro
         das Comunidades Europeias antes do Tratado de Lisboa 428

35.2. O processo de retirada previsto no artigo 50.º no TUE 429
    35.2.1. Antecedentes 429
    35.2.2. Artigo 50.º, n.º 1, TUE – a retirada do Estado-Membro
        de acordo com as suas regras constitucionais 430
    35.2.3. Artigo 50.º, n.º 2, TUE – a notificação da intenção de se retirar
        e o acordo que estabelece as condições de saída 433
    35.2.4. Artigo 50.º, n.º 3, TUE – o prazo de celebração do acordo
        de retirada e a sua prorrogação 437
    35.2.5. Idem: as consequências da entrada em vigor do acordo
        de retirada. 438
    35.2.6. Artigo 50.º, n.º 4, TUE 439
36. A saída do Reino Unido da União Europeia – o *Brexit* 439
    36.1. Antecedentes jurídico-políticos do *Brexit*. 439
        36.1.1. A promessa e a realização do referendo 439
        36.1.2. O referendo – resultados e consequências
            jurídico- políticas 441
    36.2. As negociações do acordo de saída 443
        36.2.1. Os obstáculos constitucionais do lado Reino Unido 443
        36.2.2. Os limites impostos pela União Europeia às negociações . . . 445
    36.3. O futuro acordo das relações da União Europeia com
        o Reino Unido – modelos possíveis 446
37. As eventuais consequências do Brexit na política externa,
    de segurança e de defesa da União Europeia 447
    37.1. Enquadramento 447
    37.2. O impacto do *Brexit* na política comercial 448
    37.3. O impacto do *Brexit* no espaço de liberdade, segurança e justiça,
        em especial na segurança interna 450
    37.4. O impacto do *Brexit* na política de segurança e defesa 453
        37.4.1. O peso do Reino Unido na segurança e defesa 453
        37.4.2. Os desafios para a União e para o Reino Unido decorrentes
            do *Brexit* 454
        37.4.3. Os efeitos internos do Brexit com repercussões
            internacionais 458
    37.5. E se o *Brexit* fosse um catalisador de novas oportunidades? 459

Índice Ideográfico 461

NOTA PRÉVIA

O presente livro, intitulado *Os Desafios Contemporâneos à Ação Externa da União Europeia – Lições de Direito Internacional Público II*, surge na sequência do *Relatório* que apresentámos, em Agosto de 2010, *para efeitos da admissão à prestação de provas de agregação no Grupo de Ciências Jurídico-Políticas da Faculdade de Direito da Universidade de Lisboa*, no qual defendemos que, sendo o conteúdo da unidade curricular *Direito Internacional Público II*, do 1.º ciclo de estudos, indeterminado, um dos temas que nela se poderia ensinar seria a *"Ação da União na cena internacional"*, tal como é apelidada pelo Tratado de Lisboa.

Sustentámos então igualmente que faria todo o sentido aprofundar o estudo daquela temática na unidade curricular de direito internacional público quer dos cursos de mestrado quer de doutoramento.

Importa, contudo, desde já, esclarecer que a atual publicação apenas se inspira no referido Relatório, não tendo aproveitado dele praticamente mais nada, dado que a evolução desta matéria, nos últimos anos, impôs a reformulação do programa e o aditamento de novos conteúdos.

Aliás, o nosso interesse pela ação externa da União Europeia não é recente. Há mais de uma década – no ano letivo 2006/2007 – tivemos oportunidade de ensinar, no Instituto de Estudos Europeus da Universidade Católica Portuguesa, uma disciplina denominada *Direito Internacional e Direito da União Europeia*, no curso de doutoramento. Desde então tem-nos acompanhado a ideia de escrever sobre o assunto com algum desenvolvimento – o que até agora não tínhamos conseguido.

A oportunidade surgiu, no ano letivo 2017/2018, com a atribuição pelo Conselho Científico da Faculdade de Direito da Universidade de Lisboa da regência de direito internacional público II, do curso de licenciatura, e da unidade curricular de direito internacional público nos cursos de mestrado e doutoramento.

Estas lições destinam-se, pois, em primeiro lugar, aos alunos e têm como objetivo permitir-lhes um melhor acompanhamento das aulas, mas, tendo em conta os desafios que a Europa e a sua política externa, de segurança e defesa enfrentam atualmente, elas têm igualmente como destinatários todos aqueles que procuram elementos de reflexão sobre estes temas.

Na verdade, num Mundo globalizado – como é o atual – a atuação isolada dos Estados europeus na comunidade internacional não terá qualquer impacto e será, por certo, votada ao insucesso, dada a falta de capacidade de negociação frente a grandes potentados económicos em emergência, geográfica e demograficamente incomensuráveis, como é o caso da China ou da Índia. Os Estados-Membros dependem, portanto, da União para se afirmarem no plano internacional.

Ora, nos últimos anos, a União Europeia tem-se tornado um sujeito de direito internacional, de grande relevo e de uma enorme complexidade, como o demonstra a quantidade de obras coletivas[1] e de monografias[2] que, nos finais do século passado – e já neste século – têm vindo a ser publicadas.

---

[1] Ver, a título de exemplo, Jan Wouters / André Nolkaemper / Erika de Wet (ed.), *The Europeanisation of International Law*, Haia, TMC Asser Press, 2008; Marise Cremosa, *Developments in EU External Relations Law*, Oxford, Oxford Univ. Press, 2008; Marise Cremona / Bruno de Witte (ed.), *EU Foreign Relations Law – Constitutional Fundamentals*, Oxford, Hart, 2008; Alan Dashwood / Marc Maresceau, *Law and Practice of EU External Relations*, Cambridge, Cambridge Univ. Press, 2008; Christopher Hill / Michael Smith (eds.), *International Relations and the European Union*, Oxford, Oxford University Press, 2005; Karen E. Smith, *European Union Foreign Policy in a Changing World*, 2.ª ed., Cambridge, Polity Press, 2008 (reimpressão de 2010); Enzo Cannizzaro (ed.), *The European Union as an Actor in International Relations*, Haia, Kluwer, 2002; Vincent Kronenberger (ed.), *The European Union and the International Legal Order: Discord or Harmony?*, Haia, TMC Asser Press, 2001.

[2] Ver, a título de exemplo, Panos Koutrakos, *EU International Relations Law*, 2.ª ed., Oxford, Hart, 2015; Maria José Rangel de Mesquita, *A atuação externa da União Europeia depois do Tratado de Lisboa*, Coimbra, 2011; Piet Eeckhout, *External Relations of the European Union – Legal and Constitutional Foundations*, 2.ª ed., Oxford, Oxford University Press, 2012; Geert De Baere, *Constitutional Principles of EU External Relations*, Oxford, Oxford University Press, 2008; Christine Kaddous, *Le droit des relations extérieures dans la jurisprudence de la Cour de justice des Communautés européennes*, Basileia, Helbing & Lichtenhahn / Bruylant, 1998.

A saída do Reino Unido da União – o chamado *Brexit* –, a ameaça do terrorismo, os constantes ataques ao ciberespaço, incluindo a cibersegurança e a ciberdefesa, as ameaças híbridas e a crise migratória são apenas alguns exemplos dos principais desafios que a União Europeia enfrenta quer no plano interno quer no plano internacional.

A sobrevivência da Europa, a médio e a longo prazo, como potência mundial, depende da resposta que vier a dar a estes desafios, pois são eles que vão condicionar a vida dos cidadãos nos próximos anos. Daí que a promoção e a proteção da democracia, do Estado de direito e dos direitos humanos assuma uma importância fundamental na ação externa da União Europeia.

É esta, aliás, a opinião da Alta Representante da União para a Ação Externa e Política de Segurança – *Federica Mogherini* – que, em junho de 2016, apresentou um documento intitulado *Estratégia global para a política externa e de segurança da União Europeia – visão partilhada, ação comum: uma Europa mais forte*[3], o qual tem vindo a ser alvo de reflexão e já deu alguns resultados concretos, como veremos ao longo deste livro.

Se é certo que o Tratado de Lisboa procurou dotar a União de novas e melhores ferramentas para superar os novos desafios, é igualmente certo que é necessário avaliar se esse objetivo foi alcançado. Aliás, o interesse da doutrina pelas modificações introduzidas pelo Tratado de Lisboa e pela evolução subsequente, no domínio que nos ocupa, é bem revelador da sua relevância[4].

Tendo em conta que este livro tem em vista preparar os estudantes para as exigências do Mundo globalizado, interdependente e interativo hodierno que, do ponto de vista profissional, os advogados, os magistrados, os diplomatas e outros profissionais do Direito, obrigatoriamente, enfrentam, ele interessa

---

[3] Disponível em https://europa.eu/globalstrategy/sites/globalstrategy/files/eugs_pt_version.pdf

[4] Cfr., entre outros, CHRISTINE KADDOUS, "Role and Position of the High representative of the Union for Foreign Affairs and Security Policy under the Lisbon Treaty" *in* STEFAN GRILLER / JACQUES ZILLER, *The Lisbon Treaty, EU Constitutionalism without a Constitutional Treaty?*, Viena, Springer, 2008, p. 205 e segs; PERRINE OROSCO / JULIEN CATS, "Le Traité de Lisbonne: Un tournant pour l'Europe de la défense?", *RMCUE*, 2008, p. 420 e segs; ANDREA OTT, "Depillarisation: the Entrance of Intergovernmentalism through the Backdoor?", *MJ*, 2008, p. 35 e segs; JAN WOUTERS/ DOMINIC COPPENS / BART DE MEESTER, "The European Union's External Relations after the Lisbon Treaty", *in* STEFAN GRILLER / JACQUES ZILLER, *The Lisbon Treaty...*, p. 143 e segs.

não só às profissões forenses, como a advocacia e a magistratura, mas também a quem pretende enveredar por uma carreira internacional, tanto do lado da União Europeia como do lado das organizações internacionais com que a União se relaciona, e ainda à diplomacia.

Escrito num estilo propositadamente simples, de modo a torná-lo acessível a quem, pela primeira vez, se aventura nas imbricadas questões da atuação externa da União Europeia, o livro procura igualmente fornecer pistas e elementos de reflexão a quem quiser ir mais longe, desde logo, através da bibliografia e da jurisprudência citadas em texto e nas notas de rodapé.

Lisboa, abril de 2018

A Autora

ABREVIATURAS UTILIZADAS

AAVV	*Autores vários*
Ac.	*Acórdão*
ACP	*África, Caraíbas e Pacífico*
AED	*Agência Europeia de Defesa*
AGNU	*Assembleia Geral das Nações Unidas*
APS	*Acordos de Parceria e Cooperação*
AUE	*Ato Único Europeu*
BCE	*Banco Central Europeu*
BEI	*Banco Europeu de Investimentos*
BEUR	*Boletín europeo de la Universidad de La Rioja*
BFDUC	*Boletim da Faculdade de Direito da Universidade de Coimbra*
BM	*Banco Mundial*
Bol. CE	*Boletim das Comunidades Europeias*
Bul. CE	*Bulletin des Communautés Européennes*
CambridgeYELS	*Cambridge Yearbook of European Legal Studies*
CDE	*Cahiers de Droit Européen*
CDFUE	*Carta dos Direitos Fundamentais da União Europeia*
CE	*Comunidade Europeia*
CECA	*Comunidade Europeia do Carvão e do Aço*
CED	*Comunidade Europeia de Defesa*
CEDH	*Convenção Europeia dos Direitos do Homem*
CEE	*Comunidade Económica Europeia*
CEEA	*Comunidade Europeia da Energia Atómica*
CIG	*Conferência Intergovernamental*

CJAI	Cooperação Judiciária e em matéria de Assuntos Internos
CMLR	Common Market Law Review
Col.	Coletânea de Jurisprudência do Tribunal de Justiça e do Tribunal de Primeira Instância
Colum. J. Eur. L.	The Columbia Journal of European Law
Columb. J. Transnat'l L.	Columbia Journal of Transnational Law
ComPE	Comunidade Política Europeia
cons.	Considerando
Cornell Int' L. R.	Cornell International Law Review
CPE	Cooperação Política Europeia
CPJP	Cooperação Policial e Judiciária Penal
CRP	Constituição da República Portuguesa
CSE	Carta Social Europeia
CVDT	Convenção de Viena sobre Direito dos Tratados de 1969
CYELP	Croatian Yearbook of European Law and Policy
Dir.	O Direito
Dir. Pub.	Diritto Pubblico
Dir. Pubb. Comp. Eur.	Diritto Pubblico Comparato Europeo
Dir. Un. Eur.	Il Dirittto dell'Unione Europea
DJAP	Dicionário Jurídico da Administração Pública
DS	Droit Social
ECL	European Current Law
EEE	Espaço Económico Europeu
EFARev.	European Foreign Affairs Review
EFTA	European Free Trade Association (Associação Europeia de Comércio Livre)
EHRLR	European Human Rights Law Review
EJIL	The European Journal of International Law
ELJ	European Law Journal
ELR	European Law Review
ELSJ	Espaço de Liberdade, Segurança e Justiça
EPL	European Public Law
ERPL / REDP	European Review of Public Law / Revue Européenne de Droit Public
EuConst	European Constitutional Law Review

EuR	*Europarecht*
EuZW	*Europäische Zeitschrift für Wirtschaftsrecht*
EWS	*Europäisches Wirtschafts & Steuerrecht*
FAO	*Organização das Nações Unidas para a Alimentação e Agricultura*
FED	*Fundo Europeu de Defesa*
FMI	*Fundo Monetário Internacional*
Fordham Int'l L. J.	*Fordham International Law Journal*
Fordham L. Rev.	*Fordham Law Review*
GAAT	*Acordo Geral sobre Tarifas e Comércio*
GATS	*Acordo Geral de Comércio de Serviços*
GJ	*Gaceta juridica de la CE y de la competencia*
GLJ	*German Law Journal*
GYIL	*German Yearbook of International Law*
Harv. Int'l L.J.	*Harvard International Law Journal*
Harv. J. L. & Pub.Pol'y	*Harvard Journal of Law and Public Policy*
HRQ	*Human Rights Quartely*
HLR	*Harvard Law Review*
HRLJ	*Human Rights Law Journal*
ICLQ	*International and Comparative Law Quartely*
IJEL	*Irish Journal of European Law*
Int.	*Integration*
Int. J. Const. Law	*International Journal of Constitutional Law*
Int'l Org. L. Rev.	*International Organizations Law Review*
JCMS	*Journal of Common Market Studies*
JOCE	*Jornal oficial das Comunidades Europeias/Journal officiel des Communautés européennes*
JOUE	*Jornal Oficial da União Europeia*
LIEI	*Legal Issues of European Intergration*
MERCOSUL	*Mercado do Cone Sul*
MJ	*Maastricht Journal of Comparative and International Law*
MNE	*Ministro dos Negócios Estrangeiros*
NAFTA	*North American Free Trade Association*
NATO	*Organização do Tratado do Atlântico Norte*
Neg. Estr.	*Negócios Estrangeiros*

NILQ	Northern Ireland Legal Quartelly
NJ	Neue Justiz
NJW	Neue Juristische Wochenschrift
Nord. J. Int'l L.	Nordic Journal of International Law
NYIL	Netherlands Yearbook of International Law
OCDE	Organização de Cooperação e Desenvolvimento Económico
OECE	Organização Económica de Cooperação Europeia
OIT	Organização Internacional do Trabalho
OMC	Organização Mundial de Comércio
ONU	Organização das Nações Unidas
OSCE	Organização de Segurança e Cooperação Europeia
PE	Parlamento Europeu
PECO's	Países da Europa Central e Oriental
PEV	Política Europeia de Vizinhança
PESC	Política Externa e de Segurança Comum
PL	Public Law
PSDC	Política de Segurança e Defesa Comum
Quad. Cost.	Quaderni Costituzionali
RAE	Revue des Affaires Européennes
RB	Revista da Banca
RCADI	Recueil des Cours de l'Académie de Droit International
RDES	Revista de Direito e Estudos Sociais
RDI	Revue de Droit International
RDP	Revue de Droit Public et de la Science Politique en France et à l'Étranger
RDUE	Revue de Droit de l'Union européenne
Rec.	Recueil de Jurisprudence de la Cour de Justice des Communautés Europénnes
REDC	Revista Española de Derecho Constitucional
REDI	Revista Española de Derecho Internacional
Rev. Der. Com. Eur.	Revista de Derecho Comunitário Europeo
Rev. Inst. Eur.	Revista de Instituciones Europeas
Rev. Int. Eur.	Revue d'intégration européenne
RFDA	Revue Française de Droit Administratif
RFDUL	Revista da Faculdade de Direito da Universidade de Lisboa

RGDIP	Revue Générale de Droit International Public
Riv. Dir. Eur.	Rivista di Diritto Europeo
Riv. Ital. Dir. Pub. Com.	Revista Italiana di Diritto Pubblico Comunitario
Riv. Trim. Dir. Pubb.	Rivista Trimestriale di Diritto Pubblico
RMC	Revue du Marché Commun
RMCUE	Revue du Marché Commun et de l'Union Européenne
RMUE	Revue du Marché Unique Européen
RTDE	Revue Trimestrielle de Droit européen
RTDH	Revue Trimestrielle des Droits de l'homme
RUDH	Revue universelle des droits de l'homme
Santa Clara J. Int'l Law	Santa Clara Journal on International Law
SDN	Sociedade das Nações
SEAE	Serviço Europeu para a Ação Externa
SEBC	Sistema Europeu de Bancos Centrais
St. Dipl.	Studia Diplomatica
TCE	Tratado institutivo da Comunidade Europeia
TCECA	Tratado institutivo da Comunidade Europeia do Carvão e do Aço
TCEE	Tratado institutivo da Comunidade Económica Europeia
TCEEA	Tratado institutivo da Comunidade Europeia da Energia Atómica
TECE	Tratado que estabelece uma Constituição para a Europa
TEDH	Tribunal Europeu dos Direitos do Homem
TFUE	Tratado sobre o Funcionamento da União Europeia
TG	Tribunal Geral
TIJ	Tribunal Internacional de Justiça
TJ	Tribunal de Justiça
TL	Tratado de Lisboa
TPI	Tribunal de Primeira Instância
TPJI	Tribunal Permanente de Justiça Internacional
TRIPS	Acordo sobre os aspetos dos direitos de propriedade intelectual relacionados com o comércio
TUE	Tratado da União Europeia
UEM	União Económica e Monetária

UEO	*União da Europa Ocidental*
UJIEL	*Utresh Journal of International and European Law*
Vol.	*Volume*
YEL	*Yearbook of European Law*
ZaöRV	*Zeitschrift für ausländisches öffentliches Recht und Völkerrecht*

BIBLIOGRAFIA RECOMENDADA

Somos de opinião que um professor universitário tem o dever de indicar uma lista de bibliografia básica de todas as unidades curriculares que leciona.

Ora, é precisamente esse dever que pretendemos cumprir com a apresentação de uma lista de bibliografia recomendada, a qual não pretende ser exaustiva nem limitativa, norteando-se por critérios de atualidade, de profundidade, de clareza, de diversidade, designadamente linguística, e de maior facilidade de acesso aos textos.

Tendo em conta que os conteúdos deste livro pressupõem conhecimentos básicos de direito internacional público e de direito da União Europeia, começaremos por algumas obras gerais que abarcam toda a matéria usualmente lecionada nessas unidades curriculares.

A bibliografia específica será indicada em nota de rodapé, ao longo da obra, assim como a jurisprudência e documentos das instituições, órgãos e agências da União.

Bibliografia básica de direito internacional público

Em português

Almeida Ribeiro, Manuel / Pereira Coutinho, Francisco – *Jurisprudência resumida do Tribunal Internacional de Justiça*, Lisboa, D. Quixote, 2016.

Bacelar Gouveia, Jorge – *Manual de Direito Internacional*, vol. I, Coimbra, Almedina, 2014.

Correia Baptista, Eduardo – *Direito Internacional Público – Conceito e fontes*, vol. I, Lisboa, Lex, 1998 e vol. II – *Sujeitos e responsabilidade*, Lisboa, Almedina, 2004.
Gonçalves Pereira, André / De Quadros, Fausto – *Manual de Direito Internacional Público*, 3.ª ed., Coimbra, Almedina, 1993.
Machado, Jónatas E. M. – *Direito Internacional – Do paradigma clássico ao pós-11 de Setembro*, Coimbra, Coimbra Editora, 2013.
Miranda, Jorge – *Curso de Direito Internacional Público I*, 6.ª ed., Lisboa, Principia, 2016.

Em inglês

Brownlie, Ian – *Principles of Public International Law*, 7.ª ed., Oxford, 2008.
Evans, Malcolm D. (ed.) – *International Law*, 4.ª ed., Oxford, Oxford Univ. Press, 2014.
Klabbers, Jan – *International Law*, Cambridge, Cambridge Univ. Press, 2013.
Shaw, Malcolm S. – *International Law*, 7.ª ed., Cambridge, Cambridge Univ. Press, 2014.

Em francês

Combacau, Jean / Sur, Serge – *Droit International Public*, 12.ª ed., Paris, LGDJ, 2016.
Dupuy, Pierre-Marie / Yann Kerbrat – *Droit International Public*, 13.ª ed., Paris, Dalloz, 2016.
Quoc Dinh, Nguyen / Daillier, Patrick / Forteau, Mathias / Pellet, Alain – *Droit International Public*, 8.ª ed, Paris, LGDJ, 2009.

Em espanhol

Diez de Velasco, Manuel / Escobar Hernandez, Concepción – *Instituciones de Derecho Internacional*, 18.ª ed., Tecnos, Madrid, 2013.
Pastor Ridruejo, José A. – *Curso de Derecho Internacional Publico y Organizaciones Internacionales*, 20.ª ed., Madrid, Tecnos, 2016.
Truyol Y Serra, Antonio – *Historia del Derecho Internacional Público*, Madrid, Tecnos, 1998.

Bibliografia básica de direito da União Europeia

Em Português

Aavv – *O Tratado de Lisboa – Jornadas organizadas pelo Instituto de Ciências Jurídico-Políticas da Faculdade de Direito da Universidade de Lisboa*, Coimbra, Almedina, 2012.
Gorjão Henriques, Miguel – *Direito da União Europeia*, 7.ª ed., Coimbra, Almedina, 2014.

Guerra Martins, Ana Maria – *Manual de Direito da União Europeia*, 2.ª ed., Coimbra, Almedina, 2017.

Quadros, Fausto de – *Direito da União Europeia*, 3ª ed., Coimbra, Almedina, 2013.

Em Inglês

Arnull, Anthony / Chalmers, Damian (eds.) – *The Oxford Handbook of European Union Law*, Oxford, Oxford University Press, 2015.

Barnard, Catherine / Peers, Steve (eds.) – *European Union Law*, Oxford, Oxford University Press, 2014.

Chalmers, Damian / Davies, Gareth / Monti, Giorgio – *European Union Law*, 3.ª ed., Cambridge, Cambridge Univ. Press, 2014.

Craig, Paul / De Búrca, Gráinne – *EU Law. Text, Cases and Materials*, 6.ª ed., Oxford, Oxford University Press, 2015.

Craig, Paul / De Búrca, Gráinne – *The Evolution of EU Law*, 2ª ed., Oxford, Oxford University Press, 2011.

Dashwood, Alan / Dougan, Michael / Rodger, Barry / Spaventa, Eleanor / Wyatt, Derrick – *Wyatt and Dashwood's European Union Law*, 6.ª ed., Oxford, Hart Publishing, 2011.

Dinnage, James D. / Lafinneur, Jean-Luc. – *The Constitutional Law of the European Union*, 3.ª ed., New Providence – NJ, LexisNexis, 2012.

Hartley, TC – *The Foundations of European Union Law – An introduction to the Constitutional and Administrative Law of the European Union*, 7.ª ed., Oxford, Oxford University Press, 2010.

Lenaerts, Koen / Van Nuffel, Piet – *European Union Law*, 3.ª ed., Londres, Sweet & Maxwell, 2011.

Schütze, Robert – *European Constitutional Law*, 2.ª ed., Cambridge, Cambridge Univ. Press, 2015.

Weatherill, Stephen – *Cases and Materials on EU Law*, 12.ª ed., Oxford, Oxford University Press, 2016.

Em Francês

Blumann, Claude / Dubouis, Louis – *Droit institutionnel de l'Union européenne*, 6.ª ed., Paris, Litec, 2016.

Boutayeb, Chahira – *Droit institutionnel de l'Union européenne*, Paris, LGDJ, 2016.

Dony, Marianne – *Droit de l'Union européenne*, 6ª ed. Bruxelas, Editions de l'Univ. de Bruxelles, 2015.

Gautron, Jean-Claude – *Droit européen 2012*, 14.ª ed., Paris, Dalloz, 2012.

Isaac, Guy / Blanquet, Marc – *Droit général de l'Union européenne*, 10.ª ed., Paris, Dalloz, 2012.

Jacqué, Jean-Paul – *Droit institutionnel de l'Union européenne*, 8.ª ed., Paris, Dalloz, 2015.

Louis, Jean Victor – *L'ordre juridique communautaire*, 6.ª ed., Bruxelas, 1993.
Pertek, Jacques – *Droit des institutions de l'Union européenne*, 5.ª ed, Paris, Puf, 2016.
Quadros, Fausto de – *Droit de l'Union Européenne, Droit constitutionnel et administratif de l'Union Européenne*, Bruxelas, Bruylant, 2008.
Quermonne, Jean-Louis – *L'Union européenne dans de temps long*, Paris, Sciences Po, 2008.
Rideau, Joël – *Droit institutionnel de l'Union européenne*, 6.ª ed., Paris, LGDJ, 2010.

Em Espanhol

Mangas Martín, Araceli / Liñan Nogueras, Diego J. – *Instituciones y Derecho de la Unión Europea*, 8.ª ed., Madrid, Tecnos, 2016.

Bibliografia específica sobre a ação da União Europeia na "cena internacional"

Em português

Rangel de Mesquita, Maria José – *A atuação externa da União Europeia depois do Tratado de Lisboa*, Coimbra, Almedina, 2011.

Em inglês

Cannizzaro, Enzo (ed.) – *The European Union as an Actor in International Relations*, Haia, Kluwer, 2002.
Cremona, Marise – *Developments in EU External Relations Law*, Oxford, Oxford University Press, 2008.
Cremona, Marise / De Witte, Bruno (ed.) – *EU foreign relations law constitutional fundamentals*, Oxford and Portland, Hart Publishing, 2008.
Cremona, Marise / Thies, Anne (ed.) – *The European Court of Justice and External Relations Law – Constitutional Challenges*, Oxford, Hart, 2016.
Dashwood, Alan / Maresceau, Marc – *Law and Practice of EU External Relations*, Cambridge, Cambridge Univ. Press, 2008.
De Baere, Geert – *Constitutional Principles of EU External Relations*, Oxford, Oxford Univ. Press, 2008.
Eeckhout, Piet – *External Relations of the European Union – Legal and Constitutional Foundations*, 2.ª ed., Oxford, Oxford Univ. Press, 2012.
Eeckhout, Piet / Lopez-Escudero, Manuel (ed.) – *The European Union's External Action in Times of Crisis*, Oxford, Hart, 2016.
Hill, Christopher / Smith, Michael (eds.) – *International Relations and the European Union*, Oxford, Oxford University Press, 2005.
Koutrakos, Panos – *EU International Relations Law*, 2.ª ed., Oxford, Hart, 2015.

KRONENBERGER, VINCENT (ed.) – *The European Union and the International Legal Order: Discord or Harmony?*, Haia, TMC Asser Press, 2001.

MENDEZ, MARIO – *The Legal Effects of EU Agreements – Maximalist Treaty Enforcement and Judicial Avoidance Techniques*, Oxford, Oxford University Press, 2013.

SMITH, KAREN E. – *European Union Foreign Policy in a Changing World*, 2ª ed., Cambridge, Polity Press, 2008 (reimpressão de 2010).

VON BOGDANDY, ARMIN / MAVROIDIS, PETROS / MÉNY, YVES (ed.) – *European Integration and International Co-ordination Studies in Transnational Economic Law in Honour of Claus-Dieter Ehlermann*, Haia, Kluwer, 2002.

WESSEL, RAMSES A. – *The European Union's Foreign and Security Policy, A Legal Institutional Perspective*, Haia, Kluwer, 1999.

WOUTERS, JAN / NOLKAEMPER, ANDRE / DE WET, ERIKA (ed.) – *The Europeanisation of International Law*, Haia, TMC Asser Press, 2008.

Em francês

KADDOUS, CHRISTINE – *Le droit des relations extérieures dans la jurisprudence de la Cour de justice des Communautés européennes*, Basileia, Helbing & Lichtenhahn / Bruylant, 1998.

LOUIS, JEAN-VICTOR / DONY, MARIANNE – *Commentaire J. Mégret – Le droit de la CE et de l'Union européenne*, vol. 12, 2.ª ed., *Rélations extérieures*, Bruxelas, Ed. de l'Université de Bruxelles, 2005.

BIBLIOGRAFIA ESPECÍFICA SOBRE OS DESAFIOS CONTEMPORÂNEOS À AÇÃO DA UNIÃO EUROPEIA NA "CENA INTERNACIONAL"

AMSTRONG, KENNETH A. – *Brexit Time Leaving the EU – why, how and when?*, Cambridge, Cambridge Univ. Press, 2017.

BLACK, JAMES e outros – *Defence and Security after Brexit – Understanding the possible implications of the UK's decision to leave the EU*, Cambridge, Rand Europe, 2017.

DOUGAN, MICHAEL (ed.) – *The UK after Brexit – Legal and Policy Challenges*, Cambridge, intersentia, 2017.

EMERSON, MICHAEL e outros – *Upgrading the EU's Role as Global Actor – Institutions, Law and the Restructuring of European Diplomacy*, Bruxelas, Centre for European Policy Studies, 2011.

FABBRINI, FEDERICO (ed.) – *The Law & Politics of Brexit*, Oxford, Oxford University Press, 2017.

HILLMAN, JENNIFER / HORLICK, GARY (eds.) – *Legal Aspects of Brexit – Implications of the United Kingdom's Decision to Withdraw from the European Union*, Washington, 2017.

MISSIROLI, ANTONIO (ed.) – *The EU and the World: Players and Policies post-Lisbon – A Handbook*, Paris, European Union Institute for Security Studies, 2016.

REHRL, JOCHEN (ed.) – *Handbook on CSDP – The Common Security and Defence Policy of the European Union*, vol. I, 3.ª ed., Viena, 2017.

Alguns *sites* úteis da internet

http://www.ceps.eu
http://www.ejiltalk.org
http://www.germanlawjournal.com/special-issues/
http://www.jeanmonnetprogram.org/papers/paper-serie/2015/
http://www.sieps.se/en/publications/
http://www.un.org/
https://curia.europa.eu/
https://eeas.europa.eu/
https://europa.eu/european-union/index_pt
https://ghum.kuleuven.be/ggs/publications/working_papers/working-papers
 -eu-and-global-governance
https://www.nato.int/

Alguns blogs interessantes

https://verfassungsblog.de/
http://europeanlawblog.eu/
http://eulawanalysis.blogspot.pt/
https://blogs.kcl.ac.uk/kslreuropeanlawblog/
http://eurocaselaw.eu/

INTRODUÇÃO

1. Premissas de que se parte nesta obra

O livro que agora se publica, tal como outras obras que temos vindo a publicar, nos últimos anos, das quais destacamos a 2.ª edição do nosso *Manual de Direito da União Europeia*, insere-se numa corrente de pensamento que aceita o *constitucionalismo além do Estado*, o que significa que, para nós, o constitucionalismo atual não se identifica – nem opera – exclusivamente, no âmbito territorial do Estado, antes admitindo níveis múltiplos[5].

Na verdade, a existência de centros de decisão política situados fora e a uma escala mais ampla que o Estado – global ou regional – os quais se afiguram suscetíveis de competir, ou até de se sobrepor ao Estado, não pode, por um lado, deixar imune o constitucionalismo nacional e, por outro lado, permite equacionar a questão da emergência de um constitucionalismo à escala global[6] e regional, cujo principal expoente é o constitucionalismo da União Europeia[7].

---

[5] Há mais de uma década que vimos defendendo esta tese. Cfr. ANA MARIA GUERRA MARTINS, *A natureza jurídica da revisão do Tratado da União Europeia*, Lisboa, 2000, p. 303 e segs; Idem, *Curso de Direito Constitucional da União Europeia*, Coimbra, 2004, p. 119 e segs; Idem, *A igualdade e a não discriminação dos nacionais de Estados terceiros legalmente residentes na União Europeia – Da origem na integração económica ao fundamento na dignidade do ser humano*, Coimbra, 2010, p. 22 e 23; Idem, *Manual de Direito da União Europeia*, Lisboa, 2012, p. 35 e segs; Idem, *Manual de Direito da União Europeia*, 2.ª ed., Lisboa, 2017, p. 37 e segs.

[6] Cfr., por todos, NEIL WALKER, 'Constitutionalism and Pluralism in Global Context', in MATEJ AVBELJ / JAN KOMÁREK, (eds), *Constitutional Pluralism in the European Union and Beyond*, Oxford, 2012, p. 17 e segs.

Note-se que uma das consequências da aceitação da tese do constitucionalismo multinível é a visão integrada, interdependente e de influência recíproca das ordens jurídicas nacionais, internacional e da União Europeia em contraposição com a visão clássica compartimentada e estanque de cada ordem jurídica.

Ora, se há temática onde a interação, a interdependência e a influência mútua das ordens jurídicas nacionais, internacional e da União Europeia gozam de um terreno fértil, ela é, sem dúvida, a da *"ação da União na cena internacional"*.

Senão vejamos:

Por imposição do Tratado de Lisboa, a atuação da União Europeia enquanto sujeito de direito internacional convoca os princípios da democracia, da *rule of law* e da proteção dos direitos humanos, do respeito da dignidade humana – princípios constitucionais, por excelência. Além disso, na sua atuação ao nível internacional, a União Europeia não só respeita como contribui para o desenvolvimento do direito internacional. Aliás, a credibilidade e a eficiência da ação externa da União, ou seja, o reconhecimento da sua importância por parte de terceiros, depende da capacidade demonstrada para cumprir e fazer cumprir compromissos internacionais. Por último, a União dispõe de regras próprias no domínio do direito internacional, designadamente, procedimentais.

Ora, ainda que se verifiquem alguns conflitos, as três ordens jurídicas convivem de forma harmoniosa.

---

[7] Sobre o constitucionalismo multinível ver, por todos, INGOLF PERNICE, 'Multilevel Constitutionalism and the Crisis of Democracy in Europe', *Eu-Const*, 2015, 541 e segs; idem, 'The Treaty of Lisbon: Multilevel Constitutionalism in Action', *The Colum. J. Eur. L.*, 2009, p. 349-407; idem, 'Multilevel Constitutionalism in the European Union', *ELR*, 2002, p. 511-529; idem, 'Multilevel Constitutionalism and the Treaty of Amsterdam: European Constitution-Making Revisited?', *CMLR*, 1999, p. 707 e segs; idem, "Multilevel Constitutionalism in the European Union", *ELR*, 2002, p. 511 e segs; INGOLF PERNICE / FRANZ C. MAYER, "De la Constitution composée de l'Europe, *RTDE*, 2000, p. 623 e segs.
Para uma visão muito crítica da teoria do constitucionalismo multinível, cfr. RENÉ BARENTS, "The Fallacy of Multilevel Constitutionalism", in MATEJ AVBELJ / JAN KOMÁREK, *Constitutional Pluralism in the European Union and Beyond*, p. 153 e segs.

2. Metodologia

Em termos de metodologia, a presente investigação baseia-se, essencialmente, nas fontes vinculativas do direito da União Europeia, ou seja, privilegia-se o método jurídico. Assim, o direito originário em vigor, ou seja, o TUE e o TFUE bem como a CDFUE, sem prejuízo da referência às anteriores versões dos Tratados, quando tal se afigure necessário para estabelecer o contraste com a situação atual ou para demonstrar a sua continuidade. Por outro lado, dedicaremos também uma especial atenção às fontes do direito internacional – o costume internacional, as convenções internacionais e os princípios gerais de direito – quando forem relevantes na atuação da União na cena internacional. Não se tratando de um estudo monográfico, as fontes específicas do direito internacional ou do direito da União europeia, como, por exemplo, o direito derivado – só será mencionado a propósito de algum domínio em que assuma uma particular relevância. Já o direito internacional de que a União Europeia é parte em concreto será referido a título ilustrativo sempre que se afigure necessário.

À jurisprudência dos Tribunais da União Europeia atualmente composto pelo Tribunal de Justiça e pelo Tribunal Geral (antigo Tribunal de Primeira Instância – cfr. artigo 19.º, n.º 1, do TUE) bem como à jurisprudência de tribunais internacionais que se debruce sobre aspetos estudados neste livro será dada uma especial atenção.

Teremos igualmente em consideração a doutrina que sobre todas as outras fontes se tem debruçado.

Note-se, porém, que o estudo do ponto de vista jurídico da ação externa da União Europeia é muito permeável a outras áreas do saber, como, por exemplo, as relações internacionais ou a política europeia e internacional. Aliás, a definição da linha de fronteira entre um e outro domínio nem sempre é fácil de traçar, daí que a nossa investigação tenha abrangido igualmente o *soft law*, ou seja, um conjunto de atos que, não tendo efeitos jurídicos vinculativos, acabam por ter uma enorme importância, do ponto de vista político, até porque, muitas vezes, antecipam o direito vinculativo, como é o caso dos programas de ação, das resoluções e das recomendações de certos órgãos da União.

Por fim, refira-se que este é igualmente um domínio em que o plano dos factos tem de ser tido em conta, pelo que sempre que se afigure conveniente serão dados exemplos ilustrativos.

3. Plano da obra

O plano da obra procura responder às seguintes questões:

I. O que *significa* a *"ação da União na cena internacional"*? A União age, ao nível internacional, autonomamente ou em conjunto com os seus Estados-Membros?
II. *Porque* atua a União ao nível da comunidade internacional? Porque não age a União por intermédio dos seus Estados-Membros? Quais são os seus objetivos? Quais os princípios por que se rege? Quais os valores que fundamentam a sua atuação? Quais são os seus interesses?
III. *Como* atua a União no plano internacional? Celebra convenções internacionais? Participa em organizações internacionais? Envia e recebe representantes diplomáticos? Tem direito de reclamar em instâncias internacionais? É responsável internacionalmente pelas obrigações internacionais que contrai? Ou seja, tem os mesmos direitos e prerrogativas que outros sujeitos de direito internacional, como, por exemplo, os Estados?
IV. *Quando* atua a União Europeia na cena internacional? A União Europeia tem uma capacidade internacional plena e ilimitada como a dos Estados – sujeito de Direito Internacional, por excelência – ou os seus poderes de atuação são limitados? Se sim, em que termos?
V. Quais os *obstáculos* com que a União se depara quando atua na *"cena internacional"*? Da parte dos seus Estados-Membros? Da parte de terceiros? É o seu próprio direito insuficiente?
VI. Que *efeitos jurídicos* tem a *"ação da União na cena internacional"*? Para a própria União? Para os seus Estados-Membros? Para a comunidade internacional em geral?
VII. Quais os *desafios* contemporâneos que a ação da União enfrenta na cena internacional? O *Brexit*? O terrorismo? Os fluxos migratórios?
VIII. *Como fazer face a esses desafios*?

Para responder a estas questões a presente obra dividir-se-á em quatro partes, sendo que a primeira será dedicada a um enquadramento geral da ação externa da União Europeia, a segunda incidirá sobre os direitos da União como sujeito de direito internacional, a terceira tratará da segurança e defesa na União Europeia e, por último, a quarta parte ocupar-se-á dos desafios atuais à ação externa da União Europeia.

As partes serão divididas em capítulos, como resulta do plano que a seguir se apresenta:

Parte I
Enquadramento Geral da Ação Externa da União Europeia

Capítulo I
A subjetividade internacional da União Europeia

1. Questão prévia: a personalidade jurídica internacional
2. A personalidade jurídica internacional da União Europeia

Capítulo II
A influência recíproca do direito internacional e do direito da União

3. A influência do direito internacional no direito da União Europeia
4. A influência da União Europeia e do seu Direito no desenvolvimento do direito internacional

Capítulo III
Os valores, os princípios, os objetivos e os interesses da União "na cena internacional"

5. A base axiológica da *"ação da União cena internacional"*
6. Os objetivos e interesses da União *"na cena internacional"*

Capítulo IV
A coerência e consistência da "ação da União na cena internacional"

7. A coerência e consistência da ação externa antes do Tratado de Lisboa
8. A coerência e consistência da ação externa depois do Tratado de Lisboa

Parte II
Os Direitos da União Europeia como Sujeito de Direito Internacional

Capítulo V
O direito de celebração de convenções internacionais

9. Indicação de sequência
10. Questão prévia: a aplicação do princípio da atribuição às competências externas da União Europeia
11. A génese e a evolução da repartição de atribuições entre a União e os seus Estados-Membros em matéria de celebração de convenções internacionais
12. A repartição de atribuições externas entre a União e os Estados-Membros no domínio de celebração de convenções internacionais após o Tratado de Lisboa
13. Os tipos de acordos internacionais celebrados pela União Europeia
14. O procedimento de conclusão das convenções internacionais
15. Os efeitos das convenções internacionais nas ordens jurídicas da União e dos Estados-Membros
16. O controlo judicial das convenções internacionais

Capítulo VI
Os outros direitos da União Europeia inerentes à sua subjetividade internacional

17. O direito de participação da União em organizações internacionais
18. O direito de legação
19. O direito de participação da União no sistema internacional de controvérsias
20. A responsabilidade internacional da União Europeia

Parte III
A União Europeia, a Segurança e a Defesa

Capítulo VII
A Política Externa e de Segurança Comum

21. Das origens da Política Externa e de Segurança Comum até ao Tratado de Lisboa
22. Os antecedentes próximos do Tratado de Lisboa
23. A PESC no Tratado de Lisboa

Capítulo VIII
A Política Comum de Segurança e Defesa

24. A evolução da Política Comum de Segurança e Defesa até ao Tratado de Lisboa
25. A PCSD depois do Tratado de Lisboa

Capítulo IX
A atuação da União no âmbito da PESC e da PCDS

26. As ações da União no âmbito da PESC e da PCDS
27. Síntese conclusiva sobre a atuação da UE no âmbito da PESC e da PCSD

Parte IV
Os desafios Atuais à ação Externa da União Europeia

Capítulo X
O cidadão como primeira prioridade da ação externa da União Europeia

28. Manifestações recentes da relevância do cidadão e da pessoa humana
29. A promoção e defesa da democracia, do Estado de direito e dos direitos humanos no âmbito das relações externas da União
30. A Estratégia Global para a Política Externa e de Segurança da União Europeia
31. Os desafios do ciberespaço à segurança e defesa da União Europeia

Capítulo XI
A dimensão externa do espaço de liberdade, segurança e justiça

32. A passagem da dimensão interna à dimensão externa do ELSJ
33. A resposta (ou a falta dela) da União Europeia à recente crise migratória
34. A luta contra o terrorismo na União Europeia

Capítulo XII
O impacto do *Brexit* na política externa, de segurança e de defesa da União Europeia

35. Enquadramento jurídico-político da saída de um Estado-Membro da União Europeia
36. A saída do Reino Unido da União Europeia – o *Brexit*
37. As eventuais consequências do *Brexit* na política externa, de segurança e de defesa da União Europeia

PARTE I
Enquadramento Geral da Ação Externa da União Europeia

Capítulo I
A subjetividade internacional da União Europeia

1. Questão prévia: a personalidade jurídica internacional em geral

1.1. Definição de personalidade jurídica internacional

Antes de estudarmos a personalidade jurídica internacional da União, importa esclarecer o que se deve entender por personalidade jurídica internacional em geral, quais os requisitos que devem estar preenchidos para que possa ser atribuída e quais as consequências que dela resultam[8].

A personalidade jurídica internacional é a suscetibilidade de se ser titular de direitos e deveres diretamente provenientes da norma internacional.

Daqui resulta que é o direito internacional que determina quem são os seus sujeitos, não havendo sujeitos por direito próprio. É o direito internacional que estabelece a forma pela qual nasce a personalidade internacional, sendo que o processo pode ser automático (como é o caso do Estado) ou implicar atos especiais de reconhecimento (como é o caso dos movimentos de libertação nacional). Só são sujeitos de direito internacional aqueles que estejam em relação direta e imediata com a norma internacional.

---

[8] Ver, por todos, Dapo Akande, "International Organizations", in Malcolm D. Evans, *International Law*, 4.ª ed., Oxford, Oxford University Press, 2014, p. 251 e Jan Klabbers, *International Law*, Cambridge, Cambridge University Press, 2013, p. 66 e 67.

A personalidade jurídica internacional pode abranger uma esfera de capacidade, mais ou menos ampla, e pode não coincidir com a personalidade de direito interno. Daí que se deva distinguir entre a personalidade jurídica internacional e a capacidade jurídica internacional, a qual implica a medida dos direitos que cada um pode ter (capacidade de gozo) em determinado momento histórico ou que pode exercer direta e livremente (capacidade de exercício).

1.2. Breve referência aos sujeitos de direito internacional

O sujeito de direito internacional, por excelência, é o Estado, o qual, aliás, foi considerado, durante muito tempo, o único. Só eventualmente a Santa Sé e a Soberana Ordem de Malta poderiam desafiar essa exclusividade.

Se é certo que a plenitude da capacidade jurídica internacional cabe ao Estado, não menos verdade é que nem todos os Estados têm essa plenitude. Não cabe, no entanto, no âmbito desta obra, desenvolver este tópico[9].

Sobretudo após a II Guerra Mundial assistiu-se ao surgimento e proliferação de outros sujeitos de direito internacional[10], como, por exemplo, as organizações internacionais[11]. A aceitação da personalidade jurídica internacional destas não implica, contudo, a sua equiparação aos Estados. Elas detêm, efetivamente, uma personalidade jurídica internacional com uma capacidade jurídica diferente da dos Estados-Membros da organização, na medida em que se circunscreve ao cumprimento dos objetivos fixados nos seus tratados institutivos.

Enquanto para alguns, as organizações internacionais têm uma personalidade objetiva; para outros, o fundamento daquela personalidade retira-se do tratado institutivo. Ou seja, a personalidade jurídica internacional da

---

[9] Sobre o Estado como sujeito de direito internacional v., por todos, MATTHEW CRAVEN, Statehood, Self-determination, and Recognition", in MALCOLM D. EVANS, *International Law*, p. 201 e segs.
[10] V. WŁADYSŁAW CZAPLIŃSKI, "Recognition and International Legal Personality of Non-State Actors", *Pécs Journal of International and European Law* – 2016/I, p. 7 e segs.
[11] Sobre as organizações internacionais como sujeito de direito internacional, ver, por todos, MANUEL DIEZ DE VELASCO / JOSE MANUEL SOBRIÑO HEREDIA, *Organizaciones internacionales*, Madrid, Tecnos, 2010, *passim*.

organização internacional não precisa de estar expressamente prevista no tratado institutivo, podendo dele deduzir-se implicitamente.

Na prática internacional, antes da II Guerra Mundial não se encontravam referências expressas à personalidade jurídica das organizações internacionais nos respetivos instrumentos institutivos.

Quando a questão se colocou, coube à jurisprudência resolvê-la. Assim, no parecer, de 8 de dezembro de 1927[12], o TPJI afirmou que a personalidade internacional da Comissão Europeia do Danúbio era específica e distinta dos Estados que a compunham. A prática seguida pela SDN foi igualmente no sentido da afirmação da sua personalidade jurídica internacional.

Após a II Guerra Mundial, verifica-se que os tratados institutivos de algumas organizações internacionais contêm referências expressas à personalidade jurídica mas, na maior parte dos casos, não é claro se se trata de personalidade jurídica interna ou internacional. É caso, por exemplo, da Carta das Nações Unidas (artigo 105.º) e de alguns instrumentos institutivos das suas organizações especializadas, como, por exemplo, a Constituição da OIT (artigo 39.º) ou a Constituição da UNESCO (artigo XII).

No que se refere às Nações Unidas, o TIJ, no Parecer, de 11 de Abril de 1949[13], relativo à *reparação dos prejuízos sofridos ao serviço das Nações Unidas*, reconheceu a subjetividade internacional da ONU, ou seja, a capacidade para ser titular de direitos e de obrigações internacionais assim como a capacidade para operar internacionalmente da ONU. Trata-se de uma personalidade implícita, pois retira-se das funções da ONU, e objetiva, uma vez que não necessita de reconhecimento.

Este raciocínio é extensivo a todas as organizações internacionais.

A personalidade jurídica internacional da organização internacional é oponível a terceiros, pelo que o seu reconhecimento é mais político que jurídico, mais declarativo que constitutivo[14].

---

[12] Acessível em http://www.icj-cij.org/files/permanent-court-of-international-justice/serie_B/B_14/01_Commission_europeenne_du_Danube_Avis_consultatif.pdf (último acesso 20/12/2017).
[13] Disponível no site http://www.icj-cij.org/files/case-related/4/004-19490411-ADV-01-00-FR.pdf (último acesso 21/12/2017).
[14] Neste sentido, Dapo Akande, "International Organizations", in Malcolm D. Evans, *International Law*, p. 254.

Se a subjetividade internacional do Estado nunca foi contestada e a das organizações internacionais já é comumente aceite, na atualidade, o mesmo não se pode afirmar de outros sujeitos de direito internacional.

No caso das pessoas singulares e coletivas[15], a doutrina maioritária aceita que elas sejam titulares de direitos que lhes advêm diretamente da norma internacional, pelo menos, no domínio dos direitos humanos, do direito humanitário e do direito dos refugiados, sendo igualmente suscetíveis de estar adstritas a obrigações diretamente advindas do direito internacional, como se verifica, por exemplo, do domínio penal internacional. Donde resulta que devem ser consideradas sujeitos de direito internacional[16].

Quanto a outras entidades, como os movimentos de libertação nacional – por exemplo, a Organização de Libertação da Palestina –, as empresas[17] que operam globalmente, como a Microsoft ou a Shell, e as organizações não governamentais (ONG's) que atuam, por exemplo, ao nível do ambiente, continua a discutir-se se dispõem ou não de subjetividade internacional.

Como é por demais evidente, não é possível no âmbito desta obra desenvolver o tema dos sujeitos de direito internacional, pelo que se remete para a doutrina especializada sobre o assunto[18].

Para o que ora nos interessa, importa sublinhar o seguinte:

a) a inclusão ou exclusão de uma determinada entidade do âmbito dos sujeitos de direito internacional depende dos requisitos de atribuição dessa personalidade;

---

[15] M. W. JANIS, "Individuals as Subjects of International Law, *Cornell International Law Journal*, 1984, p. 61 e segs.

[16] V. ROBERT MCCORQUODALE, "The Individual and the International Legal System", in MALCOLM D. EVANS, *International Law*, p. 280.

[17] Sobre as empresas como sujeitos de direito internacional, JOSE E. ALVAREZ, "Are Corporations "Subjects" of International Law?", 9 *Santa Clara J. Int'l L.* 1 2011, Disponível em https://digitalcommons.law.scu.edu/scujil/vol9/iss1/1; MERJA PENTIKÄINEN, "Changing International 'Subjectivity' and Rights and Obligations under International Law – Status of Corporations", *Utrech Law Review*, 2012, p. 145 e segs; DAVOR MUHVIĆ. "Legal Personality as a Theoretical Approach to NonState Entities in International Law: The Example of Transnational Corporations, *Pécs Journal of International and European Law*, 2017/1, p. 7 e segs.

[18] CHRISTIAN WALTER, "Subjects of International Law", *Max-Planck Encyclopedia of Public International Law*, Heildelberga, Oxford University Press, 2010, acessível através do site www.mpepil.com.

b) o reconhecimento da qualidade de sujeito de direito internacional a uma determinada entidade tem consequências no plano internacional;
c) os direitos e deveres de que cada sujeito de direito internacional é portador depende do tipo de sujeito que está em causa.

2. A personalidade jurídica internacional da União Europeia

2.1. Antecedentes: a personalidade jurídica internacional das Comunidades Europeias

Como acabamos de ver, a personalidade jurídica é a suscetibilidade de alguém ser titular de direitos e de estar adstrito a obrigações. Esses direitos e obrigações podem provir diretamente do direito interno ou do direito internacional. No primeiro caso, estamos perante a personalidade jurídica interna e, no segundo caso, enfrentamos o problema mais complexo da personalidade jurídica internacional.

O TCE reconhecia, no antigo artigo 281.º, personalidade jurídica à Comunidade Europeia, sem, contudo, a qualificar como interna ou internacional.

Coube ao Tribunal de Justiça, no caso *AETR*[19], definir que se tratava de personalidade jurídica internacional, por contraposição à personalidade jurídica interna afirmada no antigo artigo 282.º do TCE, o qual dispunha que em cada um dos Estados-Membros a Comunidade gozava da mais ampla capacidade jurídica reconhecida às pessoas coletivas pelas legislações nacionais, podendo, designadamente, adquirir ou alienar bens móveis e imóveis, sendo representada para o efeito pela Comissão. Daí que o Tribunal tenha decidido, nesse acórdão, que a Comunidade gozava da capacidade de estabelecer relações com Estados terceiros em toda a extensão dos objetivos definidos no Tratado, ou seja, a Comunidade dispunha de capacidade jurídica internacional.

---

[19] Ac. de 31/3/71, *Comissão c. Conselho*, proc. 22/70, Rec. 1970, p. 263 e segs.

2.2. A criação da União Europeia e a problemática da sua personalidade jurídica internacional

Com a criação da União Europeia, pelo Tratado de Maastricht, a qual, como se sabe, era constituída pelas Comunidades Europeias e pelos dois pilares intergovernamentais – a Política Externa e de Segurança Comum (PESC) e a Cooperação Judiciária e em matéria de Assuntos Internos (CJAI) – a existência da personalidade jurídica internacional da Comunidade Europeia não resolvia a questão de saber se a União Europeia era igualmente tributária de subjetividade internacional. Como se sabe, a União Europeia e a Comunidade Europeia eram duas entidades distintas, do ponto de vista do direito internacional, e o Tratado de Maastricht não se pronunciava sobre a personalidade jurídica internacional da primeira.

Como já vimos, sendo a personalidade jurídica internacional a suscetibilidade de se ser titular de direitos e de se estar adstrito a obrigações diretamente provenientes do direito internacional, a ausência de uma previsão expressa nos Tratados a atribuir – ou a reconhecer – essa personalidade à União Europeia, não obstacularia, por si só, a sua existência.

Se dos Tratados se conseguisse retirar que a União Europeia gozava dos direitos e prerrogativas inerentes à subjetividade internacional, ou seja, do direito de celebração de tratados internacionais (*jus tractum*), do direito de legação (*jus* legationis), do direito de participação em organizações internacionais, do direito de participação na solução de controvérsias internacionais e da responsabilidade internacional, poder-se-ia afirmar, sem hesitação, que a União dispunha de personalidade jurídica internacional.

2.2.1. A ausência de personalidade jurídica expressa no Tratado de Maastricht

O Tratado de Maastricht, ao prever os objetivos e o quadro institucional da União, permitiu colocar a questão da consagração implícita da sua personalidade jurídica internacional.

Em primeiro lugar, a existência ou não de personalidade jurídica internacional da União dependia, antes de mais, da resposta que se desse à questão se saber se a União exerce, em algum caso, autonomamente (em relação à Comunidade e/ou aos seus Estados-Membros) os direitos e prerrogativas inerentes à subjetividade internacional acima mencionados.

Ora, de acordo com o Tratado de Maastricht, a realização dos objetivos da União era, em grande medida, da competência das Comunidades, ou dos Estados-Membros, no tocante aos pilares intergovernamentais, o que significava que, por exemplo, a celebração de tratados internacionais com terceiros Estados ou cabia à Comunidade ou aos Estados-Membros, detendo a União capacidade internacional para celebrar tratados internacionais apenas num caso – o dos acordos de adesão com os novos Estados-Membros. Em todas as outras matérias, a sua representação ou era assegurada pelas Comunidades, nas matérias atinentes ao pilar comunitário, ou pelos Estados-Membros, nos assuntos relativos aos pilares intergovernamentais.

No que toca às outras prerrogativas inerentes à personalidade e à capacidade internacionais – o direito de legação, o direito de participação em organizações internacionais, o direito de participação na solução de controvérsias internacionais e a responsabilidade internacional – ou não existiam ou eram asseguradas pela Comunidade e/ou pelos Estados-Membros.

Tratava-se, pois, de uma situação anómala, em que uma determinada entidade dispunha de determinados objetivos e de certos órgãos, mas não dispunha da capacidade internacional correspondente.

2.2.2. O impacto dos Tratados de Amesterdão e de Nice na personalidade jurídica internacional da União

O Tratado de Amesterdão introduziu algumas alterações com repercussão na personalidade jurídica internacional da União, sem, contudo, ter resolvido, definitivamente, o problema.

Com efeito, o Tratado de Amesterdão introduziu um preceito – o antigo artigo 24.º do TUE – que permitia ao Conselho celebrar acordos internacionais nos domínios dos pilares intergovernamentais, o que levou alguma doutrina[20] a interrogar-se se teria havido uma consagração – implícita – da personalidade jurídica internacional da União.

---

[20] Neste sentido, ver GERHARD HAFNER, "The Amsterdam Treaty and the Treaty-Making Power of the European Union", *in Liber Amicorum Professor* SEIDL-HOHENVELDERN, Haia, 1998, p. 265 e segs; MANFRED ZULEEG, "Die Organisationsstruktur der Europäischen Union – Eine

A resposta positiva a esta pergunta dependia, por um lado, de averiguar se o Conselho, quando agia, o fazia em nome da União ou em nome dos Estados-Membros e, por outro lado, se os Estados ficavam vinculados por esses acordos. Ora, a declaração n.º 4 adotada pela conferência especificava que aqueles acordos não implicavam qualquer transferência de competência para a União Europeia, o que parecia apontar no sentido de que continuavam a ser os Estados (e não a União) a deter a competência externa nas matérias dos pilares intergovernamentais. O Conselho agiria, portanto, em nome dos Estados-Membros e não em nome da União.

É certo que a esta tese sempre se poderia opor o caráter não vinculativo da referida declaração, mas, mesmo assim, tratava-se de um elemento interpretativo que não deveria ser ignorado. Por outro lado, a vinculatividade destes acordos para os Estados-Membros divergia bastante da vinculatividade dos acordos celebrados, no domínio comunitário, os quais, eram obrigatórios para os Estados e para os órgãos comunitários. Pelo contrário, nenhum Estado ficava vinculado por um acordo celebrado, com base no antigo artigo 24.º do TUE, se declarasse que o mesmo devia obedecer às suas normas constitucionais. Ou seja, só no caso de nenhum Estado fazer essa declaração, o acordo, concluído pelo Conselho, seria obrigatório para todos os Estados-Membros.

Em suma, o Tratado de Amesterdão avançou no sentido da consagração de personalidade jurídica internacional da UE, mas não deu o passo definitivo – a sua consagração expressa – pelo que continuava a haver quem negasse a sua existência[21].

Analyse der Klammerbestimmungen des Vertrags von Amsterdam", *in* ARMIN VON BOGDANDY (Dir.), *Konsolidierung und Kohärenz des Primärrechts nach Amsterdam*, Baden-Baden, 1998, p. 151 e segs; A. TIZZANO, "La personnalité internationale de l'Union européenne", *RMUE*, 1998, p. 11 e segs; ALAN DASHWOOD, "External Relations Provisions of the Amsterdam Treaty", *CMLR*, 1998, p. 1040; DANIEL VIGNES, "L'absence de personnalité juridique de l'Union Européenne: Amsterdam persiste et signe", *in Liber Amicorum Professor SEIDL-HOHENVELDERN*, Haia, 1998, p. 769.

[21] V. NANETTE A. E. M. NEUWAHL, "A Partner With a Troubled Personality: EU Treaty-Making in Matters of CFSP and JHA after Amsterdam", *EFARev.*, 1998,", p. 185; RUDOLF STREINZ, "Der Vertrag von Amsterdam. Einführung in die Reform des Unionsvertrages von Maastricht und erste Bewertung der Ergebnisse", *EuZW*, 1998, p. 140; WOLFF HEINTSCHELL, "Rechtliche Aspekte der Neufassung der GASP durch den Vertrag von Amsterdam", *Die Friedens-Warte*, p. 159 e segs; JÖRG MONAR, "Justice and Home Affairs in the Treaty of Amsterdam: Reform at the Price of Fragmentation", *ELR*, 1998, p. 327.

O Tratado de Nice alterou o antigo artigo 24.º do TUE, no sentido de permitir a aprovação de certos acordos por maioria qualificada (n.ºs 3 e 4) bem como de afirmar claramente a vinculação das instituições da União aos acordos celebrados com base naquele preceito, mas também não resolveu, de uma vez por todas, o problema da personalidade e capacidade jurídicas internacionais da União, pois não a estabeleceu expressamente.

As dúvidas acerca da existência, ou não, de personalidade jurídica internacional da União Europeia mantinham-se após Nice, pois continuava a não se responder à questão de saber se a capacidade para concluir convenções internacionais, no âmbito dos pilares, era da União ou dos seus Estados-Membros e se a União Europeia era responsável internacionalmente pelo incumprimento dessas convenções.

Coube ao Tratado de Lisboa resolver definitivamente este assunto.

2.2.3. A atribuição de personalidade jurídica expressa à União Europeia pelo Tratado de Lisboa

Apesar dos desenvolvimentos ocorridos entre o Tratado de Maastricht e o Tratado de Nice, a verdade é que se chegou ao Tratado de Lisboa sem uma solução inequívoca acerca da personalidade jurídica internacional da União, o que dificultava o relacionamento da União Europeia com o resto do Mundo[22]. Com efeito, a dualidade da capacidade internacional da União Europeia e das Comunidades Europeias prejudicava a segurança e a certeza jurídicas nas negociações com terceiros Estados e organizações internacionais, assim como diminuía a afirmação da identidade da União ao nível internacional, desde logo, porque nem sempre se afigurava evidente para terceiros se estavam

---

[22] Além da bibliografia citada nas notas precedentes, cfr. ainda JEAN-VICTOR LOUIS, "La personnalité juridique internationale de la Communauté et de l'Union européenne", in JEAN-VICTOR LOUIS / MARIANNE DONY (dir.), *Commentaire Mégret. Relations Extérieures*, vol. 12, 2ª éd., Bruxelas, 2005, p. 25 e segs; NANETTE NEUWAHL, "Legal Personality of the European Union – International and Institutional Aspects", in VINCENT KRONENBERGER (ed.), *The European Union and the International Legal Order: Discord or Harmony?*, Haia, 2001, p. 3 e segs; JAN KLABBERS, "Presumptive Personality: The European Union in International Law", in MARTTI KOSKENNIEMI (ed.), *International Law Aspects of the European Union*, Haia, 1998, p. 231 e segs.

a negociar com a União ou com as Comunidades. Urgia, portanto, clarificar esta questão.

A primeira tentativa séria para resolver este problema ocorreu na Convenção sobre o Futuro da Europa, a qual constituiu um grupo de trabalho – o Grupo III – especificamente com o propósito de estudar este assunto. Das conclusões desse grupo resultou claro, que, no futuro, a União deveria dispor de personalidade jurídica e que essa personalidade deveria ser única e substituir as personalidades das Comunidades até aí existentes.

Esta opção teria implicações, designadamente, na negociação de tratados internacionais e na representação externa da União.

O projeto de TECE[23], saído daquela Convenção, acabou por acolher a solução proposta pelo grupo III relativo à personalidade, consagrando, assim, a personalidade jurídica da União, no seu artigo 6.º. Não restava qualquer dúvida de que a personalidade consagrada naquele preceito era a internacional, uma vez que o artigo III-332.º do referido projeto se referia à personalidade jurídica ao nível interno.

Note-se ainda que o projeto de TECE não se limitava a consagrar a personalidade jurídica internacional da União. Pelo contrário, retirava daí os necessários corolários em termos de direitos e prerrogativas da União inerentes à subjetividade internacional.

O TECE aceitou a solução consagrada no mencionado projeto, reconhecendo, igualmente, de modo explícito, a personalidade jurídica internacional da União, no seu artigo I-7.º. Como se sabe, este Tratado nunca veio a entrar em vigor[24], pelo que esta questão continuava em aberto aquando das negociações do Tratado de Lisboa. Por isso, o mandato da CIG 2007 incluiu, expressamente, um ponto em que afirmava que a União passará a ter personalidade jurídica.

Após o Tratado de Lisboa, a personalidade jurídica internacional da União passou a estar consagrada no artigo 47.º do TUE. Por conseguinte, a União

---

[23] Sobre o projeto de TECE saído da Convenção sobre o Futuro da Europa, v. ANA MARIA GUERRA MARTINS, *Curso....*, p. 140 e segs; Idem, *O Projecto de Constituição Europeia. Contributo para o Debate sobre o Futuro da União*, 2.ª ed., Coimbra, 2004; Idem, "Vers une Constitution post-nationale – fédérale, confédérale ou vraiment sui generis?", *ERPL/REDP*, 2003, p. 39 e segs bem como a bibliografia citadas nestes estudos.

[24] Sobre as razões que levaram ao fracasso do TECE, cfr. ANA MARIA GUERRA MARTINS, *Manual de Direito da União Europeia*, 2.ª ed., Lisboa, 2017, p. 159 e segs.

goza, atualmente, dos direitos e prerrogativas inerentes à subjetividade internacional[25]. Além disso, a União é encarada pelos seus parceiros como um sujeito de direito internacional.

Acrescente-se que o Tratado de Lisboa não só afirmou expressamente a personalidade jurídica internacional da União Europeia como inovou no domínio dos correspondentes corolários, dos quais se destacam o direito de celebração de convenções internacionais, o direito de legação e o direito de participação em organizações internacionais.

Como melhor veremos, no capítulo V da Parte II deste livro, a União tem capacidade para celebrar tratados internacionais, ainda que, devido à complexidade da repartição de atribuições entre a União e os seus Estados-Membros, muitas vezes participe ao lado dos seus Estados-Membros na negociação, na assinatura e na conclusão dos mesmos. Trata-se dos chamados acordos mistos que têm causado sérias dificuldades – e continuarão a causar –, por exemplo, ao nível da identificação do sujeito internacional responsável pela implementação do acordo ou pelo seu incumprimento, no caso de tal vir a suceder.

O Tratado de Lisboa, apesar de não ter eliminado os acordos mistos, tentou clarificar a repartição de atribuições entre a União e os seus Estados-Membros de modo a torná-los menos frequentes.

De qualquer forma, note-se que as dificuldades enunciadas não constituíram no passado qualquer impedimento à celebração de centenas, senão milhares, de convenções internacionais por parte das Comunidades (e em menor grau da União), nos mais diversos domínios – política comercial comum, ambiente, direito internacional do mar, direito internacional penal, ajuda humanitária, cooperação ao desenvolvimento – quer isoladamente, nas matérias de atribuições exclusivas, quer em conjunto com os seus Estados-Membros, nos outros casos.

O Tratado de Lisboa trouxe igualmente desenvolvimentos no domínio do direito de legação, os quais serão objeto de desenvolvimento, no capítulo VI da Parte II deste livro. Na verdade, um dos direitos inerentes à personalidade

---

[25] Para um estudo desenvolvido da subjetividade internacional da União Europeia, cfr., por todos, MARIA JOSÉ RANGEL DE MESQUITA, *A atuação externa da União Europeia depois do Tratado de Lisboa*, Coimbra, 2011, *maxime* p. 35 a 140 e da mesma Autora, "Anotação ao artigo 47.º do TUE", *in* MANUEL LOPES PORTO / GONÇALO ANASTÁCIO (coord.), *Tratado de Lisboa...*, p. 172 a 174.

jurídica internacional que maiores dificuldades teve em se afirmar, ao nível da União Europeia, foi o direito de legação. Não obstante a União (e antes as Comunidades Europeias) terem tido, ao longo dos tempos, delegações diplomáticas nos Estados terceiros e vice-versa, a verdade é que o estatuto dessas missões não se equiparava ao das missões diplomáticas dos Estados[26].

O Tratado de Lisboa procurou ultrapassar esta fragilidade, através da consagração das bases jurídicas necessárias para a criação do Serviço Europeu de Ação Externa, sob a autoridade da/o Alta/o Representante para os Negócios Estrangeiros e para a Política de Segurança.

A União goza igualmente do direito de participação em organizações internacionais, o qual será desenvolvido no capítulo VI da Parte II desta obra. Note-se, contudo, que, tal como sucede com a celebração de tratados internacionais, esta participação não é isenta de controvérsia, tanto ao nível interno como externo.

Por um lado, os interesses dos Estados-Membros nem sempre coincidem (pense-se, por exemplo, no caso da ONU, em que a par de Estados-Membros que têm assento permanente no Conselho de Segurança, com todas as prerrogativas – e responsabilidades – que daí decorrem, no contexto da paz e da segurança internacionais, outros têm um estatuto de neutralidade, encontrando-se, pois, nos antípodas dos primeiros).

Por outro lado, sucede que, da parte dos terceiros Estados e das próprias organizações internacionais, se verifica alguma desconfiança em relação a uma entidade que surge como bicéfala (ou até pluricéfala – quanto às matérias de segurança e defesa) e fora dos parâmetros tradicionais do direito internacional.

Um dos exemplos paradigmáticos de participação da União numa organização internacional como membro de pleno direito é o caso da OMC (e antes o GATT), mas mesmo aí já se verificaram algumas vicissitudes decorrentes das características específicas da União Europeia. Daí que um dos princípios fundamentais da participação da União em organizações internacionais, aliás, como em qualquer atuação na cena internacional, seja o da cooperação leal

---

[26] Note-se, no entanto, que o que o estatuto internacional da União não tem de ser decalcado a partir do dos Estados.

entre os Estados-Membros e a União e vice-versa, bem como a coerência e a consistência da ação externa da União.

Um outro direito decorrente da personalidade jurídica internacional da União, que sofre alguma limitação neste contexto, é o direito de participação na solução de controvérsias internacionais, desde logo, por força da exclusividade de jurisdição do Tribunal de Justiça afirmada pelos Tratados (artigo 19.º do TUE). Acresce que, como veremos, é notória a relutância do Tribunal em aceitar, por exemplo, a criação, através de convenções internacionais, de tribunais com jurisdição sobre a União ou sobre os seus Estados-Membros[27] ou a sujeição da União à jurisdição de Tribunais previamente existentes, como é o caso do TEDH[28].

Essa relutância não se fundamenta tanto em princípios de relacionamento do direito da União Europeia com o direito internacional – dualismo / monismo, mas antes num princípio de direito da União – o princípio da autonomia da ordem jurídica da União.

Por último, deve salientar-se que a União é suscetível de ser responsabilizada pelas violações do direito internacional que lhe sejam imputáveis e, em casos extremos, até pelas que sejam imputáveis aos seus Estados-Membros, uma vez que os terceiros Estados não têm obrigação de conhecer a repartição de atribuições entre a União e os seus Estados-Membros e o Tribunal de Justiça reconhece o princípio *pacta sunt servanda*. O direito de participação na solução de controvérsias internacionais assim como a responsabilidade internacional da União Europeia serão objeto de estudo mais desenvolvido no capítulo VI da Parte II.

---

[27] Cfr., por exemplo, parecer de 26/4/77, *parecer n.º 1/76*, Rec. 1976, p. 741 e segs e parecer de 14/12/91, *parecer n.º 1/91*, Col. 1991, p. I-6079 e segs.
[28] Cfr. Parecer de 18/12/2014, *parecer n.º 2/13*, de 28/3/96, Col. 2014, p. 2454 e segs; *parecer n.º 2/94*, Col. 1996, p. I-1759 e segs.

Capítulo II
A influência recíproca do direito internacional e do direito da União

3. A influência do direito internacional no direito da União Europeia

A União Europeia integra-se no Mundo globalizado atual, pelo que não pode viver isolada, tal como antes as Comunidades não puderam deixar de participar ativamente na vida da comunidade internacional. Enquanto sujeito de direito internacional, a União Europeia atua na comunidade internacional como autora e como destinatária das normas por ela criadas, encontrando-se vinculada ao direito internacional, quer seja direito consuetudinário geral quer se trate de acordos internacionais, dos quais é parte, sozinha ou em conjunto com os seus Estados-Membros.

A União Europeia – e antes as Comunidades Europeias – enquanto sujeitos de direito internacional sempre assumiram o dever de respeito do direito internacional, o que resulta claro, por exemplo, da afirmação do efeito direto dos acordos internacionais de que as Comunidades / União são partes ou parte. Porém, o alargamento das atribuições externas da União, quer por força da extensão das atribuições ao nível interno quer devido à criação de novas atribuições externas, levou a uma maior afirmação do direito internacional no seio da União Europeia assim como tornou possível o aumento do contributo da União para o desenvolvimento do mesmo.

Não é por acaso que o Tratado de Lisboa reforça o compromisso da União Europeia com o direito internacional, enfatizando a necessidade de respeito do direito internacional (artigo 3.º, n.º 5, e 21.º TUE).

Acresce que a União se encontra igualmente sujeita aos princípios gerais de direito internacional e às obrigações internacionalmente assumidas pelos Estados-Membros antes da sua adesão à União Europeia. Se a base jurídica desta última vinculação resulta diretamente dos Tratados (artigo 351.º TFUE), tal não sucede em relação às outras situações, pelo que importa averiguar quais os termos e o fundamento dessa vinculação.

Ora, a relação da União Europeia com o direito internacional deve ser avaliada no contexto da evolução institucional e constitucional da União. A credibilidade e a eficiência da União Europeia enquanto sujeito de direito internacional, ou seja, o reconhecimento da sua importância por terceiros, depende do grau de respeito do direito internacional que conseguir imprimir à sua ação e do que contribuir para o seu desenvolvimento.

3.1. A vinculação da União Europeia às normas e princípios de direito internacional geral ou comum

Em primeiro lugar, deve notar-se que os Tribunais da União – Tribunal de Justiça e Tribunal Geral (antigo Tribunal de Primeira Instância) – reconhecem a vinculação da União (e antes do Tratado de Lisboa, a vinculação das Comunidades) ao direito internacional geral ou comum[29], designadamente,

---

[29] Sobre a vinculação da Comunidade Europeia e da União Europeia ao direito internacional geral ou comum, cfr., entre outros, ELEFTHERIA NEFRAMI, "Customary International Law and the European Union from the Perspective of Article 3 (5) TEU", in PIET EECKHOUT / MANUEL LOPEZ-ESCUDERO (ed.), *The European Union's External Action in Times of Crisis*, Oxford, Hart, 2016, p. 205 e segs; THEODORE KONSTADINIDES, "When in Europe: Customary International Law and EU Competence in the Sphere of External Action", *German Law Journal*, 2012, p. 1177 e segs; PIETER JAN KUIJPER, "Customary International Law, Decisions of International Organisations and Other Techniques for Ensuring Respect for International Legal Rules in European Community Law", *in* JAN WOUTERS / ANDRE NOLKAEMPER / ERIKA DE WET (ed.), *The Europeanisation of International Law*, Haia, 2008, p. 87 e segs; ALLAN ROSAS, "The European Court of Justice and Public International Law", *in* JAN WOUTERS / ANDRE NOLKAEMPER / ERIKA DE WET (ed.), *The Europeanisation...*, p. 71 e segs; ROBERT SCHÜTZE, "On 'Middle Ground'. The European Community and International Public Law", *EUI Working Paper Law* N..º 2007/13, p. 8 e segs; ANDREA OTT, "Thirty Years of Case-law by the European

às regras da Convenção de Viena sobre Direito dos Tratados (CVDT), da qual a União não faz parte[30]. Na verdade, ambos os Tribunais se louvaram, desde cedo, com alguma frequência, nas normas das CVDT (tanto na de 1969 e como na de 1986[31]) para resolverem questões relativas aos acordos internacionais de que a Comunidade era parte. Fizeram-no, por exemplo, no que diz respeito à interpretação[32], à apreciação de validade[33] ou à suspensão e à cessação de vigência dos mesmos[34]. No parecer 1/75[35], o Tribunal aceitou o princípio de que a denominação de um instrumento não é decisiva, invocando o caso *Aegean Sea* case (*Grécia c. Turquia*) do Tribunal Internacional de Justiça.

Note-se que nem sempre resultava muito claro qual o fundamento de aplicação destas Convenções, pois as Comunidades não eram partes em nenhuma

---

Court of Justice on International Law: A Pragmatic Approach Towards its Integration", *in* Vincent Kronenberger (ed.), *The European Union ...*, p. 95 e segs, *maxime* p. 133 a 136; Vaughan Lowe, "Can the European Community Bind the Member States on Questions of Customary International Law?", *in* Martti Koskenniemi (ed.), *International Law Aspects...*, p. 149 e segs; Frank Hoffmeister, "Die Bindung der Europäischen Gemeinschaft an das Völkergewohnheitsrecht der Verträge", *EWS*, 1998, p. 365 e segs; P. J. Kuijper, "The Court and the Tribunal of the EC and the Vienna Convention on the Law of Treaties 1969", *LIEI*, 1998, p. 1 e segs; Anne Peters, "The Position of International Law within the European Community Legal Order", *GYIL*, 1997, p. 42 e segs.

[30] Ver acórdãos do TJUE, de 1/7/1993, *Metalsa* proc. C-312/91, ECLI:EU:C:1993:279 e de 27/11/1997, *Danisco Sugar*, Proc. C-27/96, ECLI:EU:C:1997:563 e acórdãos do Tribunal de Primeira Instância, de 22/1/97, *Opel Austria c. Conselho*, proc. T-114/94, Rec. 1997, p. II-39, no qual o TPI anulou um regulamento comunitário por violação do artigo 18.º da CVDT.

[31] A CVDT entre Organizações Internacionais e Estados e entre Organizações Internacionais foi citada, por exemplo, no acórdão de 2/8/93, *Levy*, proc. C-158/91, Rec. 1993, p. I-4287, cons 19 e no acórdão de 9/8/94, *França c. Comissão*, proc. C-327/91, Rec. 1994, p. I-3641, cons. 25.

[32] O artigo 31.º da CVDT de 1969, relativo à interpretação dos tratados foi levado em conta pelo Tribunal, em vários acórdãos, dos quais se destacam o parecer 1/91, de 14/12/91, Col. 1991: p. I-6079; ac. de 1/7/93, *Eurim-Pharm*, proc. C-207/91, Rec. 1993, p. I-3723; ac. de 1/7/93, *Metalsa*, proc. C-312/91, Rec. 1993, p. I-3751; ac. de de 5/7/94, *Anastasiou*, proc. C-432/92, Col. 1994, p. I-3087 e segs.

[33] O Tribunal considerou que a regra, prevista no artigo 46.º da CVDT de que uma parte não pode invocar o seu direito interno para se furtar ao cumprimento do direito internacional também é aplicável em direito comunitário. Ver acórdãos de 27/9/88, *Comissão c. Conselho*, proc. 165/87, Rec. 1988, p. 5545; de 3/7/96, *Parlamento c. Conselho*, proc. C-360/93, Rec. 1996, p. I-1195; de 10/3/98, *Alemanha c. Conselho*, proc. C-122/95, Rec. 1998, p. I-973.

[34] Ac. de 16/6/98, *Racke*, proc. C-162/96, Col. 1998, p. I-3655 e segs.

[35] Parecer de 11/11/75, *parecer n.º 1/75*, Rec. 1975, p. 1355 e segs.

delas, apenas podendo estar vinculadas, por força do carácter consuetudinário geral dessas normas.

Mais tarde, no caso *Racke*[36], o Tribunal justificou a aplicação da CVDT de 1969. Chamado a apreciar a validade de um regulamento comunitário, o Tribunal considerou que o artigo 62.º da CVDT, relativo à alteração fundamental das circunstâncias, faz parte das regras de direito internacional geral que vinculam a Comunidade[37]. Esta Jurisprudência foi reafirmada no caso *Herbert Weber*[38].

Vejamos então o que disse o Tribunal de Justiça no caso *Racke*:

"(...) cabe sublinhar que, como resulta do acórdão de 24 de Novembro de 1992, Poulsen e Diva Navigation (C-286/90, Colect., p. I-6019, n.º 9), as competências da Comunidade devem ser exercidas com respeito do direito internacional. Por conseguinte, esta é obrigada a respeitar as regras do direito consuetudinário internacional quando adota um regulamento que suspende as concessões comerciais concedidas por um acordo ou ao abrigo de um acordo que celebrou com um país terceiro.

Segue-se que as regras do direito consuetudinário internacional relativas à cessação e à suspensão das relações convencionais em virtude de uma alteração fundamental de circunstâncias vinculam as instituições da Comunidade e integram a ordem jurídica comunitária."

E o Tribunal continua:

"embora não vinculem nem a Comunidade nem todos os Estados-Membros, algumas disposições da Convenção de Viena, entre as quais o seu artigo 62.º,

---

[36] Ac. de 16/6/98, proc. C-162/96, Col. 1998, p. I-3655 e segs.
[37] Para um comentário do caso *Racke* cfr. JAN KLABBERS, "Case C-162/96, A. Racke, case note", *CMLR*, 1999, p. 179 e segs; ROBERTO MASTROIANI, "La rilevanza delle norme consuetudinarie sulla sospensione dei tratati nell'ordinamento comunitario: la sentenzia Racke", *RDI*, 1999, p. 86 e segs; FERNANDO CASTILLO DE LA TORRE, "Derecho comunitario, derecho de los tratados y sanciones económicas (Comentario a la sentencia del TJCE de 16 de junio de 1998, Racke, C-162/98), *Rev. Der. Com. Eur.*, 1998, p. 549 e segs; J. ROLDAN BARBERO, "La costumbre internacional, la clausula rebus sic stantibus y el Derecho Comunitario (A proposito de la sentencia Racke ditada por le TJCE el 16 junio de 1998)", *REDI*, 1998, n.º 2, p. 9 e segs.
[38] Ac. de 27/2/2002, proc. C-37/00, Col. 2002, p. I-2013 e segs.

refletem as regras do direito internacional que consagram, mediante determinadas condições, o princípio segundo o qual uma alteração de circunstâncias pode conduzir à caducidade ou à suspensão de um tratado."

Como elemento de reforço da sua argumentação, o Tribunal de Justiça socorre-se da jurisprudência do Tribunal Internacional de Justiça:

"Assim, o Tribunal Internacional de Justiça declarou que «Este princípio e as condições excecionais a que está subordinado foram enunciados no artigo 62.º da Convenção de Viena sobre o Direito dos Tratados que pode, sob diversos aspetos, ser considerado uma codificação do direito consuetudinário existente no que respeita à cessação das relações convencionais em virtude de uma alteração de circunstâncias» (acórdão do 2 de Fevereiro de 1973, processo da competência em matéria de pescas, Reino Unido/Islândia, Coletânea dos acórdãos, pareceres consultivos e despachos, 1973, p. 3, n.º 36).

Problema diverso é o de saber se as normas de direito consuetudinário geral ou comum podem ser invocadas pelos indivíduos para anular normas de direito derivado da União.

O Tribunal, no caso *Racke*, considerou que:

"não se pode recusar a um interessado, quando nos tribunais invoca direitos que retira directamente de um acordo com um país terceiro, a possibilidade de pôr em causa a validade de um regulamento que, ao suspender as concessões comerciais concedidas por esse acordo, o impede de dele se prevalecer, e de invocar, para contestar a sua validade, as obrigações que decorrem das regras do direito consuetudinário internacional que regulam a cessação e a suspensão das relações convencionais."

Em suma, o Tribunal admite a invocabilidade de normas de direito consuetudinário geral ou comum como fundamento de anulação de normas de direito derivado da União Europeia[39].

---

[39] Para maiores desenvolvimentos sobre esta questão, ver THEODORE KONSTADINIDES, "When in Europe...", p. 1187 e segs; ROBERT SCHÜTZE, "On «Middle Ground»...", p. 9 e segs.

Esta questão foi retomada mais recentemente, no caso *Air Transport Association of America e o.contra Secretary of State for Energy and Climate Change*[40], no qual o Tribunal começou por "*recordar que, como resulta do artigo 3.º, n.º 5, TUE, a União contribui para a rigorosa observância e o desenvolvimento do direito internacional. Por conseguinte, quando adota um ato, é obrigada a respeitar o direito internacional na sua totalidade, incluindo o direito internacional consuetudinário que vincula as instituições da União (v., neste sentido, acórdãos de 24 de Novembro de 1992, Poulsen e Diva Navigation, C286/90, Colet., p. 16019, n.*[os] *9 e 10, e de 16 de Junho de 1998, Racke, C162/96, Colet., p. 13655, n.*[os] *45 e 46)*".

Em seguida, o Tribunal examinou, "*em primeiro lugar, se os princípios a que o órgão jurisdicional de reenvio se refere são reconhecidos como fazendo parte do direito internacional consuetudinário.*"

Esses princípios eram os seguintes: o princípio de direito internacional consuetudinário segundo o qual cada Estado tem soberania completa e exclusiva sobre o seu espaço aéreo, o princípio nos termos do qual nenhum Estado pode legitimamente pretender submeter qualquer parte do alto mar à sua soberania e ainda o princípio da liberdade de sobrevoar o alto mar.

Nesse acórdão, o Tribunal afirmou:

"*Estes três princípios são considerados como a expressão do estado atual do direito internacional marítimo e aéreo consuetudinário e, por outro lado, os ditos princípios foram codificados, respectivamente, no artigo 1.º da Convenção de Chicago [v., sobre o reconhecimento de tal princípio, acórdão do Tribunal Internacional de Justiça de 27 de Junho de 1986, processo relativo às actividades militares e paramilitares na e contra a Nicarágua (Nicarágua c. Estados Unidos da América), Recueil des arrêts, avis consultatifs et ordonnances 1986, p. 392, n.º 212], no artigo 2.º da Convenção de Genebra, de 29 de Abril de 1958, sobre o Alto Mar (Recueil des traités des Nations unies, vol. 450, p. 11) (v., igualmente, sobre o reconhecimento deste princípio, acórdão do Tribunal Permanente de Justiça Internacional de 7 de Setembro de 1927, processo «Lotus», Recueil CPJI 1927, série A, n.º 10, p. 25), bem como no artigo 87.º, n.º 1, terceira frase, da Convenção das Nações Unidas sobre*

---

[40] Acórdão de 3/2/2012, *Air Transport Association of America and Others v. Secretary of State for Energy and Climate Change*, proc. C-366/10, ECLI:EU:C:2011:864.

o Direito do Mar, assinada em Montego Bay, em 10 de Dezembro de 1982, que entrou em vigor em 16 de Novembro de 1994, e celebrada e aprovada, em nome da Comunidade Europeia, pela Decisão 98/392/CE do Conselho, de 23 de Março de 1998 (JO L 179, p. 1).

Quanto ao *"princípio segundo o qual as aeronaves que sobrevoem o alto mar estão sujeitas à jurisdição exclusiva do Estado onde estiverem registadas"*, o Tribunal disse:

"(...) há que considerar, em contrapartida, que, além do facto de o Governo do Reino Unido e, em certa medida, o Governo alemão, contestarem a existência de tal princípio, não há elementos suficientes que demonstrem que o princípio de direito internacional consuetudinário, reconhecido como tal, segundo o qual um navio que se encontre no alto mar está, em princípio, sujeito exclusivamente à lei do seu pavilhão (v. acórdão Poulsen e Diva Navigation, já referido, n.º 22) seja aplicável, por analogia, às aeronaves que sobrevoem o alto mar."

Em consequência, o Tribunal declarou que:

"1) De entre os princípios e disposições do direito internacional referidos pelo órgão jurisdicional de reenvio, apenas podem ser invocados, em circunstâncias como as do processo principal e para efeitos da apreciação da validade da Directiva 2008/101/CE do Parlamento Europeu e do Conselho, de 19 de Novembro de 2008, que altera a Directiva 2003/87/CE de modo a incluir as actividades da aviação no regime de comércio de licenças de emissão de gases com efeito de estufa na Comunidade:
– por um lado, dentro dos limites de uma fiscalização do erro manifesto de apreciação imputável à União quanto à sua competência para, à luz desses princípios, adoptar essa directiva:
– o princípio segundo o qual cada Estado tem soberania completa e exclusiva sobre o seu espaço aéreo,
– o princípio segundo o qual nenhum Estado pode legitimamente pretender submeter qualquer parte do alto mar à sua soberania,
– o princípio que garante a liberdade de sobrevoar o alto mar."

O Tribunal aferiu ainda a validade de normas comunitárias por referência a normas e princípios de direito internacional consuetudinário, nos casos *Brita*[41] e *Frente Polisário*[42], que estudaremos mais à frente, tendo aí considerado que só em caso de erro manifesto das instituições se deveriam anular os atos das instituições da União por violação destas normas.

O direito internacional serviu igualmente de fundamento à vinculação da União enquanto sujeito de direito internacional, a alguns princípios, como, por exemplo, o princípio *pacta sunt servanda*, o princípio da boa fé na execução dos Tratados[43], o princípio da relatividade dos efeitos dos tratados, o princípio do efeito útil da interpretação[44] ou o princípio da autodeterminação dos povos.

Note-se, porém, que o Tribunal não integrou todos os princípios do direito internacional na ordem jurídica da União. A título exemplificativo refira-se que o Tribunal recusou essa integração ao princípio da reciprocidade.

Mas o Tribunal considerou que certos princípios, como é o caso do princípio *pacta sunt servanda* e do princípio da boa fé na execução dos tratados assumem, no direito da União Europeia, uma particular relevância.

Retomando o caso *Racke*, vejamos:

> *"o princípio pacta sunt servanda que constitui um princípio fundamental de qualquer ordem jurídica e, em especial, da ordem jurídica internacional. Aplicado ao direito internacional, esse princípio exige que todo o tratado em vigor vincule as partes e deva ser por elas executado de boa fé (v. artigo 26.º da Convenção de Viena)."*

Nesse mesmo caso, o Tribunal de Justiça remeteu ainda para a jurisprudência do Tribunal Internacional de Justiça, ao afirmar que:

> *"a importância desse princípio foi ainda recordada pelo Tribunal Internacional de Justiça, segundo o qual «a estabilidade das relações convencionais exige que o fundamento baseado numa alteração fundamental de circunstâncias só se*

---

[41] Acórdão de 25/02/2010, *Brita*, proc. C-386/08, EU:C:2010:91.
[42] Ac. 21/12/2016, proc. C-104/16 P, ECLI:EU:C:2016:973.
[43] Ver, na jurisprudência mais antiga, acórdão de 26/10/1982, *Kupferberg*, proc. 104/81, Rec. 1982, p. 3641 e segs e acórdão de 22/1/97, *Opel Áustria*, proc. T-115/94, Col. 1997, p. II-39 e segs.
[44] Acórdão de 27/2/62, *Comissão contra a Itália*, proc. 10/61, Rec. 1961, p. 23.

aplique em situações excecionais» (acórdão de 25 de Setembro de 1997, processo relativo ao projecto Gabcíkovo – Nagymaros, Hungria/Eslováquia, n.º 104").

Mais recentemente, o Tribunal reafirmou estes e outros princípios, no caso *Frente Polisário* já citado[45].

A relevância deste acórdão, no que diz respeito à vinculação da União Europeia aos princípios gerais de direito internacional, impõe um estudo mais desenvolvido do mesmo [46].

Estando em causa um recurso de uma decisão do Tribunal Geral que tinha considerado, através de uma interpretação do Acordo entre a União Europeia e o Reino de Marrocos respeitante a medidas de liberalização em matéria de agricultura e de pescas que o mesmo «também é aplicável ao território do Sara Ocidental», porque o Sara Ocidental faz parte do Reino de Marrocos, o Tribunal de Justiça vai anular o acórdão recorrido, com fundamentos que se baseiam, essencialmente, nos princípios e regras de direito internacional consagrados na Convenção de Viena sobre Direito dos Tratados e na Carta das Nações Unidas.

Assim, interpretando o acordo *sub judice,* o Tribunal de Justiça começou por recordar o artigo 31.º, n.º 1, da Convenção de Viena, relativo ao princípio da boa fé na interpretação dos tratados, mas considerou que o Tribunal Geral não teve em conta o n.º 3, alínea c), desse artigo, nos termos da qual

---

[45] O Tribunal remete para os acórdãos de 16/06/98, *Racke*, proc. C162/96, EU:C:1998:293, n.º 49, e de 23/01/14, *Manzi e Compagnia Naviera Orchestra*, proc. C537/11, EU:C:2014:19, n.º 38.

[46] Para um comentário deste acórdão, ver PETER HILPOLD, "«Self-Determination at the European Courts: The *Front Polisario* Case» or «The Unatending Awakening of a Giant»", *European Papers*, 2017, p. 907 e segs; AURORA RASI, "*Front Polisario*: A Step Forward in Judicial Review of International Agreements by the Court of Justice?", *European Papers*, 2017, p. 967 e segs; EVA KASSOTI, The *Council v. Front Polisario* Case: The Court of Justice's Selective Reliance on International Rules on Treaty Interpretation (Second Part)", *European Papers*, 2017, p. 23 e segs. Ver também os comentários ao acórdão de 10 de dezembro de 2015 do Tribunal Geral (proc. T-512/12) de VIVIAN KUBE, "The Polisario Case: Do EU fundamental rights matter for EU trade policies?", in www.ejiltalk.org; SANDRA HUMMELBRUNNER / ANNA-CARLIJN PRICKARTZ, "It's not the Fish that Stinks! EU Trade Relations with Morocco under the Scrutiny of the General Court of the European Union", *UJIEL*, 2016, p. 19 e segs; SUSAN POWER, "EU Exploitation of Fisheries in Occupied Western Sahara: Examining the Case of *Front Polisario v Council of the European Union* in light of the failure to account for Belligerant Occupation", *IJEL*, 2016, p.27 e segs.

a interpretação de um tratado deve ser efetuada tomando em consideração toda a norma pertinente de direito internacional aplicável às relações entre as partes nesse tratado[47].

Além disso, o Tribunal de Justiça censurou ao Tribunal Geral o facto de não ter analisado sucessivamente as diferentes regras pertinentes de direito internacional aplicáveis, a saber, o princípio da autodeterminação, a regra codificada no artigo 29.º da Convenção de Viena e o princípio do efeito relativo dos tratados, uma vez que cada uma destas regras tem a sua autonomia.

A propósito do princípio da autodeterminação, disse o Tribunal:

> *"(...) saliente-se, antes de mais, que o princípio consuetudinário da autodeterminação recordado, designadamente, no artigo 1.º da Carta das Nações Unidas é, como enunciou o Tribunal Internacional de Justiça nos n.ᵒˢ 54 a 56 do seu parecer consultivo sobre o Sara Ocidental, um princípio de direito internacional aplicável a todos os territórios não autónomos e a todos os povos que não tenham ainda alcançado a independência. Constitui, além disso, um direito oponível erga omnes e um dos princípios essenciais do direito internacional (Timor oriental, [Portugal c. Austrália], acórdão, CIJ Recueil 1995, p. 90, n.º 29 e jurisprudência referida).*
> *A esse título, este princípio faz parte das regras de direito internacional aplicáveis nas relações entre a União e o Reino de Marrocos, cuja tomada em consideração se impunha ao Tribunal Geral.*
> *De acordo com o referido princípio, conforme precisado pela Resolução 2625 (XXV) da Assembleia Geral da ONU, referida no n.º 26 do presente acórdão, «[o] território de uma colónia ou de outro território não autónomo possui, ao abrigo da [Carta das Nações Unidas], um estatuto separado e distinto». Mais especificamente, a Assembleia Geral da ONU, nas várias resoluções que consagrou ao Sara Ocidental, manifestou reiteradamente o seu cuidado «de permitir à população autóctone do território que exerça livremente o seu direito à autodeterminação», como o Tribunal Internacional de Justiça salientou nos n.ᵒˢ 62, 64 e 68 do seu parecer consultivo sobre o Sara Ocidental.*

---

[47] V. caso *Brita*, já citado, e acórdão de 3/9/2008, *Kadi e Al Barakaat International Foundation/Conselho e Comissão*, C 402/05 P e C 415/05 P, EU:C:2008:461, n.º 291 e jurisprudência referida.

> *Tendo em conta o estatuto separado e distinto reconhecido ao território do Sara Ocidental, por força do princípio da autodeterminação, relativamente ao de qualquer Estado, incluindo o Reino de Marrocos, os termos «território do Reino de Marrocos» que constam do artigo 94.º do acordo de associação não podem, como sustenta a Comissão e como realçou o advogado geral, em substância, nos n.ᵒˢ 71 e 75 das suas conclusões, ser interpretados de tal modo que o Sara Ocidental seja incluído no âmbito de aplicação territorial desse acordo.*
> *No caso em apreço, embora o Tribunal Geral tenha constatado, no n.º 3 do acórdão recorrido, que o Sara Ocidental figurava desde 1963 na lista dos territórios não autónomos em aplicação do artigo 73.º da Carta das Nações Unidas, todavia, este órgão jurisdicional não retirou as consequências do estatuto de que assim dispõe o Sara Ocidental, por força do direito internacional, quanto à inaplicabilidade do acordo de associação a esse território."*

Em seguida, o Tribunal apreciou se a regra consuetudinária codificada no artigo 29.º da Convenção de Viena que prevê que, salvo se o contrário resultar do tratado ou tenha sido de outro modo estabelecido, a aplicação de um tratado estende-se à totalidade do «território» de cada uma das partes, tendo concluído que essa regra também não tinha sido corretamente aplicada pelo Tribunal Geral.

Na análise do princípio do efeito relativo dos tratados, o Tribunal salientou que:

> *"por força do princípio de direito internacional geral do efeito relativo dos tratados, de que a regra constante no artigo 34.º da Convenção de Viena constitui uma expressão especial, os tratados não devem prejudicar nem beneficiar terceiros sem o seu consentimento (v. acórdão de 25 de fevereiro de 2010, Brita, C386/08, EU:C:2010:91, n.ᵒˢ 44 e 52)."*

Segundo o Tribunal:

> *"o princípio do efeito relativo dos tratados devia ser tomado em conta no âmbito dessa interpretação, uma vez que uma aplicação ao Sara Ocidental do acordo de associação, celebrado entre a União e o Reino de Marrocos, teria levado a que este acordo afetasse um «terceiro»"* – o povo do Sara Ocidental.

O Tribunal invocou igualmente o parecer consultivo sobre o Sara Ocidental, do Tribunal Internacional de Justiça, que considerou que o Sara Ocidental «não era uma terra de ninguém (*terra nullius*) no momento da sua colonização pel[o Reino de] Espanha», por um lado, e que os elementos e informações que lhe foram fornecidos «não estabelec[iam] a existência de qualquer elo de soberania territorial» entre esse território e o Reino de Marrocos, por outro.

O Tribunal de justiça acabou por concluir no sentido de que o facto de o Tribunal Geral ter considerado que o território do Sara Ocidental está abrangido pelo âmbito de aplicação do acordo de associação é contrário ao princípio de direito internacional do efeito relativo dos tratados, que é aplicável nas relações entre a União e o Reino de Marrocos.

Em suma, da análise anterior dos acórdãos do TJ resulta que – quer os que apreciam a validade do direito derivado da Comunidade ou da União à luz do costume internacional geral ou comum quer os que o fazem por referência aos princípios gerais de direito internacional – transparece a ideia de que o direito internacional é parte integrante do direito da União, deve ser aplicado na ordem jurídica da União sem necessidade de qualquer ato de transposição e posiciona-se hierarquicamente acima do direito derivado, pois este deve respeitá-lo. Se o não fizer, é inválido.

Esta posição do Tribunal de Justiça tem subjacente uma visão monista com primado de direito internacional[48], no que toca às relações entre o direito da União e o direito internacional, a qual é muito mais "amiga" do direito internacional do que a visão dualista.

Note-se, contudo, que o estatuto do direito internacional consuetudinário no seio do direito da UE não é idêntico ao dos acordos internacionais. Enquanto o respeito do direito consuetudinário se baseia no dever geral de respeito do direito internacional, a observância dos acordos internacionais baseia-se na realização substancial das atribuições que os Estados-Membros conferiram à União[49].

Assim, enquanto o acordo internacional se integra na ordem jurídica da União, o direito consuetudinário é usado, primacialmente, pelo Tribunal de Justiça como um elemento interpretativo no que diz respeito à ação das

---

[48] Neste sentido, ROBERT SCHÜTZE, "On «Middle Ground»...", p. 4.
[49] Neste sentido, ELEFTHERIA NEFRAMI, "Customary International Law ...", p. 212 e segs.

instituições da União ou como mais um elemento a ter em conta no equilíbrio de interesses quando o Tribunal avalia ações dos Estados-Membros[50].

O Tribunal nunca explicou claramente as razões da adoção da tese monista com primado do direito internacional, no que diz respeito à incorporação do direito internacional no direito da União, embora hoje se possam retirar argumentos a seu favor, entre outros, do artigo 3.º, n.º 5, do TUE quando estabelece que a União, nas suas relações com o resto do Mundo, afirma e promove a rigorosa observância e o desenvolvimento do direito internacional, incluindo o respeito dos princípios da Carta das Nações Unidas[51].

Importa igualmente sublinhar que a "amizade" do direito da União ao direito internacional também não se poderia ter fundado nas tradições constitucionais comuns aos Estados-Membros, na medida em que muitos deles adotam a tese dualista quanto à incorporação do direito internacional no direito interno, como é, por exemplo, o caso da Alemanha e da Itália.

Mas a preferência do Tribunal de Justiça pela tese monista com primado de direito internacional não é absoluta, antes tem limites.

Como melhor veremos, no ponto seguinte, o Tribunal de Justiça adota uma posição menos "amiga" do direito internacional quando a ordem constitucional da União Europeia é posta em causa.

3.2. A vinculação da União às decisões das organizações internacionais – o caso especial das resoluções do Conselho de Segurança das Nações Unidas

Se a vinculação da União às normas e aos princípios de direito internacional geral ou comum assim como aos tratados internacionais de que não é parte já causa alguma perplexidade, a vinculação da União às decisões de organizações internacionais, das quais, muitas vezes, nem sequer é parte[52] afigura-se ainda mais difícil de entender.

---

[50] Neste sentido, ELEFTHERIA NEFRAMI, "Customary International Law ...", p. 212 e segs.
[51] Neste sentido, ELEFTHERIA NEFRAMI, "Customary International Law ...", p. 205 e segs.
[52] RAMSES A. WESSEL / STEVEN BLOCKMANS, "The Legal Status and Influence of Decisions of International Organizations and other Bodies in the European Union", in PIET EECKHOUT / MANUEL LOPEZ-ESCUDERO (ed.), *The European Union's External Action in Times of Crisis*, Oxford, Hart, 2016, p. 223 e segs.

Aliás, o próprio estatuto das decisões das organizações internacionais no âmbito do sistema de fontes de direito internacional é bastante controverso[53], mas este é um assunto que não cabe, de todo, aprofundar no presente livro.

Antes importa realçar que as decisões de algumas organizações internacionais influenciam o direito da União Europeia[54] quer formalmente – quando a União faz parte dessas organizações – quer informalmente – nos casos em que a União não é parte. Como exemplo das primeiras podem referir-se as decisões da FAO[55] e da OMC[56] e como exemplo das segundas podem mencionar-se as decisões do FMI[57], da OMPI[58] ou da NATO[59].

Note-se, contudo, que o caso mais impressionante – e ao qual a doutrina dedicou mais atenção – foi, sem dúvida, o das resoluções do Conselho de Segurança das Nações Unidas[60].

Com efeito, ainda antes da entrada em vigor do Tratado de Lisboa, já a aplicação das resoluções do Conselho de Segurança, adotadas ao abrigo do capítulo VII da Carta das Nações Unidas, na ordem jurídica da União,

---

[53] Sobre esta discussão ver, por todos, Patrick Daillier / Mathias Forteau / Alain Pellet, *Droit International Public*, 8.ª ed., Paris, LGDJ, 2009, p. 405 e segs.

[54] Ver Ramses A. Wessel / Steven Blockmans, "Between Autonomy and Dependence: the EU Legal Order under the Influence of International Organizations – an Introduction", in Ramses A. Wessel / Steven Blockmans (ed.), *Between Autonomy and Dependence: the EU Legal Order under the Influence of International Organizations*, Bruxelas, T.M.C. Asser Press / Springer, 2012, p. 1 e segs.

[55] Françoise D. Schild, "The influence of the Food and Agricultural Organization (FAO) on the EU Legal Order", in Ramses A. Wessel / Steven Blockmans (ed.), *Between Autonomy and Dependence: the EU Legal Order under the Influence of International Organizations*, Bruxelas, T.M.C. Asser Press / Springer, 2012, p. 217 e segs.

[56] Peter Jan Kuijper / Frank Hoffmeister, "WTO Influence on the EU Legal Order: Too close for comfort?", in Ramses A. Wessel / Steven Blockmans (ed.), *Between Autonomy and Dependence...*, p. 131 e segs.

[57] Wolfgang Bergthaler, "The Relationship between International Monetary Fund Law and European Union Law: Influence, Impact, Effect, and Interaction", in Ramses A. Wessel / Steven Blockmans (ed.), *Between Autonomy and Dependence...*, p. 159 e segs.

[58] Edward Kwakwa / Autumn Talbott, "The influence of World Intelectual Property Organization on the European Union", in Ramses A. Wessel / Steven Blockmans (ed.), *Between Autonomy and Dependence...*, p. 199 e segs.

[59] Steven Blockmans, "The Influence of NATO on the Development of the EU's Common Security and Defence Policy", in Ramses A. Wessel / Steven Blockmans (ed.), *Between Autonomy and Dependence...*, p. 243 e segs.

[60] V. Robert Schütze, "On «Middle Ground»...", p. 13 e segs.

tinha dado lugar a uma abundante e divergente jurisprudência do antigo TPI, atual TG, e do Tribunal de Justiça.

O antigo TPI, em decisões algo surpreendentes[61] (e que foram sistematicamente objeto de anulação por parte do TJ[62]) decidiu que, embora a Comunidade não seja membro das Nações Unidas, deve considerar-se que está vinculada pelas obrigações resultantes da Carta das Nações Unidas, da mesma forma que o estão os seus Estados-Membros, por força do próprio Tratado que a institui. Por um lado, a Comunidade não pode violar as obrigações que incumbem aos seus Estados-Membros por força dessa Carta, nem obstar à sua execução. Por outro lado, está obrigada, nos termos do próprio Tratado, através do qual foi instituída, a adotar, no exercício das suas competências, todas as disposições necessárias para permitir que os Estados-Membros cumpram essas obrigações.

Segundo o TPI, o direito da ONU prima sobre o direito comunitário, pelo que não é possível justificar a sua competência para fiscalizar, ainda que incidentalmente, a legalidade das decisões do Conselho de Segurança ou do Comité de Sanções, à luz do modelo de proteção dos direitos fundamentais, tal como são reconhecidos na ordem jurídica comunitária, nem com base no direito internacional.

Consequentemente, as resoluções do Conselho de Segurança adotadas ao abrigo do capítulo VII da Carta das Nações Unidas escapam, em princípio, à fiscalização jurisdicional do TPI, o qual está obrigado, na medida do possível, a interpretar e a aplicar esse direito de maneira compatível com as obrigações que incumbem aos Estados-Membros por força da Carta das Nações Unidas.

Se o TPI tivesse ficado por aqui, não teria certamente sido alvo de tantas críticas como veio a ser.

Em seguida, o TPI considerou-se competente para fiscalizar, de forma incidental, a legalidade dessas resoluções à luz do *jus cogens*, entendido como

---

[61] Cfr. acórdão de 21/9/2005, *Yusuf*, proc. T-306/01, Col. 2005, p. II-3533 e segs; acórdão de 12/7/2006, *Ayadi*, proc. T-235/02, Col. 2006, p. II-2139 e segs e *Hassan*, proc. T-49/04, Col. 2006, p. II-52 (pub. sum.) e ainda acórdão de 21/9/2005, *Kadi*, proc. T-305/01, Col. 2005, p. II-3649 e segs.

[62] Cfr., por exemplo, acórdão de 3/12/2009, *Hassan e Ayadi*, procs. C-403/06 P e C-399/06, Col. 2009, p. I-11393 e acórdão de 3/9/2008, *Yassin Abdullah Kadi / Al Barakaat International Foundation*, procs. C402/05 P e C415/05 P, ECLI:EU:C:2008:461.

uma ordem pública internacional que se impõe a todos os sujeitos do direito internacional, incluindo às instâncias da ONU, e que não é possível derrogar. Em consequência, apreciou a legalidade dessas resoluções à luz do *jus cogens*, tendo chegado à conclusão que elas não violavam os direitos fundamentais reconhecidos pelo direito comunitário[63].

Ora, a primeira questão que se deve colocar, a este propósito, é a de saber de onde retirou o TPI a sua competência e até a sua legitimidade para apreciar a legalidade de tais resoluções, desde logo, porque não se trata de direito comunitário.

Naturalmente que as partes recorreram destas decisões para o Tribunal de Justiça, o qual, de um modo geral, anulou os regulamentos comunitários, no que diz respeito aos recorrentes, por violação de determinados direitos fundamentais, como o direito de propriedade e o direito a uma tutela jurisdicional efetiva.

Não é este, contudo, o aspeto que mais nos interessa, neste momento, mas antes a questão de saber até que ponto o direito da União Europeia é permeável às resoluções do Conselho de Segurança das Nações Unidas e como se relaciona com elas.

Em primeiro lugar, deve notar-se que o Tribunal reafirmou, no caso *Kadi I*, o princípio segundo o qual *"as competências da Comunidade devem ser exercidas com observância do direito internacional e um ato adotado ao abrigo dessas competências deve ser interpretado, e o respetivo âmbito de aplicação circunscrito, à luz das regras pertinentes do direito internacional"*, acrescentando que *"no exercício da sua competência para adoção de atos comunitários com base nos artigos 60.º CE e 301.º CE a fim de implementar resoluções adotadas pelo Conselho de Segurança ao abrigo do capítulo VII da Carta das Nações Unidas, a Comunidade deve atribuir uma importância especial ao facto de, em conformidade com o artigo 24.º da Carta das Nações Unidas, a adoção, pelo Conselho de Segurança, de resoluções ao abrigo do capítulo VII desse diploma constituir o exercício da responsabilidade principal de que esse órgão internacional está investido para manter a paz e a segurança, à escala mundial, responsabilidade que, no âmbito do referido capítulo VII, inclui o poder de determinar o que constitui uma ameaça à paz e à segurança internacionais, bem como de tomar as medidas necessárias para as manter ou restabelecer"*.

---

[63] Cf. caso *Ayadi*, *supra* citado.

Porém, o Tribunal considerou – o que pode gerar controvérsia, mas, na realidade, assim é – que *"a Carta das Nações Unidas não impõe a escolha de um modelo prédeterminado para a implementação das resoluções adotadas pelo Conselho de Segurança ao abrigo do seu capítulo VII, devendo esta implementação ser levada a cabo de acordo com as modalidades aplicáveis nesta matéria no ordenamento jurídico interno de cada membro da ONU. Com efeito, a Carta das Nações Unidas deixa, em princípio, aos membros da ONU a liberdade de escolher entre vários modelos possíveis de receção dessas resoluções nos respetivos ordenamentos jurídicos internos".*

Partindo destas premissas, o Tribunal apreciou a validade do Regulamento n.º 881/2002, ao abrigo do princípio da tutela jurisdicional efetiva, o qual constitui um princípio geral do direito comunitário, que decorre das tradições constitucionais comuns aos Estados-Membros e que foi consagrado pelos artigos 6.º e 13.º da Convenção Europeia dos Direitos do Homem, tendo sido reafirmado no artigo 47.º da Carta dos Direitos Fundamentais da União Europeia.

Em segundo lugar, deve sublinhar-se que o TJ recusou a supremacia do direito internacional sobre o direito originário. Senão vejamos o caso *Kadi I*[64][65]:

"a Comunidade é uma comunidade de direito, no sentido de que nem os seus Estados-Membros nem as suas instituições escapam ao controlo da conformidade dos seus atos com a carta constitucional de base que é o Tratado, e este estabelece

---

[64] Acórdão de 3/9/2008, *Yassin Abdullah Kadi / Al Barakaat International Foundation*, procs. C402/05 P e C415/05 P ECLI:EU:C:2008:461.

[65] Para um comentário deste acórdão, ver MARIA TZANOU, "Case-note on Joined Cases C-402/05 P & C-415/05 P *Yassin Abdullah Kadi & Al Barakaat International Foundation v. Council of the European Union & Commission of the European Communities*", *GLJ*, 2009, p. 123 e segs; PETER HILPOLD, "EU Law and UN Law in Conflict: The Kadi Case", in A. VON BOGDANDI / R. WOLFRUM, *Max Planck Yearbook of United Nations Law*, vol. 13, 2009, p. 141 e segs; TAKIS TRIDIMAS / JOSE A. GUTIERREZ-FONS, "EU Law, International Law and Economic Sanctions Against Terrorism: The Judiciary in Distress?", *Fordham Int'l L.J.*, 2008-2009, p. 660 e segs; GRÁINNE DE BÚRCA, "The European Court of Justice and the International Legal Order After *Kadi*", *Harv. Int'l L. J.*, 2010, p. 1 e segs; CHRISTOPHER MICHAELSEN, "Kadi and al Barakaat v Council of the European Union and Commission of the European Communities – The incompatibility of the United Nations Security Council's 1267 sanctions regime with European due process guarantees", *Melbourne Journal of International Law*, 2009, p. 329 e segs; ALISA SHEKHTMAN, "Kadi v. Commission: A Case Study of the Development of a Rights-Based Jurisprudence for the European Court of Justice", *Claremont-UC Undergraduate Research Conference on the European Union*: Vol. 2011, Article 9. DOI: 10.5642/urceu.201101.09.

> *um sistema completo de vias de recurso e de procedimentos destinado a confiar ao Tribunal de Justiça a fiscalização da legalidade dos atos das instituições. Um acordo internacional não pode pôr em causa a ordem das competências estabelecida pelos Tratados e, portanto, a autonomia do sistema jurídico comunitário, cuja observância é assegurada pelo Tribunal de Justiça no exercício da competência exclusiva que lhe é conferida pelo artigo 220.º CE, competência esta que faz parte dos fundamentos da própria Comunidade."*

Assim sendo, o Tribunal de Justiça, ao contrário do Tribunal de Primeira Instância, admite fiscalizar a legalidade de um regulamento – no caso, o Regulamento n.º 881/2002 – que institui certas medidas restritivas específicas contra determinadas pessoas e entidades associadas a Osama Bin Laden, à rede AlQaida e aos [talibãs], e que se destina a implementar uma resolução do Conselho de Segurança adotada ao abrigo do capítulo VII da Carta das Nações Unidas. Note-se que o TJ não fiscaliza a resolução do Conselho de Segurança, nem mesmo por referência à sua compatibilidade com o *jus cogens*.

Pelo contrário, trata-se de defender o núcleo duro do direito constitucional da União Europeia[66-67].

Para o Tribunal de Justiça:

> *"Um acórdão de um órgão jurisdicional comunitário no qual fosse decidido que um ato comunitário destinado a implementar tal resolução é contrário a uma norma hierarquicamente superior do ordenamento jurídico comunitário não implicaria pôr em causa a prevalência dessa resolução no plano do direito internacional."*

---

[66] Ver casos *Hassan e Ayadi*, supra citados e ainda ac. de 16/11/2011, *Bank Melli Iran c. Conselho*, proc. C-548/09 P, Col. 2011, p. I-11381 e segs.

[67] Sobre a vinculação da Comunidade Europeia e da União Europeia ao Direito das Nações Unidas, designadamente às resoluções do Conselho de Segurança, cfr., entre outros, PIET EECKHOUT, "EC Law and UN Security Council Resolutions", in ALAN DASHWOOD / MARC MARESCEAU, *Law and Practice*..., p. 104 e segs; PIETER JAN KUIJPER, "Customary International Law...", p. 87 e segs; NIKOLAOS LAVRANOS, "UN Nations and Judicial Review", in JAN WOUTERS / ANDRE NOLKAEMPER / ERIKA DE WET (ed.), *The Europeanisation*..., p. 185 e segs; STÉPHANE DE LA ROSA, "La mise en oeuvre des résolutions du Conseil de sécurité confrontée aux exigences de la Communauté de droit. Réflexions sur l'arrêt Kadi", *RAE*, 2007-2008, p. 317 e segs.

E mais adiante o Tribunal que:

"as obrigações impostas por um acordo internacional não podem ter por efeito a violação dos princípios constitucionais do Tratado CE, entre os quais figura o princípio segundo o qual todos os atos comunitários devem respeitar os direitos fundamentais, constituindo este respeito um requisito da sua legalidade que compete ao Tribunal de Justiça fiscalizar no âmbito do sistema completo de vias de recurso estabelecido pelo mesmo Tratado."

Ora, neste acórdão, o Tribunal de Justiça afastou-se claramente da visão monista com primado de direito internacional que tinha assumido em casos anteriores, na medida em que considera que:

"em caso algum poderia permitir que fossem postos em causa princípios que fazem parte dos próprios fundamentos do ordenamento jurídico comunitário, entre os quais os princípios da liberdade, da democracia e do respeito dos Direitos do Homem e das liberdades fundamentais consagrados no artigo 6.º, n.º 1, UE enquanto fundamento da União. Se o artigo 300.º, n.º 7, CE, que prevê que os acordos celebrados nas condições definidas nesse artigo são vinculativos para as instituições da Comunidade e para os Estados-Membros, fosse aplicável à Carta das Nações Unidas, esta prevaleceria sobre os atos de direito comunitário derivado. Todavia, no plano do direito comunitário, essa prevalência não seria extensiva ao direito primário e, em particular, aos princípios gerais de que fazem parte os direitos fundamentais".
"As jurisdições comunitárias devem, portanto, em conformidade com as competências de que estão investidas ao abrigo do Tratado CE, assegurar a fiscalização, em princípio integral, da legalidade de todos os atos comunitários à luz dos direitos fundamentais, incluindo dos atos comunitários que, como o regulamento em causa, se destinam a implementar resoluções adotadas pelo Conselho de Segurança ao abrigo do capítulo VII da Carta das Nações Unidas."

O Tribunal apreciou, portanto, a validade do regulamento por referência a um dos valores e princípios constitucionais fundamentais da ordem jurídica da União, ou seja, o respeito dos direitos fundamentais. Mas fê-lo, atendendo aos bens jurídicos em causa, às circunstâncias concretas e ponderou os diversos interesses e direitos que estavam em jogo. Daí que tenha considerado, por uma banda, o facto de os objetivos prosseguidos serem de interesse geral e fundamentais para a Comunidade internacional, a saber, o combate por todos os meios, em conformidade com a Carta das Nações Unidas, contra as ameaças à paz e à segurança internacionais que os atos de terrorismo constituem, o congelamento de fundos, haveres financeiros e outros recursos económicos das pessoas identificadas pelo Conselho de Segurança ou pelo comité de sanções como estando associadas a Osama Bin Laden, à rede AlQaida e aos talibãs não pode, por si só, ser considerado inadequado ou desproporcionado, pelo que as medidas restritivas impostas pelo Regulamento n.º 881/2002, podem ser justificadas.

Por outra banda, o Tribunal considerou que a justificação pressupõe que os procedimentos aplicáveis devem também dar à pessoa ou entidade em questão uma oportunidade adequada de expor a sua causa às autoridades competentes como exige o artigo 1.º do Protocolo n.º 1 da Convenção Europeia dos Direitos do Homem.

Ora, segundo o Tribunal, a imposição das medidas restritivas constantes do referido regulamento a uma pessoa ou entidade, devido à sua inclusão na lista contida no Anexo I do mesmo regulamento, constitui uma restrição injustificada do seu direito de propriedade, uma vez que este regulamento foi adotado sem fornecer nenhuma garantia que permitisse a esta pessoa ou entidade expor a sua causa às autoridades competentes, e isto numa situação em que a restrição dos seus direitos de propriedade deve ser qualificada como considerável, tendo em conta o alcance geral e a duração efetiva das medidas restritivas que lhe foram aplicadas.

Em consequência, o Tribunal decidiu que o Regulamento n.º 881/2002, que institui certas medidas restritivas específicas contra determinadas pessoas e entidades associadas a Osama Bin Laden, à rede AlQaida e aos [talibãs], deve ser anulado, no que diz respeito aos recorrentes, devido a uma violação de princípios aplicáveis no âmbito do procedimento seguido na adoção das medidas restritivas instauradas por esse regulamento.

Essa anulação não produz, contudo, efeitos imediatos, uma vez que se assim fosse, isso poderia afetar de forma grave e irreversível a eficácia das medidas restritivas impostas por este regulamento e às quais a Comunidade tem a obrigação de dar execução, uma vez que, no período de tempo que precede a sua eventual substituição por um novo regulamento, os recorrentes poderiam tomar medidas destinadas a evitar que ainda lhes pudessem ser aplicadas medidas de congelamento de fundos. Mantêm-se, pois, os efeitos do referido regulamento, na medida em que diz respeito aos recorrentes, durante um período que não poderá exceder três meses a contar da data da prolação do acórdão.

Convidado pelo Conselho, apoiado pela Irlanda, no caso *Kadi II (Comissão Europeia e o. contra Yassin Abdullah Kadi)*[68] [69], a alterar a sua jurisprudência, no que diz respeito à imunidade de jurisdição do regulamento, na medida em que aquele tem por objeto aplicar resoluções adotadas pelo Conselho de Segurança, ao abrigo do capítulo VII da Carta das Nações Unidas, o Tribunal defendeu que:

> *"os diversos elementos que sustentam a solução a que chegou o Tribunal de Justiça no acórdão Kadi, (...) não sofreram evolução alguma que possa justificar pôr em causa essa solução, e que se prendem, em substância, com a garantia constitucional que representa, numa União de direito (v. acórdãos de 29 de junho de 2010, E e F, C550/09, Colet., p. I6213, n.º 44, e de 26 de junho de 2012, Polónia/Comissão, C335/09 P, n.º 48) a fiscalização jurisdicional da legalidade de quaisquer atos da União, incluindo os que, como no caso em apreço, aplicam um ato de direito internacional, à luz dos direitos fundamentais consagrados pela União."*

E o Tribunal reforça a sua fundamentação, invocando jurisprudência posterior ao caso *Kadi*, acima referido:

> *"A inexistência de imunidade de jurisdição dos atos da União que aplicam medidas restritivas decididas a nível internacional foi, por outro lado,*

---

[68] Acórdão de 18/072013, *Comissão Europeia e o. contra Yassin Abdullah Kadi*, procs C-584/10 P, C-593/10 P e C-595/10 P, ECLI:EU:C:2013:518.
[69] Sobre este acórdão ver Douglas Cantwell, "A Tale of Two *Kadis*: *Kadi II*, *Kadi v. Geithner* & U.S. Counterterrorism Finance Efforts," *Columb. J. Transnat'l L.*, 2015, p. 652 e segs; Juliane Kokott / Christoph Sobotta, "The Kadi Case – Constitutional Core Values and International Law – Finding the Balance?", in Marise Cremona / Anne Thies, *The European Court of Justice and External Relations Law – Constitutional Challenges*, Oxford, Hart, 2014, p. 211 e segs.

confirmada no acórdão de 3 de dezembro de 2009, Hassan e Ayadi/Conselho e Comissão (C399/06 P e C403/06 P, Colet., p. I11393, n.os 69 a 75) e, mais recentemente, no acórdão de 16 de novembro de 2011, Bank Melli Iran/Conselho (C548/09 P, Colet., p. I11381), cujo n.º 105 denuncia, apoiando-se no acórdão Kadi, sem que tal ponha em causa o primado de uma resolução do Conselho de Segurança no plano internacional, que o respeito imposto às instituições da União relativamente às instituições das Nações Unidas não pode ter por consequência a inexistência de fiscalização da legalidade desses atos da União à luz dos direitos fundamentais que fazem parte integrante dos princípios gerais do direito da União."

Estes acórdãos foram sujeitos a duras críticas.

Para alguns, o Tribunal adotou a tese dualista[70] com o consequente abandono da tese monista com primado do direito internacional muito mais "amiga" do direito internacional.

Para outros, o Tribunal apenas se preocupou com a autonomia do direito da União[71] e com a supremacia do direito da União Europeia, o que pode encorajar outros tribunais a fazerem o mesmo, isto é, a adotarem conceções locais de direitos humanos e a imporem as suas particularidades constitucionais em detrimento das normas constitucionais[72].

Uma terceira corrente sustentou que os acórdãos *Kadi* se justificam, à luz da necessidade de procura de um equilíbrio entre a proteção judicial efetiva e a salvaguarda do interesse legítimo da segurança quando se adotam medidas para combater o terrorismo[73]. No fundo, para estes autores, estes acórdãos enquadram-se numa estratégia muito semelhante à da jurisprudência *Solange II* do *Bundesverfassungsgericht* ou *Bosphorus* do Tribunal Europeu dos Direitos do

---

[70] Neste sentido, mas referindo-se apenas ao primeiro caso *Kadi*, CHRISTINA ECKES, "International Law as Law of the EU: The Role of the Court of Justice", *Cleer Working papers*, 2010/6, p. 16.

[71] Neste sentido, GRAÍNNE DE BÚRCA, "The ECJ and the international legal order: a re-evaluation", in GRAÍNNE DE BÚRCA / J.H.H. WEILER, *The Worlds of European Constitutionalism*, Cambridge, Cambridge University Press, 2012, p. 143.

[72] Neste sentido, GRAÍNNE DE BÚRCA, "The ECJ and the international legal order...", p. 141.

[73] Neste sentido, JULIANE KOKOTT / CHRISTOPH SOBOTTA, "The Kadi Case – Constitutional Core Values and International Law ...", p. 211 e segs.

Homem segundo a qual se verifica a abstenção de controlo dos atos de direito da União Europeia, desde que esse controlo exista a outro nível[74].

Independentemente da posição, mais ou menos crítica, que se adote relativamente a estes acórdãos, uma coisa é certa: todos têm um significado constitucional, pois debruçaram-se sobre a relação entre o direito da União Europeia e o direito internacional. Enquanto o TPI defendeu uma posição de subordinação do primeiro ao segundo, o TJUE, pelo contrário, sustentou a supremacia dos princípios constitucionais fundamentais, como sejam a democracia, a *rule of law* e a proteção dos direitos fundamentais[75], fazendo lembrar a jurisprudência dos Tribunais Constitucionais dos Estados-Membros quando a identidade constitucional dos Estados de que fazem parte é posta em causa pelo direito da União quer seja originário quer seja derivado[76].

Mais recentemente, no caso *Mostafa Lounani*[77], o Tribunal de Justiça apreciou a questão de saber se as normas de uma diretiva estavam, ou não, em conformidade com as resoluções do Conselho de Segurança das Nações Unidas.

Para tanto, o Tribunal considerou que embora não tenha sido declarado que *Mostafa Lounani* tenha cometido pessoalmente atos terroristas nem que tenha sido o instigador desses atos ou que neles tenha participado, *"resulta das resoluções pertinentes do Conselho de Segurança que o conceito de «atos contrários aos objetivos e princípios das Nações Unidas» não se limita aos atos terroristas."*

---

[74] Referindo-se ao caso *Kadi I* Graínne de Búrca defendeu que o Tribunal adotou esta estratégia no seu artigo "The ECJ and the international legal order...", p. 143.
[75] Considerando que o TJUE tem desempenhado um papel de tribunal constitucional neste domínio, v. Christina Eckes, "International Law as Law of the EU...", p. 9.
[76] Sobre a identidade constitucional dos Estados-Membros ver, em outros, Federico Fabbrini / Oreste Pollicino, "Constitutional identity in Italy: European integration as the fulfilment of the Constitution", *EUI Working Paper* Law 2017/06; Pietro Faraguna, "Taking Constitutional Identities Away from the Courts", *Brooklyn Journal of International Law*, 2016, p. 491 e segs; Pedro Cruz Villalón, "La identidad constitucional de los Estados Miembros: dos relatos europeos, *Anuario de la Facultad de Derecho – Universidad Autónoma de Madrid*, 2013, p. 501 e segs; Armin Von Bogdandy / Stefan Schill, "Overcoming Absolute Primacy: Respect for National Identity under the Lisbon Treaty", *CMLR*, 2011, p. 1 e segs; Leonard F. M. Besselink, "National and Constitutional Identity Before and After Lisnon,", *Utrecht Law Review*, 2010, p. 36 e segs. p. 36 e segs.
[77] Ac. de 31/01/2017, proc. C-573/14, *Mostafa Lounani*, ECLI:EU:C:2017:71.

E o Tribunal prossegue:

"Em especial, na Resolução 2178 (2014), o Conselho de Segurança expressou «extrema preocupação com a grave e crescente ameaça representada pelos combatentes terroristas estrangeiros, nomeadamente as pessoas que viajam para um Estado distinto do seu Estado de residência ou nacionalidade, com o propósito de perpetrar, planear ou preparar atos terroristas» e exprimiu a sua preocupação relativamente às redes organizadas pelas entidades terroristas e que lhes permitem fazer circular entre os Estados combatentes de várias nacionalidades e os recursos de que necessitam.
Entre as medidas a tomar contra este fenómeno, os Estados devem impedir e reprimir o recrutamento, a organização, o transporte ou o equipamento de pessoas que viajem para um Estado distinto do seu Estado de residência ou nacionalidade com o propósito de, nomeadamente, perpetrar, planear ou preparar atos terroristas."

Posto isto, o Tribunal decidiu que o artigo 12.º, n.º 2, alínea c), e n.º 3, da Diretiva 2004/83 deve ser interpretado no sentido de que atos de participação nas atividades de um grupo terrorista, como aqueles por que o recorrido foi condenado no processo principal, podem justificar a exclusão do estatuto de refugiado, mesmo que não esteja provado que a pessoa em causa cometeu, tentou cometer ou ameaçou cometer um ato terrorista, como especificado nas resoluções do Conselho de Segurança das Nações Unidas. Para efeitos de avaliação individual dos factos que permitem apreciar se existem razões ponderosas para pensar que uma pessoa praticou atos contrários aos objetivos e princípios das Nações Unidas, instigou a prática desses atos ou neles participou de qualquer outro modo, a circunstância específica de essa pessoa ter sido condenada, pelos tribunais de um Estado-Membro, por participação nas atividades de um grupo terrorista, reveste particular importância, como a declaração de que essa pessoa era membro dirigente desse grupo, não sendo necessária a prova de que ela própria foi instigadora de um ato terrorista ou que nele participou de qualquer outro modo.

Ou seja, o Tribunal socorreu-se das resoluções pertinentes do Conselho de Segurança das Nações Unidas para apurar o sentido das normas de uma diretiva.

4. A influência da União Europeia e do seu Direito no desenvolvimento do direito internacional

A União Europeia não se limita a ser influenciada pelo direito internacional, ela também contribui para o seu desenvolvimento, sendo que esse contributo aumenta na razão direta da extensão das suas atribuições externas a novas áreas.

A influência da União sobre o direito internacional faz-se atualmente notar ao nível das fontes, na medida em que participa, tal como os outros sujeitos de direito internacional, na sua formação e revelação. Além disso, a União contribui para a definição da subjetividade internacional, uma vez que atua ao nível do reconhecimento de outros sujeitos de direito internacional e apoia a afirmação do princípio da autodeterminação. Participa ainda como membro ou como observador em certas organizações internacionais, nas quais exerce igualmente a sua influência. Por último, a União é parte no sistema de solução de controvérsias internacionais, pode ser responsabilizada internacionalmente e deve respeitar e executar o direito internacional.

Vejamos cada um destes aspetos um pouco mais pormenorizadamente.

4.1. Fontes de direito internacional

O contributo da União para o desenvolvimento das fontes de direito internacional tem-se verificado quer ao nível do costume internacional quer no que toca às convenções internacionais em vários domínios[78].

A título exemplificativo refira-se o domínio dos direitos humanos, no qual a União, nas relações que estabelece com terceiros, tem contribuído significativamente para o desenvolvimento das regras consuetudinárias internacionais. Com efeito, o incentivo à observância por parte de terceiros das regras de direitos humanos sejam elas consuetudinárias ou convencionais tem sido uma constante na atuação externa da União Europeia, como melhor veremos mais adiante.

---

[78] Para maiores desenvolvimentos, ver JOSÉ RAFAEL MARÍN AÍS, "The Contribution of the EU to the Development of Customary Norms in the Field of Human Rights Protection", in PIET EECKHOUT / MANUEL LOPEZ-ESCUDERO (ed.), *The European Union's External Action...*, p. 271 e segs.

4.2. Os sujeitos de direito internacional

4.2.1. O reconhecimento de Estados

Apesar de o reconhecimento de novos sujeitos de direito internacional ser tradicionalmente uma matéria da competência dos Estados, casos houve em que, ainda no âmbito das Comunidades, os Estados-Membros se concertaram no sentido do reconhecimento ou do não reconhecimento de uma certa entidade como Estado[79]. Foi o que sucedeu no caso do Chipre.

Após a auto proclamação da independência por parte da República Turca do Norte do Chipre, em 1983, as Nações Unidas consideraram essa proclamação contrária ao direito internacional e os Estados-Membros das Comunidades fizeram uma declaração similar no âmbito da cooperação política europeia. Aquando da adesão do Chipre à União, esta deixou claro que isso não significava o reconhecimento da parte turca do Chipre.

A União tem apoiado a reunificação do Chipre, designadamente através de ajuda económica.

Outro caso que se deve mencionar é o da ex-URSS.

Quando a URSS colapsou, em Dezembro de 1991, a Comunidade e os seus Estados-Membros adotaram um conjunto de diretrizes relativamente ao reconhecimento dos Estados sucessores, das quais se destacam as seguintes:

- respeito da Carta das NU e dos compromissos da Ata final de Helsínquia e da Carta de Paris, em especial a *rule of law*, a democracia e os direitos humanos;
- garantia dos direitos dos grupos nacionais e étnicos e das minorias de acordo com os compromissos da OSCE;
- respeito da inviolabilidade das fronteiras que só podem ser alteradas por meios pacíficos e de comum acordo;
- aceitação de todos os compromissos em matéria de desarmamento e não proliferação das armas nucleares assim como segurança e estabilidade regional;

---

[79] V. Frank Hoffmeister, "The Contribution of EU Practice to International Law", in Marise Cremona (ed.), *Developments in EU External...*, p. 71 e segs.

- compromisso de regular por acordo todas as questões relativas a sucessão de Estados e conflitos regionais;
- Não reconhecimento de Estados que resultem de atos de agressão.

Esta declaração é notável, do ponto de vista do direito internacional, a vários propósitos. Em primeiro lugar, parte do pressuposto que só se reconhecem como Estados entidades que preencham os critérios objetivos – população, território e poder político independente – mas junta-lhe outras condições, o que implicou um reconhecimento condicionado. Em segundo lugar, incorpora compromissos políticos adotados no seio da OSCE, dando-lhe uma importância que, à partida, não tinham. Em terceiro lugar, as linhas orientadoras nela contidas vão além do direito consuetudinário em matéria de não reconhecimento de território adquirido com base em agressão[80].

Os países da *Commonwealth* apoiaram esta declaração.

Estas linhas orientadoras serviram posteriormente para o reconhecimento da Arménia, da Bielorrússia, da Geórgia, do Cazaquistão, da Moldávia, do Tazaquistão, do Turquemenistão, da Ucrânia e do Ubesquistão

Por último, deve mencionar-se o caso da Antiga Jugoslávia. O fim da República Socialista Federal da República da Jugoslávia colocou as Comunidades perante problemas muito complicados. Depois de algum desacordo, as Comunidades decidiram reconhecer a independência de todas as Repúblicas da Jugoslávia, desde que preenchessem os critérios previstas nas linhas orientadoras acima referidas. Além disso, a União ofereceu ajuda na independência[81].

4.2.2. O direito à autodeterminação

As Comunidades – e posteriormente a União – têm igualmente desempenhado um papel importante quando está em causa a anexação de qualquer território de um Estado por outro bem como no que diz respeito ao direito à auto-determinação.

---

[80] Neste sentido, v. Frank Hoffmeister, "The Contribution of EU Practice to International Law", *in* Marise Cremona (ed.), *Developments in EU External...*, p. 73.
[81] Para maiores desenvolvimentos, v. Frank Hoffmeister, "The Contribution of EU Practice to International Law", *in* Marise Cremona (ed.), *Developments in EU External...*, p. 74 e segs.

Assim, no conflito israelo-palestiniano, as Comunidades baseiam a sua posição, desde 1980, nas resoluções 228 e 338 do Conselho de Segurança das Nações Unidas, tendo reconhecido o direito à auto-determinação do povo da Palestina.

Em 2004, na sequência do *parecer do TIJ relativo às consequências da construção do muro nos territórios ocupados da Palestina*[82], a União reafirmou a sua posição anterior. A Comunidade não reconhece a soberania de Israel sobre a Palestina, por isso os acordos com Israel não se estendem à Palestina, como, aliás, o TJ já teve ocasião de afirmar, no caso *Brita* acima mencionado. Por outro lado, a União negoceia e conclui acordos internacionais diretamente com a OLP, tal como a Comunidade Europeia fez anteriormente[83].

No caso do conflito entre Marrocos e o Sara Ocidental, as Comunidades também não reconhecem que o Sara Ocidental faz parte de Marrocos, como resulta do caso *Frente Polisário* acima estudado.

4.2.3. A prática da CE e da União nas organizações internacionais

Tanto as Comunidades, no passado, como atualmente a União têm vindo a desempenhar um papel muito importante no âmbito das organizações internacionais. Nuns casos, a União é membro – até membro fundador; noutros, participa nos trabalhos sem direito de voto com o estatuto de observador[84].

Ao nível das Nações Unidas[85], a União teve, até há bem pouco tempo, um estatuto de observador permanente (que partilhava com outras

---

[82] ICJ Report, 2004, p. 136.
[83] V. Frank Hoffmeister, "The Contribution of EU Practice to International Law", in Marise Cremona (ed.), *Developments in EU External...*, p. 76 e segs.
[84] Sobre a participação da União Europeia em organizações internacionais, v., entre outros, Maria José Rangel de Mesquita, *A atuação externa...*, p. 345 e segs; Michael Emerson et al., *Upgrading the EU's Role as Global Actor – Institutions, Law and Restructuring of European Democracy*, Lovaina, 2011, p. 65 e segs; Ramses A. Wessel, "The Legal Framework for the Participation of the European Union in International Institutions", *European Integration*, 2011, p. 621 e segs; Frank Hoffmeister, "Outsider or Frontrunner? Recent Developments under International and European Law on the Status of the European Union in International Organizations and Treaty Bodies", *CMLR*, 2007, p. 41 e segs.
[85] Sobre a participação da União Europeia nas Nações Unidas e nas suas organizações especializadas, v. Jan Wouters / Anna Luise Chané, "Brussels meets Westephalia: The European

67 entidades) na Assembleia Geral, mas só podia falar depois de todos os Estados partes.

Com a entrada em vigor do Tratado de Lisboa, a União adquiriu mais poderes no domínio da ação externa, pelo que o estatuto anterior revelou-se insuficiente para o exercício de todas as suas novas competências. A União não dispunha, portanto, dos meios necessários para expressar as suas posições comuns nas Nações Unidas, como lhe impunha o Tratado de Lisboa. Daí que, tendo em conta que nenhum outro observador dispunha, do ponto de vista internacional, de tantos poderes, como a UE, os seus Estados-Membros apresentaram, em 2010, uma proposta de resolução sobre a sua participação nos trabalhos das Nações Unidas, na qual defenderam o reforço do estatuto da União. A proposta teve alguns adeptos mas também muitos opositores[86], pelo que não conseguiu obter aprovação na 64.ª sessão da AGNU.

Depois deste fracasso, a União e os seus Estados-Membros iniciaram consultas informais com os outros grupos regionais e reuniões bilaterais, de modo a colherem o seu apoio e, em 3 de maio de 2011, a Assembleia Geral das NU acabou por aprovar a Resolução 65/276[87], através da qual decidiu convidar a UE a participar nos seus trabalhos, tendo delineado os direitos, privilégios e limites dessa participação.

A União passou a ter um estatuto de observador reforçado[88] mais próximo do da Santa Sé ou da Palestina – considerados Estados não membros – do que de outras organizações internacionais. Ou seja, ao contrário do que até então se verificou, a União passou a dispor de um conjunto mais amplo de direitos do que as outras organizações com estatuto de observador.

Union and the United Nations", in Piet Eeckhout / Manuel Lopez-Escudero (ed.), *The European Union's External Action...*, p. 304 e segs.

[86] Muitos consideraram que o novo estatuto da União afetaria as negociações interestaduais e que a União e os seus Estados-Membros passariam a estar sobrerepresentados em comparação com outros. V. Evan Brewer, "The participation of the EU in the Work of the United Nations: Evolving to Reflect the New Realities of Regional Organizations", *Int'l Org. L. Rev.*, 2012, p. 199.

[87] UNGA Res 65/276 de 3 de maio de 2011, UN Doc A/RES/65/276

[88] Sobre o estatuto de observador reforçado da União Europeia na Assembleia Geral das Nações Unidas, ver, entre outros, Evan Brewer, "The participation of the EU in the Work of the United Nations...", p. 186 e segs.

Não dispõe, contudo, de direito de voto nem de direito de co-apresentar propostas de resolução nem de submeter candidatos a qualquer eleição[89].

Note-se que as posições da UE foram muitas vezes apoiadas por muitos Estados-Membros da ONU.

Ao nível do Conselho de Segurança das NU, a União intervém, desde 2010, para apresentar as posições comuns de todos os Estados-Membros, ao abrigo da regra 39 das Regras de Processo Provisórias do CS, a qual permite convidar outras pessoas a participar nas reuniões.

Como um dos primeiros exemplos desta prática pode mencionar-se o caso das sanções ao Irão, de 9 de junho de 2010, as quais foram adotadas "com o apoio da Alta Representante da UE".

Aliás, uma das propostas para a reforma das Nações Unidas inclui precisamente a integração da UE como membro das Nações Unidas.

No que diz respeito às organizações especializadas da ONU, comecemos pela FAO, cuja participação das Comunidades se iniciou logo nos anos 50, com o estatuto de observador, devido às atribuições em matéria de agricultura. Em 1970 as Comunidades adquiriram um estatuto de observador com direitos reforçados e a partir de 1991 tornaram-se membro de pleno direito[90]. A Constituição da FAO teve de ser alterada para permitir a adesão de organizações internacionais regionais.

Até ao Tratado de Lisboa, a União indicava, em cada reunião, se a competência, no domínio que se discutia, era exclusivamente sua ou se era partilhada com os Estados-Membros.

Após o Tratado de Lisboa, a Comissão reclama para si a expressão da posição da União Europeia.

A União tem igualmente um estatuto de membro na *Codex Alimentarius Commission*.

No que diz respeito à participação da União no sistema monetário mundial, deve referir-se que, tendo em consideração as atribuições exclusivas da União, no domínio da eurozona, e as atribuições partilhadas, no âmbito da

---

[89] Para um estudo desenvolvido sobre a resolução da AG 65/276, v. PEDRO ANTONIO SERRANO DE HARO, "Participation of the EU in the Work of the UN: General Assembly Resolution 65/276", *Cleer Working Papers* 2012/4, p. 7 e segs.
[90] Sobre a participação da UE na FAO, cfr. JAN WOUTERS / ANNA LUISE CHANÉ, "Brussels meets Westephalia..." p. 314 e segs.

política económica, seria de esperar uma maior participação da UE no Fundo Monetário Internacional e no Banco Mundial[91]. Porém, a fragilidade estrutural da governança da União, no domínio económico, constitui um obstáculo ao desenvolvimento das relações com o FMI, do qual a União não é membro.

Tendo em conta as competências monetárias do BCE, este é consultado em relação à política monetária e pode igualmente ser convidado a enviar um representante ao *Executive Board* com o estatuto de observador.

Aliás, ao longo da história da UE e do FMI verificaram-se relações de trabalho, entre ambos, a todos os níveis. Como se sabe, recentemente, na sequência da crise financeira de 2008 – que levou às crises da dívida pública e do euro – realizaram-se operações financeiras conjuntas entre o FMI e a UE que se consubstanciaram em empréstimos a Estados-Membros da UE, entre os quais a Portugal[92].

Sublinhe-se que a coordenação das duas instituições nem sempre se afigura fácil[93], uma vez que a União não participa no *Executive Board* nem no *Board of Directors*. A recente reforma do FMI de 2010 pretendeu trazer algumas novidades suscetíveis de incrementar a participação da União Europeia[94], mas a verdade é que tal ainda não se verificou.

Quanto ao Banco Mundial, a União também não está representada no *Board* nem sequer como observador. No entanto, tendo em conta o papel que a União desempenha no domínio da ajuda ao desenvolvimento, o qual aumentou após o Tratado de Lisboa, surgem situações em que é necessária uma certa articulação entre as duas entidades. De facto, existe uma cooperação estruturada entre o Banco Mundial e a Comissão da UE, refletida em Memoranda de entendimento no âmbito de programas regionais, como sejam

---

[91] Sobre a participação da UE no FMI e no BM, v. DOMINIQUE CARREAU, "The European Union in the International Monetary and Financial System", in PIET EECKHOUT / MANUEL LOPEZ-ESCUDERO (ed.), *The European Union's External Action...*, p. 377 e segs.

[92] Sobre este assunto v. DOMINIQUE CARREAU, "The European Union in the International Monetary...", p. 380 e segs e MANUEL LÓPEZ-ESCUDERO, "EU-IMF Relations: the Long Way to a Single EU Chair in the IMF", p. 404 e segs.

[93] Sobre as dificuldades de participação da União no FMI, v., por todos, MANUEL LÓPEZ-ESCUDERO, "EU-IMF Relations: the Long Way to a Single EU Chair in the IMF", in PIET EECKHOUT / MANUEL LOPEZ-ESCUDERO (ed.), *The European Union's External Action ...*, p. 393 e segs.

[94] Sobre esta reforma, v. MANUEL LÓPEZ-ESCUDERO, "EU-IMF Relations: the Long Way to a Single EU Chair in the IMF", p. 407 e segs.

o programa para a Roménia, o programa para os Balcãs e o programa para a política de vizinhança.

A União tem estatuto de observador na OIT, sendo regularmente convidada a assistir às reuniões dos seus órgãos. Além disso, todos os Estados-Membros da União são partes da OIT.

A União tem igualmente estatuto de observador na OMS, apesar de a saúde ser das matérias em que a União tem menos competências.

Já em relação à OMC, tendo em conta as atribuições exclusivas da União no domínio comercial, compreende-se que a União seja membro fundador desta organização, tal como os seus Estados-Membros. Porém, só a União expressa a posição dos Estados e negoceia. Apesar disso, já se colocaram problemas de repartição de atribuições entre a União e os Estados-Membros no domínio dos acordos concluídos no seio da OMC, como se verificou nos casos do acordo TRIPS e do acordo GATS. Como resultou do Parecer 1/94, à época, a Comunidade não detinha competências exclusivas nesses dois domínios.

A União tem ainda o estatuto de observador na United Nations Conference Trade and Development (UNCTAD) e no UN Development Programme (UNDP).

Em relação às organizações regionais, a União detem o estatuto de observador na OCDE, no Conselho da Europa e na OSCE.

No caso da NATO as relações com a União iniciaram-se em 2001 e tem-se intensificado nos últimos anos. Como veremos adiante, tem-se vindo a desenvolver uma parceria estratégica com encontros regulares a todos os níveis entre a UE e a NATO, verificando-se ainda alguns bloqueios particulares, devido à Turquia e ao Chipre.

A União está igualmente representada no G7, no G8 e no G20[95], ainda que não exista regra explícita quanto a quem a representa[96], uma vez que o Tratado de Lisboa não menciona estes *fora*.

---

[95] Sobre a representação da União no G 20 ver JAN WOUTERS / SVEN VAN KERCKHOVEN / JED ODERMATT, "The EU's external representation at the G20 and the G20's impact on the European Union", *in* STEVEN BLOCKMANS / RAMSES A. WESSEL (eds.), *Principles and practices of EU external representation*, Cleer Working Papers, 2012/5, p. 127 e segs.

[96] Na prática a União participa nas Cimeiras de Chefes de Estado e de Governo do G7, do G8 e do G20, através dos Presidente do Conselho Europeu e da Comissão. Nos encontros de ministros dos negócios estrangeiros do G7 e do G8, a União está representada através da Alta

4.3. Responsabilidade, solução de conflitos e execução do direito internacional

4.3.1. O contributo da União para o projeto da Comissão de Direito Internacional sobre responsabilidade das organizações internacionais

Na sequência da decisão da Comissão de Direito Internacional de incorporar o tema da responsabilidade internacional das organizações internacionais no seu programa, em 2002, e da apresentação por parte do *Special Rapporteur* de um primeiro projeto, a Comissão preparou a análise detalhada desse texto e dos que se lhe seguiram, tendo apresentado propostas de alteração com o intuito de ultrapassar as eventuais dificuldades que as particularidades da União, designadamente no domínio da repartição de atribuições entre ela e os seus Estados-Membros, poderiam causar[97]. Este assunto será desenvolvido mais adiante.

4.3.2. O contributo da União para a solução de controvérsias

Sendo a União responsável pelos atos e omissões contrários ao direito internacional que praticar, as vítimas podem usar todos os meios de solução pacífica de conflitos contra ela. A via diplomática, a arbitragem e até a via judicial, sendo certo que esta última levanta problemas complexos relacionados com a autonomia do direito da União Europeia e com a competência do próprio Tribunal de Justiça, os quais serão estudados mais adiante neste livro.

Representante. V. Annegret Bendiek, "A Paradigm Shift in the EU's Common Foreign and Security Policy: From Transformation to Resilience", *SWP Research Paper,* Berlim, 2017, p. 9.
[97] Para maiores desenvolvimentos, v. Christophe Hillion / Ramses A. Wessel, "The European Union and International Dispute Settlement: Mapping Principles and Conditions", M. Cremona / A. Thies / R.A. Wessel (eds.), *The European Union and International Disputes Settlement,* Oxford, Hart, 2017, p. 23 e segs; Scarlett McArdle / Paul James Cardwell, "EU External Representation and the International Law Commission: an Increasingly Significant International Role for the European Union?", in Steven Blockmans / Ramses A. Wessel (eds.), *Principles and practices of EU external representation,* Cleer Working Papers, 2012/5, p. 83 e segs.

Além disso, muitas vezes, a União desempenha um papel relevante na resolução dos conflitos de terceiros e até dos seus Estados-Membros[98].

4.3.3. O contributo da União para a execução do direito internacional

A União implementa o direito internacional em geral. Como se viu, a União considera-se vinculada e respeita o direito internacional consuetudinário e convencional, bem como as resoluções do Conselho de Segurança que aplicam sanções sobre diversas matérias. Além disso, a União é muitas vezes quem propõe represálias contra os terceiros Estados que não cumprem o direito internacional.

4.4. A contribuição da União em áreas específicas do direito internacional

A União tem contribuído para o desenvolvimento do direito internacional praticamente em todos os domínios.

A União promove a aplicação das regras multilaterais existentes. Assim, por exemplo, no que diz respeito ao Direito da Paz e da Guerra, a União tem advogado a proibição do uso da força, tem contribuído financeiramente e participado nas missões de preservação da paz, de prevenção dos conflitos e de reforço da segurança internacional[99] e tem sustentado o respeito do direito internacional humanitário, designadamente, através das missões humanitárias em que participa ou financia, na sequência de catástrofes naturais ou de origem humana.

Outra área em que a União tem contribuído para o desenvolvimento do direito internacional é a do combate ao terrorismo internacional quer através do cumprimento das regras internacionais, neste domínio, quer através da criação de regras e práticas que o condenam e punem.

---

[98] V. Frank Hoffmeister, "The Contribution of EU Practice to International Law", in Marise Cremona (ed.), *Developments in EU External...*, p. 87 e segs.
[99] Cfr. Franklin Dehousse, «Réalisations de la PESC – Les actes adoptés dans le cadre de la PESC», in Jean-Victor Louis / Marianne Dony (dir.), *Commentaire Mégret...*, p. 549 e segs.

Além disso, a União, quer através das relações bilaterais que estabelece com o resto do Mundo, por exemplo, com os Estados ACP, com os Estados vizinhos no âmbito da política de vizinhança e com organizações internacionais, quer no âmbito das relações multilaterais, através da participação em convenções internacionais multilaterais, tem incentivado o reforço da democracia, do Estado de Direito e da proteção dos direitos humanos. A União tem sustentado, por exemplo, a ilegalidade da pena de morte em geral e contra pessoas deficientes mentais e jovens assim como a proibição da tortura em quaisquer circunstâncias.

A União sujeita, frequentemente, as ajudas económicas previstas nos acordos que celebra com terceiros a cláusulas de respeito da democracia, do Estado de Direito e de respeito pela proteção dos direitos humanos assim como impõe sanções de vária natureza, nomeadamente, económicas, aos Estados que não cumprem estes requisitos[100].

A União foi uma das principais proponentes e apoiantes do Tribunal Penal Internacional e tem defendido a autoridade da sua jurisprudência.

O consenso que existe na União no sentido do desarmamento e da não proliferação de armas de destruição maciça bem como no domínio do ambiente demonstram a vontade da União de contribuir para a formação de novos sub-ramos do direito internacional. A União tem desempenhado um papel fundamental na negociação das convenções, defendendo posições mais "amigas" do ambiente do que outras potências mundiais, como, por exemplo, os EUA[101].

A União tem vindo a desenvolver uma atividade sólida de apoio ao desenvolvimento sustentável nos planos económico, social e ambiental dos países em desenvolvimento, com o intuito de erradicar a pobreza há já algumas décadas, ou seja, muito antes da entrada em vigor do Tratado de Lisboa. As Convenções de Yaoundé, Lomé e Cotonu constituem a prova do que acaba de se afirmar.

---

[100] Para um estudo desenvolvido de todos estes aspetos, cfr. FRANK HOFFMEISTER, "The Contribution of EU Practice to International Law", in MARISE CREMONA (ed.), Developments in EU External..., p. 37 e segs.

[101] Sobre a dimensão externa da política de ambiente da União, cfr. KIRSTIN INGLIS, "EU environmental law and its green footprint in the world", in ALAN DASHWOOD / MARC MARESCEAU, Law and Practice of EU..., p. 429 e segs.

Ao nível do incentivo à integração de todos os países na economia mundial é notável a ação da União, por exemplo, no âmbito da Organização Mundial de Comércio (e antes do GATT)[102].

---

[102] Cfr. LORAND BARTELS, "The Trade and Development Policy of the European Union", *in* MARISE CREMONA (ed.), *Developments in EU External...*, p. 128 e segs; SOPHIE MEUNIER / KALYPSO NICOLAÏDIS, "The European Union as a Trade Power", *in* CHRISTOPHER HILL / MICHAEL SMITH (eds.), *International Relations...*, p. 247 e segs.

Capítulo III
Os valores, os princípios, os objetivos e os interesses da União "na cena internacional"

5. A base axiológica da *"ação da União na cena internacional"*

Em primeiro lugar, deve notar-se que a União assenta numa base axiológica, que partilha com os seus Estados-Membros, a qual foi reforçada com o Tratado de Lisboa[103]. Essa base axiológica está prevista no artigo 2.º TUE mas, na sua atuação na cena internacional, a União não se reconduz apenas a esse preceito. Pelo contrário, existem bases jurídicas específicas que permitem, a partir dos princípios, objetivos e interesses da União, inferir os valores pelos quais esta se deve pautar na ação externa, como é o caso dos artigos 3.º, n.º 5, 21.º, 23.º e 42.º, n.º 1,TUE.

Em segundo lugar, deve referir-se que, no domínio da ação externa, nem sempre é clara a distinção entre valores, princípios e objetivos da União. Além disso, o Tratado introduziu um novo conceito indeterminado – o de interesses – que contribui para aumentar a complexidade da questão.

Do exposto resulta evidente a dificuldade de proceder a uma análise em separado e estanque de cada uma destas categorias, pelo que, em seguida,

---

[103] Sobre a base axiológica da União em geral, v. Ana Maria Guerra Martins, *Manual* ... p. 198 e segs bem como toda a bibliografia aí citada.

vamos tratar conjuntamente os valores e os princípios, na medida em que, no domínio da ação externa, o Tratado refere os princípios, dos quais se devem inferir os valores e, num segundo momento, estudaremos os objetivos e os interesses da ação externa.

5.1. Os valores e os princípios da *"ação da União na cena internacional"*

Segundo o artigo 21.º, n.º 1, do TUE, nas suas relações com o resto do mundo, a ação da União na cena internacional deve pautar-se pelos princípios que presidiram à sua criação, desenvolvimento e alargamento, a saber, a democracia, o Estado de Direito, a universalidade e indivisibilidade dos direitos humanos e das liberdades fundamentais, o respeito da dignidade da pessoa humana, os princípios da igualdade e da solidariedade e o respeito pelos princípios da Carta das Nações Unidas e do direito internacional, devendo promovê-los em todo o Mundo.

O elenco dos princípios constante deste preceito afigura-se consonante com os valores da União previstos no artigo 2.º TUE. Não se esgota, todavia, neles. Na verdade, além dos valores genéricos que se aplicam a toda a atividade da União, seja qual for a matéria em causa – interna ou externa – esta última deve ainda respeitar os princípios da Carta das Nações Unidas e do direito internacional.

Recapitulando os conhecimentos da unidade curricular de direito da União Europeia, importa notar que os Tratados que precederam o Tratado de Lisboa não mencionavam, expressamente, os valores das Comunidades Europeias nem, mais tarde, os da União. Ou seja, nas versões originárias dos Tratados não se encontrava qualquer referência aos valores subjacentes às Comunidades, o que – sublinhe-se – não é sinónimo de ausência de base axiológica. Pelo contrário, os valores que atualmente fundam a União sempre estiveram subjacentes à integração europeia. Senão veja-se, por exemplo, o caso do valor da democracia que esteve na base de muitas propostas de alargamento dos poderes do Parlamento Europeu ou do valor relativo à proteção dos direitos fundamentais que serviu de base à jurisprudência do Tribunal de Justiça neste domínio.

Mas a verdade é que foi na revisão dos Tratados realizada em Amesterdão que se introduziu um preceito – o antigo artigo 6.º, n.º 1, TUE – que consagrava os princípios, dos quais a doutrina inferia os valores da União, dado que a cada um dos princípios nele enunciados deveria corresponder um valor[104].

Em anteriores estudos já tivemos oportunidade de nos debruçar sobre os valores subjacentes à União Europeia, antes[105] e depois do Tratado de Lisboa[106], pelo que não faz sentido, neste momento, desenvolver esta questão.

Por ora importa recortar os diferentes valores na ótica da atuação externa da União.

5.1.1. A democracia

O valor da democracia consta, desde logo, do artigo 2.º TUE e o artigo 21.º, n.º 1, par. 1.º, TUE indica-a igualmente como um dos objetivos a promover em todo o Mundo.

Além disso, a democracia faz parte das tradições constitucionais comuns aos Estados-Membros.

Este valor foi afirmado pela então Comunidade Económica Europeia muito antes de constar do articulado dos Tratados. No documento sobre a identidade europeia adotado, em Copenhaga, em 14 de dezembro de 1973, os Chefes de Estado e de Governo sublinharam a vontade de salvaguardar os princípios da democracia representativa, do império da lei, da justiça social e do respeito dos direitos do homem, enquanto elementos da identidade europeia. Decorrida mais de uma década, o preâmbulo do AUE assumiu que os Estados-Membros estavam dispostos a promover em conjunto a democracia. O TJ afirmou o princípio democrático, entre muitos outros, no acórdão *Roquette Frères*[107], tendo anulado um regulamento do Conselho, por falta de consulta do Parlamento

---

[104] Para um estudo desenvolvido do artigo 6.º, n.º 1, do TUE, na versão de Amesterdão, cfr., por todos, FRANZ SCHORKOPF, *Homogenität in der Europäischen Unio: Ausgestaltung und Gewährleistung durch Art. 6 Abs. 1 und Art. 7 EUV*, Berlim, Duncker, 2000, p. 36 e segs.
[105] ANA MARIA GUERRA MARTINS, "Os valores da União na Constituição Europeia", in *Colóquio ibérico: Constituição europeia*, BFDUC, Studia Jurídica n.º 84, 2005, p. 497 e segs; Idem, *Curso de Direito Constitucional...*, p. 210 e segs; Idem, "Les valeurs communes et la place de la Charte en Europe", *ERPL/REDP*, 2002, p. 130 e segs; Idem, *A natureza jurídica...*, p. 349 e segs.
[106] ANA MARIA GUERRA MARTINS, "Os Fundamentos Axiológicos da União Europeia após o Tratado de Lisboa – Um Estudo sobre o Artigo 2..º do TUE", in NUNO PIÇARRA (coord.), *A União Europeia segundo o Tratado de Lisboa*, Coimbra, Almedina, 2011, p. 47 e segs.
[107] Ac. de 15/10/80, proc. 145/79, Rec. 1980, p. 3333.

Europeu, com o argumento de que a Comunidade devia respeitar os princípios democráticos fundamentais, pelo que o povo devia tomar parte no exercício do Poder por intermédio da sua assembleia representativa.

A primeira referência no articulado dos Tratados ao respeito do valor da democracia constou do artigo F, n.º 1, do TUE, introduzido pela revisão de Maastricht, o qual afirmava que *"a União respeitará a identidade nacional dos seus Estados-Membros, cujos sistemas de governo se fundam nos princípios democráticos"*.

A revisão de Amesterdão reforçou a exigência do respeito da democracia por parte dos Estados-Membros, na medida em que previa a suspensão de um Estado-Membro que não observasse o princípio democrático. Além disso, o respeito da democracia foi alcandorado a condição de adesão à União. O Tratado de Nice alterou o antigo artigo 7.º do TUE relativo à suspensão no sentido de o Conselho poder verificar a existência de um risco manifesto de violação grave de algum dos princípios enunciados, no antigo artigo 6.º, n.º 1, TUE, nos quais, como se disse, se incluía a democracia.

Em matéria de relações externas o Tratado considera a democracia como um princípio a promover pela União quando estabelece relações com o resto do Mundo[108].

Chegados a este ponto, importa definir o que se deve entender por democracia neste contexto.

Antes de mais, note-se que a democracia não se esgota na existência de eleições periódicas. Invocando a formulação de LINCOLN quanto à "essência" da democracia – governo do povo, pelo povo e para o povo – que ainda hoje é considerada *"a síntese mais lapidar dos momentos fundamentais do princípio democrático"*[109], diremos que a democracia implica que o poder provém do povo, é exercido pelo povo e para o povo. Assim sendo, os cidadãos devem eleger os órgãos de decisão política, devem poder participar na adoção das decisões políticas e devem dispor do poder de controlar os governantes, mas a participação dos cidadãos é apenas possível se estiverem preenchidas certas condições: a efetiva proteção dos direitos fundamentais e a *rule of law*.

---

[108] Sobre a democracia no contexto das relações externas, ver ALEXANDRA TIMMER e outros, "EU human rights, democracy and rule of law: from concepts to practice", *Frame – Fostering Human Rights among European Policies*, Dezembro 2014, maxime p. 39 e segs.

[109] J. J. GOMES CANOTILHO, *Direito Constitucional e Teoria da Constituição*, 7ª ed., Coimbra, 2003, p. 287.

São várias as formas através das quais a participação do povo se pode efetivar na prática, sem que o valor da democracia seja afetado. Essa participação pode ocorrer diretamente ou através de instituições eleitas periodicamente, as quais devem agir em nome do povo, observando os princípios previamente estabelecidos no pacto inicial. Neste último caso, poder-se-á prever em certas situações – mais, ou menos, frequentes – que o povo seja diretamente ouvido, nomeadamente, através de referendo. Por outras palavras, a democracia não se esgota numa única concretização, sendo compatível com um leque mais abrangente de concretizações[110], tal como já anteriormente defendemos[111].

Nos Estados que respeitam o império do Direito e dos direitos fundamentais, o princípio democrático assume-se, de um modo geral, como uma norma jurídica constitucionalmente positivada[112], o que implica que a legitimidade do Poder está sujeita à prossecução de determinados fins e à realização de certos valores e princípios, dos quais se destacam a soberania popular, a garantia dos direitos fundamentais, o pluralismo de opinião e a organização democrática do poder político[113].

A democracia é, pois, uma ideia complexa que abrange diversas dimensões. Por um lado, nela se inclui uma conceção mais restrita – a chamada democracia representativa[114] – que se expressa através de órgãos representativos, de eleições periódicas, do pluralismo partidário e da separação de poderes – mas, por outro lado, não pode deixar de responder às exigências dos cidadãos no sentido de uma maior participação efetiva nos processos de decisão, o que vai conduzir ao desenvolvimento de uma outra componente da democracia – a mais recente democracia participativa[115].

A democracia pressupõe, portanto, uma sociedade aberta e ativa, uma vez que o poder político não se deve considerar vinculado a determinadas pessoas, devendo antes permitir a todos a participação crítica no processo

---

[110] ANTONIO D'ATENA, "Il principio democrático nel sistema dei principi costituzionali", *Diritto e Societá*, 1996, p. 28.
[111] ANA MARIA GUERRA MARTINS, *A natureza jurídica da revisão...*, p. 355 e segs.
[112] J. J. GOMES CANOTILHO, *Direito Constitucional...*, p. 287.
[113] J. J. GOMES CANOTILHO, *Direito Constitucional...*, p. 288.
[114] Esta é a forma mais comum como se apresenta a democracia contemporânea. ANTONIO D'ATENA, "Il principio democrático...", p. 29.
[115] J. J. GOMES CANOTILHO, *Direito Constitucional...*, p. 288.

político em condições de igualdade[116]. Se inicialmente apenas o Estado se encontrava sujeito ao princípio democrático, atualmente este estende-se à sociedade em geral, sem deixar de assumir um papel fundamental – como sempre sucedeu – ao nível do Estado.

A União não só deve procurar internamente observar o valor da democracia, o que sublinhe-se, desde já, nem sempre é totalmente conseguido, designadamente em sede de PESC e de ELSJ, como também deve promover este valor através do desenvolvimento de relações e da constituição de parcerias com os países terceiros e organizações internacionais, regionais ou mundiais que partilhem os mesmos princípios (artigo 21.º, n.º 1, para. 2.º, TUE). Ou seja, a democracia, além de valor e princípio, é também encarada como um dos objetivos da ação externa da União, o que resulta claramente do artigo 21.º, n.º 2, alínea b), TUE. Segundo este preceito, na definição e prossecução das políticas comuns e ações, a União diligencia no sentido de assegurar um elevado grau de cooperação em todos os domínios das relações internacionais, a fim de consolidar e apoiar a democracia.

Note-se, todavia, que a prossecução deste objetivo por parte da União não pode colidir com os direitos de Estados terceiros provenientes do direito internacional, como o direito à auto-determinação nem pode consistir na imposição de um qualquer modelo político, económico ou social, incluindo o modelo europeu.

Aliás, uma das críticas que, muitas vezes, se faz à atuação da União e dos países ocidentais em geral é a de tentarem impor ao resto do Mundo um modelo universalista, não respeitando a cultura dos terceiros com quem se relacionam.

---

[116] Sobre o princípio democrático, cfr. ANA MARIA GUERRA MARTINS, "A interdição de partidos políticos contrários ao princípio democrático", *in Estudos em homenagem ao Professor Doutor Jorge Miranda*, Volume I, Coimbra, 2012, p.185 e segs bem como toda a bibliografia aí citada e ainda HENRI OBERDORFF, "Le principe democratique dans l'Union européenne", in E. BROSSET et al., *Le Traité de Lisbonne – Reconfiguration ou déconstitutionnalisation de l'Union européenne?*, Bruxelas, 2009, p. 181 e segs.

5.1.2. O Estado de direito

Diretamente relacionado com o valor da democracia está o valor do Estado de direito segundo o qual o exercício dos poderes públicos, em nome do povo, implica a sujeição dos titulares dos órgãos a regras jurídicas previamente estabelecidas.

A ideia de Estado de direito visa conciliar a necessidade de realização das tarefas públicas por parte dos órgãos do Estado com o respeito dos direitos dos indivíduos. É esta dupla função do conceito de Estado de direito que vai justificar o seu entendimento cada vez mais amplo.

O Estado de direito comporta uma dimensão formal e uma dimensão material. Formalmente, é um Estado onde a separação de poderes, a independência dos tribunais, a legalidade da administração, a proteção jurídica contra atos do poder público bem como a indemnização pelos danos causados pela administração aos particulares é assegurada. Materialmente, é um Estado onde é assegurada a execução destes princípios, designadamente através da vinculação constitucional do legislador e do respeito dos direitos fundamentais.

A ideia do Estado de direito tem repercussões em toda a atividade do Estado, incluindo a atividade administrativa. É o Estado de direito que justifica o princípio da legalidade da administração segundo o qual esta não deve atuar contra a lei nem sem fundamento legal, o princípio da prevalência da lei e da reserva de lei, o controlo judicial dos atos administrativos por tribunais independentes e a consagração da responsabilidade do Estado e dos funcionários por danos causados por factos ilícitos no cumprimento das suas tarefas.

A sujeição de todos os poderes públicos ao Direito vai condicionar toda a atividade legislativa e administrativa do Estado, entendendo-se aqui a expressão Direito num sentido amplo de ordem jurídica global[117].

---

[117] Sobre o Estado de direito em geral ver, entre muitos outros, JORGE REIS NOVAIS, *Os princípios constitucionais estruturantes*, Coimbra, 2004, p. 15 e segs; J. J. GOMES CANOTILHO, *Direito Constitucional...*, p. 92 e segs; JORGE MIRANDA, *Manual de Direito Constitucional*, Tomo I, 7ª ed., Coimbra, 2003, p. 83 e segs; REINHOLD ZEPPELIUS, *Teoria Geral do Estado*, 3ª ed. (trad.), Lisboa, 1997, p. 383 e segs; EBERHARD SCHMIDT-ASSMANN, "Der Rechtstaat", *in* JOSEF ISENSEE *et al.*, *Handbuch des Staatsrechts der Bundesrepublik Deutschland*, vol. 1, 2ª ed., Heidelberga, 1995, p. 997 e segs; JACQUES-YVAN MORIN, "L'État de droit: émergence d'un principe du droit international", *RCADI*, 1995, tomo 254, p. 21 e segs; PAULO OTERO, *Ensaio sobre o caso julgado inconstitucional*,

O valor do Estado de direito está no âmago do constitucionalismo moderno e é aplicável a todas as entidades que exerçam poderes públicos, pois o que está em causa é o respeito do Direito, o império do Direito, com o objetivo de defender os indivíduos dos abusos de Poder. Daqui decorre que toda a entidade que seja suscetível de pôr em causa os direitos dos indivíduos deve considerar-se submetida ao princípio do Estado de direito.

Em anteriores trabalhos já tivemos oportunidade de sustentar que o princípio do Estado de direito se aplica à União Europeia[118], pelo que não vamos retomar esta questão.

Por ora importa salientar que o Estado de direito é um dos valores que a União deve respeitar nas suas relações com o resto do Mundo[119].

Mas, neste domínio, a União tem ela própria "telhados de vidro".

Senão vejamos:

É certo que o Tratado de Lisboa eliminou a estrutura tripartida da UE. Porém, não se verificou uma total correspondência entre a unidade formal e a unidade substancial da União Europeia.

No domínio da PESC, os atos legislativos[120] estão expressamente excluídos (artigos 24.º, n.º 1, par. 2.º, e 31.º, n.º 1, par. 1.º, do TUE), sendo substituídos pela definição das orientações gerais, pelas decisões que definam as ações a desenvolver pela União, as posições a tomar pela União, pelas regras de execução destas e pela cooperação sistemática entre os Estados-Membros (artigo 25.º do TUE).

Além disso, o valor do Estado de direito impõe a existência de tribunais independentes e imparciais capazes de assegurar o respeito da Ordem Jurídica em causa, assim como o direito de acesso à justiça. Assim sendo, todo o Direito, isto é, todo o ato ou norma jurídicos se devem encontrar sujeitos ao

---

Lisboa, 1993, p. 22 e segs; RAINER ARNOLD, "Rechtsstaat und Normenkontrolle in Europa", in JÜRGEN F. BAUR et al., Festschrift für BODO BÖRNER, Colónia, 1992, p. 7 e segs.

[118] ANA MARIA GUERRA MARTINS, "Os valores da União na Constituição Europeia", cit., p. 497 e segs; Idem, A natureza jurídica da revisão..., p. 365 e segs.

[119] Sobre o Estado de direito como valor e princípio que inspira a ação externa da União, ver ALEXANDRA TIMMER e outros, "EU human rights, democracy and rule of law ...", p. 28-38; LAURENT PECH, "Rule of Law as a Guiding Principle of the European Union's External Action", Cleer Working Papers 2012/3, p. 13 e segs.

[120] Trata-se de um resquício do TECE que hoje se deve interpretar como dizendo respeito aos regulamentos, diretivas e decisões de caráter geral previstos no artigo 288.º do TFUE.

controlo jurisdicional. É certo que os Tribunais da União viram a sua competência alargada com o Tratado de Lisboa, mas, ao contrário do que faria supor o desaparecimento da estrutura tripartida da União, certos domínios continuam subtraídos à jurisdição do Tribunal. É o caso da PESC que está expressamente excluída da jurisdição do Tribunal de Justiça, excetuando a competência para verificar a observância do artigo 40.º do TUE e fiscalizar a legalidade de certas decisões previstas no artigo 275.º, par. 2.º, do TFUE (artigo 24.º, n.º 1, par. 2.º, do TUE).

5.1.3. A universalidade e a indivisibilidade dos direitos humanos e das liberdades fundamentais

Nas suas relações com o resto do Mundo, a União deve ainda promover o princípio da universalidade e indivisibilidade dos direitos humanos e das liberdades fundamentais. Ou seja, os direitos humanos constituem uma componente importante das relações externas da União[121].

A menção da universalidade e indivisibilidade dos direitos fundamentais deve ser conjugada com o entendimento das instâncias internacionais, designadamente, das Nações Unidas, e com a inter-relação entre os direitos civis e políticos e os direitos económicos, sociais e culturais[122].

O conteúdo da uniformidade e da indivisibilidade dos direitos deve ser ancorado nos instrumentos internacionais de direitos humanos, mas também nas Conferências Mundiais de Direitos Humanos das Nações Unidas.

Assim, vinte anos após a proclamação da DUDH procedeu-se à primeira avaliação global da experiência das Nações Unidas, no âmbito da proteção internacional dos direitos humanos, através da realização da I Conferência Mundial de Direitos Humanos, em Teerão, entre 22 de Abril e 13 de Maio de 1968.

---

[121] Neste sentido, SAMANTHA VELLUTI, "The Promotion and Integration of Human Rights in EU External Trade Relations", *UJIEL*, 2016, p. 45. V. também YUMIKO NAKANISHI, "Mechanisms to Protect Human Rights in the EU's External Relations", in Y. NAKANISHI (ed.), *Contemporary Issues in Human Rights Law – Europe and Asia*, Singapura, Springer, 2018, p. 3 e segs; ALEXANDRA TIMMER e outros, "EU human rights, democracy and rule of law...", p. 74 e segs.
[122] Cfr. ANA MARIA GUERRA MARTINS, *Direito Internacional dos Direitos Humanos*, Coimbra, Almedina, 2006, p. 100 e segs.

A Conferência contou com a presença de 84 países, de diversas organizações internacionais e de organizações não governamentais, tendo adotado vários textos, a saber, a Proclamação de Teerão e 29 resoluções, nas quais se consagravam os mais diversos direitos humanos.

Na Conferência Mundial de Teerão assumiu-se uma nova visão global e integrada dos direitos humanos, visão essa que vai influenciar os desenvolvimentos futuros do direito internacional dos direitos humanos, através da consagração, designadamente, da tese da inter-relação e da indivisibilidade dos direitos humanos, que é hoje um dos pilares do direito internacional dos direitos humanos.

No início da década de 90 a ONU voltou a proceder a uma avaliação global da matéria do direito internacional dos direitos humanos, procurando averiguar o modo como estava a ser implementada na prática, bem como identificar os rumos a seguir no futuro. Para isso contribuiu o fim da guerra-fria, que abriu novas possibilidades para um papel mais ativo das Nações Unidas neste domínio.

A Assembleia Geral das Nações Unidas, pela resolução 45/155, de 18 de Dezembro de 1990, decidiu convocar uma nova Conferência Mundial de Direitos Humanos, que veio a realizar-se, em Viena, entre 14 e 25 de Junho de 1993, com os seguintes objetivos:

- rever e avaliar os avanços no campo dos direitos humanos desde a adoção da DUDH de 1948 e identificar os meios de superar os obstáculos ao progresso nesta área;
- examinar a relação entre o desenvolvimento e o gozo universal dos direitos económicos, sociais e culturais assim como dos direitos civis e políticos;
- examinar os meios de aprimorar a implementação dos instrumentos de direitos humanos existentes;
- avaliar a eficácia dos mecanismos e métodos dos direitos humanos das Nações Unidas;
- formular recomendações para avaliar a eficácia desses mecanismos;
- formular recomendações para assegurar os recursos apropriados para as atividades das Nações Unidas no campo dos direitos humanos.

Estabeleceu-se um comité preparatório aberto a todos os Estados-Membros da ONU ou das Agências Especializadas, com a participação de vários observadores, que realizou várias reuniões, incluindo as reuniões regionais preparatórias (África, América Latina e Caraíbas e Ásia).

A II Conferência aprovou uma Declaração e um Programa de Ação que vão contribuir para o progresso do sistema dos direitos humanos das Nações Unidas, reforçando o seu carácter universal, a inter-relação entre os direitos humanos e a democracia, os direitos das minorias, da mulher, da criança e dos membros de grupos vulneráveis.

O DIDH pretende, pois, exprimir valores – a dignidade da pessoa humana e a igualdade dos seres humanos – que devem constituir uma base comum de todas as civilizações e de todas as religiões.

Não se deve, todavia, esquecer que as bases filosóficas e políticas dos direitos humanos nascem no Ocidente, o que justifica aí se ter encontrado o maior número de partidários da tese do universalismo dos direitos humanos.

Segundo aquela tese, os direitos humanos, como, por exemplo, a igualdade de proteção, a segurança física ou a liberdade de opinião, devem ser os mesmos em todo o lado.

Aos partidários do universalismo opõem-se os defensores do relativismo cultural[123], que advogam que algumas, a maior parte ou mesmo todas as regras sobre direitos humanos dependem do contexto cultural. Segundo esta tese, a noção de direito humano difere no espaço, pois o ambiente cultural em que se insere também é diferente. O relativismo cultural reclama o respeito pelas diferenças culturais[124].

A perspetiva universalista prevaleceu nos principais instrumentos internacionais de direitos humanos, tais como a DUDH e os Pactos das Nações

---

[123] Sobre a discussão entre o universalismo e o relativismo cultural, v., entre muitos outros, PHILIP ALSTON / RYAN GOODMAN, *International Human Rights*, p. 531 e segs; JACK DONELLY "The Relative Universality of Human Rights", *HRQ*, 2007, p. 281 e segs; MICHAEL GOODHART, "Origins and Universality in the Human Rights Debates: Cultural Essentialism and the Challenge of Globalization", *HRQ*, 2003, p. 935 e segs; RICHARD KLEIN, "Cultural Relativism, Economic Development, and International Human Rights in the Asian Context", *Touro International Law Review*, 2001, p. 1 e segs; PETER BLUNT, "Cultural relativism, "good governance" and sustainable human development", *Public Administration and Development*, 1995, p. 1 e segs; JACK DONELLY, "Cultural Relativism and Universal Human Rights", *HRQ*, 1984, p. 400 e segs.
[124] Neste sentido, JACK DONELLY "The Relative Universality of Human Rights", p. 294.

Unidas[125]. Não se deve, todavia, esquecer que também se encontram concessões ao relativismo, como acontece na Carta Africana dos Direitos do Homem e dos Povos.

A verdade é que este debate já foi bastante aceso entre o Leste e o Ocidente (antes da Perestroika), pois os países de Leste não reconheciam a perspetiva universalista dos direitos humanos. Atualmente, o debate universalismo/relativismo trava-se, sobretudo, entre o Norte e o Sul, entre o Ocidente e o Mundo islâmico[126] ou entre os países em desenvolvimento e os desenvolvidos.

Deve, no entanto, sublinhar-se que é possível conjugar a universalidade com a diversidade ou a singularidade dos homens e dos povos, pelo que o universalismo não postula a uniformidade absoluta[127].

Em suma, a União Europeia deve ter em conta a universalidade e a indivisibilidade dos direitos humanos e das liberdades fundamentais, sem descurar as particularidades dos Estados terceiros com os quais estabelece relações internacionais.

5.1.4. O respeito da dignidade humana

O respeito pela dignidade humana é outro valor que o artigo 21.º, n.º 1, TUE indica que a União deve promover em todo o mundo.

Na verdade, o valor fundamental que perpassa todos os instrumentos nacionais e internacionais relativos aos direitos humanos é o da dignidade inerente à pessoa humana.

A ideia de que existem uma série de direitos, que pertencem ao ser humano pelo simples facto de o ser, direitos esses que são inerentes à sua natureza, dominou as primeiras declarações de direitos nacionais, das quais se devem destacar, no Reino Unido, a *Petition of Rights*, de 1628, o *Habeas Corpus Act*, de 1679 e a *Declaration of Rights*, de 1689, nos Estados Unidos, a declaração de direitos da Virgínia de 1776, o preâmbulo da declaração de Independência dos EUA, de 4 de Julho de 1776, em França, a declaração de direitos do homem e do cidadão, de 26 de Agosto de 1789. A própria declaração russa dos

---

[125] V. JACK DONELLY "The Relative Universality of Human Rights", p. 288-289.
[126] A Carta Árabe de Direitos Humanos de 1994, embora se ancore no universalismo onusiano, deve ser lida à luz do Corão, o que potencia eventuais conflitos.
[127] V. JACK DONELLY "The Relative Universality of Human Rights", p. 303.

«direitos do povo trabalhador e explorado», de 4 de janeiro de 1918, produto da revolução industrial do séc. XIX, nas sociedades europeias, e embrião dos direitos económicos, sociais e culturais, é ainda tributária daquela ideia.

Estas bases filosóficas vão, naturalmente, influenciar o direito internacional e o direito da União Europeia.

Assim, é a base axiológica da dignidade da pessoa humana que impõe ao direito internacional o reconhecimento a todo o ser humano, em qualquer parte, e em qualquer época de um mínimo de direitos fundamentais.

O TUE comunga igualmente da ideia de que a dignidade humana é a base na qual assenta o reconhecimento de que todo o ser humano, em qualquer lugar e a qualquer tempo, pelo simples facto de o ser, deve ser titular de um núcleo mínimo de direitos e não pode ser degradado à qualidade de objeto[128]. Por isso, não é por acaso que o artigo 2.º TUE refere, em primeiro lugar, o respeito da dignidade humana.

Daqui decorre que a União Europeia está obrigada, em todas as suas ações, a pautar-se pelo valor e princípio do respeito da dignidade da pessoa humana, incluindo nas relações que estabelece com o resto do Mundo.

Dito isto, deve notar-se que o valor da dignidade humana não se afigura de fácil apreensão, como se pode inferir do que tem escrito sobre o assunto quer a doutrina portuguesa quer a estrangeira. Assim, citando José Carlos Vieira de Andrade, *"o conceito de dignidade humana foi naturalmente, ao longo dos tempos, um daqueles que sempre suscitou, mesmo no domínio limitado do pensamento ocidental, as mais profundas divergências, salientando-se as que opõem as respetivas conceções religiosas, racionais e "científicas"*[129]. Jorge Reis Novais admite *"a dificuldade na determinação de um conteúdo concretizado deste princípio* [da dignidade da pessoa humana] *de forma intersubjectivamente incontestável*[130]. E, mais recentemente, José de Melo Alexandrino afirma que *"o princípio de dignidade da pessoa humana parece pertencer àquele lote de realidades particularmente avessas à claridade, chegando a dar a impressão de se obscurecer na razão direta do esforço dispendido para*

---

[128] Ver Jochen A. Frowein, "Human Dignity in International Law", *in* David Kretzmer / Eckard Klein (ed.), *The Concept of Human Dignity in Human Rights Discourse*, Haia, 2002, p. 21 e segs.
[129] José Carlos Vieira de Andrade, *Os Direitos Fundamentais na Constituição Portuguesa de 1976*, 4ª ed., Coimbra, 2009, p. 93, nota 58.
[130] Jorge Reis Novais, *Os princípios constitucionais ...*, p. 56.

o clarificar"[131]. Na doutrina estrangeira também se encontra o mesmo sentimento. "A *noção de dignidade, tal como a de igualdade, pertence ao grupo das noções se não confusas, pelo menos de «conteúdo variável»*"[132]. Porém, "[a] *necessidade de proteger o homem na integralidade das suas várias dimensões é de todos os tempos e de todos os lugares*"[133], impulsionando a uma busca permanente de consenso que nem sempre tem sido bem sucedida.

Surgindo, essencialmente, ligado à filosofia, à moral e à religião, o conceito de dignidade humana só muito tardiamente – já em pleno séc. XX – vai transpor estas fronteiras e passar para o discurso jurídico, em primeiro lugar, para o direito constitucional e, após a II Guerra Mundial, para o direito internacional[134]. É a partir daí que a dignidade humana passou a ser incorporada na maior parte dos textos de direitos humanos. Mas a verdade é que a ligação implícita entre o conceito de dignidade humana e os direitos humanos é muito anterior, como o demonstra JÜRGEN HABERMAS[135].

Ao nível do direito das Comunidades Europeias, as referências à dignidade humana no direito derivado, em ligação com a liberdade e com a igualdade de tratamento, datam de finais da década de 60. Veja-se, por exemplo, o considerando n.º 5 do regulamento (CEE) n.º 1612/68, de 15 de outubro de 1968, relativo à livre circulação dos trabalhadores na Comunidade[136] (atualmente revogado pela diretiva n.º 2004/38/CE, do Parlamento Europeu e do Conselho, de 29 de abril de 2004[137]).

---

[131] JOSÉ DE MELO ALEXANDRINO, "Perfil constitucional da dignidade da pessoa humana: um esboço traçado a partir da variedade de concepções", *in Estudos em honra do Professor Doutor* JOSÉ DE OLIVEIRA ASCENSÃO, vol. I, Coimbra, 2008, p. 481.
[132] LÉON INGBER, «De l'égalité à la dignité en Droit: de la forme au contenu», *in Mélanges offerts à* PIERRE VAN OMMESLAGHE, Bruxelas, 2000, p. 905.
[133] VASCO DUARTE DE ALMEIDA, "Sobre o valor da dignidade da pessoa humana", *RFDUL*, 2005, p. 623.
[134] Para um estudo mais desenvolvido sobre as origens filosóficas, morais e religiosas da dignidade humana, cfr. ANA MARIA GUERRA MARTINS, *A igualdade e a não discriminação...*, p. 507 e segs, bem como toda a bibliografia aí citada.
[135] JÜRGEN HABERMAS, "O conceito de dignidade humana e a utopia realista dos direitos humanos", *in Um Ensaio sobre a Constituição da Europa*, Lisboa, edições 70, 2012, p. 30 e segs.
[136] JOCE L 257, de 19/10/1968, p. 2 e segs.
[137] JOUE L 229, de 29/6/2004, p. 35 e segs.

A ideia de proteção da dignidade humana enforma igualmente – ainda que de modo implícito – a Jurisprudência do Tribunal de Justiça, pelo menos, desde a década de 70. Assim, por exemplo, o acórdão *Defrenne II*[138], ao condenar as discriminações fundadas no sexo, tem subjacente a ideia da dignidade da mulher[139]. Além disso, na década de 80 são frequentes as referências à dignidade da mulher em resoluções, programas de ação, declarações comuns e comunicações dos órgãos comunitários[140], ou seja, no *soft law*.

Sublinhe-se, contudo, que a dignidade humana não era mencionada no antigo artigo 6.º, n.º 1, do TUE, na versão de Amesterdão, tendo sido alcandorada ao direito originário somente com o Tratado de Lisboa. Apesar disso, a dignidade humana já fazia parte do direito da União pela via das tradições constitucionais comuns aos Estados-Membros e do direito internacional dos direitos humanos, tendo irradiado para todos os domínios do direito da União Europeia.

Com a entrada em vigor do Tratado de Lisboa, a dignidade humana passa a ser reconhecida, no direito originário, a vários propósitos. Além do já mencionado artigo 2.º do TUE, o qual a aponta como o primeiro valor em que se funda a União, só depois enunciando a liberdade, a democracia, a igualdade, o Estado de Direito e o respeito pelos direitos humanos, a CDFUE confere à dignidade humana um lugar proeminente, uma vez que abre com ela o catálogo dos direitos fundamentais da União.

5.1.5. Os princípios da igualdade e da solidariedade

Nos termos do artigo 21.º, n.º 1, TUE, a ação externa da União assenta também nos princípios da igualdade e da solidariedade, sendo seu objetivo promover estes dois princípios nas relações que estabelece com o resto do Mundo, inclusivamente quando atua no domínio da PESC (artigo 23.º do TUE).

---

[138] Ac. de 8/4/76, *Defrenne II*, proc. 43/75, Rec. 1976, p. 455.
[139] Cfr. STÉPHANE RETTERER, "Le concept de dignité en droit communautaire: du droit positif au droit prospectif", in PHILIPPE PEDROT (dir.), *Ethique, Droit et Dignité de la Personne – Mélanges* CHRISTIAN BOLZE, Paris, 1999, p. 90.
[140] Para maiores desenvolvimentos, STÉPHANE RETTERER, "Le concept de dignité en droit communautaire...", p. 91 e segs.

O princípio da igualdade funda-se no valor da igualdade e está ligado, no direito da União Europeia, ao princípio da não discriminação. Com efeito, a proibição da discriminação em função da nacionalidade e a igualdade de remuneração entre homens e mulheres desempenharam um papel fundamental no direito comunitário, desde os primórdios da integração europeia[141], continuando a constituir os alicerces fundamentais do direito da União Europeia atual.

O Tratado de Lisboa confere uma ampla proteção à igualdade e à não discriminação, mantendo, por um lado, as normas que já integravam os anteriores Tratados neste domínio e, por outro lado, introduzindo novas regras. Como exemplos das primeiras podem mencionar-se o objetivo da União de combate à exclusão social e à discriminação, bem como a promoção da igualdade entre homens e mulheres (artigo 3.º, n.º 3, do TUE), o reconhecimento expresso da igualdade entre homens e mulheres (artigo 157.º do TFUE) e a manutenção do antigo artigo 13.º do TCE, atual artigo 19.º do TFUE, embora deslocando-o, do ponto de vista sistemático, para a Parte II do Tratado relativa à não discriminação e cidadania da União. Além disso, o TL introduz todo um conjunto de novas normas que têm o intuito de ampliar a consagração do valor da igualdade. É o caso dos artigos 9.º do TUE e 10.º do TFUE bem como do título III da CDFUE.

O artigo 2.º do TUE vai também inspirar a referência ao princípio da solidariedade na medida em que, após enunciar os valores nos quais se funda a União, o preceito prossegue, afirmando que aqueles valores *"são comuns aos Estados-Membros numa sociedade caracterizada pelo pluralismo, a não discriminação, a tolerância, a justiça, a solidariedade e a igualdade entre homens e mulheres".*

Em consequência, em sede de ação externa, a União deve respeitar os princípios da igualdade e da solidariedade, especialmente, quando atua nos domínios da cooperação para o desenvolvimento (artigos 208.º a 211.º TFUE), quando exerce competências em matéria de cooperação económica, financeira e técnica com países terceiros (artigos 212.º e 213.º TFUE) e no âmbito da ajuda humanitária (artigo 214.º TFUE).

---

[141] Ver KOEN LENAERTS, «L'égalité de traitement en droit communautaire: un principe unique aux apparences multiples», *CDE*, 1991, p. 21-22.

5.1.6. O respeito dos princípios da Carta das Nações Unidas e do direito internacional

Ao contrário do que sucede com os princípios até agora mencionados, a exigência de respeito pelos princípios da Carta da Nações Unidas e do direito internacional, prevista no artigo 21.º, n.º 1, par. 1.º, parte final, TUE não reflete, pelo menos, diretamente os valores consagrados no artigo 2.º do TUE.

Como atrás vimos, antes as Comunidades e, mais recentemente, a União têm-se considerado vinculadas aos princípios da Carta das Nações Unidas e do direito internacional. Porém, essa vinculação não esgota a relação da União com os princípios da Carta e com os de direito internacional, dado que a União tem ainda como objetivo promovê-los nas relações que estabelece com o resto do mundo. O TUE não esclarece, contudo, quais os princípios da Carta e do direito internacional a que se refere. São todos os que constam do artigo 2.º da Carta? Ou são quaisquer princípios constantes da Carta? São todos os princípios que vinculam os Estados-Membros da ONU ou apenas os que vinculam os Estados não membros da ONU?

Em primeiro lugar, deve sublinhar-se que a União Europeia, não sendo um Estado, não poderá ser um Estado-Membro das Nações Unidas, pelo que o fundamento da sua vinculação aos princípios da Carta não será, por certo, convencional. E pelo facto de a União não ser um Estado não poderá igualmente considerar-se vinculada aos princípios da Carta com base no artigo 2.º, n.º 6, da Carta, pois este preceito abrange somente Estados não membros.

A vinculação da União aos princípios da Carta terá de se ancorar noutros fundamentos. Desde logo, os princípios da Carta, ou, pelo menos, alguns deles, fazem parte do direito consuetudinário geral ou comum, pelo que a União estará vinculada a esse título. Como já vimos, o Tribunal, muito recentemente, no caso *Frente Polisário*[142], reafirmou a sua jurisprudência relativa à vinculação da União aos princípios de direito internacional geral ou comum, incluindo o princípio da autodeterminação dos povos[143].

---

[142] Ac. 21/12/2016, proc. C104/16 P, ECLI:EU:C:2016:973.
[143] Sobre a importância deste acórdão para o direito à autodeterminação dos povos, ver Peter Hilpold, "«Self-Determination at the European Courts...", p. 907 e segs; Nicolas Levrat,

Além disso, uma vez que a União é um sujeito de direito internacional pode, por ato unilateral, declarar que se encontra vinculada a determinadas obrigações, pelo que o artigo 21.º, n.º 1, par. 1.º, parte final, TUE pode ser entendido nesse sentido. Ou seja, este preceito pode consubstanciar uma declaração da União Europeia no sentido de que cumprirá os princípios da Carta das Nações Unidas e do direito internacional e de que os promoverá no âmbito da sua ação externa.

Note-se que a vinculação da União aos princípios do direito internacional não levanta tantas objeções como a vinculação aos princípios da Carta das Nações Unidas. No fundo, todo e qualquer sujeito de direito internacional deve observar os princípios de direito internacional que se lhe aplicam por força da sua natureza e das atribuições que exerce.

6. Os objetivos e interesses da União *"na cena internacional"*

6.1. Desenvolvimento de relações e constituição de parcerias com terceiros Estados e com organizações internacionais que partilhem os princípios enunciados no artigo 21.º, n.º 1, par. 1.º TUE

Na sequência da afirmação do caráter unitário da União. após o Tratado de Lisboa, os seus objetivos sofreram modificações significativas[144]. Contrariamente ao que sucedia anteriormente[145], existe hoje uma lista única de objetivos da União Europeia, a qual consta do artigo 3.º TUE[146].

"The Right to National Self-determination within the EU: a Legal Investigation", *Euborders Working Paper 08*, September 2017, p. 1 e segs.

[144] Sobre os objetivos da União na cena internacional após o Tratado de Lisboa, ver, por todos, MARIA JOSÉ RANGEL DE MESQUITA, *A atuação externa da União Europeia...*, p. 147 e segs.

[145] Sobre os princípios e os objectivos no domínio da política externa da União antes do Tratado de Lisboa, cfr. ENZO CANIZZARO, "The Scope of the EU Foreign Power – Is the EC Competent to Conclude Agreements with Third States Including Human Rights Clauses?", *in* ENZO CANNIZZARO (ed.), *The European Union as an Actor ...*, p. 297 e segs; ERNST-ULRICH PETERSMANN, "Human Rights in European and Global Integration Law: Principles for Constitutionalizing the World Economy", *in* ARMIN VON BOGDANDY / PETROS MAVROIDIS / YVES MÉNY (ed.), *European Integration and International Co-ordination Studies in Transnational Economic Law in Honour of Claus-Dieter Ehlermann*, Haia, Kluwer, 2002, p. 383 e segs.

Segundo o n.º 5 daquele preceito, a União, nas suas relações com o resto do Mundo, afirma e promove os seus valores e interesses[147] e contribui para a proteção dos seus cidadãos. Além disso, contribui para a paz, a segurança, o desenvolvimento sustentável do planeta, a solidariedade e o respeito mútuo entre os povos, o comércio livre e equitativo, a erradicação da pobreza e a proteção dos direitos do Homem[148], em especial os da criança, bem como para a rigorosa observância e o desenvolvimento do direito internacional, incluindo o respeito dos princípios da Carta das Nações Unidas.

Deste preceito resulta que os objetivos primordiais da União nas suas relações com o resto do Mundo são, por um lado, a promoção dos seus valores e interesses e, por outro lado, a contribuição para a proteção dos seus cidadãos.

É de registar que nem sempre é clara, nos Tratados, a distinção entre valores, princípios e objetivos. Antes se verifica uma certa confusão. O mesmo se diga quanto ao conteúdo dos interesses da União.

Como vimos, os valores da ação da União na cena internacional são os genericamente afirmados no artigo 2.º TUE e especificamente desenvolvidos no artigo 21.º, n.º 1, par. 1.º, TUE e a preocupação de contribuir para a proteção dos seus cidadãos desenvolve-se em vários domínios, dos quais se deve destacar a criação do Serviço Europeu de Ação Externa.

Já a contribuição para a paz, a segurança, o desenvolvimento sustentável do planeta, a solidariedade e o respeito mútuo entre os povos, o comércio livre e equitativo, a erradicação da pobreza e a proteção dos direitos do Homem,

---

Após o TECE, cfr. Päivi Leino, "The Journey Towards All that is Good and Beautiful: Human Rights and 'Common Values' as Guiding Principles of EU Foreign Relations Law", in Marise Cremona / Bruno de Witte (ed.), *EU foreign relations ...*, p. 259 e segs; Giovanni Grevi, "The Institutional Framework of External Action", in Giuliano Amato / Hervé Bribosia / Bruno De Witte (eds.), *Genèse et Destinée de la Constitution Européenne*, Bruxelas, Bruylant, 2007, p. 784 e segs.

[146] Para um comentário deste preceito, cfr. Marcelo Rebelo de Sousa, "Anotação ao artigo 3.º do TUE", in Manuel Lopes Porto / Gonçalo Anastácio (coord.), *Tratado de Lisboa...*, p. 30 a 32.

[147] Sobre os valores e interesses da União, ver, por todos, Eduardo Paz Ferreira, *Valores e interesses – Desenvolvimento Económico e Política Comunitária de Cooperação*, Coimbra, Almedina, 2004, p. 469 e segs.

[148] Sobre o respeito pelos direitos humanos como objetivo geral da política externa da União, v. Annabel Egan / Laurent Pech, "Respect for Human Rights as a General Objective of the EU's External Action", *Working Paper n.º 162*, June 2015.

em especial os da criança, bem como para a rigorosa observância e o desenvolvimento do direito internacional, incluindo o respeito dos princípios da Carta das Nações Unidas não dependem apenas da ação da União, mas antes da ação conjugada da União com os outros sujeitos de direito internacional.

Além disso, nem todos os objetivos enunciados parecem situar-se no mesmo plano. Enquanto alguns se afiguram como verdadeiras metas a atingir – a paz, a segurança, o desenvolvimento sustentável do planeta, o comércio livre e equitativo, a erradicação da pobreza – outros aproximam-se mais dos valores ou dos princípios – a proteção dos direitos do Homem, em especial os da criança, bem como a rigorosa observância do direito internacional, incluindo o respeito dos princípios da Carta das Nações Unidas.

Os objetivos são desenvolvidos no Título V, capítulo I, do TUE relativo às disposições gerais em matéria de ação externa da União.

6.2. Definição e prossecução de políticas comuns e ações e diligências no sentido de assegurar um elevado grau de cooperação em todos os domínios das relações internacionais

Nos termos do artigo 21.º, n.º 2, TUE, a União, na definição e prossecução das políticas comuns e ações, diligencia no sentido de assegurar um elevado grau de cooperação em todos os domínios das relações internacionais, ou seja, a União deve contribuir para solucionar os principais problemas mundiais.

Neste preceito reiteram-se e desenvolvem-se os principais objetivos da ação da União na cena internacional, verificando-se, de novo, uma certa ambiguidade e alguma confusão entre valores, princípios, interesses e objetivos.

Além disso, em relação a alguns objetivos, a União poderá cumpri-los, por si só, sem grande necessidade de intervenção externa, noutros casos a realização dos objetivos é impossível numa atuação isolada.

Assim, por exemplo, a salvaguarda dos seus valores e interesses fundamentais implica antes de mais uma definição dos mesmos por parte da União e uma atuação interna e externa em conformidade. Já a prestação de assistência a populações, países e regiões confrontados com catástrofes naturais ou de origem humana não depende única e exclusivamente da União, dado que, no contexto mundial hodierno, é provável que se integre no contexto mais vasto onusiano.

A segurança, a independência e a integridade da União, assim como a preservação da paz, a prevenção dos conflitos e o reforço da segurança internacional, em conformidade com os objetivos e os princípios da Carta das Nações Unidas, com os princípios da Ata Final de Helsínquia e com os objetivos da Carta de Paris, incluindo os respeitantes às fronteiras externas são objetivos da União, mas tendo em conta a interdependência e interligação do mundo atual, é natural que não os prossiga de forma isolada, mas antes no âmbito mais vasto da comunidade internacional no seu conjunto.

O apoio ao desenvolvimento sustentável nos planos económico, social e ambiental dos países em vias de desenvolvimento com o intuito de erradicar a pobreza, o incentivo à integração de todos os países na economia mundial, designadamente através da inclusão da eliminação progressiva dos obstáculos ao comércio internacional, a contribuição para o desenvolvimento das medidas internacionais para a preservação e melhoria da qualidade do ambiente e a gestão sustentável dos recursos naturais à escala mundial, a fim de assegurar um desenvolvimento sustentável são objetivos que a União prossegue internamente e tem igualmente como objetivo prosseguir enquanto sujeito de direito internacional, na medida em que é impossível atingi-los numa atuação isolada.

A consolidação e apoio da democracia, do Estado de Direito, dos direitos do Homem e dos princípios do Direito Internacional são objetivos intrinsecamente ligados aos valores e princípios da União e, por isso, como veremos mais adiante, a União tem contribuído muito para a sua afirmação no plano internacional.

A União promove um sistema internacional baseado na cooperação multilateral reforçada e na boa governação ao nível mundial.

Por último, note-se que é a prossecução destes objetivos e a observância destes princípios que vão orientar a atuação da União no plano internacional, seja qual for o domínio que estiver em causa (artigo 21.º, n.º 3, par. 1.º, TUE).

Esta afirmação constitui uma tentativa séria de responder à necessidade de maior coerência da ação externa da União. No mesmo sentido aponta o artigo 21.º, n.º 3, par. 2.º, TUE, o qual estabelece que a União vela pela coerência entre os vários domínios da sua ação externa e entre estes e as suas outras políticas, competindo ao Conselho e à Comissão, assistidos pelo Alto Representante da União para os Negócios Estrangeiros e a Política Externa, assegurar essa coerência.

Este tema merece um tratamento autónomo, pelo que vamos trata-lo mais desenvolvidamente no capítulo seguinte.

Capítulo IV
A coerência e a consistência da ação externa da União Europeia

7. A coerência e a consistência da ação externa da União antes do Tratado de Lisboa

Ao longo do processo de integração europeia, muitas foram as vozes – provenientes não só da doutrina como também das próprias instituições da União – que reclamaram contra a falta de coerência e consistência da ação externa da União.

Antes do Tratado de Lisboa[149], as dificuldades inerentes à estrutura "pilarizada" – que implicava a atuação de diferentes instituições em cada

---

[149] Sobre o princípio da coerência antes do Tratado de Lisboa, ver Christoph Herrmann, "Much Ado about Pluto? The 'Unity of the Legal Order of the European Union' Revisited", *in* Marise Cremona / Bruno de Witte (ed.), *EU foreign relations law...*, p. 19-51; Christophe Hillion, "Tous pour un, un pour tous! Coherence in the External Relations of the European Union", *in* Marise Cremona (ed.), *Developments in EU External ...*, p. 10-36; Christophe Hillion / Ramses Wessel, "Restraining External Competences of EU Member States under CFSP, *in* Marise Cremona / Bruno de Witte (ed.), *EU foreign relations law...*, p. 79-121; Panos Koutrakos, "Inter-Pillar Approaches to the European Security and Defence Policy: The Economic Aspects of Security", *in* Vincent Kronenberger (ed.), *The European Union and the International Legal Order...*, p. 435-453; Panos Koutrakos, *EU International Relations Law*, Oxford, Hart, 2006, p. 415-452; Simon Nutall, "Coherence and Consistency", *in* Christopher Hill / Michael Smith (eds.), *International Relations...*, p. 91-112; Ramses A. Wessel, "The Dynamics of the European Union Legal Order: An Increasingly Coherent Framework of Action and Interpretation", *EuConst*, 2009, p. 117-142.

um dos pilares, a aprovação de diferentes instrumentos jurídicos e um diverso controlo judicial, consoante a matéria em causa fizesse parte do pilar comunitário ou dos pilares intergovernamentais, assim como a transversalidade de alguns domínios que cruzavam os pilares, como, por exemplo, o comércio de armas com ligação à política comercial (pertencente ao pilar comunitário) mas também à política de segurança tanto interna como externa (parte dos pilares intergovernamentais) e o dever de preservação *do acquis communautaire* previsto no artigo 47.º do TUE[150] – foram alguns dos fatores que conduziram à falta de coerência e consistência da ação externa da União[151].

É certo que o Tribunal de Justiça tentou ultrapassar essa situação através de uma interpretação jurisprudencial que atende ao objetivo e ao conteúdo da medida, considerando-se competente para anular, com base no artigo 47.º da anterior versão do TUE, um ato adotado com base na PESC que viole a repartição de atribuições da Comunidade Europeia, como sucedeu nos casos *Comissão c. Conselho – vistos em trânsito nos aeroportos*[152], *Comissão c. Conselho – sanções ambientais*[153], *Comissão contra Conselho – poluição com origem em navios*[154] e *Comissão / Conselho – ECOWAS* [155].

No primeiro caso (*vistos em trânsito nos aeroportos*), tendo o Reino Unido alegado que o Tribunal de Justiça, por força do disposto no artigo L do Tratado da União Europeia (versão de Maastricht), não era competente para conhecer do recurso da Comissão, uma vez que o ato, adotado de acordo com uma base jurídica do terceiro pilar (artigo K.3, n.º 2, do Tratado da União Europeia, na versão de Maastricht), não fazia parte dos atos suscetíveis de serem anulados

---

[150] Sobre o artigo 47.º TUE na versão dos Tratados anterior ao Tratado de Lisboa, ver ALAN DASHWOOD, "Article 47 TEU and the relationship between first and second pillar competences", in ALAN DASHWOOD / MARC MARESCEAU, *Law and Practice* ..., p. 71-103.

[151] ULRICH EVERLING, "From European Communities to European Union – By Convergence to Consistency", in ARMIN VON BOGDANDY / PETROS MAVROIDIS / YVES MÉNY (ed.), *European Integration*..., 2002, p. 139-157.

[152] Acórdão de 12/5/1998, *Comissão c. Conselho (Vistos em trânsito nos aeroportos)*, proc. C-170/96, ECLI:EU:C:1998:219.

[153] Acórdão de 13/9/2005, *Comissão c. Conselho (sanções ambientais)*, proc. C-176/03. ECLI:EU:C:2005:542.

[154] Acórdão de 23/10/2007, *Comissão c. Conselho (poluição com origem em navios)*, proc. C-440/05, ECLI:EU:C:2007:625.

[155] Acórdão de 20/5/2008, *Comissão c. Conselho (ECOWAS)*, proc. C-91/05, ECLI:EU:C:2008: 288.

pelo Tribunal de Justiça, este considerou que o que estava em causa era o reconhecimento de que o ato adotado pelo Conselho deveria ter sido adotado com base numa disposição do pilar comunitário (artigo 100.º-C do Tratado CE, na versão de Maastricht) e que as normas dos pilares intergovernamentais não afetam as disposições do pilar comunitário. Em consequência, o Tribunal de Justiça considerou-se competente para proceder à apreciação do conteúdo do pilar comunitário, a fim de verificar se o ato não afeta a competência da Comunidade.

No segundo caso (*sanções ambientais*), o Tribunal apreciou se uma decisão-quadro adotada pelo Conselho, com base numa disposição do terceiro pilar, violou o artigo 47.º TUE (versão de Nice), na medida em que nenhuma das disposições do Tratado CE (versão de Nice) pode ser afetada por uma disposição do Tratado da União Europeia (versão de Nice).

Segundo o Tribunal de Justiça, compete-lhe certificar-se de que os atos que o Conselho considera abrangidos pelo referido título VI não invadem a esfera de competências que as disposições do Tratado CE atribuem à Comunidade.

O Tribunal considerou, no caso em apreço, que essa invasão de competência existia, pelo que a decisão-quadro desrespeitava na sua totalidade, em razão da sua indivisibilidade, o artigo 47.º TUE (versão de Nice).

No terceiro caso (*poluição com origem em navios*), a Comissão das Comunidades Europeias pediu ao Tribunal de Justiça que anulasse a Decisão-Quadro 2005/667/JAI do Conselho, de 12 de Julho de 2005[156], destinada a reforçar o quadro penal para a repressão da poluição por navios, com base na violação do artigo 47.º TUE (versão de Nice).

O Tribunal concluiu relativamente aos preceitos da referida decisão-quadro que tinham por objetivo garantir a eficácia das normas adotadas no domínio da segurança marítima, cujo incumprimento pode ter consequências graves para o ambiente, impondo aos Estados-Membros a obrigação de sancionarem penalmente certos comportamentos, que tinham essencialmente por objetivo melhorar a segurança marítima, do mesmo modo que a proteção do ambiente, pelo que poderiam validamente ser adotados com fundamento no artigo 80.º, n.º 2, TCE (versão de Nice). Embora tenha verificado que outras

---

[156] JOCE L 255, p. 164,

disposições não poderiam ser adotadas com base nas normas comunitárias, a indivisibilidade das mesmos, implicou a anulação de toda a decisão-quadro.

No quarto caso (*ECOWAS*), a Comissão solicitou ao Tribunal de Justiça que anulasse a Decisão 2004/833/PESC do Conselho, de 2 de Dezembro de 2004, que aplica a Ação Comum 2002/589/PESC, tendo em vista dar o contributo da União Europeia para a CEDEAO, no âmbito da moratória sobre as armas ligeiras e de pequeno calibre[157], e que declarasse a inaplicabilidade, por ilegalidade, da Ação Comum 2002/589/PESC do Conselho, de 12 de Julho de 2002, relativa ao contributo da União Europeia para o combate à acumulação e proliferação desestabilizadoras de armas de pequeno calibre e armas ligeiras e que revoga a Ação Comum 1999/34/PESC[158], designadamente do seu título II.

Na sequência da jurisprudência anteriormente mencionada, o Tribunal considerou que, de acordo com os critérios da finalidade e do conteúdo, a decisão impugnada tem duas componentes, sem que uma delas possa ser considerada acessória em relação à outra, enquadrando-se uma na política comunitária de cooperação para o desenvolvimento e a outra na PESC.

Assim sendo, o Conselho, ao adotar a decisão impugnada com base no título V do Tratado UE, apesar de esta também se enquadrar na política de cooperação para o desenvolvimento, violou o artigo 47.º UE.

Em suma, nestes acórdãos, o Tribunal deu claramente prioridade ao uso das bases jurídicas das Comunidades Europeias.

Não obstante, a falta de coerência e consistência da política externa da União era evidente, pois baseava-se, em larga medida, na decisão casuística do Tribunal de Justiça, o que criava uma enorme insegurança e falta de transparência.

Consequentemente, um dos pontos do "caderno de encargos" da CIG 2007 que aprovou o Tratado de Lisboa foi o de reforçar a coerência da ação externa da União. Aliás, na sequência de vários documentos anteriores, como, por exemplo, a Comunicação da Comissão de 2006 "A Europa no Mundo – propostas concretas para uma maior coerência, eficácia e visibilidade" e as Conclusões da Presidência do Conselho Europeu, de 15 e 16 de junho de 2006. Isto para não falar do TECE.

---

[157] JOCE L 359, p. 65.
[158] JOCE L 191, p. 1.

Antes de estudar as soluções consagradas no Tratado de Lisboa com o intuito de reforçar a coerência e a consistência da ação externa da União, importa esclarecer o que se deve entender por cada um destes termos.

8. A coerência e a consistência da ação externa da União após o Tratado de Lisboa

8.1. Definição e redefinição de coerência e consistência

Apesar de se tratar de conceitos muito usados pela doutrina, a definição de coerência e de consistência são extremamente difíceis, até porque têm dado lugar a muitos equívocos[159]. Enquanto para alguns se trata de duas noções diferentes, para outros são duas formas de dizer o mesmo[160].

Para os primeiros, a coerência relaciona-se com a construção de um todo unitário, tendo a ver com o estabelecimento de conexões positivas, e a consistência diz respeito à ausência de contradições. Assim, a coerência está mais relacionada com sinergias positivas e valor acrescentado, enquanto a consistência tem mais a ver com a ideia de compatibilidade e de bom senso. A coerência é uma questão de grau, enquanto a consistência é uma noção estática[161].

Aqueles que defendem que coerência e consistência são sinónimos baseiam-se na letra dos próprios dos Tratados, nas suas várias versões, pois enquanto as versões portuguesa, francesa, alemã e espanhola usam o termo coerência, a versão inglesa usa o termo consistência e as versões holandesa, sueca e dinamarquesa não usam um nem outro, optando pela expressão conexão.

A tese da distinção entre os dois conceitos parece ter mais adeptos[162]. Também nós a adotamos.

---

[159] Neste sentido, CHRISTOPHE HILLION, "Tous pour un, un pour tous! Coherence in the External Relations of the European Union", *in* MARISE CREMONA (ed.), *Developments in EU External*, p. 12.

[160] A discussão deste assunto, veja-se em LEONARD DEN HERTOG e SIMON STROSS, "Coherence in EU External Relations: Concepts and Legal Rooting of an Ambiguous Term", *EFARev.*, 2013, p. 375.

[161] LEONARD DEN HERTOG / SIMON STROSS, "Coherence in EU External Relations...", p. 376.

[162] Neste sentido, CHRISTOPHE HILLION, "Tous pour un, un pour tous... »", p. 13.

Parafraseando LEONARD DEN HERTOG e SIMON STROSS[163], por consistência deve entender-se "a ausência de contradições dentro e entre as políticas individuais" e "a coerência refere-se ao apoio sinergético e sistemático para atingir objetivos comuns dentro e através das políticas individuais".

A coerência tem uma dimensão horizontal, a qual diz respeito à relação entre uma política e outras políticas dentro da União (por exemplo, a política de desenvolvimento e a política comercial ou de ajuda humanitária) e uma dimensão vertical, a qual tem a ver com a relação entre uma determinada política ao nível da União e dos Estados-Membros. Assim, a política de desenvolvimento da União pode ser incoerente com a dos Estados-Membros ou com as relações externas dos Estados no seu todo ou ainda com outra política dos Estados-Membros.

8.2. A coerência ao nível horizontal e o princípio de respeito e não interferência mútuos

Antes do Tratado de Lisboa, os problemas que se puseram ao nível da coerência, na sua dimensão horizontal, diziam basicamente respeito à necessidade de traçar uma fronteira entre as políticas das Comunidades Europeias que constavam do primeiro pilar e as que faziam parte dos pilares intergovernamentais, com especial destaque para a PESC, na medida em que as competências dos órgãos, o processo de decisão e os atos através dos quais se exteriorizava essa decisão eram diferentes.

Apesar de o Tratado de Lisboa ter abolido formalmente a estrutura tripartida da União, a PESC mantém uma grande parte das caraterísticas anteriores, pelo que continua a verificar-se a necessidade de coerência horizontal. E por isso, o Tratado continua a referi-la.

Assim, o artigo 21.º, n.º 3, par. 2.º, TUE estabelece, em termos genéricos, que *"a União vela pela coerência entre os diferentes domínios da sua ação externa e entre estes e as suas outras políticas"*. Por sua vez, o artigo 40.º TUE esclarece que *"a execução da política externa e de segurança comum não afeta a aplicação dos procedimentos e o âmbito respetivo das outras atribuições das instituições previstos nos*

---

[163] LEONARD DEN HERTOG e SIMON STROSS, "Coherence in EU External Relations...", p. 376 e 377.

Tratados para o exercício das competências da União enumeradas nos artigos 3.º a 6.º do Tratado sobre o Funcionamento da União Europeia". Do mesmo modo, a execução das políticas relativas às outras políticas da União também não afeta a aplicação dos procedimentos e o âmbito respetivo das atribuições das instituições previstos nos Tratados para o exercício das competências da União no âmbito da PESC. Porém, ao contrário do que sucedia até ao Tratado de Lisboa, o artigo 40.º TUE não confere nenhuma prioridade aplicativa a qualquer base jurídica, antes estabelecendo um princípio de respeito e de não interferência mútuos entre a PESC e as outras políticas[164].

8.3. A coerência ao nível vertical e o dever de cooperação leal dos Estados-Membros

A coerência ao nível vertical implica um dever de cooperação leal dos Estados-Membros com a União e vice-versa assim como um dever de cooperação leal dos Estados-Membros entre si, no domínio da política externa.

Este dever de cooperação leal, imposto pela coerência, fundamenta-se no princípio da lealdade ou da solidariedade que é um dos princípios que integra o direito da União Europeia desde o início do processo de integração europeia[165].

Este princípio está atualmente consagrado no artigo 4.º, n.º 3, do TUE, de acordo com o qual a União e os Estados-Membros respeitam-se e assistem-se mutuamente no cumprimento das missões decorrentes dos Tratados, comprometendo-se os Estados-Membros a adotar todas as medidas gerais ou específicas adequadas para garantir a execução das obrigações decorrentes dos Tratados ou dos atos das instituições da União bem como a facilitar à União o cumprimento dos objetivos constantes dos Tratados e abster-se de adotar quaisquer medidas que ponham em causa esses objetivos.

De notar que este princípio tem um conteúdo positivo, no sentido de que os Estados devem tomar todas as medidas necessárias ao cumprimento da

---

[164] Sobre as implicações deste princípio ver Peter Van Elsuwege, "The Potencial for Inter-Institutional Conflicts before the Court of JusticeImpacf of the Lisbon Treaty", in Marise Cremona / Anne Thies, *The European Court of Justice...*, p. 119 e segs.

[165] Sobre este princípio ver Ana Maria Guerra Martins, *Manual de Direito da União Europeia*, 2:ª ed. p. 309 e segs, bem como toda a bibliografia aí citada.

missão da União, a par de um conteúdo negativo, pois também se devem abster de praticar atos que ponham em perigo a aplicação dos Tratados.

Acresce que, após o Tratado de Lisboa, o princípio da lealdade ou solidariedade passou a ser recíproco, isto é, tanto atua no sentido dos Estados-Membros para a União como no sentido oposto, ou seja, da União para os Estados-Membros. Porém, no domínio da PESC, o princípio parece só atuar no primeiro sentido. Com efeito, existem várias disposições específicas que impõem o dever de cooperação leal dos Estados-Membros em relação à União, como é o caso do artigo 24.º, n.º 3, TUE, o qual afirma que *"os Estados-Membros apoiarão ativamente e sem reservas a política externa e de segurança comum, num espírito de lealdade e solidariedade mútua e respeitam a ação da União neste domínio"*. Ao contrário do que se poderia pensar não se trata de uma redundância em relação ao artigo 4.º, n.º 3, TUE, mas da necessidade de reforçar a cooperação leal no âmbito da PESC[166].

Por fim, sublinhe-se que o princípio da lealdade ou solidariedade deve ser entendido como uma manifestação de um princípio mais vasto – o princípio da boa fé – o qual fundamenta igualmente o princípio da *Bundestreue*, no direito alemão, e nos direitos federais em geral, ou o princípio *pacta sunt servanda*, no direito internacional[167].

Ora, o princípio da cooperação leal desempenha um papel muito relevante, no domínio da ação externa da União Europeia[168], desde logo, devido à complexa repartição de atribuições entre a União e os Estados-Membros – que estudaremos desenvolvidamente no capítulo seguinte – mas também devido ao facto de a União nem sempre poder participar em todos os *fora* internacionais, pelo que terá forçosamente de afirmar as suas posições através dos seus Estados-Membros.

---

[166] Neste sentido, PETER VAN ELSUWEGE / HANS MERKET, "The role of the Court of Justice in ensuring the unity of the EU's external representation", *in* STEVEN BLOCKMANS / RAMSES A. WESSEL (eds.), *Principles and practices of EU external representation*, Cleer Working Papers, 2012/5, p. 39.

[167] Para maiores desenvolvimentos ver MARCUS KLEMERT, *The Principle of Loyalty in EU Law*, Oxford, Oxford Univ. Press, 2014, p. 31 e segs.

[168] Para maiores desenvolvimentos sobre a aplicação do princípio da cooperação leal à ação externa da União ver FEDERICO CASOLARI, "The principle of loyal co-operation: A 'master key' for EU external representation?", *in* STEVEN BLOCKMANS / RAMSES A. WESSEL (eds.), *Principles and practices of EU external representation*, Cleer Working Papers, 2012/5, p. 11 e segs.

Assim, um dos domínios privilegiados de aplicação deste princípio é, sem dúvida, o dos acordos mistos[169]. Mas o princípio também é potencialmente aplicável quando estão em causa atribuições exclusivas da União. Nesse caso, os Estados-Membros têm uma forte obrigação de cooperação leal, pois não podem atuar independentemente, mas apenas em nome da União. Já no âmbito das atribuições partilhadas o dever de cooperação leal pode não ser tão forte como quando se trata de atribuições exclusivas, mas isso não significa que os Estados-Membros não estejam sujeitos a restrições na sua atuação internacional[170].

O Tribunal já teve ocasião de se pronunciar sobre a aplicação do princípio quando estão em causa competências exclusivas e partilhadas[171].

No caso *Comissão contra a Grécia*[172], o Tribunal defendeu precisamente esta doutrina, tendo considerado que a Grécia não deveria ter apresentado uma posição nacional, no âmbito da Organização Marítima Internacional, pois trata-se de um domínio em que a União dispunha de competência exclusiva, ainda que não fosse parte da organização em causa. Ao fazê-lo a Grécia violou o princípio da cooperação leal, na medida em que só poderia ter atuado com autorização explícita da Comissão.

No domínio das atribuições partilhadas, o Tribunal, nos casos *Comissão c. Luxemburgo*[173] e *Comissão c. Alemanha*[174], considerou que se a União já iniciou as negociações num determinado domínio, os Estados-Membros não devem exercer as suas atribuições sem prévia cooperação e consulta à Comissão, devido ao princípio da cooperação leal. No caso *Comissão c. Suécia*[175], o Tribunal considerou igualmente que existia violação do princípio da cooperação leal por a Suécia ter proposto uma emenda ao anexo de um tratado internacional

---

[169] Sobre a aplicação do princípio da lealdade aos acordos mistos, MARCUS KLEMERT, *The Principle of Loyalty in EU Law...*, p. 183 e segs.

[170] Para um estudo desenvolvido desta questão, ver MARCUS KLEMERT, *The Principle of Loyalty in EU Law...*, p. 161 e segs.

[171] Uma análise detalhada desta jurisprudência veja-se em PETER VAN ELSUWEGE / HANS MERKET, "The role of the Court of Justice in ensuring the unity of the EU's external representation", p. 45 e segs.

[172] Ac. de 12/02/2009, proc. C-45/07, *Comissão c. Grécia*, ECLI:EU:C:2009:81.

[173] Ac. de 2/6/2005, proc. C-266/03, ECLI:EU:C:2005:341.

[174] Ac. de 14/7/2005, proc. C-433/03, ECLI:EU:C:2005:462.

[175] Ac. de 20/4/2010, proc. C-246/07, ECLI:EU:C:2010:203.

quando havia uma estratégia concertada comum do Conselho em sentido contrário.

O caso das atribuições paralelas poderia parecer diferente, uma vez que o Tratado expressamente afirma que a União pode exercer certas competências, sem que isso signifique perda das mesmas por parte dos Estados membros. No limite, até se poderia pensar que o princípio da cooperação leal dos Estados não se aplicaria neste caso. No entanto, o Tratado impõe certos deveres aos Estados, como sejam o de complementar, reforçar, coordenar e consultar a União que demonstram exatamente o contrário, ou seja, o dever de cooperação leal continua a existir.

PARTE II
Os Direitos da União Europeia como Sujeito de Direito Internacional

Capítulo V
O direito de celebração de convenções internacionais

9. Indicação de sequência

Como atrás mencionámos, uma das prerrogativas inerentes à personalidade internacional é o *jus tractum*, ou seja, o direito de celebrar convenções internacionais[176].

---

[176] Sobre a capacidade internacional da União para celebrar convenções internacionais, cfr., entre outros, Maria José Rangel de Mesquita, *A atuação externa...*, p. 309 e segs; Marise Cremona, "Defining competence in EU external relations: lessons from the Treaty reform process", in Alan Dashwood / Marc Maresceau, *Law and Practice of EU External Relations*, Cambridge, 2008, p. 34 e segs; Geert De Baere, *Constitutional Principles of EU...*, p. 9 e segs; Piet Eeckhout, *External Relations of the European Union...*, p. 9 e segs; Alan Dashwood, "Implied External Competence of the EC", in Martti Koskenniemi (ed.), *International Law Aspects...*, p. 113 e segs; Panos Koutrakos, "Legal Basis and Delimitation of Competences in EU External Relations", in Marise Cremona / Bruno de Witte (ed.), *EU foreign relations...*, p. 171 e segs; Idem, EU International Relations Law, Oxford, 2006, p. 7 e segs; Ricardo Passos / Stephan Marquardt, "International Agreements – Competences, Procedures and Judicial Control", in Giuliano Amato / Hervé Bribosia / Bruno De Witte (eds.), *Genèse et Destinée...*, p. 875 e segs; Paolo Mengozzi, «The European Union Balance of Powers and the Case Law related to EC External Relations», in *The Global Community – Yearbook of International Law and Jurisprudence*, vol. II, Oxford, 2006, p. 817 e segs; Jean-Victor Louis, "La compétence de la CE de conclure des accords internationaux", in Jean-Victor Louis / Marianne Dony (dir.), *Commentaire Mégret...*, p. 57 e segs; Ingolf Pernice / Frank Hoffmeister, "The Division of Economic Policy Powers Between the European Community and its Member States – Status Quo and Proposals de Lege Ferenda", in Armin Von Bogdandy / Petros Mavroidis / Yves

Ora, sendo a União Europeia um sujeito de direito internacional, é natural que ela possua esse direito. Porém, nem sempre o seu exercício se afigura fácil, devido a vários fatores, dos quais se destaca a complexa repartição de atribuições entre a União e os seus Estados-Membros.

No presente capítulo estudaremos o *jus tractum* da União Europeia, começando pelo princípio básico de repartição de atribuições entre a União e os seus Estados-Membros, no domínio da ação externa, a saber, o princípio de atribuição.

Nos dois pontos seguintes, investigaremos as regras de delimitação das atribuições externas entre a União e os seus Estados-Membros antes e depois do Tratado de Lisboa. Começaremos por uma breve resenha histórica, que incluirá as normas constantes dos Tratados anteriores ao Tratado de Lisboa bem como a jurisprudência que as interpretou e aplicou. Por fim, analisaremos as normas dos Tratados atualmente em vigor bem como a jurisprudência que as tem vindo a interpretar e aplicar.

Uma vez concluído este estudo, averiguaremos que tipo de acordos internacionais são concluídos pela União Europeia bem como qual o procedimento de vinculação internacional previsto para cada um deles.

Só nesse momento estaremos em condições de apurar quais os efeitos que as convenções internacionais de que a União é parte produzem na ordem jurídica da União e nas ordens jurídicas dos seus Estados-Membros.

Por último, estudaremos se a competência judicial do Tribunal de Justiça da União Europeia é suscetível de ser exercida relativamente aos acordos internacionais de que a União é parte e, em caso afirmativo, em que termos.

10. Questão prévia: a aplicação do princípio da atribuição às competências externas da União Europeia

Antes de mais, importa notar que o princípio que rege a delimitação de atribuições entre a União Europeia e os seus Estados-Membros é o princípio da atribuição (ou da especialidade), o qual consta hoje do artigo 5.º, n.º 1, TUE.

Mény (ed.), *European Integration and International Coordination Studies in Transnational Economic Law in Honour of Claus-Dieter Ehlermann*, Haia, 2002, p. 363 e segs.

Note-se que este princípio esteve presente no direito das Comunidades Europeias, desde os primórdios do processo de integração europeia, enformando igualmente o direito da União Europeia[177]. A ideia básica que presidiu à atribuição de competências às Comunidades e, posteriormente, à União foi a de que somente dispunham da capacidade para praticar os atos necessários à prossecução dos seus fins. Este princípio aplica-se tanto em matéria de ação interna como externa.

Apesar da clareza e até da simplicidade desta formulação, a verdade é que, na prática, se tornou quase impossível excluir determinadas tarefas dos fins da União, tendo em conta a amplitude destes últimos[178]. Se a isto juntarmos o facto de os Tratados, na versão anterior ao Tratado de Lisboa, não terem procedido a uma enumeração das diversas categorias de atribuições, antes tendo utilizado a técnica da enumeração dos instrumentos de realização dos objetivos previamente enunciados, facilmente se compreende que estavam lançadas as bases para o progressivo alargamento das competências dos órgãos das Comunidades e da União, como, aliás, numa fase inicial do processo de integração, se veio a verificar na prática.

Tendo em conta que a União não possui competências próprias, isto é, inerentes à sua natureza, como sucede com o Estado, desde logo porque não dispõe da *Kompetenz-Kompetenz*, as atribuições de que dispõe são-lhe conferidas pelos Estados, como hoje resulta expressamente do artigo 4.º, n.º 1, TUE. Daqui decorre que a extensão das atribuições da União acabará inevitavelmente por se reconduzir à erosão das atribuições dos seus Estados-Membros.

Esta situação foi vista com algum desconforto pelos Estados-Membros, pelo que se afigurou necessária uma determinação mais clara das atribuições da União. Embora o debate relativo à definição das atribuições da União seja muito anterior à Convenção sobre o Futuro da Europa, foi nela que obteve maior visibilidade e acabou por conduzir a resultados mais palpáveis, os quais estão bem patentes no Tratado de Lisboa.

---

[177] Antes do Tratado de Lisboa, o princípio da atribuição estava previsto nos artigos 2.º, parte final, e 6.º, n.º 4, do TUE e no artigo 5.º, par. 1.º, do TCE.

[178] É por esta razão que o Tribunal de Justiça nunca anulou ou declarou nulos quaisquer atos ou normas com fundamento exclusivo na violação do princípio da atribuição (ou da especialidade).

Assim, o princípio da atribuição (ou da especialidade) encontra-se, expressamente, consagrado no artigo 5.º TUE, o qual estabelece: *"a delimitação das competências da União rege-se pelo princípio da atribuição"*.

O n.º 2 do mesmo preceito esclarece que *"em virtude do princípio da atribuição, a União atua unicamente dentro dos limites das competências que os Estados-Membros lhe tenham atribuído nos Tratados para alcançar os objetivos fixados por estes últimos"*.

Além disso, os artigos 4.º, n.º 1, e 5.º, n.º 2, TUE, especialmente a sua parte final, especificam que as competências que não tenham sido atribuídas à União nos Tratados pertencem aos Estados-Membros. Note-se que, apesar de, nas versões anteriores dos Tratados, não se encontrar idêntica afirmação, ela sempre constituiu parte integrante do princípio, na medida em que, tal como se verifica atualmente, as atribuições da União sempre provieram dos Estados-Membros. Ou seja, os Estados permaneciam "donos" das atribuições que não tivessem transferido para a União.

Em suma, o entendimento do princípio da atribuição (ou da especialidade) não sofreu alterações substanciais com a entrada em vigor do Tratado de Lisboa[179]. Dito isto, não pode deixar de se sublinhar o facto de a introdução do artigo 4.º, n.º 1, e da parte final do artigo 5.º, n.º 2, no TUE ser bem reveladora da desconfiança que se verificava entre os Estados-Membros em relação a esta questão. Por isso, a esclarecerem de uma vez por todas.

O princípio da atribuição não permite, contudo, por si só, identificar os domínios que, em cada momento, a União pode exercer ao nível internacional. Tal só é possível a partir do estudo das várias categorias de atribuições que realizaremos adiante. Também aqui se verificou uma delimitação mais clara tanto das categorias de atribuições da União como da consequente repartição de atribuições entre a União e os seus Estados-Membros.

Para melhor compreender a precedente afirmação, importa investigar previamente a génese e a evolução da repartição de atribuições entre a União e os seus Estados-Membros em matéria de ação externa.

---

[179] Sobre o princípio da atribuição após o Tratado de Lisboa, cfr. Ana Maria Guerra Martins, *Manual de Direito da União Europeia*, 2:ª ed. p. 316 e segs; Koen Lenaerts / Piet Van Nuffel, *European Union Law*, p. 112 e segs; Wyatt & Dashwood's, *European Union Law*, 6ª ed., Oxford, 2011, p. 97 e segs; T C Hartley, *The Foundations of European Union Law*, 7ª ed., Oxford, 2010, p.110 e segs.

11. A génese e a evolução da repartição de atribuições entre a União e os seus Estados-Membros em matéria de celebração de convenções internacionais

11.1. Das origens até ao Ato Único Europeu

As Comunidades Europeias surgiram, na década de 50, com objetivos, primordialmente, económicos – a construção do mercado comum do carvão e do aço (CECA), do mercado comum geral (CEE) e a promoção da utilização da energia nuclear para fins pacíficos e o desenvolvimento da potente indústria nuclear (CEEA) –, pelo que as suas atribuições se concentraram no plano interno, isto é, na regulação dos aspetos atinentes ao mercado (livre circulação de mercadorias, pessoas, serviços e capitais), à livre concorrência e a certas políticas internas, como, por exemplo, a política agrícola comum.

A política comercial comum, pelo contrário, surgiu, desde logo, com uma vertente marcadamente externa. No fundo, inicialmente, a atuação das Comunidades Europeias no plano internacional restringia-se aos aspetos que se revelavam essenciais para assegurar os interesses e os objetivos internos.

Por conseguinte, os Tratados institutivos das Comunidades Europeias continham escassas referências expressas à dimensão externa, isto é, à afirmação e participação das Comunidades nas decisões da comunidade internacional: os ex-artigos 111.º e 113.º do TCEE previam os acordos tarifários e os acordos comerciais, respetivamente, o ex-artigo 228.º do TCEE estabelecia o procedimento de conclusão dos acordos internacionais pela CEE e o ex-artigo 238.º do TCEE abrangia os acordos de associação. Por seu turno, os ex-artigos 229.º a 231.º do TCEE versavam sobre as relações da CEE com as Nações Unidas e as suas agências especializadas, com o GATT, o Conselho da Europa e a Organização Europeia de Cooperação Económica.

A parcimónia das referências à ação externa, no direito originário, não impediu, todavia, a Comunidade de, logo após a entrada em vigor do TCEE, encetar a negociação e a celebração de acordos internacionais com terceiros Estados. Assim, a assinatura do acordo de associação com a Grécia data de 1961 e a do acordo de associação com a Turquia de 1963.

À medida que a integração económica europeia se foi aprofundando – sobretudo, após ter começado a ganhar algumas aspirações políticas – tornou-se evidente que, se os Estados-Membros mantivessem intacta a sua capacidade internacional, poderiam pôr em perigo as atribuições internas das Comunidades, através, por exemplo, da celebração de convenções internacionais com terceiros Estados bem como da sua participação em certas organizações internacionais.

Ora, se considerarmos as características específicas das Comunidades Europeias, designadamente a autonomia da ordem jurídica comunitária em relação às ordens jurídicas dos seus Estados-Membros bem como o primado do direito comunitário sobre o direito dos Estados-Membros, esta situação, na ótica das Comunidades, seria insustentável e acabaria por conduzir a breve trecho à sua desagregação.

Daí que, tendo tomado consciência da importância, e até da imprescindibilidade, da sua dimensão externa, as Comunidades Europeias, a partir do início da década de 70, tomaram algumas iniciativas políticas cujo intuito era o de ultrapassar o défice de atribuições neste domínio.

Note-se, contudo, que as atribuições internacionais fazem parte do âmago da soberania dos Estados, pelo que o consenso foi difícil de alcançar.

Em 27 de outubro de 1970 foi aprovado o Relatório DAVIGNON, pelos Ministros dos Negócios Estrangeiros dos então seis Estados-Membros, o qual previa a instauração da cooperação política externa em termos muito modestos.

Este relatório foi, posteriormente, completado pelo Relatório de Copenhaga, de 23 de julho de 1973, tendo a Cimeira de Paris II de 1974 criado o seu quadro institucional, ou seja, o Conselho Europeu.

Mas a verdade é que, até ao AUE, ou seja, até à segunda metade dos anos oitenta, não se verificaram avanços significativos. Aliás, a imagem, muito divulgada nos meios políticos, da Europa como um gigante económico com pés de barro ilustrava bem esta realidade.

Não obstante o quadro jurídico descrito, como veremos, o Tribunal de Justiça construiu uma jurisprudência, a partir da década de 70, que permitiu o alargamento do *treaty-making power* das Comunidades Europeias.

A entrada em vigor do AUE, em meados da década de 80, trouxe algumas inovações no domínio das atribuições externas das Comunidades. Por um lado, foram aditadas novas disposições que atribuíam expressamente poderes à Comunidade para concluir acordos internacionais. Por outro lado, foi introduzido o artigo 30.º atinente à Cooperação Política Europeia, o qual deve ser encarado como o antecessor da futura PESC.

As revisões posteriores dos Tratados – operadas pelos Tratados de Maastricht, de Amesterdão e de Nice – continuaram, na esteira do AUE, a estender a capacidade internacional da Comunidade, tendo inclusivamente integrado no articulado dos Tratados algumas soluções jurisprudenciais. O Tratado de Lisboa vai igualmente prosseguir esse objetivo.

O AUE institucionalizou formalmente o órgão cuja competência se vai revelar crucial no domínio das atribuições externas – o Conselho Europeu – embora não tenha feito qualquer referência à sua competência. Além disso, o AUE previu normas específicas de atribuição de poderes externos à então CEE em matéria de investigação e desenvolvimento tecnológico (artigo 130.º N TCEE) e em matéria de ambiente (artigo 130.ºR, n.º 5, TCEE). Por último, o AUE introduziu uma parte relativa à Cooperação Política Europeia – o artigo 30.º – a qual consagrava as práticas já existentes nesta matéria e, assim, lançou as bases para a criação do segundo pilar intergovernamental – a PESC – na futura revisão de Maastricht.

Além disso, o AUE foi o responsável pela introdução do princípio da coerência no direito originário[180] (considerando 5.º do preâmbulo e ex--artigo 30.º, n.º 2, al. *d*), e 30.º, n.º 5), o qual vai adquirir uma importância fundamental na futura política externa da União.

11.2. Do Tratado de Maastricht ao Tratado de Nice

11.2.1. O Tratado de Maastricht

O Tratado de Maastricht trouxe inovações importantes no domínio da ação externa da União e da Comunidade Europeia. Aliás, um dos objetivos das conferências intergovernamentais, nas quais foi negociada a revisão de Maastricht,

---

[180] A necessidade de coerência da ação, no domínio da CPE e das relações externas, nomeadamente, económicas, da Comunidade já era encarada, do ponto de vista político, desde o início dos anos 70, pois cedo se tomou consciência de que a ação externa só poderia ser eficaz se fosse coerente e consistente. Neste sentido, PASCAL GAUTTIER, "Horizontal Coherence and the External Competences of the European Union", *ELJ*, 2004, p. 25.

centrava-se na definição dos interesses comuns dos Estados na PESC e na criação de um quadro institucional específico.

Além disso, o alargamento das atribuições da CE em matéria social, de coesão económica e social, de meio ambiente, de saúde, de investigação, de energia, de infraestruturas e de património cultural e educacional e, eventualmente, dos assuntos internos e de justiça poderia repercutir-se na capacidade internacional da CE por duas vias: por um lado, através da referência expressa a novas atribuições externas no Tratado, por outro lado, ainda que essa referência não se verificasse, a expansão das atribuições sempre poderia resultar da aplicação da Jurisprudência do paralelismo de atribuições internas e externas.

Com efeito, o TCE previu, expressamente, o poder de celebração de convenções internacionais relativamente à União Económica e Monetária (ex-artigo 111.º TCE)[181] bem como no que diz respeito à educação (ex-artigo 149.º, n.º 3, TCE), à formação profissional (ex-artigo 151.º, n.º 3, TCE), à cultura (ex-artigo 151.º, n.º 3, TCE), à saúde pública (ex-artigo 152.º, n.º 3, TCE), às redes transeuropeias (ex-artigo 155.º, n.º 3, TCE) e à cooperação para o desenvolvimento (ex-artigo 181.º TCE).

Acrescente-se que a partir do Tratado de Maastricht, se tornou ainda mais claro que a ação internacional da União Europeia não se limitava aos domínios que até então tinham sido objeto de desenvolvimento pelas Comunidades Europeias, mas integrava igualmente a PESC[182].

---

[181] Sobre a projeção externa da UEM, cfr., por todos, JEAN-VICTOR LOUIS, "Les relations extérieures de l'Union économique et monétaire", *in* ENZO CANNIZZARO (ed.), *The European Union as an Actor...*, p. 77 e segs.

[182] Sobre a PESC, situada no Tratado de Maastricht, cfr. BARBARA-CHRISTINE RYBA, «La politique étrangère et de sécurité commune (PESC) – mode d'emploi et bilan d'une année d'application (fin 1993/1994)», *RMCUE*, 1995, p. 14 e segs; ANDRÉ COLLET, «Le Traité de Maastricht et la Défense», *RTDE*, 1993, p. 225 e segs; SIMON J. NUTTALL, «The Foreign and Security Policy Provisions of the Maastricht Treaty: Their Potential for the Future», *in* JOERG MONAR / WERNER UNGERER / WOLFGANG WESSELS, *The Maastricht Treaty on European Union – Legal Complexity and Political Dynamic*, Bruxelas, Europe Interuniversity Press, 1993, p. 133 e segs; PHILIPPE DE SCHOUTHEETE DE TERVARENT, «L'introduction d'une politique extérieure et de sécurité commune: Motivations et résultats», *in* JOERG MONAR / WERNER UNGERER / WOLFGANG WESSELS, *The Maastricht Treaty...*, p. 129 e segs; JOERG MONAR, «The Foreign Affairs System of the Maastricht Treaty: A Combined Assessment of the CFSP and EC External Relations Elements», *in* JOERG MONAR / WERNER UNGERER / WOLFGANG WESSELS,

A ação externa da União operava, portanto, em duas frentes distintas e, de certo modo, antagónicas. Porém, a necessidade de coerência do conjunto da ação externa da União, no âmbito das políticas a adotar em matéria de relações externas, de segurança, de economia e de desenvolvimento, impunha a sua compatibilização. A dualidade da União ao nível internacional entre, por um lado, as matérias previstas no então TCE – objeto de um tratamento supranacional – e, por outro lado, as matérias relativas à PESC, equacionadas num quadro intergovernamental, deveria ser ultrapassada, tornando mais coerente e consistente a ação da União na cena internacional.

O princípio da coerência da ação externa nos domínios materiais dos dois pilares surge, pois, como um princípio fundamental da ação externa da CE e da União. A coesão e consistência da política externa da União dependiam da ausência de contradições entre a ação desenvolvida no âmbito das políticas da CE e da PESC. Só assim se poderia alcançar a sinergia entre estas políticas, ou seja, uma verdadeira coerência.

Com efeito, a sobreposição de atribuições entre a CE e a PESC – ainda que não muito frequente – não estava totalmente excluída, como a prática veio demonstrar. O controlo da exportação de bens de uso duplo (para fins civis e militares) e as sanções económicas em relação a terceiros Estados consubstanciam dois exemplos – entre muitos outros – da possibilidade dessa sobreposição[183].

Na verdade, o diferente modo de participação dos órgãos da União, os diferentes procedimentos de decisão e a forma como o controlo jurisdicional dos Tribunais da União se exerce em cada um dos pilares, não propiciava, na prática, nem a coerência nem tão pouco a coesão da União Europeia na cena internacional.

As normas adotadas em Maastricht mostraram-se, pois, inadequadas para atingir o objetivo central nelas visado, isto é, a afirmação da União na cena internacional, pelo que foi necessário proceder à sua revisão.

The Maastricht Treaty..., p. 139 e segs; LUIS IGNACIO SANCHEZ RODRIGUEZ, «La politica exterior y de seguridad comun en el Tratado de la Union Europea», *GJ*, 1992, p. 97 e segs; VICTORIA ABELLAN HONRUBIA, «Pressupuestos de una politica comun en materia de relaciones exteriores y de seguridad», *Rev. Inst. Eur.*, 1992, p. 9 e segs.
[183] Neste sentido, PASCAL GAUTTIER, "Horizontal Coherence...", p. 26 e segs.

11.2.2. O Tratado de Amesterdão

Um dos desígnios primordiais da CIG 96 foi, precisamente, o reforço da capacidade de ação externa da União e da sua identidade. Daí que não admire que as principais alterações introduzidas pelo Tratado de Amesterdão[184], no domínio dos poderes externos da União e da Comunidade, tenham respeitado à PESC, a qual foi objeto de uma revisão global.

Igual sorte não tiveram outras áreas com notória relevância e projeção externa. Apesar da "comunitarização" da política de vistos, de asilo, de imigração e de outras políticas relativas à livre circulação de pessoas (ex-artigos 61.º e seguintes do TCE) bem como da integração do acordo social no TCE (ex-artigo 135.º e seguintes do TCE), o que implicou a expansão da política social, o Tratado de Amesterdão não dotou a Comunidade de novos poderes externos explícitos, designadamente, para a conclusão de convenções internacionais pela Comunidade Europeia. Deve, todavia, salientar-se que a jurisprudência do paralelismo de atribuições internas e externas, que melhor estudaremos adiante, permitiu suprir esta lacuna[185].

Por último, refira-se que o Tratado de Amesterdão previu a possibilidade de o Conselho, por unanimidade, autorizar a Presidência a encetar negociações para celebrar acordos com Estados terceiros ou organizações internacionais no âmbito da PESC (ex-artigo 24.º TUE). Estes acordos são celebrados pelo Conselho, por unanimidade, sob recomendação da Presidência. Todavia, a vinculação dos Estados-Membros depende do respeito das suas normas

---

[184] Sobre as modificações do Tratado de Amesterdão no domínio da política externa da União e da Comunidade, cfr. ALAN DASHWOOD, "External Relations Provisions of the Amsterdam Treaty", *CMLR*, 1998, p. 1019 e segs; CARLO NIZZO, "La politica commerciale comune nel Trattato di Amsterdam", *Dir. Un. Eur.*, 1998, p. 541 e segs; JAAP DE ZWANN, «Community Dimensions of the Second Pilar», in T. HEUKELS / N. BLOKKER / M. BRUS (eds.), *The European Union after Amsterdam – a Legal Analysis*, Haia, 1998, p. 179 e segs; TANGUY DE WILDE D'ESTMAEL, "La réforme de la politique étrangère et de sécurité commune", in YVES LEJEUNE, *Le Traité d'Amsterdam...*, p. 365 e segs; PIERRE D'ARGENT, «Le Traité d'Amsterdam et les aspects militaires de la PESC», in YVES LEJEUNE, *Le Traité d'Amsterdam...*, p. 383 e segs; CAROLA LAMMERS, *Aussenwirtschaftsbeziehungen*, in JAN BERGMANN e. a. (org.), *Der Amsterdamer...*, p. 269 e segs; Enzo CANNIZZARO, "Sui rapporti fra il sistema della cooperazione rafforzata e il sitema delle relazioni esterne della Comunità", *Dir. Un. Eur.*, 1998, p. 331 e segs; PIERRE DE NERVIENS, "Les relations externes", *RTDE*, 1997, p. 801 e segs.

[185] Neste sentido, PIET EECKHOUT, *External Relations of the European Union...*, p. 102.

constitucionais, pois o representante de qualquer Estado no Conselho pode fazer uma declaração nesse sentido. Esta disposição aplica-se também ao terceiro pilar (ex-artigo 24.º, par. 2.º, TUE)[186].

11.2.3. O Tratado de Nice

Tendo em conta as críticas de que foi alvo o Tratado de Amesterdão, o Tratado de Nice procedeu a aditamentos e alterações de relevo, no domínio dos poderes externos da Comunidade e da União.

No que diz respeito às atribuições externas da CE, uma das mais relevantes alterações ocorreu no âmbito do antigo artigo 133.º do TCE (atual artigo 207.º do TFUE) relativo à política comercial comum. O Tratado de Nice alargou a capacidade internacional da Comunidade neste domínio[187], alargamento esse que teve como principal objetivo a ultrapassagem das dificuldades inerentes à capacidade internacional da Comunidade, nomeadamente, no que diz respeito à negociação e à conclusão de acordos comerciais sobre certas matérias, em especial, no âmbito da OMC[188].

---

[186] Sobre a possibilidade de a União celebrar acordos internacionais após o Tratado de Amesterdão, cfr. RAMSES A. WESSEL, "The EU as a party to international agreements: shared competences, mixed responsibilities", *in* ALAN DASHWOOD / MARC MARESCEAU, *Law and Practice of EU External...*, p. 152 e segs; JEAN-VICTOR LOUIS, "Les accords conclus au titre des deuxième et troisième piliers", *in* JEAN-VICTOR LOUIS / MARIANNE DONY (dir.), *Commentaire Mégret...*, p. 325 e segs; STEPHAN MARQUARTDT, "The Conclusion of International Agreements Under Article 24 of the Treaty on European Union", *in* VINCENT KRONENBERGER (ed.), *The European Union...*, p. 333 e segs.

[187] Neste sentido, LOÏC GRARD, "La condition internationale de l'Union européenne après Nice", *RAE*, 2000, p. 374 e segs.

[188] Sobre as dificuldades da União na negociação e conclusão de acordos comerciais, cfr., entre outros, LORAND BARTELS, "The Trade and Development Policy of the European Union", *in* MARISE CREMONA (ed.), *Developments in EU External Relations Law*, Oxford, 2008, p. 128 e segs; JEAN-FRANÇOIS BRAKELAND, "Politique commerciale commune, coopération avec les pays tiers et aide humanitaire", *in* GIULIANO AMATO / HERVÉ BRIBOSIA / BRUNO DE WITTE (eds.), *Genèse et Destinée...*, p. 849 e segs; SOPHIE MEUNIER / KALYPSO NICOLAÏDIS, "The European Union as a Trade Power", *in* CHRISTOPHER HILL / MICHAEL SMITH (eds.), *International Relations and the European Union*, Oxford, 2005, p. 247 e segs; CATHERINE SCHMITTER / CATHERINE SMITS, "La politique commerciale commune et les accords commerciaux", *in* JEAN-VICTOR LOUIS / MARIANNE DONY (dir.), *Commentaire Mégret....*, p. 215 e segs; EDUARDO PAZ FERREIRA, *Valores e interesses – Desenvolvimento Económico e Política Comunitária de Cooperação*, Coimbra, 2004, p. 361 e segs; ANDREA OTT, "Thirty Years of Case-law...", p. 123 e segs.

A complexidade das normas comunitárias em matéria de repartição de atribuições entre a Comunidade e os Estados-Membros, no plano internacional, bem como a exigência da unanimidade proveniente do caráter misto de alguns acordos contribuíam para o enfraquecimento da posição negocial da Comunidade, fortalecendo, em contrapartida, os seus parceiros comerciais.

Assim, na tentativa de obviar a estas fragilidades já, anteriormente, no Tratado de Amesterdão, se tinha introduzido uma passarela no n.º 5 do antigo artigo 133.º do TCE, o qual previa a possibilidade de o Conselho, por unanimidade, estender a regra da maioria qualificada às negociações e aos acordos internacionais relativos aos setores dos serviços e aos direitos de propriedade intelectual. A verdade é que, na prática, essa passarela nunca funcionou.

A principal preocupação em Nice foi evitar a paralisia e os bloqueios nas negociações internacionais, sobretudo, tendo em conta o alargamento da União a mais dez Estados que se avizinhava. Por essa razão, o antigo artigo 133.º do TCE sofreu uma profunda reformulação, cujo resultado final foi tudo menos claro, para não dizer mesmo bastante hermético.

Em primeiro lugar, suprimiu-se o n.º 5 introduzido em Amesterdão, o qual foi substituído pelo par. 1.º do mesmo número que incluiu a regra de que a negociação e a celebração de acordos internacionais nos domínios do comércio de serviços e de aspetos comerciais da propriedade intelectual passavam a observar o regime geral dos n.ºs 1 a 4 do preceito em apreço, designadamente, a deliberação do Conselho por maioria qualificada.

Esta regra comportava, todavia, tantas exceções e derrogações que acabavam por pôr em causa a sua eficácia prática. Senão vejamos:

a) Os acordos relativos aos transportes estavam excluídos do âmbito de aplicação do ex-artigo 133.º do TCE (cfr. n.º 6, par. 3.º), bem como os acordos relativos ao investimento estrangeiro;
b) O par. 1.º do n.º 6 do ex-artigo 133.º do TCE reservava aos Estados-Membros os acordos que excedessem as competências internas da Comunidade, tendo, designadamente, por consequência a harmonização de disposições legislativas e regulamentares dos Estados-Membros num domínio em que o Tratado excluía essa harmonização.

c) Em derrogação da regra prevista no par. 1.º do n.º 5 do ex-artigo 133.º do TCE, ou seja, da regra da votação por maioria qualificada no seio do Conselho, este deliberava por unanimidade:
   i) sempre que os acordos incluíssem disposições em relação às quais era exigida a unanimidade para adotar normas internas;
   ii) sempre que os acordos incidissem em domínios em que a Comunidade não tinha ainda exercido os seus poderes ao nível interno;
   iii) sempre que se tratasse de acordos de caráter horizontal não abrangidos pelo par. 2.º do n.º 5 ou pelo par. 2.º do n.º 6 do preceito;
d) O par. 2.º do n.º 6 da citada disposição constituía uma derrogação às atribuições externas exclusivas da Comunidade, na medida em que previa que os acordos no domínio do comércio dos serviços culturais e audiovisuais, de serviços de educação, bem como de serviços sociais e de saúde humana integravam a competência partilhada da Comunidade e dos seus Estados-Membros;
e) Os Estados-Membros mantinham o direito de celebrar acordos com países terceiros ou com organizações internacionais, desde que respeitassem o direito comunitário e outros acordos internacionais pertinentes.

O n.º 7 do preceito em apreço previa ainda uma *passarela*, na qual se admitia o alargamento da aplicação dos n.ºs 1 a 4 do ex-artigo 133.º do TCE, ou seja, a possibilidade de aplicação da regra de votação por maioria qualificada às negociações e aos acordos internacionais que incidissem sobre a propriedade intelectual. Neste caso não era necessária a revisão do Tratado, sendo suficiente uma decisão do Conselho, por unanimidade, sob proposta da Comissão e parecer do PE.

Em consequência das alterações introduzidas no ex-artigo 133.º do TCE, o Tratado de Nice incluiu igualmente algumas modificações no procedimento de conclusão dos acordos internacionais previsto no ex-artigo 300.º do TCE[189] (atual artigo 218.º do TFUE).

---

[189] Cfr. Ricardo Passos / Stephan Marquardt, "International Agreements – Competences, Procedures and Judicial Control", in Giuliano Amato / Hervé Bribosia / Bruno De Witte (eds.), *Genèse et Destinée de la Constitution Européenne*, Bruxelas, Bruylant, 2007, p. 875 e segs; Aline de Walsche, "La procédure de conclusion des accords internationaux", in Jean-Victor

Do exposto pode concluir-se que, no domínio da política comercial, o Tratado de Nice representou algum avanço, tendo contribuído para uma maior adequação e eficácia da ação internacional da Comunidade. Porém, para satisfazer os Estados mais intergovernamentalistas, foi necessário refrear os avanços com exceções, derrogações e reservas que conduziram ao que Loïc Grard apelidou de um passo em frente e dois atrás[190].

Acresce que o Tratado de Nice introduziu no TCE um título XXI relativo à cooperação económica, financeira e técnica com os países terceiros no ex-artigo 181.º-A do TCE[191], procurando adequar as bases jurídicas externas previstas aos vários tipos de acordos que a Comunidade, na prática, já celebrava.

No âmbito da PESC também se introduziram algumas alterações, que procuraram ultrapassar as críticas que tinham sido dirigidas à anterior redação dos Tratados. Assim, a defesa europeia autonomizou-se[192], tendo a UEO deixado de ser o braço armado da União (ex-artigo 17.º TUE)[193]. Os acordos internacionais no domínio da PESC deixaram de ser aprovados por unanimidade, podendo o Conselho, em certas circunstâncias bem delimitadas, decidir, por maioria qualificada (n.ºs 2 e 3 do ex-artigo 24.º TUE).

Louis / Marianne Dony (dir.), *Commentaire Mégret...*, p. 77 e segs; Catherine Schmitter / Catherine Smits, "La politique commerciale commune et les accords commerciaux", in Jean-Victor Louis / Marianne Dony (dir.), *Commentaire Mégret. Relations Extérieures*, vol. 12, 2ª éd., Bruxelas, ULB, 2005, p. 215 e segs; Fausto Pocar, "The Decision-Making Processes of the European Community in External Relations", in Enzo Cannizzaro (ed.), *The European Union...*, p. 3 e segs; Sophie Meunier / Kalypso Nicolaïdis, The European Union as a Trade Power", cit., p. 247 e segs.

[190] Loïc Grard, "La condition internationale...", p. 381.
[191] Sobre estes acordos, cfr. Carlos J. Moreiro González, "La cooperación económica, financiera...", p. 41 e segs.
[192] Em particular sobre esta questão, cfr. Ramses A. Wessel, "The EU as a Black Widow: Devouring the WEU to Give Birth to a European Security and Defence Policy", in Vincent Kronenberger (ed.), *The European Union ...*, p. 405 e segs.
[193] Sobre a política de defesa situada no Tratado de Nice, cfr., entre outros, Luis N. González Alonso, «La política europea de seguridad y defensa después de Niza», *Rev. Der. Com. Eur.*, 2001, p. 207 e segs; Javier González Vega, «Los «acuerdos de Niza, la PESC y la arquitectura europea de seguridad y defensa», *BEUR*, 2001, p. 11 e segs; Elfriede Regelsberger, «Die Gemeinsame Aussen- und Sicherheitspolitik nach "Nizza" – begrenzter Reformeifer und aussenvertragliche Dynamik», *Int.*, 2001, p. 156 e segs; Martín Kremer / Uwe Schmalz, «Nach Nizza – Perspektiven der Gemeinsamen Europäischen Sicherheits- und Verteidigungspolitik», *Int.*, 2001, p. 167 e segs; Anne Cammilleri, «Le Traité de Nice et la politique européenne de défense», *RAE*, 2000, p. 389 e segs.

O Comité Político e de Segurança obteve uma referência expressa no Tratado (ex-artigo 25.º TUE).

11.3. As atribuições implícitas da União "reveladas" pela jurisprudência do TJUE no domínio da celebração de convenções internacionais

Tendo em conta o caráter lacunar, a complexidade e as múltiplas dúvidas que o quadro jurídico das atribuições das Comunidades e da União, no domínio da ação externa, levantou, ao longo dos tempos, não admira que o Tribunal de Justiça tenha sido chamado a intervir nem que tenha construído uma jurisprudência que permitiu o alargamento do *treaty-making power* das Comunidades Europeias[194].

Na verdade, as normas dos Tratados não respondiam, com clareza, a algumas questões fundamentais, designadamente as de saber qual a extensão das atribuições da Comunidade no plano internacional, qual a repercussão das atribuições internacionais da Comunidade nas atribuições dos seus Estados-Membros, quais os efeitos dos acordos internacionais celebrados pelas Comunidades, qual o procedimento de negociação e de conclusão das convenções internacionais quando a matéria nelas versada era simultaneamente das atribuições dos Estados-Membros e da Comunidade.

O Tribunal dispunha, pois, de um terreno bastante fértil para afirmar uma jurisprudência inovadora. E – tal como em relação a muitas outras áreas – não deixou de aproveitar a oportunidade.

O Tribunal pronunciou-se, pela primeira vez, no caso *AETR*[195] sobre a repartição de atribuições entre a Comunidade e os Estados-Membros, no que diz respeito à celebração de convenções internacionais.

---

[194] Um estudo desenvolvido da Jurisprudência do TJ relativa às atribuições da Comunidade para concluir acordos internacionais, veja-se em Marise Cremona, "External Relations and External Competence of the European Union: the Emergence of an Integrated Policy", in Paul Crag / Graínne de Búrca, *The Evolution of EU Law*, 2.ª ed., Oxford, Oxford Univ Press, 2011, p. 217 e segs; Christine Kaddous, *Le droit des relations extérieures...*, maxime, p. 240 e segs; Paolo Mengozzi, «The European Union Balance of Powers...», p. 817 e segs; Andrea Ott, "Thirty Years of Case-law by the European Court of Justice on International Law: A Pragmatic Approach Towards its Integration", *in* Vincent Kronenberger (ed.), *The European Union...*, p. 95 e segs.

[195] Ac. de 31/3/71, *Comissão c. Conselho*, proc. 22/70, Rec. 1970, p. 263 e segs.

Nesse acórdão, o Tribunal decidiu que a Comunidade gozava da capacidade de estabelecer relações com Estados terceiros em toda a extensão dos objetivos definidos no Tratado.

Esta competência não resultava apenas de uma atribuição explícita nesse sentido, mas podia retirar-se de outras disposições do Tratado e dos atos adotados pelos seus órgãos[196]. Quando se tratasse de políticas comuns, se já tiverem sido adotadas regras comuns, os Estados-Membros perderiam a sua capacidade para celebrar acordos internacionais, tanto do ponto de vista individual como coletivo, com terceiros Estados, pois poderiam contrair obrigações que viessem a afetar essas regras ou alterar o seu âmbito de aplicação.

O Tribunal retirou ainda a capacidade internacional da Comunidade da sua personalidade jurídica afirmada no ex-artigo 210.º do TCEE.

Deste acórdão resulta, portanto, que as atribuições externas da Comunidade tanto podem ser expressas como implícitas.

Esta Jurisprudência foi reiterada, no parecer n.º 1/75[197], em que se exclui a competência paralela dos Estados-Membros para concluir acordos com terceiros em matéria de política comercial comum e, no parecer n.º 1/76[198], em que se afirmou claramente que, em virtude das normas relativas à política comercial comum, a Comunidade tem poderes para adotar regras internas e para concluir acordos internacionais. Aliás, neste parecer, o Tribunal avançou um pouco mais no sentido de admitir que a capacidade internacional da Comunidade não se limitava aos casos em que as atribuições internas já foram exercidas, ou seja, já foram adotadas medidas internas para a realização de determinada política, mas abrange igualmente as situações em que as medidas internas só poderiam ser adotadas através da celebração do acordo internacional, isto é, a participação da Comunidade no acordo seria necessária para a realização de um dos seus objetivos. Estando em causa a política comum de transportes, a Comunidade tinha competência para celebrar acordos internacionais, incluindo os que criassem um organismo internacional, como sucedia com o acordo em apreço sobre a navegação no Reno. Porém, a

---

[196] O Tribunal reafirmou esta jurisprudência no caso *Kramer* (ac. de 14/7/76, procs. n.º 3, 4 e 6/76, Rec. 1976, p. 1279 e segs), tendo considerado que a capacidade internacional da Comunidade também pode resultar do ato de adesão.
[197] Parecer de 11/11/75, *parecer n.º 1/75*, Rec. 1975, p. 1355 e segs.
[198] Parecer de 26/4/77, *parecer n.º 1/76*, Rec. 1976, p. 741 e segs.

competência da Comunidade não era exclusiva, isto é, os Estados-Membros também tinham direito a participar, uma vez que existiam sobre aquela matéria acordos anteriores ao TCEE, suscetíveis de criar obstáculos ao regime jurídico previsto no acordo em apreço.

No parecer n.º 1/78[199], o Tribunal admitiu a participação dos Estados-Membros num acordo em matéria de política comercial comum porque este comportava uma obrigação de financiamento de um *stock* regulador, não estando ainda definido se esse financiamento ficava a cargo do orçamento da Comunidade ou a cargo dos Estados-Membros. Enquanto esta questão não estivesse resolvida, os Estados-Membros deveriam participar a par da Comunidade.

O parecer n.º 1/78 confirmou, portanto, a tese das atribuições paralelas da Comunidade e dos Estados-Membros (ou paralelismo de atribuições internas e externas).

Desta primeira fase da jurisprudência do TJ resulta o seguinte:

a) As atribuições externas podem ser implícitas, ou seja, as atribuições da Comunidade no domínio internacional não resultam necessariamente de disposições expressas dos Tratados, podendo retirar-se implicitamente de outras disposições dos Tratados e dos atos adotados pelos órgãos comunitários.

b) Essas atribuições implícitas podem ser exclusivas, ou não, consoante a Comunidade a nível interno detenha competência exclusiva ou não. A exclusividade da competência externa pode resultar da previsão, ao nível interno, de uma política comum, como é o caso da política comercial comum ou do exercício das atribuições ao nível interno, ou seja, da adoção de atos e normas internos e da conclusão de acordos internacionais com terceiros Estados.

c) O princípio que dominou a matéria da capacidade internacional das Comunidades Europeias, nesta primeira fase, foi o princípio do paralelismo de atribuições internas e externas, o qual significava que, mesmo na ausência de legislação interna, a Comunidade podia celebrar acordos internacionais se fossem necessários para atingir algum dos objetivos previstos no Tratado.

---

[199] Parecer de 4/10/79, *parecer n.º 1/78*, Rec. 1979, p. 2871 e segs.

As inovações do AUE – embora relevantes – foram muito tímidas e cedo se mostraram insuficientes. Por um lado, não dotavam as Comunidades de todos os mecanismos e instrumentos necessários para se afirmarem externamente e, por outro lado, deixavam muitas questões em aberto. Por isso, a vigência do AUE não inibiu o Tribunal de Justiça de prosseguir a construção jurisprudencial inovadora iniciada na década anterior.

Assim, no parecer n.º 1/92[200], o Tribunal aceitou a capacidade internacional da Comunidade para celebrar um acordo relativo à repartição de competências entre as partes contratantes no domínio da concorrência, na medida em que a Comunidade disponha de competência interna proveniente das normas do Tratado e dos atos adotados para a sua aplicação e desde que as normas internacionais não desnaturem as atribuições da Comunidade e a competência dos seus órgãos, de acordo com os Tratados.

No parecer 2/91[201], o Tribunal reafirmou a tese do paralelismo de atribuições internas e externas da Comunidade, sublinhando que o facto de a Comunidade poder concluir acordos internacionais sobre uma dada matéria não significa que possa atuar em exclusivo. No caso em apreço estava em causa a conclusão da convenção n.º 170 da OIT relativa à segurança da utilização de produtos químicos no trabalho. O Tribunal decidiu que esta matéria pertencia em conjunto aos Estados-Membros e à Comunidade, dado que o domínio em apreço resultava da política social. Ora, o ex-artigo 118.ºA do TCEE apenas conferia à Comunidade poderes para aprovar diretivas que fixassem *standards* mínimos, pelo que o direito comunitário deixava aos Estados-Membros a liberdade de aplicarem normas mais exigentes.

Apesar de, como anteriormente referimos, as sucessivas revisões dos Tratados institutivos terem alterado significativamente as normas relativas às atribuições externas da Comunidade e ter aumentado a sua complexidade com a introdução da União, a problemática da repartição de atribuições externas entre a Comunidade e a União, por um lado, e os Estados-Membros, por outro lado, continuou a propiciar disputas judiciais tanto entre os Estados-Membros e a Comunidade e/ou a União como entre os próprios órgãos da União Europeia. Por conseguinte, o Tribunal de Justiça, chamado a dirimir

---

[200] Parecer de 10/4/92, *parecer n.º 1/92*, Col. 1992, p. 2821 e segs.
[201] Parecer de 19/3/92, *parecer n.º 2/91*, Col. 1992, p. 1061 e segs.

essas controvérsias, prosseguiu no desenvolvimento da sua jurisprudência anterior.

Note-se que – ainda que nunca o tenha admitido expressamente – o Tribunal parece ter arrepiado caminho em alguns casos na década de 90.

Assim, em matéria de propriedade intelectual, o Tribunal afirmou, no parecer n.º 1/94[202], que, nos domínios abrangidos pelo acordo TRIPS, a harmonização no quadro comunitário ou era parcial ou era pura e simplesmente inexistente. É certo que a Comunidade tinha competência para essa harmonização, mas o facto é que os órgãos comunitários ainda não a tinham, praticamente, exercido, pelo que a Comunidade e os Estados--Membros dispunham de atribuições partilhadas nesse domínio.

Naturalmente que o Tribunal aceitou que a partilha das atribuições entre a Comunidade e os Estados-Membros causava dificuldades quanto à aplicação do acordo internacional em apreço, o que exigia uma coordenação com vista à unidade da ação dessa participação conjunta, mas considerou que isso não podia alterar as regras de repartição de atribuições entre os Estados-Membros e a Comunidade previstas (expressa ou implicitamente) nos Tratados.

Para o Tribunal, o facto de uma organização internacional só dispor de um orçamento de funcionamento e não de um instrumento de financiamento autónomo e de o encargo das despesas da OMC recair sobre os Estados--Membros, por si só, não justificava a participação dos Estados-Membros na conclusão do acordo.

Em matéria de transportes, o Tribunal considerou que a competência externa exclusiva da Comunidade não resultava *ipso facto* do poder de a Comunidade editar normas no plano interno. Os Estados-Membros só perdem o direito de celebrar convenções internacionais, isolada ou coletivamente, à medida que as regras comuns forem sendo adotadas e sejam suscetíveis de ser afetadas por essas obrigações internacionais. Como nem todas as questões relativas aos transportes tinham sido objeto de normas comuns, segundo o Tribunal, os Estados-Membros ainda não tinham perdido a sua capacidade de concluir acordos internacionais nessa matéria.

As normas do Tratado sobre direito de estabelecimento e livre prestação de serviços não incluíam qualquer disposição que estendesse expressamente a

---

[202] Parecer de 15/11/94, *parecer n.º 1/94*, Col. 1994, p. I-5267 e segs.

competência da Comunidade às relações internacionais. O seu único objetivo era o de assegurar o direito de estabelecimento e a livre prestação de serviços aos nacionais dos Estados-Membros, pelo que não abrangiam o primeiro estabelecimento dos nacionais de Estados terceiros nem o regime do seu acesso a atividades não assalariadas. Como tal, não se podia deduzir daquelas normas a competência exclusiva da Comunidade para concluir um acordo com terceiros Estados, como era o caso do acordo geral sobre o comércio de serviços (GATS), que visava liberalizar o primeiro estabelecimento bem como o acesso ao mercado dos serviços além dos fornecimentos transfronteiriços. Daqui não decorria, contudo, que se os órgãos comunitários viessem a adotar regras relativas ao tratamento dos nacionais de Estados terceiros ou se o Tratado viesse a atribuir à Comunidade poderes expressos para concluir acordos internacionais sobre este domínio, ela não pudesse vir a adquirir a capacidade externa exclusiva.

A verdade é que, no conjunto do setor dos serviços, não se verificava esta situação, pelo que a preservação da coesão do mercado interno não justificava, por si só, a participação isolada da Comunidade no acordo GATS.

Segundo o Tribunal, o acordo GATS devia ser concluído pela Comunidade e pelos Estados-Membros. E nem a competência de harmonização prevista no ex-artigo 100.ºA do TCE, que ainda não tinha sido implementada num determinado domínio, nem o ex-artigo 235.º do TCE (posterior artigo 308.º do TCE e atual artigo 352.º do TFUE) poderiam criar esse título de exclusividade ao nível externo.

O parecer n.º 1/94 pode ser visto como um retrocesso em relação à anterior jurisprudência relativa às atribuições externas exclusivas da Comunidade. Mas a verdade é que ele deve ser enquadrado num contexto mais vasto – o de proceder a alguns ajustamentos no sentido de corrigir as suas – por vezes, demasiado arrojadas – decisões, o que não significa que tenha abandonado a sua postura, inicial, como o demonstram, por exemplo, as decisões relativas à interpretação do artigo 47.º do TUE[203], atrás analisadas, ou ao efeito direto das convenções internacionais[204].

---

[203] Cfr. ac. de 12/5/98, *Comissão c. Conselho (Vistos em trânsito nos aeroportos)*, proc. C-170/96, Col. 1998, p. I-2763 e segs; ac. de 13/7/2005, *Comissão c. Conselho (sanções ambientais)*, proc. C-176/03, Col. 2005, p. I-7879; ac. de 23/10/2007, *Comissão c. Conselho (repressão da poluição*

Seja como for, o parecer n.º 1/94 vai marcar, consideravelmente, a futura jurisprudência do Tribunal.

Assim, no parecer n.º 2/92[205], o Tribunal vai aplicar a jurisprudência do parecer n.º 1/94 à decisão da OCDE relativa ao tratamento a reservar às empresas sob controlo estrangeiro. O Tribunal considerou que o objeto da decisão só relevava parcialmente da competência da Comunidade, na medida em que, em certos domínios por ela abrangidos, a Comunidade já tinha adotado regras comuns, as quais seriam suscetíveis de basear uma competência externa exclusiva da Comunidade, mas essas regras não cobriam todas as atividades visadas pela referida decisão, pelo que a competência externa deveria ser partilhada pela Comunidade e pelos Estados-Membros.

Surpreendente – ou talvez não – foi, igualmente, o parecer n.º 2/94[206], relativo à adesão da Comunidade à CEDH, no qual o TJ decidiu que no estádio de evolução em que se encontrava o direito comunitário, naquela época, a Comunidade não detinha, pura e simplesmente, poderes para aderir à CEDH, porque nenhuma disposição do Tratado conferia aos órgãos comunitários competência para editar normas, no domínio dos direitos fundamentais, nem para concluir convenções internacionais nessa matéria. Para o Tribunal, a adesão à CEDH implicaria uma alteração de tal modo substancial do regime de proteção dos direitos fundamentais tanto na Comunidade como nos Estados-Membros que não se poderia basear no ex-artigo 235.º do TCEE, antes necessitando de uma modificação constitucional pela via da revisão do Tratado.

Parece-nos que esta jurisprudência não deve ser invocada no sentido de provar o retrocesso da jurisprudência do Tribunal, na medida em que se insere na atitude geralmente defensiva que aquele assume quando é posta em causa a sua jurisdição[207].

---

por navios), proc. C-440/05, Col. 2007, p. I-9097 e segs; ac. de 20/5/2008, *Comissão / Conselho*, proc. C-91/05, Col. 2007, p. I-3651 e segs.
[204] A título exemplificativo, cite-se o caso *Simutenkov* (ac. de 12/4/2005, proc. C-265/03, Col. 2005, p. I-2579).
[205] Parecer de 24/3/1995, *parecer n.º 2/92*, Col. 1995, p. I-521 e segs.
[206] Parecer de 28/3/1996, *parecer n.º 2/94*, Col. 1996, p. I-1759 e segs.
[207] Ver, por exemplo, o parecer de 14/12/91, *parecer n.º 1/91*, Col. 1991, p. I-6079, relativo ao acordos do EEE.

A confirmação deste entendimento está no facto de, no parecer n.º 1/03[208], o Tribunal ter decidido que a Comunidade detinha poderes exclusivos para celebrar a nova convenção de Lugano relativa à competência judiciária, ao reconhecimento e execução de decisões judiciárias em matéria civil e comercial que se destinava a substituir a anterior convenção de Lugano, na medida em que era suscetível de afetar as regras comunitárias do regulamento n.º 44/2001, retomando, assim, a jurisprudência consagrada no parecer n.º 2/91. E nem a cláusula dita de "desconexão" segundo a qual o acordo não afetaria a aplicação pelos Estados-Membros da Comunidade das normas pertinentes do direito comunitário, poderia ser encarada como um elemento determinante para aferir se a Comunidade dispunha de poderes exclusivos para concluir o acordo ou se esses poderes pertenciam aos Estados-Membros. Com efeito, a referida cláusula não se consubstanciava como uma garantia de não afetação das regras comunitárias. Pelo contrário, até indiciava a possibilidade dessa afetação[209].

Mais recentemente, no parecer n.º 1/08[210], o Tribunal de Justiça teve oportunidade de se pronunciar sobre o âmbito de aplicação dos n.ºs 5 e 6 do ex--artigo 133.º TCE, tendo decidido que a conclusão de acordos, no domínio do comércio de serviços culturais e audiovisuais, de serviços de educação e serviços sociais e de saúde pública, no quadro do acordo geral sobre o comércio de serviços (GATS), anexado ao acordo que institui a OMC, relevam do n.º 6, par. 2.º, do ex-artigo 133.º TCE e não do n.º 5, pelo que a sua conclusão é da competência partilhada da Comunidade e dos Estados-Membros. O facto de o par. 3.º do n.º 5 do ex-artigo 133.º TCE prever que o ato comunitário relativo à conclusão de um acordo de natureza horizontal sobre comércio de serviços deve ser adotado, por unanimidade, não implica que a competência para concluir os acordos previstos no par. 2.º do n.º 6 seja exclusiva.

A exigência da votação, por unanimidade, no seio do Conselho não impede o carácter partilhado da competência.

---

[208] Parecer de 7/2/2006, *Parecer n.º 1/03*, Col. 2006, p. I-1145 e segs.
[209] Sobre as cláusulas de desconexão, cfr. MARISE CREMONA, "Disconnection Clauses in EU Law and Practice", *in* CHRISTOPHE HILLION / PANOS KOUTRAKOS (eds.), *Mixed Agreements Revisited, The EU and its Member States in the World*, Oxford, Hart Publishing, 2010, p. 138 e segs.
[210] Parecer de 30/11/2009, *parecer n..º 1/08*, Col. 2009, p. 11129.

Para o Tribunal, os acordos de comércio de serviços de transportes relevavam do domínio da política de transportes e não da política comercial comum, pelo que estavam abrangidos pelo ex-artigo 133.º, n.º 6, par. 3.º, do TCE.

Em suma, o Tribunal pronunciou-se pela partilha de atribuições entre a Comunidade e os Estados-Membros.

Antes de avançar importa notar que atribuições implícitas e atribuições exclusivas podem coincidir ou não. O Tribunal pode considerar que uma determinada atribuição é implícita mas que não é exclusiva porque os Estados-Membros ainda podem exercer alguns poderes naquele domínio. Ou seja, o facto de a Comunidade / União ter poderes (expressos ou implícitos) para celebrar um tratado não quer dizer que só ela o possa fazer. Pelo contrário, pode ter de o celebrar em conjunto com os seus Estados-Membros.

Concluindo, antes da entrada em vigor do Tratado de Lisboa, a categorização das atribuições das Comunidades efetuada pelo Tribunal de Justiça pode esquematizar-se do seguinte modo:

1) Atribuições exclusivas a *priori* previstas nos Tratados nos seguintes domínios:
   – Política comercial comum – o "interesse comum" da Comunidade impede a atuação dos Estados-Membros, os quais ao atuarem externamente poderiam pôr em causa a política comercial comum da Comunidade (*Parecer n.º 1/75* (OCDE). Mas sendo os Estados a financiar o Acordo Internacional sobre Borracha Natural, os mecanismos de decisão sobre esse financiamento não podem fazer parte das atribuições exclusivas da Comunidade (*Parecer n.º 1/78*).
   – Política comum de pescas – a competência só se torna exclusiva quando for exercida na sua totalidade (acórdão *Kramer*). Se a competência relativa às medidas de conservação das águas sob a jurisdição da Comunidade já foi totalmente exercida, então tornou-se exclusiva da Comunidade (acórdão *Comissão contra o Reino Unido*[211]).
   – Alguns aspetos da União Económica e Monetária (euro)
2) Atribuições externas exclusivas decorrentes do exercício das atribuições internas nos seguintes casos:

---

[211] Ac. de 5/5/81, *Comissão contra o Reino Unido*, proc. 804/79, Rec. 1981, p. 1045 e segs.

- Existência de regras relativas à implementação de uma política comum (jurisprudência *AETR*)
- Quando as regras comunitárias já existentes possam vir a afetadas (*parecer n.º 2/91* – apesar de não existir contradição entre a Convenção n.º 170 da OIT e as regras comunitárias, estas podem, mesmo assim, vir a ser afetadas.
- Existência de completa harmonização no domínio do acordo em causa (*parecer n.º 1/94*).
- A legislação da Comunidade abrange, em larga medida, a matéria do acordo, mas não completamente (*parecer n.º 2/91*).

3) As atribuições externas decorrentes da adoção de atos legislativos internos:
   - Quando se afigura necessário que os aspetos internos e externos da política em causa sejam exercidos efetivamente em conjunto (*parecer n.º 1/76*)
   - Quando resulta das bases jurídicas gerais previstas no Tratado.

4) As atribuições externas não exclusivas existem nos seguintes casos:
   - Previsão expressa dos Tratados, como sucedia, por exemplo, no caso da cooperação para o desenvolvimento (ex-artigo 177.º TCE);
   - Não exercício pleno por parte da Comunidade das suas atribuições internas (partilhadas) – nos domínios do transporte rodoviário (caso *AETR*), no sector dos serviços (*Parecer n.º 1/94*), do transporte aéreo (acórdãos *Open Skies*[212]) e Convenção de Lugano (*parecer n.º 1/03*)
   - Carácter mínimo da harmonização adotada pela Comunidade (*Parecer n.º 2/91*, caso *Mox*[213], *Parecer n.º 1/03*).
   - Coexistência de atribuições da União e dos seus Estados-Membros.

Antes de avançar, sublinhe-se que as regras de repartição de atribuições entre a União Europeia e os Estados-Membros, no plano externo (e diga-se,

---

[212] Acórdãos de 5/11/2002, *Comissão/Dinamarca*, proc. C-467/98, Col. 2002, p. I-9519 e segs, *Comissão/Suécia*, proc. C-468/98, Col. 2002, p. I-9575 e ss, *Comissão/Finlândia*, proc. C-469/98, Col. 2002, p. I-9627 e segs, *Comissão/Áustria*, proc. C-475/98, Col. 2002, p. I-9797 e segs, *Comissão/Alemanha*, proc. C-476/98, Col. 2002, p. I-9855 e ss, *Comissão/Bélgica*, proc. C-471/98, Col. 2002, p. I-9681 e ss, *Comissão/Luxemburgo*, proc. C-472/98, Col. 2002, p. I-9741 e segs.
[213] Ac. de 30/5/2006, *Comissão/Irlanda*, proc. C-459/03, Col. 2006, p. I-4635 e segs.

em abono da verdade, também no plano interno), não primavam pela clareza nem pela transparência, pelo que se afigurava necessário resolver esta questão.

No fundo, perante a incerteza e a obscuridade das disposições dos Tratados, a última palavra acabava por pertencer ao Tribunal de Justiça.

Ora, esta situação revelou-se insustentável, sobretudo, à medida que o processo de integração europeia se ia aprofundando, pelo que a enumeração das atribuições da União foi sendo reclamada por vários setores, incluindo pelos próprios Estados-Membros que, muitas vezes, se consideravam amputados das suas próprias atribuições, sem que para isso tivessem dado o seu consentimento. Os órgãos da União também pretendiam conhecer previamente as matérias em relação às quais podiam adotar atos e normas validamente. Por estas razões, as regras de repartição de atribuições externas entre a União e os Estados-Membros necessitavam de uma revisão.

12. A repartição de atribuições externas entre a União e os Estados- -Membros após o Tratado de Lisboa

Vejamos então quais as regras atualmente em vigor, no direito da União Europeia, no que diz respeito à repartição de atribuições externas entre a União e os seus Estados-Membros.

12.1. Os antecedentes do Tratado de Lisboa

12.1.1. O TECE

Antes de entrar no estudo das normas do Tratado de Lisboa, comecemos por uma breve referência às soluções adotadas pelo TECE.

Em primeiro lugar, refira-se que a Declaração n.º 23, respeitante ao futuro da União, adotada pela Conferência que aprovou o Tratado de Nice, previu a convocação de uma CIG para 2004, com o objetivo de debater, entre outras, a questão do estabelecimento e da manutenção de uma delimitação mais precisa das competências entre a União Europeia e os Estados-Membros, que respeite o princípio da subsidiariedade.

Não existindo regras claras e transparentes que permitissem saber à partida – e sem margem para dúvidas – a quem cabia determinada competência num dado momento, um dos aspectos sobre o qual se debruçou a Convenção sobre o Futuro da Europa foi precisamente o da repartição de atribuições entre a União e os seus Estados-Membros, tendo procurado responder às críticas relacionadas com o caráter insuficiente, pouco claro e sem limites determinados das soluções consagradas nos Tratados então vigentes.

Daí que tanto o projeto de TECE saído daquela Convenção como o TECE aprovado pela CIG 2004 tenham introduzido alterações significativas no que toca à enumeração das atribuições da União.

Pela primeira vez, as categorias de atribuições bem como as matérias que se inserem em cada uma delas passaram a fazer parte do direito originário[214].

Uma das mais importantes alterações introduzidas pelo TECE – que teve consequências, no domínio da repartição de atribuições entre a União e os seus Estados-Membros – foi a substituição da estrutura tripartida da União por uma estrutura unitária, com personalidade jurídica (artigo I-7.º TECE), sucedendo a União às Comunidades Europeias e aos pilares intergovernamentais (artigo III-438.º, n.º 1, do TECE).

A maior parte das soluções consagradas no TECE vão ser transpostas para o Tratado de Lisboa, mas também se verificaram supressões, modificações e determinados aditamentos.

É de realçar que o TECE surge numa conjuntura em que a *"ação da União na cena internacional"* já é dotada de muito peso, ou seja, a União afirma-se como

---

[214] Sobre a repartição de atribuições entre a União e os seus Estados-Membros no projeto de TECE e no TECE, cfr., entre muitos outros, HERVÉ BRIBOSIA, «Subsidiarité et répartition de compétences entre l'Union et ses Etats membres», in GIULIANO AMATO / HERVÉ BRIBOSIA / BRUNO DE WITTE (eds.), *Genèse et Destinée...*, p. 389 e segs; HERVÉ BRIBOSIA, «La répartition de compétences entre l'Union et ses Etats membres», in MARIANNE DONY / EMMANUELLE BRIBOSIA, *Commentaire de la Constitution de l'Union européenne*, Bruxelas, IEE, 2005, p. 47 e segs; ANDREA BIONDI, «Les compétences normatives de l'Union», in LUCIA SERENA ROSSI, *Vers une nouvelle archicteture...*, p. 99 e segs; JEAN-CLAUDE MASCLET, «Quelle répartition des compétences?», in CHRISTIAN PHILIP / PANAYOTIS SOLDATOS, *La Convention sur l'avenir...*, p. 23 e ss; ANNE PETERS, «European Democracy After the 2003 Convention», *CMLR*, 2004, p. 37 e segs; DOMINIK HANF / TRISTAN BAUMÉ, «Vers une clarification de la répartition des compétences entre l'Union et ses États membres? – Une analyse du projet d'articles du Présidium de la Convention», *CDE*, 2003, p. 135 e segs; P. CRAIG, «Competence: Clarity, Containment and Consideration», *ERPL/REDP*, 2003, p. 143 e segs; ADELE ANZON, «La delimitazione delle competenze dell'Unione Europea», *Dir. Pub.*, 2003, p. 787 e segs; DIMITRIS N. TRIANTAFYLLOU, *Le projet constitutionnel...*, p. 35 e segs.

uma autêntica potência mundial tanto no âmbito das relações económicas internacionais como ao nível político[215]. Daí que o dualismo de métodos da ação externa da União, oscilando entre o intergovernamental e o comunitário, prejudicasse a atuação internacional da União. Por isso, as modificações introduzidas no TECE tiveram como principais objetivos, por um lado, uma maior coerência entre a política externa e as outras políticas em geral bem como entre a PESC e a restante ação externa e, por outro lado, uma maior eficácia da ação externa da União[216].

O TECE previa, *grosso modo*, cinco tipos de atribuições (artigos I-12.º e seguintes):

- exclusivas, em que só a União podia atuar através de atos legislativos e de atos juridicamente vinculativos;
- partilhadas com os Estados-Membros, nas quais tanto os Estados como a União podiam atuar;
- coordenação das políticas económicas e de emprego;
- política externa e de segurança comum;
- domínios de ação de apoio, de coordenação ou de complemento, em que a União podia desenvolver ações, sem se substituir aos Estados.

O TECE definia igualmente as matérias que cabiam em cada um destes tipos de atribuições. As competências exclusivas da União abrangiam as regras de concorrência necessárias ao funcionamento do mercado interno, a política monetária para os Estados que tenham adotado o euro, a política comercial comum, a união aduaneira e a conservação dos recursos biológicos do mar, no âmbito da política comum das pescas (artigo I-13.º do TECE).

As competências partilhadas da União com os Estados-Membros abrangiam, principalmente, os domínios do mercado interno, do espaço de liberdade, de segurança e justiça, da agricultura e pescas, com exceção da conservação dos recursos biológicos, dos transportes e redes transeuropeias, da energia, da política social, da coesão económica, social e territorial, do ambiente,

---

[215] Neste sentido, BARBARA DELCOURT, "La politique étrangère et sécurité commune", in MARIANNE DONY / EMMANUELLE BRIBOSIA, *Commentaire de la Constitution...*, p. 356.
[216] Neste sentido, BARBARA DELCOURT, "La politique étrangère...", p. 357.

da defesa dos consumidores e dos problemas comuns de segurança em matéria de saúde pública (artigo I-14.º do TECE).

A coordenação das políticas económicas e de emprego implicava a competência da União para adotar medidas com vista a garantir a coordenação de três tipos de políticas dos Estados-Membros: as políticas económicas, as políticas de emprego e as políticas sociais. Além disso, deve sublinhar-se que seriam aplicáveis disposições específicas aos Estados que tenham adotado o euro (artigo I-15.º do TECE).

A Política Externa e de Segurança Comum era subtraída ao regime comum da repartição de competências, abrangendo todos os domínios da política externa bem como todas as questões relativas à segurança da União, incluindo a definição gradual de uma política comum de defesa que poderá conduzir a uma defesa comum (artigo I-16.º do TECE).

Os domínios de ação de apoio, de coordenação ou de complemento incidiam no âmbito da indústria, da proteção e melhoria da saúde humana, da educação, formação profissional, juventude e desporto, cultura e proteção civil (artigo I-17.º do TECE).

As disposições que regulavam a ação externa da União encontravam-se dispersas entre a Partes I e a Parte III do TECE.

Na Parte I encontravam-se as disposições específicas da PESC (artigo I-40.º TECE) e da PCSD (artigo I-41.º TECE), bem como uma "cláusula de solidariedade" prevista no artigo I-43.º TECE. O Título V da Parte III do TECE (relativo às políticas e funcionamento da União) consagrava o regime jurídico geral da ação externa da União, o qual contemplava duas disposições de âmbito geral (artigos III-292.º e III-293.º do TECE), cujo desígnio se afigurava ser o de conferir maior unidade e coerência à atuação da União na *"cena internacional"* (artigo III-292.º, n.º 3, TECE) e normas sobre cada um dos domínios da ação externa da União, as quais constituíam, nalguns casos, alterações e aditamentos às normas anteriores dos Tratados, mas também se verificavam outras situações em que as normas anteriores eram retomadas.

Assim, os artigos III-294.º a III-308.º TECE diziam respeito à PESC, os artigos III-309.º a III-312.º TECE debruçavam-se sobre a PCSD, regulando o artigo III-313.º TECE as questões financeiras decorrentes destas duas áreas de atuação. Os artigos III-314.º e III-315.º TECE estabeleciam as regras de conclusão de convenções internacionais no âmbito da Política Comercial

Comum e os artigos III-316.º a III-322.º TECE tratavam da cooperação com os países terceiros [a cooperação para o desenvolvimento (artigos III-316.º a III-318.º TECE), a cooperação económica, financeira e técnica (artigos III-319.º e III-320.º TECE) e da ajuda humanitária (artigo III-321.º TECE)]. Os artigos III-323.º a III-326.º TECE referiam-se aos acordos internacionais, designadamente, aos tipos e ao procedimento de conclusão. Por último, os artigos III--327.º e III-328.º TECE definiam as normas de relacionamento da União com as organizações internacionais e com os países terceiros e delegações da União.

O Título V da Parte III do TECE aglutinava assim normas relacionadas com assuntos externos, que antes se encontravam dispersas entre o pilar comunitário e o segundo pilar, com o intuito de lhes conferir uma maior unidade e uma maior coerência. Note-se que não se trata de um novo objetivo da União. Pelo contrário, já no Tratado de Amesterdão[217] se tinham envidado esforços nesse sentido, embora sem o sucesso esperado.

12.1.2. O mandato da CIG 2007

Como se sabe, as normas do TECE não chegaram a entrar em vigor, devido aos referendos negativos francês e holandês. Seguiu-se um período de reflexão[218], findo o qual, o Conselho Europeu de Bruxelas, de 21 e 22 Junho de 2007, decidiu convocar uma CIG, com um mandato delimitado e preciso, do qual constava expressamente que *"o TUE e o Tratado sobre o Funcionamento da União não terão carácter constitucional"*, pelo que *"esta mudança refletir-se-á na terminologia utilizada em todos os textos dos Tratados: não será usado o termo (...),*

---

[217] Sobre a maior coerência e a unidade da União, bem como a maior uniformidade do seu Direito, após o Tratado de Amesterdão, ver STEFAN KANDELBACH, "Einheit der Rechtsordnung als Verfassungsprinzip der Europäischen Union?", *in* ARMIN VON BOGDANDY (Dir.), *Konsolidierung und Kohärenz des Primärrechts nach Amsterdam*, Baden-Baden, 1998, p. 51 e segs; PETER-CHRISTIAN MÜLLER-GRAFF, "Einheit und Kohärenz der Vertragsziele von EG und EU", *in* ARMIN VON BOGDANDY (Dir.), *Konsolidierung ...*, p. 67 e segs.

[218] No domínio da acção externa, cfr. por exemplo, JEAN DE RUYT, "Perspectives constitutionnelles de l'action extérieure et de la politique de defense de l'Union – Organisation de l'action extérieure de l'Union et de as politique de la défense", *in* GIULIANO AMATO / HERVÉ BRIBOSIA / BRUNO DE WITTE (eds.), *Genèse et Destinée de la Constitution...*, p. 1145 e segs; MARISE CREMONA, "The Union's External Action: Constitutional Perspectives", *in* GIULIANO AMATO / HERVÉ BRIBOSIA / BRUNO DE WITTE (eds.), *Genèse et Destinée de la Constitution...*, p. 1173 e segs.

o Ministro dos Negócios Estrangeiros será designado Alto Representante da União para os Negócios Estrangeiros e a Política de Segurança (...)"[219].

Assim, no que diz respeito à *"ação da União na cena internacional"*, a primeira modificação a assinalar é a mudança de nome do MNE, passando a sua competência, no essencial, para a/o Alta/o Representante. Trata-se de uma modificação formal, embora com uma carga simbólica muito forte.

Do mesmo modo, a fusão das disposições relativas à ação externa da União num Título único prevista no TECE é abandonada. Alguns Estados-Membros, de entre os quais se destacou o Reino Unido, continuavam a defender a autonomia da PESC em relação às restantes políticas da União assim como a manutenção do segundo pilar.

Como solução de compromisso, o mandato incumbiu a CIG de inserir um novo capítulo no Título V do TUE do qual constassem as disposições gerais que se integravam na Parte III do TECE, mantendo-se o anterior Capítulo II daquele Título, mas com as alterações introduzidas na CIG 2004, ou seja, com as soluções consagradas no TECE.

Por conseguinte, em cumprimento do mandato, as disposições gerais sobre a ação externa da União, bem como as disposições específicas relativas à política externa e de segurança comum (a qual inclui a política comum de defesa e de segurança) passaram a fazer parte do Título V do TUE, ao contrário do que sucede com as restantes bases jurídicas, que se situam no TFUE.

Vejamos então as soluções que acabaram por ficar consagradas no Tratado de Lisboa.

12.2. As categorias de atribuições após o Tratado de Lisboa

Ao contrário do que sucedia até ao Tratado de Lisboa, o artigo 2.º do TFUE enumera as categorias de atribuições, distinguindo-as entre exclusivas (n.º 1), partilhadas (n.º 2), de coordenação das políticas económicas e de emprego dos Estados-Membros (n.º 3), a definição e execução de uma política externa e de segurança comum, inclusive para definir gradualmente uma política comum de defesa (n.º 4) e o desenvolvimento de ações destinadas a apoiar, a coordenar e a completar a ação dos Estados-Membros (n.º 5)),

---

[219] O texto do mandato encontra-se disponível no sítio da União Europeia. www.europa.eu.int

especificando em cada uma delas quais as consequências para a União e para os Estados-Membros dessa inserção.

Assim, a atribuição exclusiva num determinado domínio implica que só a União pode legislar e adotar atos juridicamente vinculativos, sendo que os Estados-Membros só podem fazê-lo mediante habilitação da União ou para implementar os atos da União (artigo 2.º, n.º 1, do TFUE).

A atribuição partilhada numa determinada matéria pressupõe que a União e os Estados-Membros podem legislar e adotar atos juridicamente vinculativos. Os Estados-Membros exercem a sua competência na medida em que a União não tenha exercido a sua e voltam a exercer a sua competência na medida em que a União tenha deixado de exercer a sua (artigo 2.º, n.º 2, do TFUE). Tomada à letra esta expressão apontaria no sentido de uma preempção automática. Porém, assim não é, pois os limites das atribuições partilhadas decorrem das demais disposições dos Tratados, pelo que os Estados-Membros só perdem as suas atribuições, nos termos previstos nos Tratados. Por último, refira-se que se trata de uma categoria residual que se aplica aos domínios não contemplados nas outras categorias, tal como resulta do artigo 4.º, n.º 1, do TFUE.

Ao contrário do que sucede com as atribuições exclusivas e com as atribuições partilhadas, o artigo 2.º, n.º 3, do TFUE não especifica quais as consequências que resultam para os Estados-Membros da coordenação das suas políticas económicas e de emprego, de acordo com disposições determinadas no presente Tratado, para cuja definição a União tem competência. Assim sendo, essas consequências terão forçosamente de ser inferidas, por um lado, do termo coordenação e, por outro lado, das disposições específicas do TFUE sobre estes domínios (artigos 120.º a 126.º e 145.º a 150.º do TFUE).

O artigo 2.º, n.º 5, par. 1.º, parte final, do TFUE estabelece expressamente que as medidas de apoio, coordenação e complemento das ações dos Estados-Membros não substituem a competência dos Estados-Membros e o par. 2.º do mesmo preceito exclui a harmonização das disposições legislativas e regulamentares desta categoria de atribuições da União.

Por seu turno, os artigos 3.º a 6.º do TFUE indicam qual o domínio material que se inclui em cada uma delas[220].

---

[220] Sobre as atribuições da União pós-Lisboa, ver, entre outros, LUCIA SERENA ROSSI, «Does the Treaty of Lisbon Provide a Clearer Separation of Competences between EU and Member

Essa enumeração vale tanto para as atribuições externas como internas.

No plano externo assume particular relevo a distinção entre atribuições exclusivas e não exclusivas, ou seja, aquelas que a União deve exercer sozinha e aquelas que a União deve exercer em conjunto com os seus Estados-Membros.

Por outro lado, as atribuições externas, como o Tribunal tem vindo a afirmar, desde os primórdios da sua jurisprudência, não necessitam de estar expressamente previstas nos Tratados, podendo deles resultar implicitamente. Por outras palavras, as atribuições externas podem ser expressas ou implícitas.

Além disso, as atribuições explícitas para celebração de tratados internacionais podem resultar de normas genéricas – artigos 2.º a 6.º do TFUE – ou de normas específicas relativamente a alguns tratados em concreto (exemplo, acordos comerciais).

Por último, as atribuições externas podem resultar expressamente de normas dos Tratados que identificam políticas que incluem aspetos externos.

Do simples enunciado das várias qualificações possíveis das atribuições externas da União – exclusivas / não exclusivas; explícitas / implícitas; contidas em normas genéricas / contidas em normas específicas e ainda as que resultam de políticas internas que contêm aspetos externos – é fácil antever as dificuldades com que nos vamos deparar.

Daí que, num primeiro momento, vamos estudar as competências externas exclusivas e não exclusivas; num segundo momento, iremos averiguar quais

---

States?», in ANDREA BIONDI / PIET EECKHOUT / STEFANIE RIPLEY, *EU Law After Lisbon*, Oxford, 2012, p. 85 e segs; TAKIS TRIDIMAS, «Competence after Lisbon: The elusive search for bright lines», in DIAMOND ASHIAGBOR / NICOLA COUNTOURIS / IOANNIS LIANOS, *The European Union after the Treaty of Lisbon*, Cambridge, 2012, p. 47 e segs; PAUL CRAIG, *The Lisbon Treaty – Law, Politics and Treaty Reform*, Oxford, Oxford Univ. Press, 2010, p. 155 e segs; MARIA JOSÉ RANGEL DE MESQUITA, *A União Europeia após o Tratado de Lisboa*, Coimbra, Almedina, 2010, p. 57 e segs; VÉRANE EDJAHARAN, "Les compétences dans le Traité de Lisbonne: la constitutionnalisation de l'Union intérrogée", in E. BROSSET / C. CHEVALLIER-GOVERS / V. EDJAHARIAN / C. SCHNEIDER (dir.), *Le Traité de Lisbonne...*, p. 227 e segs; ISABELLE BOSSE-PLATIÈRE, "Traité de Lisbonne et clarification des compétences", *RMCUE*, 2008, p. 443 e segs; PATRIZIA DE PASQUALE, "Il riparto di competenze tra Unione europea e Stati membri", *Dir. Pubb. Comp. Eur.*, 2008, p. 60 e segs; PAUL CRAIG, "The Treaty of Lisbon: Process, architecture and substance", *ELR*, 2008, p. 144 e segs; STEPHEN C. SIEBERSON, *Dividing Lines between the European Union and its Member States – The impact of the Treaty of Lisbon*, Haia, 2008, p. 226 e segs.

são as competências explicitas e implícitas no domínio externo. Tendo em conta que estas categorias não são estanques também a nossa análise não poderá sê-lo.

12.2.1. As atribuições externas exclusivas

Vejamos então quais os domínios em que a União tem atribuições exclusivas expressas para celebrar convenções internacionais.

Após o Tratado de Lisboa, uma vez definido o tipo de atribuição no artigo 2.º TFUE, o artigo 3.º, n.º 1, TFUE, enumera as atribuições exclusivas tanto internas e como externas (celebração de tratados internacionais) quanto às seguintes matérias:

- A união aduaneira;
- O estabelecimento das regras de concorrência necessárias ao funcionamento do mercado comum;
- A política monetária para os Estados-Membros cuja moeda seja o euro;
- A conservação dos recursos biológicos do mar, no âmbito da política comum de pescas;
- A política comercial comum.

Além disso, a União tem atribuições exclusivas para concluir acordos internacionais, nos termos previstos no artigo 3.º, n.º 2, TFUE, em três casos:

- (i) quando a atribuição esteja prevista num ato legislativo da União;
- (ii) quando seja necessária para exercer as suas atribuições internas;
- (iii) quando seja suscetível de afetar regras comuns ou de alterar o alcance das mesmas.

Ainda o Tratado de Lisboa nem sequer tinha entrado em vigor já a doutrina chamava a atenção para as dificuldades de interpretação do artigo 3.º, n.º 2, do TFUE[221].

---

[221] Ver, por exemplo, PAUL CRAIG, *The Lisbon Treaty*..., p. 167.

Começando pelo excerto "quando a atribuição esteja prevista num ato legislativo da União", uma interpretação restrita implicaria que o ato legislativo dissesse que a atribuição externa era exclusiva ou que a exclusividade da atribuição externa dependia da exclusividade da atribuição interna.

Ora, nada na letra do artigo 3.º, n.º 2, TFUE impõe esta interpretação. Assim, o preceito admite uma interpretação no sentido de que a União tem competência exclusiva para concluir um acordo internacional quando tal está previsto num ato legislativo. Consequentemente, os Estados-Membros não podem concluir o acordo autonomamente nem legislar ou praticar qualquer ato vinculativo.

O mesmo raciocínio parece dever aplicar-se quando o Tratado confere à União o poder para concluir um acordo internacional a menos que o contrário resulte do Tratado[222].

No que diz respeito ao excerto "quando seja necessária para exercer as suas atribuições internas", o artigo 3.º, n.º 2, TFUE não distingue entre uma atribuição interna partilhada ou uma atribuição interna que apenas permite medidas de apoio, coordenação e complemento das ações dos Estados-Membros, desde que o acordo internacional se encontre dentro dos limites da atribuição em causa.

Em relação ao excerto "quando seja suscetível de afetar regras comuns ou de alterar o alcance das mesmas", de acordo com a jurisprudência do TJ, a afetação das regras comuns ou a alteração do seu alcance não depende do exercício da atribuição interna[223].

Além disso, a noção de "regras comuns" não se deve limitar às regras já existentes, antes devendo abranger também as regras em preparação. Por outras palavras, esta noção deve abranger as regras vinculativas assim como os futuros desenvolvimentos previsíveis no momento da análise da atribuição.

Note-se que, para muitos[224], o artigo 3.º, n.º 2, TFUE consagra a anterior jurisprudência do Tribunal[225] relativa às atribuições exclusivas da União.

---

[222] PAUL CRAIG, *The Lisbon Treaty* ..., p. 166.
[223] V. parecer 1/03, para. 126; Parecer 1/13, par. 77, *Green Network*, para 33; *Broadcasting Organizations*, para. 72.
[224] Ver, por exemplo, PAUL CRAIG, *The Lisbon Treaty* ..., p. 398 e 399.
[225] Sobre a jurisprudência do TJ, neste domínio, v. FRIEDRICH ERLBACHER, "Recent Case-Law on the External Competence of the European Union: How Member States can Embrace their

Aliás, o Tribunal de Justiça reafirmou, muito recentemente, no caso *OTIF*[226], que a jurisprudência do Parecer 1/03 (Nova Convenção de Lugano), de 7 de fevereiro de 2006[227], se mantém em vigor.

Nas palavras do Tribunal, a *"competência da União para celebrar acordos internacionais pode resultar não só de uma atribuição expressa feita pelos Tratados como decorrer igualmente de modo implícito de outras disposições do Tratado e dos atos adotados, no âmbito dessas disposições, pelas instituições da União (...)"*. O Tribunal de Justiça concluiu ainda que *"sempre que o direito da União confira às referidas instituições competências no plano interno, com vista a realizar um objetivo determinado, a União é investida da competência para assumir as obrigações internacionais necessárias à realização desse objetivo, mesmo na falta de uma disposição expressa nesse sentido"*.

Sublinhe-se que, apesar de o artigo 3.º, n.º 2, TFUE ter sido criado com o intuito de clarificar a questão das atribuições exclusivas implícitas, ele acabou por provocar divergências de interpretação entre, de um lado, os Estados-Membros e algumas instituições da União, das quais se deve destacar o Conselho, e do outro lado, a Comissão e o Parlamento Europeu. Com efeito, os primeiros têm vindo reiteradamente a expressar uma visão muito mais restritiva das atribuições exclusivas implícitas do que os segundos.

Assim, no recente *parecer 3/15*[228], relativo ao Tratado de Marraquexe para facilitar o acesso a obras publicadas por parte das pessoas cegas, com deficiência visual ou com outras dificuldades de acesso a textos impressos[229], alguns governos (checo, francês, italiano, lituano, romeno, finlandês e do Reino Unido) defenderam que a União Europeia não tinha competência exclusiva, no âmbito do artigo 3.º, n.º 2, TFUE, para concluir o referido Tratado, na

---

own Treaty?", *EPIN Paper, No. 43*, January 2017, p. 9 e segs; ELEFTHERIA NEFRAMI, "Vertical Division of Competences and the Objectives of the European Union's External Action", in MARISE CREMONA / ANNE THIES, *The European Court of Justice...*, p. 75 e segs.
[226] Acordão de 5 de dezembro de 2017, *Federal Republic Germany v. Council* (OTIF), proc. C-600/14, ECLI:EU:C:2017:935.
[227] EU:C:2006:81, par. 114.
[228] *Parecer 3/15* de 14 de fevereiro, ECLI:EU:C:2017:114.
[229] Para um comentário do Parecer 3/15 sobre o Tratado de Marraquexe, THOMAS VERELLEN, "Opinion 3/15 on the Marrakesh Treaty: ECJ Reaffirms 'Minimum Harmonisation' Exception to ERTA Principle. Note under Opinion 3/15 ('Marrakesh Treaty")", *Revista General de Derecho Europeo*, 2017, p. 159 e segs.

medida em que não era suscetível de afetar regras comuns ou de alterar o alcance das mesmas. A natureza e o conteúdo das regras em causa a isso se opunham.

Os Governos sustentaram ainda que decorre da jurisprudência do Tribunal de Justiça que qualquer conclusão a este título se deve basear numa análise concreta da relação existente entre o acordo internacional previsto e o direito da União em vigor, tendo em conta, especialmente, a natureza e o conteúdo das regras em causa, acabando por concluir que existe apenas uma harmonização mínima de certos aspetos da matéria sobre que se debruça o Tratado (direito de autor e dos direitos conexos).

Por seu turno, o Tribunal de Justiça reafirmou a sua jurisprudência relativa à interpretação da última parte do artigo 3.º , n.º 2, TFUE, nos seguintes termos:

> *"há um risco de violação das regras comuns da União, através de compromissos internacionais assumidos pelos Estados-Membros, ou de alteração do alcance destas regras, suscetível de justificar a existência de uma competência externa exclusiva da União, quando esses compromissos se enquadrem no âmbito de aplicação das referidas regras [parecer 1/13 (Adesão de Estados terceiros à Convenção de Haia), de 14 de outubro de 2014, EU:C:2014:2303, n.º 71, e acórdão de 26 de novembro de 2014, Green Network, C66/13, EU:C:2014:2399, n.º 29]. A constatação desse risco não pressupõe uma concordância total entre o domínio abrangido pelos compromissos internacionais e o domínio que é abrangido pela regulamentação da União [parecer 1/13 (adesão de Estados terceiros à Convenção de Haia), de 14 de outubro de 2014, EU:C:2014:2303, n.º 72, e acórdão de 26 de novembro de 2014, Green Network, C66/13, EU:C:2014:2399, n.º 30]."*

O Tribunal acrescentou ainda:

> *"(...) esses compromissos internacionais podem afetar regras da União ou alterar o alcance das mesmas, quando se integrem num domínio já em grande parte coberto por essas regras [v., neste sentido, parecer 1/13 (Adesão de Estados terceiros à Convenção de Haia), de 14 de outubro*

de 2014, EU:C:2014:2303, n.o 73, e acórdão de 26 de novembro de 2014, Green Network, C66/13, EU:C:2014:2399, n.º 31]."

E o Tribunal prosseguiu:

"Assim sendo, como a União apenas dispõe de competências de atribuição, a existência de uma competência, para mais de natureza exclusiva, deve basear-se em conclusões resultantes de uma análise global e concreta da relação existente entre o acordo internacional previsto e o direito da União em vigor. Esta análise deve ter em consideração os domínios abrangidos, respetivamente, pelas regras do direito da União e pelas disposições do acordo projetado, as suas perspetivas de evolução previsíveis, bem como a natureza e o conteúdo dessas regras e disposições, a fim de verificar se o acordo em questão é suscetível de pôr em causa a aplicação uniforme e coerente das regras da União e o bom funcionamento do sistema que instituem [parecer 1/13 (adesão de Estados terceiros à Convenção de Haia), de 14 de outubro de 2014, EU:C:2014:2303, n.º 74, e acórdão de 26 de novembro de 2014, Green Network, C66/13, EU:C:2014:2399, n.º 33]."

Seguidamente, o Tribunal procedeu à análise em concreto do Tratado de Marraquexe, o qual prevê que, para realizar os seus objetivos, as Partes Contratantes devem implementar dois instrumentos distintos e complementares, ou seja, por um lado, uma exceção ou limitação ao direito de reprodução, de distribuição e de colocação à disposição do público para facilitar a disponibilidade de cópias em formato acessível aos beneficiários e, por outro, regimes de exportação e de importação destinados a favorecer determinados tipos de intercâmbios transfronteiriços de cópias em formato acessível.

Para o Tribunal, *"embora resulte da jurisprudência do Tribunal de Justiça que um acordo internacional que abranja um domínio que tenha sido objeto de uma harmonização completa é suscetível de afetar regras comuns ou de alterar o alcance das mesmas [v., neste sentido, parecer 1/94 (Acordos anexos ao Acordo OMC), de 15 de novembro de 1994, EU:C:1994:384, n.º 96, e acórdão de 5 de novembro de 2002, Comissão/Dinamarca, C467/98, EU:C:2002:625, n.º 84], não deixa de ser verdade que se trata apenas de uma das situações em que a condição que figura na parte final do artigo 3.º,* n.º 2, TFUE está satisfeita [v., neste sentido, parecer 1/03 (Nova Convenção de Lugano), de 7 de fevereiro de 2006, EU:C:2006:81, n.º 121]".

E nem a margem de apreciação na aplicação da sua faculdade de prever uma exceção ou limitação a favor de pessoas portadoras de deficiências de que os Estados-Membros dispõem fez vacilar o Tribunal, na medida em que as disposições da Diretiva 2001/29 não fixam um limiar mínimo de proteção do direito de autor e dos direitos conexos, mas introduzem uma derrogação dos direitos harmonizados pelo legislador da União, autorizando os Estados--Membros a prever, em determinadas condições, uma exceção ou limitação aos referidos direitos. Ou seja, *"a margem de apreciação de que beneficiam os Estados--Membros deve ser exercida nos limites impostos pelo direito da União (v., por analogia, acórdão de 1 de dezembro de 2011, Painer, C145/10, EU:C:2011:798, n.º 104), o que implica que os Estados-Membros não sejam livres de determinar, de forma não harmonizada, todos os parâmetros da exceção ou limitação a favor de pessoas portadoras de deficiências (v., por analogia, acórdão de 26 de abril de 2012, DR e TV2 Danmark, C510/10, EU:C:2012:244, n.º 36)"*.

Em conclusão, o Tribunal considerou que a situação mencionada na parte final do artigo 3.º, n.º 2, TFUE, que corresponde àquela em que a celebração de um acordo internacional «seja suscetível de afetar regras comuns ou de alterar o alcance das mesmas» é pertinente no presente caso, na medida em que a exceção ou limitação prevista no Tratado de Marraquexe ao direito de reprodução, de distribuição e de colocação à disposição do público para facilitar a disponibilidade de cópias em formato acessível aos beneficiários e deve ser aplicada no âmbito do domínio harmonizado pela Diretiva 2001/29. O mesmo se verifica quanto aos regimes de exportação e de importação previstos neste Tratado, na medida em que estes têm por objeto, em última análise, autorizar a comunicação ao público ou a distribuição, no território de uma Parte Contratante, de cópias em formato acessível publicadas noutra Parte Contratante sem o consentimento dos titulares dos direitos.

Por fim, o Tribunal concluiu:

"a celebração do Tratado de Marraquexe para facilitar o acesso a obras publicadas por parte das pessoas cegas, com deficiência visual ou com outras dificuldades de acesso a textos impressos insere-se na competência exclusiva da União Europeia."

Este não foi o único caso em que o Tribunal concluiu pela existência de atribuições externas exclusivas implícitas da União nos últimos tempos.

Após ter considerado, no caso *Pringle*[230], que o Tratado relativo ao Mecanismo Europeu de Estabilidade não afeta as regras comuns, no domínio da política económica e monetária, no caso *Comissão (apoiada pelo PE) contra o Conselho (organismos de radiodifusão)*[231], no *Parecer 1/13*[232] e no caso *Green Network*[233], o Tribunal estendeu a jurisprudência AETR à proteção dos direitos conexos dos organismos de radiodifusão, aos aspetos civis da rapto internacional de crianças (Convenção de Haia de 25 de outubro de 1980) e ao regime de apoio ao consumo de eletricidade produzida a partir de fontes de energia renováveis, respectivamente.

Vejamos um pouco mais detalhadamente estas decisões.

No caso *Comissão (apoiada pelo PE) contra o Conselho (organismos de radiodifusão)*, a primeira pede a anulação da decisão do Conselho e dos Representantes dos Governos dos Estados-Membros, reunidos no Conselho, de 19 de dezembro de 2011, sobre a participação da União Europeia e dos seus Estados-Membros nas negociações de uma Convenção do Conselho da Europa sobre a proteção dos direitos dos organismos de radiodifusão, com fundamento na competência exclusiva da União na matéria (ou seja, por violação dos artigos 2.º, n.º 2, TFUE e 3.º, n.º 2, TFUE) e, independentemente disso, a violação dos procedimentos e dos requisitos relativos à autorização de negociação de acordos internacionais pela União, a violação das regras de voto no Conselho, previstas no artigo 218.º, n.º 8, TFUE, e ainda a violação dos objetivos definidos nos TFUE e TUE, bem como a inobservância do princípio da cooperação leal, previsto no artigo 13.º TUE.

Para o que ora nos interessa, o Tribunal, contrariamente à visão restritiva defendida pelo Conselho e por alguns Estados-Membros[234], decidiu que

---

[230] Acórdão de 27/11/2012, *Pringle*, proc. C-370/12, EU:C:2012:756, para 101.
[231] Acórdão de 4 de setembro de 2014, *Comissão c. Conselho*, proc. C-114/12, EU:C:2014:224.
[232] Parecer 1/13 de 14 de outubro de 2014, EU:C:2014:2303.
[233] Acórdão de 26/11/2014, *Green Network*, proc. C-66/13, EU:C:2014:2399.
[234] Neste processo, o Conselho foi apoiado pela República Checa, pela Alemanha, pela Holanda, pela Polónia e pelo Reino Unido que sustentaram que a matéria da futura convenção do Conselho da Europa – a propriedade intelectual deveria ser enquadrada na categoria das atribuições partilhadas entre a União e os Estados-Membros, nomeadamente, no mercado interno. Consequentemente, a União e os Estados-Membros deveriam negociar a convenção e

diversos aspetos da proteção dos direitos conexos dos organismos de radiodifusão estão abrangidos na competência externa exclusiva da União, pelo que o conteúdo das negociações para uma convenção do Conselho da Europa relativa à proteção dos direitos conexos dos organismos de radiodifusão, como a que estava em causa no processo em apreço, insere-se num domínio amplamente coberto por regras comuns da União e que tais negociações podem afetar regras comuns da União ou alterar o seu alcance. Por conseguinte, as referidas negociações inserem-se na competência exclusiva da União.

O Tribunal concluiu que a decisão impugnada foi adotada em violação do artigo 3.º, n.º 2, TFUE[235].

No *parecer 1/13* relativo à Convenção sobre os Aspetos Civis do Rapto Internacional de Crianças, o Parlamento Europeu e a Comissão defenderam que a questão do rapto internacional de crianças faz parte da competência exclusiva da União, enquanto o Conselho e a maior parte dos Estados-Membros[236] sustentaram que o Conselho não estava obrigado a adotar as propostas da Comissão no domínio da adesão de novos Estados a essa convenção porque a União não tinha competência exclusiva na matéria envolvida.

Vejamos o que decidiu o Tribunal.

Invocando a sua jurisprudência anterior, o Tribunal afirmou:

> "*a competência da União para celebrar acordos internacionais pode resultar não só de uma atribuição expressa conferida pelos Tratados mas também, implicitamente, de outras disposições dos Tratados e de atos adotados, no âmbito dessas disposições, pelas instituições da União. Em particular, sempre que o direito da União confira às referidas instituições competências a nível interno, com vista a realizar um determinado objetivo, a União é investida da competência*

---

cooperar estreitamente em todas as fases do processo para assegurar unidade da representação externa da União.

[235] Sobre o caso *organismos de radiodifusão*, ver YOLE TANGHE, "The Borders of EU Competences with Regard to the International Regulation of Intelectual Property Rights: Constructing a Dam to Resist a River Bursting its Banks", *UJIEL*, 2016, p. 36 e segs.

[236] Neste parecer, com exceção da Itália, muitos Estados-Membros sustentaram que a União não tinha atribuições externas exclusiva na matéria do acordo em causa. A Grécia, a França e a Polónia foram mais longe, tendo defendido que a União não detinha de todo atribuições externas nesta área.

para assumir os compromissos internacionais necessários à realização desse objetivo, mesmo na falta de uma disposição expressa nesse sentido (parecer 1/03, EU:C:2006:81, n.º 114 e jurisprudência referida). Esta última hipótese está, de resto, prevista no artigo 216.º, n.º 1, TFUE."

Em seguida, o Tribunal salientou:

"a Convenção de Haia de 1980 tem por objeto a cooperação civil em matéria de deslocação transfronteiriça de crianças. Assim, enquadra-se no domínio do direito da família com incidência transfronteiriça, no qual a União tem competência interna por força do artigo 81.º, n.º 3, TFUE. Aliás, a União exerceu esta competência para efeitos da adoção do Regulamento n.º 2201/2003. Nestas condições, a União tem competência externa no domínio que é objeto desta Convenção."

Passando à análise da natureza da competência, o Tribunal afirmou:

"O Tratado FUE precisa, designadamente no seu artigo 3.º, n.º 2, as condições em que a União dispõe de uma competência externa exclusiva.
A este respeito, é pacífico que a aceitação da adesão de um Estado terceiro à Convenção de Haia de 1980 não está prevista em nenhum ato legislativo da União, nem é necessária para permitir à União exercer a sua competência interna. Por conseguinte, há que analisar o pedido de parecer à luz da condição que figura no artigo 3.º, n.º 2, TFUE, em virtude da qual a celebração de acordos internacionais é da competência exclusiva da União quando seja «suscetível de afetar regras comuns ou de alterar o alcance das mesmas».
A observância desta condição deve ser analisada à luz da jurisprudência do Tribunal segundo a qual há um risco de violação de regras comuns da União, através de compromissos internacionais assumidos pelos Estados-Membros, ou de alteração do alcance destas regras, suscetível de justificar a existência de uma competência externa exclusiva da União, quando esses compromissos se enquadram no âmbito de aplicação das referidas regras (v., neste sentido, acórdãos Comissão/Conselho, dito «AETR», 22/70, EU:C:1971:32, n.º 30; Comissão/Dinamarca, C467/98, EU:C:2002:625, n.º 82; e Comissão/Conselho, C114/12, EU:C:2014:2151, n.ºˢ 66 a 68).

> *A constatação desse risco não pressupõe uma concordância total entre o domínio abrangido pelos compromissos internacionais e o que é abrangido pela regulamentação da União (v. parecer 1/03, EU:C:2006:81, n.º 126, e acórdão Comissão/Conselho, EU:C:2014:2151, n.º 69).*
>
> *Em particular, o alcance das regras da União pode ser afetado ou alterado por compromissos internacionais, quando estes se integrem num domínio já em grande parte coberto por essas regras (v., neste sentido, parecer 2/91, EU:C:1993:106, n.os 25 e 26). Como o Tribunal de Justiça já declarou e contrariamente ao sustentado pelo Conselho e por alguns governos que já apresentaram observações, tal circunstância continua a ser pertinente, no contexto do artigo 3.º, n.º 2, TFUE, para apreciar se se verifica a condição do risco de as regras comuns da União serem afetadas ou de o seu alcance ser alterado (acórdão Comissão/Conselho, EU:C:2014:2151, n.ᵒˢ 70, 72 e 73)".*

Note-se que para o Tribunal:

> *"as disposições do Regulamento n.º 2201/2003 cobrem, em grande parte, os dois procedimentos regulados pela Convenção de Haia de 1980, a saber, o de regresso de crianças ilicitamente deslocadas e o que visa assegurar o exercício do direito de visita. Assim, esta Convenção deve ser considerada integralmente coberta pelas regras da União."*

Relativamente ao risco de as regras da União serem afetadas pelas disposições da Convenção de Haia de 1980 e pelas declarações de aceitação de adesão, atendendo à respetiva natureza e conteúdo, o Tribunal salientou:

> *"por um lado, que o Regulamento n.º 2201/2003 estabelece regras uniformes que se impõem às autoridades dos Estados-Membros. Por outro lado, devido à sobreposição e à relação estreita existente entre as disposições do regulamento e da Convenção, nomeadamente entre as disposições previstas no artigo 11.º do regulamento e as contidas no capítulo III da Convenção, as disposições desta última são suscetíveis de ter incidência no sentido, no alcance e na eficácia das regras do Regulamento n.º 2201/2003."*

Segundo o Tribunal:

"Se os Estados-Membros, e não a União, fossem competentes para aceitar, ou não, a adesão de um novo Estado terceiro à Convenção de Haia de 1980, a aplicação uniforme e coerente do Regulamento n.º 2201/2003 e, em especial, as regras de cooperação entre as autoridades dos Estados-Membros estariam em risco sempre que uma situação de rapto internacional de uma criança envolvesse um Estado terceiro e dois Estados-Membros e que um tivesse aceitado a adesão desse Estado terceiro a esta Convenção e o outro não."

Concluiu o Tribunal:

"a aceitação da adesão de um Estado terceiro à Convenção de Haia de 1980 é da competência exclusiva da União."

O caso *Green Network* diz respeito a um pedido de decisão prejudicial que tem por objeto a interpretação dos artigos 3.º, n.º 2, TFUE e 216.º TFUE, lidos em conjugação com o artigo 5.º da Diretiva 2001/77/CE do Parlamento Europeu e do Conselho, de 27 de setembro de 2001, relativa à promoção da eletricidade produzida a partir de fontes de energia renováveis no mercado interno da eletricidade[237], e o Acordo entre a Comunidade Económica Europeia e a Confederação Suíça, de 22 de julho de 1972[238], conforme adaptado pela Decisão n.º 1/2000 do Comité Misto CE-Suíça, de 25 de outubro de 2000[239].

O Tribunal realçou que os acordos previstos na primeira disposição nacional controvertida se destinam, precisamente, a assegurar que, à semelhança das garantias de origem emitidas nos Estados-Membros, em aplicação do disposto no artigo 5.º da Diretiva 2001/77 e mediante o respeito de condições análogas às previstas nas referidas disposições, as garantias de origem emitidas pelas autoridades desse Estado terceiro serão reconhecidas no mercado do consumo desse Estado-Membro como prova do caráter verde, na aceção desta diretiva, da eletricidade importada do referido Estado terceiro.

---

[237] JOUE L 283, p. 33.
[238] JOCE L 300, p. 188; EE 11 F2 p. 190.
[239] JOUE 2001, L 51, p. 1.

Assim, o acordo celebrado entre a República Italiana e um Estado terceiro é suscetível de alargar o âmbito de aplicação do mecanismo harmonizado de certificação próprio das garantias de origem emitidas pelos Estados-Membros, instituído no artigo 5.º da Diretiva 2001/77, permitindo, nomeadamente, que garantias de origem emitidas em Estados terceiros beneficiem, no mercado interno do consumo de eletricidade do Estado-Membro em causa, de um estatuto análogo ao que gozam as garantias de origem emitidas nos Estados--Membros, para os fins específicos de facilitar as trocas comerciais e de aumentar a transparência face aos consumidores.

Daqui decorre que um acordo deste tipo é suscetível de alterar o alcance das regras comuns que o artigo 5.º da Diretiva 2001/77 comporta.

Ora, o facto de um Estado-Membro celebrar um acordo com um Estado terceiro para permitir a tomada em consideração, no âmbito do funcionamento de um regime de apoio nacional, do carácter verde da eletricidade produzida nesse Estado terceiro é suscetível de interferir, por um lado, com as metas da Diretiva 2001/77, e, por outro, com a obrigação que incumbe aos Estados-Membros de aumentarem a sua produção de eletricidade verde, de modo a contribuírem para alcançar as metas indicativas nacionais que lhes são fixadas nos termos do artigo 3.º dessa diretiva, e de participarem, assim, na meta indicativa global ao nível da própria Comunidade.

A celebração de tais acordos pelos Estados-Membros, na falta de uma autorização nesse sentido pela Diretiva 2001/77, pode, deste modo, prejudicar o bom funcionamento do sistema instituído por esta diretiva, bem como as metas por ela prosseguidas.

Além disso, como decorre da jurisprudência do TJ, a apreciação da questão de saber se um domínio já está abrangido em grande parte pelas regras comunitárias exige, nomeadamente, que se tenha em conta não só o estado atual do direito comunitário no domínio em causa mas também as suas perspetivas de evolução, quando estas são previsíveis no momento em que essa apreciação é feita.

Segundo o Tribunal, o TCE deve ser interpretado no sentido de que, atendendo às disposições da Diretiva 2001/77/CE do Parlamento Europeu e do Conselho, de 27 de setembro de 2001, relativa à promoção da eletricidade produzida a partir de fontes de energia renováveis no mercado interno da eletricidade, a Comunidade Europeia dispõe de uma competência externa exclusiva que se opõe a uma disposição nacional, como a que está em causa no processo principal, a qual prevê a concessão de uma dispensa da obrigação de adquirir certificados verdes, devido à introdução, no mercado nacional do consumo, de eletricidade importada de um Estado terceiro, mediante a celebração prévia, entre o Estado-Membro e o Estado terceiro em causa, de um acordo nos termos do qual se garante que a eletricidade assim importada é produzida a partir de fontes de energia renováveis, segundo modalidades idênticas às previstas no artigo 5.º da referida diretiva[240].

Em suma, se compararmos as posições do Conselho e de muitos Estados-Membros com a jurisprudência do Tribunal de Justiça, facilmente chegaremos à conclusão que esta última se apoia numa interpretação ampla da competência externa exclusiva da União.

12.2.2. As atribuições externas não exclusivas da União

O Tratado de Lisboa enumera igualmente as atribuições não exclusivas da União, as quais incluem as atribuições partilhadas (artigo 2.º, n.º 2, TFUE), as atribuições de coordenação das políticas económicas e de emprego dos Estados-Membros (artigo 2.º, n.º 3, TFUE), a PESC (artigo 2.º, n.º 4, TFUE) e o desenvolvimento de ações destinadas a apoiar, a coordenar e a completar a ação dos Estados-Membros (artigo 2.º, n.º 5, TFUE).

O artigo 4.º, n.º 2, do TFUE enumera a lista das matérias que se incorporam nas atribuições partilhadas, a qual não se deve considerar exaustiva, mas antes exemplificativa, na medida em que o corpo do preceito se refere aos principais domínios, o que pressupõe que haja outros.

Assim, nos termos do referido preceito, as principais atribuições partilhadas entre a União e os Estados-Membros são as seguintes:

– O mercado interno;
– A política social no que se refere aos aspetos definidos no TFUE;
– A coesão económica, social e territorial;

---

[240] V. anotação ao caso *Green Network* de Dörte Fouquet / Jana Nysten, "Member States Cannot Unilaterally Extend the EU Legislative Framework for Renewable Energy Support to Third States beyond the Cooperation Mechanisms Foreseen", *European Networks Law and Regions (ENLR)*, 2015, p. 49 e segs.

- A agricultura e pescas, com exceção da conservação dos recursos biológicos (que faz parte das atribuições exclusivas);
- O ambiente;
- A defesa dos consumidores;
- Os transportes;
- As redes transeuropeias;
- A energia;
- O espaço de liberdade, segurança e justiça;
- Os problemas comuns em matéria de saúde pública, no que se refere aos aspetos definidos no TFUE.

O n.º 3 do artigo 4.º do TFUE determina ainda que, nos domínios da investigação, do desenvolvimento tecnológico e do espaço, a União dispõe de atribuições para desenvolver ações, incluindo a definição e a execução de programas, mas isso não pode impedir os Estados de exercerem as suas atribuições.

O mesmo raciocínio é válido para os domínios da cooperação para o desenvolvimento e da ajuda humanitária. Nos termos do artigo 4.º, n.º 4, do TFUE, a União dispõe de competência para desenvolver ações e uma política comum nestas matérias, mas o exercício dessa competência não pode impedir os Estados-Membros de exercerem a sua própria competência.

A primeira questão que se coloca é a de saber se as atribuições partilhadas no plano interno (artigo 4.º TFUE) se projetam no plano externo.

Não havendo referência expressa nos Tratados a este assunto, nada parece impedir a invocação da tese do paralelismo de atribuições internas e externas no domínio das atribuições partilhadas após o Tratado de Lisboa. Aliás, as atribuições partilhadas afiguram-se o campo privilegiado de aplicação dos acordos mistos.

Acresce que os domínios das atribuições partilhadas podem tornar-se domínios de exclusividade pela via do exercício de poderes internos.

O artigo 6.º do TFUE enumera as matérias sobre as quais podem incidir ações da União destinadas a apoiar, a coordenar e a completar a ação dos Estados-Membros, a saber:

- A proteção e melhoria da saúde humana;
- Indústria;
- Cultura;
- Turismo;
- Educação, formação profissional, juventude e desporto;
- Proteção civil;
- Cooperação administrativa.

Apesar de a letra do referido preceito apontar no sentido de esta enumeração ser exaustiva, na realidade existem outras matérias em relação às quais as disposições específicas do TFUE admitem ações deste tipo, como é o caso da política social (cfr., por exemplo, artigo 153.º do TFUE) ou de certos aspetos da política de emprego (cfr., por exemplo, artigo 147.º do TFUE). Afigura-se, portanto, difícil estabelecer uma fronteira nítida entre as ações da União destinadas a apoiar, a coordenar e a completar a ação dos Estados-Membros e as atribuições partilhadas da União.

Além disso, deve notar-se que o âmbito de atuação da União ao abrigo das atribuições de apoio, coordenação e complemento da ação dos Estados-Membros varia consoante a matéria que está em causa, podendo, inclusivamente, vir a ser adotados atos jurídicos vinculativos pela União Europeia.

Por outras palavras, está excluída a harmonização, mas já não a adoção de atos jurídicos vinculativos por parte da União, desde que fundados nas disposições específicas do TFUE, o que vai necessariamente ter repercussões nas competências que, no futuro, os Estados-Membros poderão vir a exercer.

Até agora debruçámo-nos sobre as atribuições exclusivas e não exclusivas, mas, como atrás mencionámos, de umas e de outras se devem distinguir as atribuições explícitas e implícitas, no domínio do *treaty-making power* da União.

Passemos então à clarificação deste assunto.

12.3. As atribuições explícitas e implícitas da União para celebrar tratados internacionais

Se quisermos saber quando é que a União pode celebrar acordos com um ou mais países terceiros ou organizações internacionais, temos de recorrer ao artigo 216.º, n.º 1, TFUE, o qual estabelece o seguinte:

a) Quando os tratados o prevejam;
b) Quando a celebração do acordo for necessária para alcançar, no âmbito das políticas, um dos objetivos estabelecidos pelos Tratados;
c) Quando a celebração do acordo estiver prevista num ato juridicamente vinculativo da União;
d) Quando for suscetível de afetar regras comuns ou de alterar o seu alcance.

Apesar de uma parte da redação do artigo 216.º, n.º 1, TFUE não diferir muito da redação do artigo 3.º, n.º 2, TFUE, o âmbito de aplicação das duas disposições é distinto. Enquanto o artigo 216.º, n.º 1, TFUE não procede a qualquer categorização da atribuição, ou seja, não se debruça sobre o caráter exclusivo ou partilhado da mesma; o artigo 3.º, n.º 2, TFUE somente diz respeito às atribuições externas exclusivas.

A competência externa da União não se esgota, portanto, nas situações previstas no artigo 3.º, n.º 2, TFUE.

Para o Tribunal, decorre da redação do artigo 216.º, n.º 1, TFUE, *"no qual não é feita nenhuma distinção segundo a natureza exclusiva ou partilhada da competência externa da União, que a União tem essa competência em quatro situações. Contrariamente aos argumentos apresentados pela República Federal da Alemanha, a hipótese de que a celebração de um acordo seja suscetível de afetar regras comuns ou de alterar o seu alcance, caso em que a competência da União é, por força do artigo 3.º, n.º 2, TFUE, exclusiva, não constitui nenhuma dessas situações.*

Além disso, resulta da comparação entre as redações respetivas do artigo 216.º, n.º 1, TFUE e do artigo 3.º, n.º 2, TFUE que os casos em que a União dispõe de competência externa, em conformidade com a primeira dessas disposições, não se limitam às diferentes hipóteses previstas na segunda dessas disposições, nas quais a União dispõe de competência externa exclusiva.

Neste contexto, a competência externa da União que decorre da segunda situação prevista no artigo 216.º, n.º 1, TFUE, que corresponde à hipótese em que a celebração de um acordo é «necessária para alcançar, no âmbito das políticas da União, um dos objetivos estabelecidos pelos Tratados», reflete a jurisprudência do Tribunal de Justiça (...). A competência externa da União nesta segunda situação não está, ao contrário da quarta situação prevista nessa disposição, sujeita a uma condição relativa à adoção prévia de regras da União suscetíveis de serem afetadas"[241].

Chegados a este ponto, importa apurar quais são as atribuições externas da União expressamente previstas no Tratado de Lisboa.

12.3.1. As atribuições externas expressamente previstas nos Tratados

Como atrás se mencionou, essas atribuições resultam de normas genéricas – artigos 2.º a 6.º do TFUE – ou de normas específicas relativamente a alguns tratados em concreto e ainda de normas dos Tratados que identificam políticas que incluem aspetos externos.

12.3.1.1. As atribuições externas provenientes de normas genéricas – remissão

Já tivemos oportunidade de nos debruçar sobre as normas genéricas, pelo que vamos passar de imediato às normas específicas.

12.3.1.2. Atribuições externas provenientes de normas específicas

Um primeiro grupo de normas específicas insere-se na Parte V do TFUE relativa à ação externa da União. Aí se identificam as políticas que estão abrangidas no âmbito da ação externa. São elas a política comercial comum (artigos 206.º e 207.º TFUE), a cooperação com os países terceiros (cooperação para o desenvolvimento (artigos 208.º a 211.º TFUE), cooperação económica, financeira e técnica com países terceiros (artigo 212.º e 213.º TFUE) e a ajuda humanitária (artigo 214.º TFUE)).

---

[241] Acordão de 5 /12/2017, *Federal Republic Germany v. Council* (OTIF), proc. C-600/14, ECLI:EU:C:2017:935.

A) *Acordos comerciais*

Nos termos do artigo 206.º TFUE, "a União contribui, no interesse comum, para o desenvolvimento harmonioso do comércio mundial, para a supressão progressiva das restrições às trocas internacionais e aos investimentos estrangeiros diretos e para a redução das barreiras alfandegárias e de outro tipo" e de acordo com o artigo 207.º, n.º 1, TFUE, "a política comercial comum assenta em princípios uniformes, designadamente no que diz respeito às modificações pautais, à celebração de acordos pautais e comerciais sobre comércio de mercadorias e serviços, e aos aspetos comerciais da propriedade intelectual, ao investimento estrangeiro direto, à uniformização das medidas de liberalização, à política de exportação, bem como às medidas de defesa comercial, tais como as medidas a tomar em caso de dumping e de subsídios".

Além destes princípios e objetivos, a política comercial comum deve ainda respeitar os princípios e objetivos da ação externa da União (cfr. artigo 205.º e parte final do artigo 207.º, n.º 1, TFUE), ou seja, os consagrados no artigo 21.º e 3.º, n.º 5, TUE[242].

A matéria de política comercial comum sofreu alterações significativas no Tratado de Lisboa[243].

A primeira está prevista no final do artigo 207.º, n.º 1, TFUE, ao qual foi aditada a expressão "a política comercial comum é conduzida de acordo com os princípios e os objetivos da ação externa da União", o que remete para o artigo 21.º do TUE.

A ação externa, neste domínio, deve, portanto, sustentar a liberalização do comércio, o respeito dos direitos fundamentais e o desenvolvimento sustentável assim como a proteção dos direitos fundamentais e da democracia.

A segunda modificação relevante prende-se com a inclusão, no artigo 207.º, n.º 1, TFUE, do comércio de serviços e dos aspetos comerciais da

---

[242] Sobre os objetivos gerais da ação externa e os da política comercial comum, v. MARISE CREMONA, "A Quiet Revolution: the Common Commercial Policy Six Years after the Treaty of Lisbon", *SIEPS* 2017/2, p. 30 e segs; CHRISTINE KADDOUS, "The Transformation of the EU Commom Commercial Policy", in PIET EECKHOUT / MANUEL LOPEZ-ESCUDERO (ed.), *The European Union's External Action in Times of Crisis*, Oxford, Hart, 2016, p. 440 e segs.

[243] Sobre a competência externa da União no âmbito da política comercial comum após o Tratado de Lisboa, v. MARKUS KRAJEWSKI, "The Reform of the Common Commercial Policy", in ANDREA BIONDI / PIET EECKHOUT / STEFANIE RIPLEY, *EU Law After Lisbon*, Oxford, 2012, p. 292 e segs.

propriedade intelectual bem como do investimento estrangeiro, o que tem como consequência que estas matérias passaram a fazer parte não só das atribuições explícitas, mas também exclusivas da União, dado que a politica comercial comum se inclui, como vimos, no âmbito das atribuições exclusivas. Ora, este aumento das atribuições exclusivas resultará, por certo, numa redução do espaço dos acordos mistos. Note-se, contudo, que a política de transportes continua excluída da política comercial comum e, como tal, das atribuições exclusivas da União.

Em terceiro lugar, o processo de decisão relativo à execução da política comercial foi modificado, passando o PE e o Conselho a decidir de acordo com o processo legislativo ordinário (artigo 207.º, n.º 2, TFUE).

Em quarto lugar, o processo de decisão relativamente aos acordos comerciais também foi modificado. A regra passou a ser o processo legislativo ordinário (artigo 208.º, n.º 3, TFUE), embora ainda se exija a unanimidade no seio do Conselho em certos domínios (artigo 207.º, n.º 4, TFUE). Sublinhe-se que a exigência da unanimidade não afeta o caráter exclusivo da atribuição.

Os poderes do PE saíram consideravelmente reforçados, pois, além de se exigir o seu consentimento para os acordos que abranjam domínios em que se deve adotar o processo legislativo ordinário, ainda se deve manter o PE imediata e permanentemente informado.

O Tribunal já teve oportunidade de se pronunciar sobre as novas regras introduzidas pelo Tratado de Lisboa relativas aos acordos comerciais.

Assim, no caso *Daiichi Sankyo et Sanofi-Aventis Deutschland*[244], o Tribunal procedeu à interpretação do artigo 207.º, n.º 1, TFUE, tendo começado por afirmar que a disposição em causa *"difere sensivelmente das disposições que essencialmente substituiu, designadamente as que se inseriam no artigo 133.º, n.ºs 1, 5, primeiro parágrafo, 6, segundo parágrafo, e 7, CE"* e *"Difere ainda mais da disposição em vigor quando da celebração do acordo TRIPS, a saber, o artigo 113.º do Tratado CE, em que os aspetos comerciais da propriedade intelectual não eram mencionados nem nesse número nem noutro do referido artigo 113.º"*.

Para o Tribunal, *"tendo em conta a evolução significativa do direito primário, a questão da repartição das competências da União e das dos Estados-Membros deve*

---

[244] Acórdão de 18/7/2013, *Daiichi Sankyo et Sanofi-Aventis Deutschland*, proc. C-414/11, ECLI:EU:C:2013:520.

ser examinada com fundamento no Tratado atualmente em vigor (v., por analogia, parecer 1/08, de 30 de novembro de 2009, Colet., p. I11129, n.º 116)". Em consequência, nem a jurisprudência constante do parecer 1/94, de 15 de novembro de 1994 (Colet., p. I5267), nem o acórdão Merck Genéricos — Produtos Farmacêuticos são pertinentes para determinar em que medida o acordo TRIPS se insere, a partir da entrada em vigor do Tratado FUE, na competência exclusiva da União em matéria de política comercial comum."

Em seguida o Tribunal analisou o conceito de «aspetos comerciais da propriedade intelectual», tendo chegado à conclusão *"resulta do artigo 207.º, n.º 1, TFUE que a política comercial comum, que, em conformidade com o artigo 3.º, n.º 1, alínea e), TFUE, se insere na competência exclusiva da União, tem por objeto, designadamente, os «aspetos comerciais da propriedade intelectual».*

Mas, segundo jurisprudência constante anterior, *"um ato da União só se insere na política comercial comum quando verse especificamente sobre as trocas comerciais internacionais, na medida em que se destine essencialmente a promover, a facilitar ou a regular as trocas comerciais e tenha efeitos diretos e imediatos nestas (v. parecer 2/00, de 6 de dezembro de 2001, Colet., p. I9713, n.º 40; acórdãos de 12 de maio de 2005, Regione autonoma FriuliVenezia Giulia e ERSA, C347/03, Colet., p. I3785, n.º 75, e de 8 de setembro de 2009, Comissão /Parlamento e Conselho, C411/06, Colet., p. I7585, n.º 71). Daqui decorre que, entre as normas adotadas pela União em matéria de propriedade intelectual, só as que apresentam uma ligação específica com as trocas comerciais internacionais são suscetíveis de se integrarem no conceito de «aspetos comerciais da propriedade intelectual» referido no artigo 207.º, n.º 1, TFUE e, assim, no domínio da política comercial comum."*

Para o Tribunal *"é esse o caso das normas constantes do acordo TRIPS. Ainda que essas normas não tenham por objeto as modalidades, aduaneiras ou outras, das operações de comércio internacional enquanto tais, apresentam uma ligação específica com as trocas internacionais. Com efeito, o referido acordo faz parte integrante do regime da OMC e constitui um dos acordos multilaterais principais nos quais o regime se baseia."*

Além disso, o Tribunal considera que o artigo 207.º, n.º 1, TFUE, ao prever que *"os «aspetos comerciais da propriedade intelectual» doravante se inserem plenamente na política comercial comum, os autores do Tratado FUE não puderam ignorar que os termos assim inseridos na referida disposição correspondem quase literalmente ao próprio título do acordo TRIPS."*

Segundo o Tribunal "*o objetivo essencial do acordo TRIPS é o de reforçar e harmonizar a proteção da propriedade intelectual à escala mundial (acórdão de 13 de setembro de 2001, Schieving Nijstad e o., C89/99, Colet., p. I5851, n.º 36). Como resulta do preâmbulo, o acordo TRIPS tem por objetivo reduzir as distorções do comércio internacional garantindo, no território de cada um dos membros da OMC, uma proteção eficaz e adequada dos direitos de propriedade intelectual. A parte II deste acordo contribui para a realização desse objetivo ao enunciar, para cada uma das principais categorias de direitos de propriedade intelectual, normas que devem ser aplicadas por cada membro da OMC.*

É certo que, após a entrada em vigor do Tratado FUE, continua a ser inteiramente legítimo que a União legisle, a respeito dos direitos de propriedade intelectual, ao abrigo das competências que se inserem no domínio do mercado interno. Todavia, os atos adotados com esse fundamento e destinados a valer especificamente para a União devem respeitar as normas relativas à existência, ao âmbito e ao exercício dos direitos de propriedade intelectual contidas no acordo TRIPS, permanecendo estas normas destinadas, como anteriormente, a uniformizar certas regras na matéria a nível mundial e a facilitar, assim, as trocas internacionais"[245].

Mais recentemente, no Parecer 3/15, de 14 de fevereiro de 2017, anteriormente mencionado, o Tribunal apreciou, a pedido da Comissão Europeia, a compatibilidade com o direito originário do Tratado de Marraquexe para facilitar o acesso a obras publicadas por parte das pessoas cegas, com deficiência visual ou com outras dificuldades de acesso a textos impressos.

Além de se ter colocado a questão de saber se a União Europeia detinha competência exclusiva para celebrar um tratado com o conteúdo do de Marraquexe, atrás analisado, o Tribunal examinou se aquele tratado tinha, no todo ou em parte, alguma ligação com a política comercial comum, definida no artigo 207.º TFUE.

Isto porque é "*jurisprudência constante do Tribunal de Justiça que a mera circunstância de um ato da União poder ter determinadas implicações nas trocas internacionais não basta para concluir que esse ato deve ser classificado na categoria dos atos que integram a política comercial comum. Em contrapartida, um ato da União só se insere nessa política quando verse especificamente sobre as trocas internacionais,*

---

[245] Sobre o caso *Daiichi Sankyo*, ver YOLE TANGHE, "The Borders of EU Competences with Regard to the International Regulation of Intellectual Property Rights: Constructing a Dam to Resist a River Bursting its Banks", *UJIEL*, 2016, p. 27 e segs.

na medida em que se destine essencialmente a promover, a facilitar ou a regular essas trocas comerciais e tenha efeitos diretos e imediatos nestas (acórdãos de 18 de julho de 2013, Daiichi Sankyo e SanofiAventis Deutschland, C414/11, EU:C:2013:520, n.º 51, e de 22 de outubro de 2013, Comissão/Conselho, C137/12, EU:C:2013:675, n.º 57)."

O Tribunal analisou, seguidamente, as finalidades e o conteúdo do Tratado de Marraquexe, com vista a apurar se aquele se inseria no âmbito da política comercial comum ou não, tendo chegado à conclusão que *"o [referido] Tratado tem essencialmente por finalidade melhorar a situação dos beneficiários, facilitando, por diversos meios, entre os quais uma distribuição facilitada das cópias em formato acessível, o acesso dos mesmos às obras publicadas, pelo que a sua finalidade não eram as trocas comerciais entre Estados".*

Já no que respeita ao conteúdo do Tratado, o Tribunal apurou que *"as Partes Contratantes estabelecerão uma exceção ou limitação ao direito de reprodução, ao direito de distribuição e ao direito de colocação à disposição do público, para facilitar a disponibilidade de cópias em formato acessível aos beneficiários"* e que se *"instituem certas obrigações relativas ao intercâmbio transfronteiriço de cópias em formato acessível",* designadamente, *"obriga as Partes Contratantes a cooperar para facilitar o intercâmbio transfronteiriço de cópias em formato acessível".*

Com base nestes elementos, o Tribunal considerou que *"não se pode considerar que as regras do Tratado de Marraquexe que preveem a instituição de uma exceção ou limitação ao direito de reprodução, de distribuição e de colocação à disposição do público apresentam uma ligação específica com as trocas internacionais que leva a que estas se refiram aos aspetos comerciais da propriedade intelectual previstos no artigo 207.º TFUE.*

Segundo o Tribunal, *"as regras do Tratado de Marraquexe que regulam a exportação e a importação de cópias em formato acessível dizem indubitavelmente respeito às trocas internacionais dessas cópias.*

No entanto, não visam especificamente promover, facilitar ou regular o comércio internacional das cópias em formato acessível, mas sim melhorar a situação dos beneficiários, facilitando o seu acesso a cópias em formato acessível, reproduzidas noutras Partes Contratantes.

Assim sendo, a facilitação dos intercâmbios transfronteiriços de cópias em formato acessível parece ser mais um meio de realizar o objetivo não comercial do referido Tratado do que um fim em si mesmo que lhe esteja atribuído.

Além disso, à luz das suas características, as trocas previstas no Tratado de Marraquexe não podem ser equiparadas a trocas internacionais efetuadas para fins comerciais [v., por analogia, parecer 2/00 (Protocolo de Cartagena sobre Biossegurança), de 6 de dezembro de 2001, EU:C:2001:664, n.º 38, e acórdão de 8 de setembro de 2009, Comissão/Parlamento e Conselho, C411/06, EU:C:2009:518, n.º 69]".

E o Tribunal prossegue:

"o regime instituído pelo Tratado de Marraquexe deve, portanto, ser distinguido dos regimes que se inserem na política comercial comum examinados pelo Tribunal de Justiça no parecer 1/78 (Acordo Internacional relativo à Borracha Natural), de 4 de outubro de 1979 (EU:C:1979:224), e nos acórdãos de 17 de outubro de 1995, Werner (C70/94, EU:C:1995:328), de 10 de janeiro de 2006, Comissão/Conselho (C94/03, EU:C:2006:2), e de 12 de dezembro de 2002, Comissão/Conselho (C281/01, EU:C:2002:761), os quais, embora não prossigam exclusivamente fins comerciais, assentam, em contrapartida, na adoção de medidas de natureza comercial".

Para o Tribunal:

"A mera circunstância de o regime instituído pelo Tratado de Marraquexe poder eventualmente ser aplicado a obras que são objeto de exploração comercial ou que são suscetíveis de ser objeto dessa exploração e, por conseguinte, poder, se for esse o caso, afetar indiretamente as trocas internacionais de tais obras não implica que o mesmo se insira na política comercial comum [v., por analogia, parecer 2/00 (Protocolo de Cartagena sobre Biossegurança), de 6 de dezembro de 2001, EU:C:2001:664, n.º 40]".

O Tribunal concluiu que *"a celebração do Tratado de Marraquexe não se insere na política comercial comum definida no artigo 207.º TFUE e, consequentemente, que a União não tem competência exclusiva para, com base no artigo 3.º, n.º 1, alínea e), TFUE, celebrar este Tratado"*.

Porém, como já antes mencionámos, o Tribunal averiguou igualmente se estava preenchida algumas das condições previstas no artigo 3.º, n.º 2, TFUE, tendo acabado por considerar que a celebração do Tratado de Marraquexe para facilitar o acesso a obras publicadas por parte das pessoas cegas, com deficiência visual ou com outras dificuldades de acesso a textos impressos se insere na competência exclusiva da União Europeia por força do artigo 3.º, n.º 2, do TFUE.

Por último, refira-se o *Parecer 2/15*, de 16 de maio de 2017, relativo ao acordo de livre comércio com Singapura[246], cujas conclusões são da Advogada-Geral SHARSPTON[247].

Este parecer é particularmente importante a vários propósitos. Em primeiro lugar, é relevante para compreender a matéria da repartição de competências entre a União e os Estados-Membros no domínio da ação externa, na medida em que o Tribunal averigua se a competência para negociar e celebrar o acordo em causa é exclusiva da União, se é partilhada entre a União e os Estados-Membros ou se é exclusiva dos Estados-Membros. Em segundo lugar, ajuda a clarificar a distinção entre acordos assinados e celebrados apenas pela União e acordos que devem ser assinados e celebrados tanto pela União como por cada um dos seus Estados-Membros, ou seja, os chamados acordos «mistos» e, em terceiro lugar, contribui para a delimitação do conteúdo da política comercial comum e dos acordos comerciais entre a União e terceiros Estados[248], que é o que por ora mais nos interessa.

Com efeito, o Tribunal começa por averiguar se, tendo em conta o objeto e as finalidades do acordo projetado, que consistem em «cria[r] uma zona de comércio livre» e «liberalizar e facilitar o comércio e o investimento entre as Partes», as disposições do acordo são da competência exclusiva da União, prevista no artigo 3.º, n.º 1, alínea e), TFUE, relativa à política comercial comum.

Reiterando a sua jurisprudência anterior, o Tribunal afirma:

---

[246] Parecer de 16 de maio de 2017, ECLI:EU:C:2017:376.

[247] Sobre a opinião da advogada-geral SHARPSTON, neste Parecer, ver HANNES LENK, "Mixity in EU Foreign Trade Policy is Here to Stay: Advocate General Shapston on the Allocation of Competence for the Conclusion of the EU-Singapore Free Trade Agreement", *European Papers*, vol. 2, 2017, p. 357 e segs.

[248] Para um comentário deste parecer, v., entre outros, GUILLAUME VAN DER LOO, "The Court's Opinion on the EU-Singapore FTA: Throwing off the Schackles of Mixity?", *CEPS Policy Insights* 2017/17; CHARLOTTE BEAUCILLON, ""Opinion 2/15: Sustainable in the New Trade. Rethinking Coherence for the New Commercial Policy", *European Papers*, vol. 2, 2017, p. 819 e segs; DAVID KLEIMANN, "Reading Opinion 2/15: Standards of Analysis, the Court's Discretion and the Legal View of the Advocate General", *EUI Working Paper RSCAS* 2017/23

"em conformidade com o artigo 3.º, n.º 1, alínea e), TFUE, a União dispõe de competência exclusiva no domínio da política comercial comum" e que, "nos termos do artigo 207.º, n.º 1, TFUE, esta política «assenta em princípios uniformes, designadamente no que diz respeito às modificações pautais, à celebração de acordos pautais e comerciais sobre comércio de mercadorias e serviços, e aos aspetos comerciais da propriedade intelectual, ao investimento estrangeiro direto, à uniformização das medidas de liberalização, à política de exportação, bem como às medidas de defesa comercial, tais como as medidas a tomar em caso de dumping e de subsídios. A política comercial comum é conduzida de acordo com os princípios e objetivos da ação externa da União".

O Tribunal especifica que *"resulta desta disposição, em especial do seu segundo período, nos termos do qual a política comercial comum se inscreve no âmbito «da ação externa da União», que tal política é relativa às trocas comerciais com os Estados terceiros (acórdãos de 18 de julho de 2013, Daiichi Sankyo e SanofiAventis Deutschland, C414/11, EU:C:2013:520, n.º 50, e de 22 de outubro de 2013, Comissão/Conselho, C137/12, EU:C:2013:675, n.º 56)."*

Tal como sucedeu, nomeadamente, no caso *Daiichi Sankyo*, já citado, e no parecer 3/15 (Tratado de Marraquexe sobre o acesso às obras publicadas), acabado de estudar, o Tribunal vai proceder à análise do acordo em causa, pois só as componentes do acordo projetado que apresentem uma ligação específica com as trocas comerciais entre a União e a República de Singapura se devem inserir no domínio da política comercial comum.

Após ter verificado se os compromissos contidos no referido acordo se destinam a promover, a facilitar ou a regular essas trocas e se têm efeitos diretos e imediatos nelas, o Tribunal chega à conclusão que o acordo projetado é da competência exclusiva da União, com exceção das seguintes disposições, que se inserem numa competência partilhada entre a União e os Estados-Membros:

- *"as disposições da secção A (Proteção dos investimentos) do capítulo 9 (Investimento) desse acordo, na parte em que dizem respeito aos investimentos entre a União e a República de Singapura diferentes de investimentos diretos;*
- *as disposições da secção B relativas à resolução de litígios entre investidores e o Estado) do capítulo 9; e*

- *as disposições dos capítulos 1 (Objetivos e definições gerais), 14 (Transparência), 15 (Resolução de litígios entre as Partes), 16 (Mecanismo de mediação) e 17 (Disposições institucionais, gerais e finais) do referido acordo, na parte em que respeitam às disposições do dito capítulo 9 e na medida em que estas últimas estejam inseridas na competência partilhada entre a União e os Estados-Membros."*

Do exposto resulta que, após a entrada em vigor do Tratado de Lisboa, o Tribunal passou a adotar uma posição mais generosa relativamente à questão do conteúdo da política comercial comum.

B) *Acordos de cooperação com terceiros Estados*
Um outro domínio em que a União detém atribuições externas é, como já referimos, o da cooperação com os países terceiros, a qual abrange a cooperação para o desenvolvimento (artigos 208.º a 211.º TFUE), a cooperação económica, financeira e técnica com países terceiros (artigo 212.º e 213.º TFUE) e a ajuda humanitária (artigo 214.º TFUE).

Começando pela cooperação para o desenvolvimento com terceiros Estados, expressamente prevista no artigo 208.º TFUE, o seu objetivo principal é o da erradicação a prazo da pobreza. No entanto, ao referir que a condução desta política deve ser feita de acordo com os princípios e objetivos da ação externa da União, o artigo 208.º TFUE incorpora a lista de objetivos e princípios do artigo 21.º TUE.

O processo legislativo ordinário aplica-se a estes acordos internacionais (artigo 209.º TFUE).

As principais dificuldades, no que diz respeito aos acordos de cooperação para o desenvolvimento, prendem-se com a categorização da atribuição da União. Senão vejamos:

A cooperação para o desenvolvimento não está incluída nas atribuições de apoio, coordenação e completude da ação dos Estados-Membros nem nas competências partilhadas. É, no entanto, claro que nalguns casos se pressupõe a coordenação da União com os seus Estados-Membros (artigo 210.º TFUE).

Acresce que o exercício da atribuição relativa à política para o desenvolvimento por parte da União não preclude o exercício das mesmas por parte dos Estados-Membros.

As normas específicas relativas aos acordos que incidem sobre cooperação económica, financeira e técnica com países terceiros (artigos 212.º e 213.º TFUE) sofreram alterações com o Tratado de Lisboa.

O artigo 212.º TFUE clarifica que esta cooperação se estende atualmente a todos os Estados terceiros e não apenas aos países em desenvolvimento. As medidas de implementação desta política são adotadas de acordo com o processo legislativo ordinário (artigo 212.º, n.º 2, TFUE), exceto se a situação no país terceiro exigir assistência financeira com caráter de urgência.

Neste caso, também é controversa a natureza da atribuição da União, neste domínio, pois não se encontrando entre as matérias que fazem parte das atribuições exclusivas, nem de apoio, coordenação e completude da ação dos Estados Membros, dever-se-á incluir nas atribuições partilhadas que são residuais. No entanto, esta inclusão parece colidir com o disposto no artigo 212.º, n.º 4, TFUE que afirma, explicitamente, que a competência dos Estados-Membros para negociar e celebrar acordos internacionais, neste domínio, não fica precludida.

Ainda dentro dos acordos de cooperação com terceiros Estados devem incluir-se os acordos referentes à ajuda humanitária, os quais estão regulados no artigo 214.º TFUE. Nos termos do n.º 1 deste preceito, as ações da União neste domínio têm por objetivo prestar assistência, socorro e proteção das populações de países terceiros vítimas de catástrofes naturais ou de origem humana, de modo a fazer face às necessidades humanitárias daí resultantes. Estas ações são levadas a cabo de acordo com os princípios do artigo 21.º TUE assim como nos termos dos princípios de direito internacional e de imparcialidade, de neutralidade e de não discriminação.

Trata-se de uma atribuição partilhada da União que não prejudica a competência dos Estados-Membros para negociar e concluir acordos com terceiros (n.º 4, para. 2.º, do artigo 214.º TFUE), o que significa que nesta matéria também não funciona o princípio da preempção.

O processo legislativo ordinário é aplicável às medidas de definição do quadro de execução das ações de ajuda humanitária da União (artigo 214.º, n.º 3, TFUE).

C) *Outros acordos expressamente previstos nos Tratados*

Um segundo grupo de normas específicas que atribuem à União competência para celebrar acordos internacionais é composto pelo artigo 49.º TUE relativo aos acordos de adesão, pelo artigo 50.º TUE sobre os acordos de retirada da União, pelo artigo 217.º TFUE que diz respeito aos acordos de associação e pelo artigo 37.º TUE sobre acordos relativos à PESC.

Todos estes acordos serão estudados mais adiante, pelo que para aí remetemos.

12.3.1.3. Acordos resultantes das políticas e ações internas que incluem aspetos externos

Um terceiro grupo de normas constantes dos Tratados que comportam a base jurídica de atribuições expressas da União, no âmbito da ação externa, é constituído por normas referentes às políticas internas que incluem aspetos externos.

Vejamos quais são as matérias sobre que incidem estes acordos.

Em primeiro lugar, refira-se o domínio do espaço de liberdade, segurança e justiça. O artigo 78.º, n.º 2, al. g), TFUE prevê que as medidas relativas ao sistema europeu comum de asilo podem incluir a parceria e a cooperação com países terceiros para a gestão dos fluxos de requerentes de asilo ou de proteção subsidiária ou temporária e o artigo 79.º, n.º 3, estabelece que a União pode celebrar com países terceiros acordos destinados à readmissão, nos países de origem ou de proveniência, de nacionais de países terceiros que não preencham ou tenham deixado de preencher as condições de entrada, de presença, ou de residência no território de um dos Estados-Membros.

Em segundo lugar, é de mencionar a política monetária. De acordo com o artigo 138.º, n.º 1, do TFUE, o Conselho, sob proposta da Comissão, pode adotar decisões em que estabeleça as posições comuns sobre as matérias que se revistam de especial interesse para a união económica e monetária nas instituições e conferências financeiras internacionais competentes, como é o caso do Fundo Monetário Internacional. O Conselho delibera após consulta ao Banco Central Europeu.

Além disso, nos termos do n.º 2 do mesmo preceito, o Conselho, sob proposta da Comissão, pode adotar as medidas adequadas para assegurar uma representação unificada nas instituições e conferências financeiras internacionais acima referidas. O Conselho delibera após consulta ao Banco Central Europeu.

Em terceiro lugar, o desporto, a formação profissional, a cultura, a saúde pública e as redes transeuropeias, a investigação e desenvolvimento tecnológico, o ambiente e a proteção civil comportam aspetos externos.

O artigo 165.º, n.º 3, TFUE prevê que *"a União e os Estados-Membros incentivarão a cooperação com países terceiros e com as organizações internacionais competentes em matéria de educação e desporto, especialmente com o Conselho da Europa"*.

O artigo 166.º, n.º 3, TFUE estabelece que *"a União e os Estados-Membros incentivarão a cooperação com países terceiros e com as organizações internacionais competentes em matéria de formação profissional"* e o artigo 167.º, n.º 3, TFUE replica este texto para a cultura.

O artigo 168.º, n.º 3, TFUE usa uma fórmula mais ampla para a saúde pública – *"A União e os Estados-Membros fomentarão a cooperação com os países terceiros e as organizações internacionais competentes no domínio da saúde pública"*.

O artigo 171.º, n.º 3, TFUE admite a cooperação da União com países terceiros para promover projetos de interesse comum e assegurar a interoperabilidade das redes.

O artigo 180.º, al. b), TFUE preconiza que, na prossecução dos objetivos de investigação e de desenvolvimento tecnológico, a União desenvolverá a *"promoção da cooperação em matéria de investigação, de desenvolvimento tecnológico e de demonstração da União com países terceiros e com organizações internacionais"* e o artigo 186.º TFUE acrescenta que *"na execução do programa-quadro plurianual, a União pode prever a cooperação em matéria de investigação, de desenvolvimento tecnológico e de demonstração da União com países terceiros ou organizações internacionais"*.

Nos termos do artigo 191.º, n.º 1, TFUE, de entre os objetivos da política de ambiente conta-se *"a promoção, no plano internacional, de medidas destinadas a enfrentar os problemas regionais ou mundiais do ambiente, e designadamente a combater as alterações climáticas"* e o n.º 4 do mesmo preceito acrescenta que *"a União e os Estados-Membros cooperarão, no âmbito das respetivas atribuições, com os países terceiros e as organizações internacionais competentes. As formas de cooperação da União podem ser objeto de acordos entre esta e as partes terceiras interessadas"*.

Por último, o artigo 196.º, n.º 1, al. c), do TFUE prevê que um dos objetivos da União é *"favorecer a coerência das ações empreendidas ao nível internacional em matéria de proteção civil"*.

12.3.2. As atribuições externas implicitamente previstas nos Tratados

Antes de avançar, recorde-se que, segundo jurisprudência firme e constante do Tribunal de Justiça, não é necessário que os Tratados prevejam expressamente em normas genéricas, específicas ou resultantes da dimensão externa das políticas internas as atribuições externas da União. Elas podem retirar-se implicitamente de normas internas, por força da tese do paralelismo de atribuições internas e externas. Ou dito de outro modo, a ausência de uma atribuição externa expressa da União não significa que ela não possa resultar implicitamente dos Tratados.

Para melhor ilustrar o que acaba de se afirmar vejamos um exemplo.

Nem todos os aspetos do espaço de liberdade, segurança e justiça, suscetíveis de assumir uma dimensão externa, estão abrangidos pelas normas acima referidas, pelo que se a União pretender celebrar um acordo nessas matérias tem de recorrer a bases jurídicas implícitas ou então à base jurídica residual da cláusula de flexibilidade prevista no artigo 352.º TFUE.

O mesmo se diga em relação à política de energia.

Tendo em conta que já atrás estudámos pormenorizadamente a questão das atribuições externas implícitas da União – matéria em relação à qual o Tratado de Lisboa não trouxe propriamente grandes novidades – neste momento não se procederá a maiores desenvolvimentos.

Por último, refira-se que a cláusula de flexibilidade do artigo 352.º TFUE, também pode constituir a base jurídica de um acordo internacional. Tendo em conta que já sobre ela escrevemos em anteriores trabalhos[249], não vamos agora retomar esta questão, antes remetemos para o que então dissemos.

13. Os tipos de acordos internacionais celebrados pela União Europeia

Com o intuito de ilustrar o que acaba de se estudar relativamente às atribuições da União para celebrar acordos internacionais, quer isoladamente quer em conjunto com os seus Estados-Membros, vejamos alguns tipos de acordos de que a União faz parte.

---

[249] V. ANA MARIA GUERRA MARTINS, *Manual de Direito da União...*, p. 449 e segs; Idem,"Anotação ao artigo 352.º TFUE", in MANUEL PORTO / GONÇALO ANASTÁCIO (coord.), *Tratado de Lisboa – Anotado e comentado*, Coimbra, Almedina, 2012, p. 1232 e segs; Idem, "A "cláusula de flexibilidade" no Tratado de Lisboa – Contributo para a "constitucionalização" ou para a "internacionalização" da União?", in PAULO OTERO / FERNANDO ARAÚJO / JOÃO TABORDA DA GAMA, *Estudos em memória do Prof. Doutor J. L. Saldanha Sanches*, vol. I, Coimbra, Coimbra Editora, 2011, p. 19 e segs.

Sem qualquer preocupação de exaustividade, vamos debruçar-nos sobre os seguintes:

a) Acordos no domínio da política comercial comum, em especial, no âmbito da OMC;
b) Acordos de cooperação no âmbito da política de apoio ao desenvolvimento;
c) Acordos de associação;
d) Acordos mistos.

13.1. Acordos no domínio da política comercial comum, em especial, no âmbito da OMC

Como atrás se disse, a União tem competência exclusiva para celebrar acordos internacionais no domínio da política comercial comum, a qual saiu reforçada com o Tratado de Lisboa.

Aliás, já antes do Tratado de Lisboa a União Europeia desempenhava um papel fundamental no sistema de comércio multilateral bem como no domínio dos acordos bilaterais e regionais com parceiros estratégicos.

Vejamos em que termos se dá a participação da União no sistema de comércio mundial.

A União Europeia faz parte da mais importante organização internacional neste domínio – a Organização Mundial do Comércio (OMC) –, tendo os representantes da então Comunidade e dos seus Estados-Membros assinado o Ato final de Marraquexe que institui a OMC, o qual é aplicável a partir de 1 de janeiro de 1995. A União faz igualmente parte dos acordos celebrados no seu seio da OMC.

Na verdade, na sequência das negociações multilaterais do Uruguai Round (1986/1994), o Conselho aprovou, através da Decisão 94/800/CE do Conselho[250], os resultados dessas negociações.

---

[250] Decisão 94/800/CE do Conselho, de 22 de dezembro de 1994, relativa à celebração, em nome da Comunidade Europeia e em relação às matérias da sua competência, dos acordos resultantes das negociações multilaterais do Uruguay Round (1986/1994) (JO L 366 de 23.12.1994).

O Ato Final de Marraquexe inclui uma lista de acordos multilaterais e plurilaterais assim como decisões e declarações ministeriais que clarificam regras de determinados acordos. Os acordos comerciais multilaterais e os instrumentos jurídicos conexos são vinculativos para todos os membros da OMC. Quanto aos acordos plurilaterais, embora façam parte do direito da OMC, não criam obrigações nem direitos para os membros da OMC que não os tenham aceite.

O Acordo que institui a OMC comporta vários anexos que, por sua vez, contêm os acordos específicos, os quais abrangem os acordos multilaterais sobre o comércio de mercadorias que são os seguintes:

- Acordo Geral sobre Pautas Aduaneiras e Comércio de 1994 (o «GATT de 1994») que incorporou o GATT de 1947;
- Acordo sobre a Agricultura;
- Acordo sobre a Aplicação de Medidas Sanitárias e Fitossanitárias;
- Acordo sobre Têxteis e Vestuário;
- Acordo sobre os Obstáculos Técnicos ao Comércio;
- Acordo sobre as Medidas de Investimentos relacionadas com o Comércio;
- Acordo sobre Medidas Antidumping;
- Acordo sobre a Determinação do Valor Aduaneiro;
- Acordo sobre a Inspeção antes da expedição;
- Acordo sobre as Regras de Origem;
- Acordo sobre os Procedimentos em Matéria de Licenças de Importação;
- Acordo sobre as Subvenções e Medidas de Compensação;
- Acordo sobre as Medidas de Salvaguarda.

Além disso, incluem-se o Acordo Geral sobre o Comércio de Serviços (GATS), o Acordo sobre os Aspetos dos Direitos de Propriedade Intelectual Relacionados com o Comércio (ADPIC), incluindo o comércio de mercadorias de contrafação, o Memorando de entendimento sobre as regras e processos que regem a resolução de litígios e o Mecanismo de Exame das Políticas Comerciais (MEPC) dos membros da OMC.

Por fim, devem mencionar-se os Acordos Comerciais Plurianuais que incluem os seguintes acordos:

- Acordo sobre o Comércio de Aeronaves Civis;
- Acordo sobre Contratos Públicos (revisto em 2012);
- Acordo Internacional sobre o Leite e os Produtos Lácteos (revogado em 1997);
- Acordo Internacional sobre a Carne de Bovino (revogado em 1997).

O Acordo que institui a OMC cria ainda um enquadramento institucional permanente para os acordos específicos acima mencionados.

A OMC é uma organização permanente que goza de personalidade jurídica. Todos os Estados-Membros do GATT se tornaram membros fundadores da OMC, em 1 de janeiro de 1995. Desde então, os candidatos à adesão devem seguir o procedimento de adesão previsto pelo acordo que institui a OMC.

A OMC tem os seguintes objetivos:

- O aumento do nível de vida;
- A realização do pleno emprego e de um nível crescente do rendimento real e da procura efetiva;
- O crescimento da produção e do comércio de mercadorias e de serviços;
- O desenvolvimento sustentável e a proteção do ambiente;
- A tomada em consideração das necessidades dos países em desenvolvimento;

As funções da OMC incluem:

- Facilitar a aplicação, a gestão e o funcionamento dos diversos acordos comerciais;
- Constituir um fórum para as negociações comerciais multilaterais.
- Resolver os litígios comerciais através do Órgão de Resolução de Litígios (ORL);
- Acompanhar as políticas comerciais nacionais dos seus membros;
- Cooperar com as outras organizações internacionais a fim de assegurar uma coerência na elaboração das políticas económicas ao nível mundial.

A OMC tem uma estrutura orgânica própria. Em princípio, a OMC toma as suas decisões por consenso. Caso não seja possível chegar a uma decisão, as decisões são tomadas por maioria de votos, dispondo cada membro da OMC de um voto. A UE, enquanto membro de pleno direito da OMC, dispõe de um número de votos igual ao número dos países da UE que são membros da OMC.

Todos os membros da OMC podem apresentar à Conferência Ministerial propostas de alteração relativas às disposições dos diferentes acórdos comerciais multilaterais da OMC.

O sistema de resolução de litígios da OMC é um elemento importante da ordem comercial multilateral, e fundamenta-se nos artigos XXII e XXIII do GATT de 1994, assim como nas regras e procedimentos elaborados ulteriormente que constam no memorando de entendimento sobre as regras e processos que regem a resolução de litígios incorporado no acordo sobre a OMC.

Como veremos, mais adiante, o sistema de resolução de litígios da OMC causa alguns problemas à União Europeia, na medida em que este foi pensado para Estados e a União tem uma natureza jurídica diferente. De qualquer modo, adiante-se, desde logo, que o Tribunal de Justiça não levantou ao sistema da OMC objeções de monta, tal como sucedeu com outras situações.

Antes de finalizar, duas breves notas sobre dois acordos que têm sido alvo de muita controvérsia e gerado um amplo contencioso dentro da União Europeia: o Acordo sobre os aspetos dos direitos de propriedade intelectual relacionados com o comércio (ADPIC) e o Acordo Geral sobre o Comércio de Serviços (AGCS ou GATS em inglês).

Começando pelo acordo relativo aos direitos de propriedade intelectual, importa referir que ele pretende assegurar uma proteção eficaz e suficiente dos direitos de propriedade intelectual relacionados com o comércio, tendo em conta as diferenças dos sistemas jurídicos nacionais e estabelecer regras mínimas a nível multilateral que permitam combater a contrafação.

Os princípios básicos nele consagrados são o princípio do tratamento nacional e o princípio do tratamento da nação mais favorecida, o que significa que os membros da OMC deverão tratar os nacionais de outros países membros de modo não menos favorável do que tratariam os seus próprios nacionais. Além disso, qualquer vantagem concedida aos nacionais de qualquer outro país membro será também concedida, imediata e incondicionalmente, aos nacionais de todos os outros países membros, mesmo se tal tratamento for mais favorável do que aquele que concede aos seus próprios nacionais.

O acordo inspira-se nas regras da Organização Mundial da Propriedade Intelectual (OMPI) e nas diferentes convenções relativas aos direitos da propriedade intelectual (a Convenção de Paris relativa à proteção da propriedade intelectual, a Convenção de Berna relativa à proteção das obras literárias e artísticas, a Convenção de Roma relativa à proteção dos artistas intérpretes ou executantes, produtores de fonogramas e organismos de radiodifusão e o Tratado de Washington de propriedade intelectual em matéria de circuitos integrados), sendo também introduzidas novas normas ou normas mais rigorosas nos domínios não abrangidos ou insuficientemente abrangidos pelas convenções existentes.

Segundo o acordo, as legislações dos países membros da OMC devem incluir processos de aplicação efetiva destinados a fazer cumprir os direitos de propriedade intelectual tanto por parte dos detentores de direitos estrangeiros como por parte dos seus nacionais. Estes processos devem permitir uma ação eficaz contra qualquer ato suscetível de afetar tais direitos. Os processos em questão deverão ser leais, equitativos, não serem desnecessariamente complexos ou dispendiosos e não implicar prazos não razoáveis. As decisões administrativas finais devem poder ser objeto de uma revisão por parte de uma instância judicial.

O Acordo Geral sobre o Comércio de Serviços (AGCS ou GATS em inglês) é o primeiro conjunto de regras acordadas no plano multilateral para reger o comércio internacional de serviços. É composto por um conjunto geral de regras que define as obrigações fundamentais que dizem respeito a todos os membros da OMC, por listas de compromissos específicos em matéria de acesso ao mercado de cada membro da OMC e anexos que definem condições especiais aplicáveis a diferentes setores.

O acordo GATS aplica-se a todos os serviços de todos os setores, com exceção dos serviços dos poderes públicos. Aplica-se igualmente a todas as medidas aplicáveis aos serviços adotados a todos os níveis de governo (central, regional, local, etc.). O acordo define 4 modos de prestação de serviços:

– prestação de serviços por um país membro com destino a qualquer membro (exemplo: chamadas telefónicas internacionais);

- prestação de serviços no território de um país membro com destino a um consumidor de qualquer outro membro (exemplo: turismo);
- prestação de serviços através da presença comercial de um membro no território de outro membro (exemplo: serviços bancários);
- prestação de serviços por pessoas de um país membro que permaneçam temporariamente e trabalhem no território de qualquer outro membro (exemplo: projetos de construção, manequins de moda, consultores).

O acordo baseia-se no princípio do tratamento da nação mais favorecida (NMF) segundo o qual cada país membro trata os negócios de qualquer outro membro de modo não menos favorável do que trataria os de qualquer outro país. Não obstante, existem exceções para atividades de serviços específicos que constam de uma lista de isenções à obrigação decorrente do princípio NMF. Com efeito, cada governo pode precisar as limitações ao acesso de empresas estrangeiras ao seu mercado.

Além disso, os membros de um acordo de comércio livre ou de uma união aduaneira podem liberalizar entre si o comércio de serviços, não sendo obrigados a tornar esse acordo extensivo aos outros membros do GATS. Este acordo bilateral ou regional tem, contudo, de ter uma cobertura setorial significativa e deve ter por objetivo reduzir ou evitar a discriminação.

A fim de assegurar a maior transparência possível, o acordo prevê a obrigação dos governos publicarem toda a legislação e regulamentação pertinentes. Essas medidas devem ser administradas de forma razoável, objetiva e imparcial.

Os acordos bilaterais celebrados entre governos em matéria de reconhecimento de qualificações devem estar abertos aos outros membros que pretendam aderir a esses acordos. Além disso, cada membro deve assegurar que os prestadores de serviços, em monopólio e em exclusividade, não abusem da sua posição. Os membros devem consultar-se sobre formas de suprimir as práticas comerciais suscetíveis de restringir a concorrência.

Os pagamentos e transferências internacionais relativas às transações correntes relacionadas com os compromissos específicos assumidos ao abrigo do GATS, não devem ser objeto de restrições, exceto em casos de dificuldades verificadas ao nível da balança de pagamentos e sob determinadas condições.

As regras relativas ao acesso aos mercados e ao tratamento nacional não constituem obrigações gerais, mas compromissos específicos retirados das listas nacionais anexas ao GATS e que fazem parte integrante do acordo. Essas listas identificam os serviços e as atividades dos serviços relativamente aos quais o acesso aos mercados está assegurado e especificam as condições a que está subordinado esse acesso. Se estiverem consolidados esses compromissos apenas podem ser alterados ou retirados após negociação de uma compensação com o país afetado.

Assim, cada membro deve tratar os serviços e os prestadores de serviços dos outros membros de uma forma que não seja menos favorável do que aquela que está prevista no cumprimento dos compromissos estipulados na sua lista nacional.

O acordo assenta igualmente no princípio do tratamento nacional. Com efeito, nos setores estipulados para cada país membro e segundo as respetivas condições, cada país membro deve tratar os produtos de qualquer outro país membro de forma não menos favorável do que trataria os seus produtos nacionais.

O GATS prevê, num prazo de 5 anos, negociações com vista a aumentar o nível de liberalização do comércio de serviços. Essa liberalização deverá incidir tanto no reforço dos compromissos previstos nas listas como na redução dos efeitos restritivos das medidas tomadas pelos governos.

O GATS inclui alguns anexos relativos a diversos setores de serviços fazem dele parte. Esses anexos foram concebidos para ter em conta determinadas especificidades dos setores em questão.

- O anexo relativo à circulação de pessoas singulares autoriza os governos a negociar compromissos específicos aplicáveis à permanência temporária de pessoas singulares no seu território com vista à prestação de um serviço. O acordo não se aplica ao emprego permanente nem às medidas referentes à cidadania e à residência.
- O anexo relativo aos serviços de transporte aéreo exclui do âmbito de aplicação do GATS os direitos de tráfego e os serviços associados a esses direitos (trata-se essencialmente de acordos bilaterais sobre os serviços aéreos que concedem direitos de aterragem). Em contrapartida, o GATS aplica-se aos serviços de reparação e de manutenção

de aeronaves, à venda ou à comercialização de serviços de transporte aéreo e aos serviços informatizados de reserva.
- O anexo relativo aos serviços financeiros (sobretudo os serviços bancários e os serviços de seguro) reconhece o direito dos governos tomarem medidas tendentes a proteger os investidores, os depositantes, os tomadores de seguros. O acordo exclui do seu âmbito de aplicação os serviços prestados pelos bancos centrais.

Por último, o anexo relativo às telecomunicações estipula que os governos devem conceder aos prestadores de serviços estrangeiros um acesso às redes públicas de telecomunicação segundo modalidades e em condições razoáveis e não discriminatórias.

No final do Uruguay Round, os governos acordaram em prosseguir as negociações em 4 domínios:

- telecomunicações de base[251];
- transportes marítimos;
- circulação de indivíduos;
- serviços financeiros[252].

Além disso, estavam previstas outras negociações sobre as subvenções, os contratos públicos e as medidas de salvaguarda.

A decisão que aprova, em nome da Comunidade Europeia (atual União Europeia – UE) o acordo que instituiu a Organização Mundial do Comércio abrange ainda o acordo multilateral sobre o comércio de mercadorias que inclui o GATT 1994 (Acordo Geral sobre Pautas Aduaneiras e Comércio), bem como 13 acordos setoriais que abrangem os seguintes domínios:

---

[251] Decisão 97/838/CE do Conselho, de 28 de novembro de 1997, relativa à celebração em nome da Comunidade Europeia, no que se refere às matérias da sua competência, dos resultados das negociações da OMC no domínio dos serviços de telecomunicações de base (JO L 347 de 18.12.1997, p. 45–58).

[252] Decisão 1999/61/CE do Conselho, de 14 de dezembro de 1998, relativa à conclusão em nome da Comunidade Europeia, no que respeita às matérias da sua competência, dos resultados das negociações da Organização Mundial do Comércio sobre serviços financeiros (JO L 20 de 27.1.1999, p. 38–39).

- o acesso ao mercado;
- as regras que regem as medidas não pautais;
- a administração aduaneira e comercial;
- medidas de proteção do comércio.

No âmbito deste trabalho não se justificam maiores desenvolvimentos sobre a OMC e a sua atividade, pelo que vamos passar ao ponto seguinte.

13.2. Acordos de cooperação no âmbito da política de apoio ao desenvolvimento

13.2.1. Acordos com os Estados ACP: as convenções de Yaoundé, Lomé e Cotonou

A União celebrou acordos internacionais com terceiros, desde muito cedo, no âmbito da política de apoio ao desenvolvimento.

O primeiro acordo de cooperação com os Estados ACP (África, Caraíbas e Pacífico) e as então Comunidades Europeias foi o acordo de Yaoundé de 1963, ao qual se seguiu o acordo de Yaoundé II, em 1969.

Estas convenções, além de criarem um quadro institucional próprio, visavam promover o desenvolvimento económico e social destes Estados e promover a liberalização do comércio, com especial destaque para o acesso dos produtos destes Estados ao mercado europeu. Procedeu-se à criação do Fundo Europeu de Desenvolvimento, o qual se revelou um dos aspetos mais importantes da cooperação com estes Estados.

Tendo em conta as críticas de que estes acordos foram alvo, designadamente, por parte dos Estados que deles não faziam parte, as Comunidades introduziram, na década de 70, modificações importantes na política comercial e de desenvolvimento, em consonância com os princípios desenvolvidos na UNCTAD, tendo abandonado o princípio da reciprocidade das preferências comerciais.

Em consequência, em 1973 iniciaram-se as negociações de um novo acordo – a Convenção de Lomé – cujo âmbito de aplicação pessoal se alargou aos 21 países da *Commonwealth* e a outros países africanos. A Convenção de Lomé I entrou em vigor em 1975, tendo sido seguida pela Lomé II, em 1981, pela de Lomé III, em 1986 e pela de Lomé IV, em 1990.

Em 2000, a convenção de Lomé IV foi substituída pelo Acordo de Cotonou[253], o qual constitui atualmente a pedra angular da parceria entre a União Europeia, os países da UE e 79 países de três continentes, que abrangem Estados da África, Caraíbas e Pacífico (ACP). O acordo foi assinado em 2000 e cessará a sua vigência em 2020. A sua revisão mais recente data de 2010 (Decisão 2010/648/CE) e é aplicável desde 1 de abril de 2003.

Em harmonia com os objetivos previstos no artigo 3.º, n.º 5, do TUE, o Acordo visa reduzir a pobreza tendo em vista a sua erradicação, apoiar o desenvolvimento económico, cultural e social sustentável dos países parceiros e facilitar a integração progressiva das suas economias na economia mundial.

O Acordo de Cotonou tem por base um conjunto de princípios fundamentais, dos quais se destacam:

- os parceiros participam no acordo em condições de igualdade;
- os países ACP determinam as suas próprias políticas de desenvolvimento;
- a cooperação não é da exclusividade dos governos: os parlamentos, as autoridades locais, a sociedade civil, o setor privado e os parceiros económicos e sociais também têm um papel a desempenhar;
- as modalidades e prioridades da cooperação são adaptadas em função de aspetos como, por exemplo, o nível de desenvolvimento dos países.

O Acordo prevê a existência de instituições comuns que asseguram a sua execução, a saber, o Conselho de Ministros ACP, assistido pelo Comité de Embaixadores, conduz o diálogo político, define as diretrizes políticas e toma decisões com vista à execução do acordo. Além disso, o acordo prevê uma Assembleia Parlamentar Paritária ACP-UE que é um órgão consultivo com competência para formular recomendações.

O Acordo de Cotonou comporta uma dimensão política importante, a qual inclui:

---

[253] Acordo de parceria 2000/483/CE entre os Estados de África, das Caraíbas e do Pacífico e a Comunidade Europeia e os seus Estados-Membros assinado em Cotonou, em 23 de junho de 2000 (JO L 317 de 15.12.2000, p. 3-353).

- um diálogo político abrangente sobre questões nacionais, regionais e mundiais;
- a promoção dos direitos humanos e dos princípios democráticos;
- o desenvolvimento de políticas de consolidação da paz, prevenção e resolução de conflitos;
- a abordagem de questões relacionadas com a migração e com a segurança, incluindo o combate ao terrorismo e a luta contra a proliferação de armas de destruição maciça.

O acordo inclui ainda atividades de cooperação que visam impulsionar:

- o desenvolvimento económico, principalmente nos setores industrial, agrícola e turístico dos países ACP;
- o desenvolvimento social e humano para melhorar os sistemas de saúde, de educação e de nutrição;
- a cooperação e integração regionais para promover e expandir o comércio entre os países ACP.

Estas atividades são financiadas através do acima mencionado Fundo Europeu de Desenvolvimento.

O acordo está em conformidade com as regras da Organização Mundial do Comércio e permite aos Estados ACP participarem plenamente no comércio internacional.

Este Acordo incide também em questões mais atuais, como, por exemplo, as alterações climáticas, a segurança alimentar, o VIH/SIDA, a sustentabilidade das pescas, o reforço da segurança nas regiões frágeis e a concretização dos Objetivos de Desenvolvimento do Milénio.

Em 2016 foi adotada uma comunicação relativa uma parceria renovada com os países ACP para o período pós-2020.

13.2.2. Acordos no âmbito da política europeia de vizinhança

Nos termos do artigo 8.º TUE, a União desenvolve relações privilegiadas com os países vizinhos, a fim de criar um espaço de prosperidade e boa vizinhança, fundado nos valores da União e caracterizado por relações estreitas e pacíficas, baseadas na cooperação. A União pode celebrar acordos específicos com os países interessados. Esses acordos podem incluir direitos e obrigações recíprocos bem como a possibilidade de realizar ações em comum. A sua aplicação é acompanhada de uma concertação periódica.

13.2.2.1. Acordos no âmbito da cooperação euro-mediterrânea

Os laços da Comunidade com os Estados do Mediterrâneo datam da década de 60, embora limitados às questões comerciais[254]. Foi já na década de 70, mais especificamente em 1972, na cimeira de Paris, que os Chefes de Estado e de Governo afirmaram a necessidade de implantar um política mediterrânea e de criar um quadro global para as relações entre a Comunidade e os países terceiros mediterrâneos. Assim, em 1976, a Comunidade concluiu acordos de cooperação com os Estados do Magreb – acordo CEE-Tunísia, acordo CEE-Marrocos e acordo CEE-Argélia – não só com o intuito de estimular as relações comerciais com estes Estados e a ajuda ao seu desenvolvimento, mas também com o objetivo de conferir alguns direitos aos nacionais destes Estados residentes na Comunidade, de entre os quais se destaca o direito à não discriminação em função da nacionalidade, ainda que em moldes muito mais restritivos do que se verifica em relação aos nacionais dos Estados-Membros[255].

---

[254] O primeiro acordo de associação com Marrocos foi assinado em Rabat em 31/6/1969 e entrou em vigor em 1/9/1969.

[255] Sobre as relações entre as Comunidades e os Estados do Magreb e as suas implicações em matéria de não discriminação dos nacionais destes Estados, ver Carmen Martinez Capdevilla, "El «Estatuto Avanzado» de Marruecos en la Unión Europea", *Rev. Der. Com. Eur.*, 2009, p. 895 e segs; Friedl Weiss / Frank Wooldridge, *Free Movement of Persons within the European Community*, 2ª ed., Alphen aan den Rijn, Kluwer, 2007 p. 221 e segs; Dominik Hanf / Pablo Dengler, "Les accords d'association", *in* Jean-Victor Louis / Marianne Dony (dir.), *Commentaire Mégret. Relations Extérieures*, vol. 12, 2ª éd., Bruxelas, ULB, 2005, p. 316 e ss; Elspeth Guild, *Immigration Law in the European Community, Immigration and Asylum Law and Policy in Europe*, Haia, Kluwer, 2001, p. 110 e segs; Helen Staples, *The Legal Status of Third Country Nationals Resident in the European Union*, Haia, Kluwer, 1999, p. 239 e segs; Fadi s. Hakura, "The Euro-Mediterranean Policy: The Implications of the Barcelona Declaration", *CMLR*, 1997, p. 346 e ss; Martin Hedemann-Robinson, "An Overview of Recent Legal Developments at Community Level in relation to Third Country Nationals Resident within the European Union, with particular reference to the case law of the European Court of Justice", *CMLR*, 2001, p. 558 e segs.

O desejo de aprofundar as relações político-económicas com estes países levou o Conselho a adotar, em Dezembro de 1989, uma Nova Política Mediterrânea.

Em 1995 realizou-se a conferência Euro-Mediterrânica que incluiu os Estados do Magreb bem como os do Médio Oriente – Egipto, Síria, Líbano e Jordânia – e ainda Israel e a Autoridade Palestiniana. Dessa conferência resultou a "declaração de Barcelona", a qual estabeleceu como objetivo a criação de uma zona de comércio livre Euro-Mediterrânica até 2010[256].

Na sequência desta declaração foram concluídos acordos com Marrocos (Fevereiro de 1995), Tunísia (Julho de 1995), Jordânia (Novembro de 1997), Israel (Novembro de 1995), Egipto (1999), Argélia (2001), Líbano (2002) e Síria (2003) – os chamados acordos bilaterais de nova geração, os quais substituíram os acordos de primeira geração estabelecidos na década de 70.

Os acordos com Marrocos e com a Tunísia mantiveram, no essencial, os direitos dos nacionais desses Estados residentes na Comunidade que constavam dos respetivos acordos de cooperação e os acordos com a Jordânia e Israel não se debruçaram especificamente sobre estes direitos.

A parceria euro-mediterrânica entre a UE e os países do Sul é pois uma parceria política, económica e social e baseia-se nos princípios de reciprocidade, de solidariedade e de co-desenvolvimento.

O respeito pelos princípios democráticos e pelos direitos fundamentais constitui um elemento essencial destes acordos.

Independentemente da sua natureza bilateral e das especificidades próprias de cada um, estes acordos comungam de algumas caraterísticas. Desde logo, têm por objetivo promover:

- um diálogo regular em matéria política e de segurança, a fim de favorecer a compreensão mútua, a cooperação e as iniciativas comuns;
- a cooperação económica, comercial e financeira, visando nomeadamente a liberalização progressiva das trocas comerciais, o desenvolvimento sustentável da região e os investimentos;

---

[256] Ver FADI S. HAKURA, "The Euro-Mediterranean Policy...", p. 338.

- a cooperação social, cultural e em matéria de educação, nomeadamente através do diálogo intercultural, do controlo das migrações, do desenvolvimento de qualificações, da promoção do direito ao trabalho ou da igualdade de género.

Acresce que os acordos promovem a cooperação intraregional entre países do Mediterrâneo, enquanto fatores de paz, de estabilidade e de desenvolvimento económico e social.

Estes acordos preveem a criação progressiva de uma zona de comércio livre no Mediterrâneo, com respeito pelas regras da OMC. Esta zona de comércio livre deve entrar em vigor após um período transitório de doze anos a contar da entrada em vigor do acordo. Todavia, as trocas comerciais entre a UE e Israel foram já objeto de uma liberalização.

A liberdade de circulação das mercadorias entre a UE e os países mediterrânicos deverá resultar:

- da supressão progressiva dos direitos aduaneiros;
- da proibição das restrições quantitativas à exportação e à importação, bem como de todas as medidas de efeito equivalente ou discriminatório entre as partes.

Estas regras aplicam-se, nomeadamente, às importações de produtos industriais e ao comércio de produtos agrícolas, quer sejam ou não transformados, e aos produtos da pesca.

No entanto, podem ser adotadas medidas de salvaguarda por motivos de interesse público ou para proteger um sector económico particularmente vulnerável.

No que respeita ao direito de estabelecimento e de prestação de serviços, as partes reiteram os compromissos assumidos no âmbito do GATS. Além disso, os parceiros devem concluir a total liberalização do sector dos capitais a partir do momento em que estejam reunidas as condições necessárias.

Por último, deve ser implementado progressivamente um mecanismo de resolução de litígios comerciais.

Tal como vimos suceder no domínio dos acordos de cooperação no âmbito da política de apoio ao desenvolvimento, estabelecem-se estruturas institucionais típicas dos acordos de associação: por um lado, o Conselho de Associação, reunido a nível ministerial, adota as decisões e formula recomendações para a realização dos objetivos fixados; por outro, o Comité de Associação assegura a gestão do acordo e a resolução de diferendos relativos à aplicação dos acordos.

13.2.2.2. Acordos de parceria e cooperação com a Rússia, a Ucrânia e outros Estados da ex-URSS

Um outro tipo de acordos da União Europeia com terceiros Estados é o dos acordos de parceria e cooperação (APC) com a Rússia e com os novos países independentes da Europa Oriental, do Cáucaso Meridional e da Ásia Central: a Arménia, o Azerbaijão, a Geórgia, o Cazaquistão, o Quirguistão, a Moldávia, a Ucrânia, o Usbequistão e o Tajiquistão[257]. A União Europeia conclui estes acordos desde o final da década de 90.

Trata-se de acordos comerciais que não têm como objetivo estabelecer uma zona de comércio livre entre a União e estes Estados. Como tal, não conferem nenhum direito de livre circulação dentro da União aos seus nacionais nem contêm cláusulas sobre direito de estabelecimento e livre prestação de serviços.

Estes acordos pretendem, antes de mais, proporcionar um quadro adequado para o diálogo político, apoiar os esforços destes países na consolidação da sua democracia e no desenvolvimento da sua economia, acompanhar a transição destes países para uma economia de mercado e promover o comércio e os investimentos.

As parcerias visam igualmente criar os fundamentos para uma cooperação legislativa, económica, social, financeira, científica civil, tecnológica e cultural. Para a Rússia, o acordo pretende também criar as condições necessárias para, no futuro, instituir uma zona de comércio livre.

---

[257] Sobre estes acordos, ver PETER VAN ELSUWEGE, "The Four Common Spaces: New Impetus to the EU-Russia Strategic Paternship?", in ALAN DASHWOOD / MARC MARESCEAU, *Law and Practice...*, p. 334 e ss; FRIEDL WEISS / FRANK WOOLDRIDGE, *Free Movement of Persons...*, p. 224 e ss; MARTIN HEDEMANN-ROBINSON, "An Overview...", p. 569 e segs.

Estes acordos referem-se ao respeito pela democracia, pelos princípios do direito internacional e pelos Direitos do Homem, constituindo a economia de mercado um objetivo para todos os acordos.

Os acordos visam igualmente promover uma maior convergência de posições sobre questões internacionais de interesse mútuo bem como estabelecer uma cooperação com vista à estabilidade, à segurança e ao respeito pela democracia e pelos Direitos do Homem. O diálogo político realizar-se-á a nível ministerial no seio do Conselho de Cooperação, a nível parlamentar dentro da Comissão Parlamentar e a nível de altos funcionários. No âmbito do diálogo político, serão igualmente utilizadas as vias diplomáticas normais e as reuniões de peritos.

Em relação ao comércio de mercadorias, a UE e os dez países mencionados acordam mutuamente o tratamento da nação mais favorecida. Estabelecem ainda a liberdade de trânsito das mercadorias através do seu território. No caso das mercadorias admitidas temporariamente, cada parte concede à outra uma isenção dos direitos e taxas de importação. Não podem existir restrições de quantidade à importação entre as partes e as mercadorias serão comercializadas ao preço de mercado. Em caso de prejuízo ou risco decorrente das importações, o Conselho de Cooperação deve procurar uma solução aceitável para ambas as partes. Para determinados países ACP, alguns produtos têxteis e materiais nucleares não são afetados por estas disposições. No entanto, as disposições dos APC mantêm-se válidas para o carvão e o aço.

As disposições relativas ao comércio e aos investimentos incluem condições relativas ao emprego, ao estabelecimento e à atividade/exploração das sociedades, à prestação de serviços transfronteiriços, aos pagamentos correntes e aos capitais. Em relação ao emprego, as partes comprometem-se a impedir a discriminação neste domínio de qualquer nacional de uma das partes legalmente empregado na outra. Para a Rússia, encontram-se enunciadas iniciativas com vista à coordenação da segurança social.

No que diz respeito às empresas, os acordos preveem que o estabelecimento de sociedades no território da UE deve realizar-se em condições não menos favoráveis do que as condições concedidas aos outros países terceiros; as sociedades devem ser exploradas com um tratamento não menos favorável do que aquele que é concedido às sociedades da UE; as sucursais devem ser exploradas nas mesmas condições do que as sucursais dos países terceiros; as sociedades europeias que se estabeleçam num dos Novos Estados Independentes da antiga União Soviética devem beneficiar de condições de estabelecimento e exploração não menos favoráveis do que as condições concedidas às sociedades nacionais e/ou de um país terceiro que beneficiam do melhor tratamento.

Estas condições não se aplicam aos transportes aéreos, fluviais internos e marítimos. No caso da Rússia, estas condições aplicam-se igualmente a determinados serviços bancários e de seguros.

Relativamente à prestação de serviços transfronteiriços, as partes comprometem-se a tomar as medidas necessárias com vista à sua progressiva autorização. Para a Rússia, determinados sectores enumerados nos anexos podem ser regulamentados a nível nacional. No que diz respeito ao transporte marítimo internacional, as partes devem aplicar com eficácia o princípio de livre acesso ao mercado e ao tráfego comercial.

Em relação aos pagamentos correntes e aos capitais, as partes comprometem-se, ao abrigo destes acordos, a autorizar todos os pagamentos correntes relacionados com a circulação de mercadorias, serviços ou pessoas. A livre circulação de capitais deve também ser garantida no caso de investimentos diretos, bem como a liquidação ou repatriamento do produto de tais investimentos e de quaisquer lucros deles resultantes.

Todos os acordos, à exceção do acordo com a Moldávia, incluem igualmente um capítulo dedicado à proteção da propriedade intelectual e comercial, bem como à cooperação legislativa.

Relativamente à cooperação económica, os domínios são semelhantes na maioria dos APC, centrando-se no seguinte: desenvolvimento económico e social, desenvolvimento dos recursos humanos, apoio às empresas (nomeadamente, privatização, investimento e desenvolvimento dos serviços financeiros), agricultura e sector alimentar, energia, transporte, turismo, proteção do ambiente, cooperação regional e política monetária.

O objetivo essencial desta cooperação económica é contribuir para o processo de reforma e recuperação económicas e para o desenvolvimento sustentável destes Estados.

Estes acordos promovem também as reformas económicas e sociais, bem como a restruturação dos sistemas económicos e comerciais.

Os acordos enumeram ainda outros domínios de cooperação, a saber:

- a cooperação nos domínios relativos à democracia e aos Direitos do Homem (apenas nos casos da Arménia, Azerbaijão, Geórgia, Usbequistão e Tajiquistão);
- a cooperação no domínio da prevenção das atividades ilegais e da prevenção do controlo da imigração clandestina, com iniciativas relativas ao branqueamento de capitais, à luta contra a droga e a imigração clandestina (exceto para o Cazaquistão, a Quirguistão, a Ucrânia e a Moldávia);
- a cooperação cultural;
- a cooperação financeira em matéria de assistência técnica.

Os acordos estabelecem um quadro institucional composto por um Conselho de Cooperação, responsável por supervisionar a aplicação dos acordos. Reúne-se uma vez por ano a nível ministerial e é assistido por uma Comissão Parlamentar de Cooperação.

Os acordos são celebrados por um período inicial de dez anos, sendo prorrogados automaticamente todos os anos após este período, salvo oposição de uma das partes.

Cada acordo tem uma série de anexos, bem como um protocolo sobre assistência mútua entre autoridades em matéria aduaneira, que fazem parte integrante do texto.

Em 2003, a UE introduziu a Política Europeia de Vizinhança – PEV – para evitar o aparecimento de novas linhas fraturantes entre a UE e os seus vizinhos após o alargamento de 2004.

A PEV tem como objetivo promover o estabelecimento de relações estreitas entre a UE e os seus parceiros, com vista à criação de um espaço de estabilidade, prosperidade e segurança. Os países parceiros mediterrânicos e os países da Europa Oriental e do Cáucaso Meridional, ou seja, a Arménia, o Azerbaijão, a Geórgia, a Moldávia e a Ucrânia, são os países parceiros no âmbito da PEV. Os APC constituem a base de aplicação da PEV com cada país parceiro da Europa Oriental e do Cáucaso Meridional.

13.3 Acordos de associação

13.3.1. A base jurídica dos acordos de associação

Muitos dos acordos que temos vindo a mencionar são acordos de associação, os quais estão previstos nos Tratados desde a sua versão originária.

Atualmente a base jurídica destes acordos é, como já atrás referimos, o artigo 217.º do TFUE, o qual afirma que *"a União pode celebrar com um ou mais países terceiros ou organizações internacionais acordos que criem uma associação caracterizada por direitos e obrigações recíprocos, ações comuns e procedimentos especiais"*.

Não existindo uma definição legal, a doutrina tem-se esforçado por encontrar uma que se afigure suficientemente abrangente. Assim, no *Commentaire Mégret*, Dominik Hanf e Pablo Dengler, consideram-nos como "(i) a organização de uma *cooperação* – económica e à medida que as competências da Comunidade se expandem também política – entre Estados terceiros ou uma organização internacional e a Comunidade (ii) no seio de órgãos paritários próprios da associação com competência para tomar as decisões com efeito vinculativo para as partes contratantes (iii) criando uma *ligação «particular e privilegiada»*, ou seja, *durável.*"[258].

13.3.2. A função dos acordos de associação

Os acordos de associação têm assumido ao longo da História da integração europeia funções muito diversas.

Alguns funcionam como alternativa à adesão. Isto porque o Estado em causa não preenche os requisitos de adesão, desde logo, geográficos – é, por exemplo, o caso de Marrocos – ou porque, preenchendo-os, por alguma razão, não quer aderir à União – é o caso típico da Noruega.

Os acordos de associação desempenharam também, ao longo da história da integração europeia, a função de preparar os Estados para a adesão. Todos os Estados que aderiram às Comunidades ou à União começaram por celebrar acordos de associação que lhes permitiram adaptar-se gradualmente às exigências do processo de integração europeia.

---

[258] Dominik Hanf / Pablo Dengler, «Les accords d'association...», p. 297.

Os acordos de associação constituem igualmente um instrumento de cooperação ao desenvolvimento e um instrumento de cooperação inter-regional.

13.3.3. Os principais acordos de associação

O mais antigo acordo de associação ainda em vigor – considerado paradigmático – é o acordo de associação CEE – Turquia, assinado, em Ankara, em 12 de Setembro de 1963, pela República da Turquia, por um lado, e pelos Estados-Membros e pela Comunidade, por outro lado, aprovado e confirmado em nome desta última pela decisão n.º 64/732/CEE do Conselho, de 23 de Dezembro de 1964[259].

Um dos princípios nele consagrados foi precisamente o da proibição da discriminação em função da nacionalidade entre cidadãos turcos e cidadãos dos Estados-Membros no domínio do direito de estabelecimento, da livre prestação de serviços e da livre circulação de trabalhadores.

O acordo de associação CEE – Turquia foi posteriormente completado por um protocolo adicional assinado em Bruxelas, em 23 de Novembro de 1970, concluído, aprovado e confirmado em nome da Comunidade, pelo regulamento n.º 2760/72/CEE do Conselho, de 19 de Dezembro de 1972[260], o qual previa a adoção de decisões por parte do conselho de associação.

Mais recentemente, foram concluídos o acordo relativo ao Espaço Económico Europeu (EEE) entre a Comunidade e a Noruega, Islândia e o Liechtenstein, os acordos com a Suiça, os acordos com os PECO's (antes da adesão destes Estados foram concluídos acordos de associação com a Polónia, a República Checa, a Eslováquia, a Hungria, a Bulgária e a Roménia e os três Estados Bálticos – Estónia, Lituânia e Letónia) e os acordos no quadro do processo de estabilização com os Balcãs.

Certos acordos de associação com terceiros Estados inserem-se na política de desenvolvimento da União. É o caso dos acordos com os Estados do Magreb (Tunísia, Argélia e Marrocos) e com os Estados do Médio Oriente (Egipto, Síria, Líbano e Jordânia).

---

[259] JOCE L 217, de 29/12/1964, p. 3685 e segs.
[260] JOCE L 293, de 29/12/72, p. 1 e segs.

Os acordos com Estados do Mediterrâneo tomam agora a forma de acordos Euro-Mediterrâneos.

O acordo relativo ao EEE foi concluído em 1992 entre a Comunidade dos então doze Estados-Membros e os Estados, na época, membros da EFTA (Noruega, Suécia, Finlândia, Islândia, Áustria e Suíça), tendo, *grosso modo*, como objetivo a extensão do mercado interno a estes últimos.

O acordo prevê a liberdade de circulação de mercadorias, pessoas, serviços e capitais num espaço em que a concorrência não seja falseada, bem como algumas políticas, incluindo a da coesão económica e social.

As regras sobre liberdade de circulação de pessoas, liberdade de estabelecimento e livre prestação de serviços foram decalcadas das regras do Tratado CE, pelo que o acordo EEE (o mesmo se pode dizer do acordo com a Suíça) confere aos nacionais dos Estados terceiros, membros da EFTA, direitos muito próximos dos que o direito da União confere aos seus cidadãos.

O acordo EEE estende a liberdade de circulação de pessoas a todo o Espaço Económico Europeu, com a condição de que as pessoas sejam economicamente ativas ou disponham de meios de subsistência. Isto implica a liberdade de responder a ofertas de emprego, de se deslocar e de permanecer para esse efeito, de exercer atividades assalariadas, ou não, e de permanecer num Estado-Membro do EEE depois de ter cessado a atividade económica. Além disso, implica o direito à proteção social e os direitos que decorrem das regras de acesso às atividades assalariadas ou não, designadamente, os decorrentes do reconhecimento dos diplomas.

O acordo EEE proíbe toda a discriminação no domínio dos serviços, incluindo os serviços financeiros. São também proibidas as restrições e as medidas discriminatórias em matéria de movimentos de capitais.

O acordo inclui ainda uma cláusula geral de não discriminação (artigo 4.º) decalcada do antigo artigo 12.º do TCE (atual artigo 17.º TFUE).

Além disso, o acordo EEE prevê a aceitação do *acquis communautaire* em matéria de política social, designadamente, nos domínios da saúde e da segurança no trabalho, da igualdade de tratamento entre homens e mulheres, do direito ao trabalho e do diálogo social.

A adesão da Áustria, da Suécia e da Finlândia à União Europeia, em 1995, bem como a recusa de ratificação do acordo EEE por parte da Suíça, na sequência de um referendo negativo nesse sentido, levaram a que o acordo tenha, entretanto, perdido muito do seu significado, uma vez que, de um lado, está a Comunidade a 28, com um peso económico e político enorme, e, do outro lado, apenas a Noruega, a Islândia e o Liechtenstein.

Na sequência da recusa de ratificação do acordo EEE pela Suiça, foram celebrados com este Estado acordos bilaterais sectoriais em duas fases. Num primeiro momento (1999), concluíram-se acordos relativos, designadamente, à liberdade de circulação de pessoas, ao transporte aéreo e terrestre, à certificação dos produtos, à agricultura, aos mercados públicos e à investigação. Num segundo momento (2004), foram concluídos novos acordos nos sectores, nomeadamente, da polícia, justiça e imigração, da luta contra a fraude, do ambiente, da educação e dos *media*[261].

O acordo CE-Suiça em matéria de livre circulação de pessoas assemelha-se ao acordo EEE. Há, no entanto, algumas diferenças, como é o caso da norma relativa à igualdade de tratamento, a qual não faz referência às vantagens sociais. Em 2004 foi celebrado um protocolo adicional a este acordo com o intuito de estabelecer regras transitórias para os novos Estados-Membros da União. Este protocolo estabelece restrições ao acesso ao mercado de trabalho suíço, alargando-o gradual e controladamente aos nacionais dos novos Estados-Membros.

Em conclusão, deve notar-se que, apesar de muitas regras do acordo EEE e do acordo CE-Suiça serem decalcadas do então TCE, equiparando, assim, os nacionais dos Estados-Membros da EFTA e da Suiça aos nacionais dos Estados-Membros da União, essa equiparação não é total. Desde logo porque não se lhes aplicam as regras relativas à cidadania da União[262] [263].

Outro exemplo de acordos de associação são os acima referidos acordos bilaterais com vários Estados celebrados no âmbito da política europeia de vizinhança.

---

[261] Sobre os acordos bilaterais da União Europeia com a Suiça, cfr. CHRISTINE KADDOUS, "The Relations between the EU and Switzerland", *in* ALAN DASHWOOD / MARC MARESCEAU, *Law and Practice of EU External Relations*, Cambridge, 2008, p. 230 e segs.
[262] Neste sentido, MARTIN HEDEMANN-ROBINSON, "An Overview...", p. 539 e 540.
[263] Sobre os acordos EEE e CE-Suiça, ver DOMINIK HANF / PABLO DENGLER, "Les accords d'association ...", p. 303 e segs.

Uma última palavra para chamar a atenção para o facto que os acordos de associação criam órgãos, os quais produzem Direito que deve ser respeitado pelas partes contratantes.

13.4 Acordos mistos

Os acordos mistos, com exceção de uma breve referência no Tratado de Nice (ex-artigo 133.º, n.º 6, TCE), que, entretanto, desapareceu, nunca encontraram referência expressa nos Tratados e o Tratado de Lisboa não é exceção a esta regra[264]. Tal não permite, contudo, retirar deste silêncio qualquer indicação no sentido de que aquele Tratado os pretende facilitar e promover ou impedir[265].

Aliás, o facto de não constarem dos Tratados não impediu a Comunidade de celebrar acordos mistos desde muito cedo[266]. O primeiro foi o acordo de associação com a Grécia em 1961.

13.4.1. Noção de acordo misto

Os acordos mistos são aqueles que são assinados e concluídos pela União (antes pela Comunidade) e pelos Estados-Membros, por um lado, e por terceiros, por outro lado.

---

[264] Sobre os acordos mistos em geral, v. CHRISTOPHE HILLION / PANOS KOUTRAKOS (eds.), *Mixed Agreements Revisited...*, p. 269 e segs; GEERT DE BAERE, *Constitutional Principles of EU...*, p. 231 e segs; PANOS KOUTRAKOS, *EU International...*, p. 137 e segs; MARIANNE DONY, "Les accords mixtes", *in* JEAN-VICTOR LOUIS / MARIANNE DONY (dir.), *Commentaire Mégret...*, p. 167 e segs; PIET EECKHOUT, *External Relations of the European Union...*, p. 190 e segs; LENA GRANVIK, "Incomplete Mixed Environmental Agreements of the Community and the Principle of Bindingness", *in* MARTTI KOSKENNIEMI (ed.), *International Law Aspects...*, p. 255 e segs; ALLAN ROSAS, "Mixed Union – Mixed Agreements", *in* MARTTI KOSKENNIEMI (ed.), *International Law Aspects...*, p. 125 e segs.

[265] Neste sentido, ALAN DASHWOOD, "Mixity in the Era of the Treaty of Lisbon", *in* CHRISTOPHE HILLION / PANOS KOUTRAKOS (eds.), *Mixed Agreements Revisited...*, p. 351.

[266] Sobre a evolução dos acordos mistos ver CHRISTIAAN TIMMERMANS, "Openning Remarks – Evolution of Mixity since the Leiden 1982 Conference", *in* CHRISTOPHE HILLION / PANOS KOUTRAKOS (eds.), *Mixed Agreements Revisited...*, p. 1 e segs.

Os acordos mistos podem ser bilaterais[267] ou multilaterais. Os alargamentos tornaram estes últimos inviáveis na prática. Isto porque antes de entrarem em vigor, os acordos mistos necessitam de ser ratificados por todas as partes, incluindo os Estados-Membros. Para obviar a estes inconvenientes, usam-se duas técnicas:

a) A assinatura e conclusão formal de um acordo separado apenas com as partes em que a Comunidade tem competência;
b) a aplicação provisória do acordo.

13.4.2. As razões da celebração de acordos mistos

As principais razões da conclusão de acordos mistos prendem-se, por um lado, com as atribuições dos Estados-Membros relativamente a determinadas matérias constantes do acordo, e, por outro lado, com o facto de as atribuições entre a União e os Estados-Membros serem concorrentes ou paralelas.

Antes do Tratado de Lisboa a exigência do caráter misto do acordo poderia resultar do facto de a matéria em causa se enquadrar em dois pilares diferentes (horizontal) ou da posição dos Estados-Membros nestes acordos (acordos mistos verticais)[268].

Com a entrada em vigor do Tratado de Lisboa, o caráter misto do acordo resultante da inclusão da matéria em dois diferentes pilares da União deixou de ter sentido, mas tendo em conta a separação da ação externa no âmbito da PESC e nos outros domínios (cfr. artigo 37.º TUE relativo à celebração de acordos internacionais nos domínios da PESC e da PCDS) duas questões se colocam:

– Como se devem concluir os acordos que dizem respeito simultaneamente à PESC e a outro domínio? De acordo com o artigo 37.º ou com

---

[267] Sobre os acordos mistos bilaterais ver MARC MARESCEAU, "A Typology of Mixed Bilateral Agreements", in CHRISTOPHE HILLION / PANOS KOUTRAKOS (eds.), *Mixed Agreements Revisited...*, p. 9 e segs.

[268] Neste sentido, RAMSES A WESSEL, "Cross-Pillar Mixity: Combining Competences in the Conclusion of EU International Agreements", in CHRISTOPHE HILLION / PANOS KOUTRAKOS (eds.), *Mixed Agreements Revisited...*, p. 30 e segs.

o artigo 218.º TFUE? Note-se que a participação dos órgãos da União num caso e noutro é diferente. Parece que a celebração do acordo deve depender de duas decisões diferentes e no fundo de dois processos diferentes também.
– Qual é o papel dos Estados-Membros? Se o acordo incluir matérias de outras políticas que não só a PESC pode suceder que os Estados--Membros tenham de participar também.

Um aspeto muito importante da conclusão de um acordo é a escolha da base jurídica adequada. O *leading case*, neste domínio, continua a ser a decisão do TJ *Portugal c. Conselho*[269], no qual estava em causa a apreciação do Acordo de Cooperação e Parceira com a Índia, em que além das matérias da cooperação ao desenvolvimento se incluíam outras matérias, como a propriedade intelectual, o controlo do abuso da droga, o turismo e a cultura.

Portugal sustentou que seria necessária a utilização do antigo artigo 235.º TCEE (atual artigo 352.º TFUE), ao que o Tribunal respondeu com a "teoria da absorção" segundo a qual a base jurídica adequada depende dos objetivos e do conteúdo do acordo e, segundo o Tribunal, para efeitos de escolha da base jurídica o que conta é o objeto essencial do acordo. No caso, o objeto principal era a cooperação ao desenvolvimento e os outros aspetos eram meramente laterais.

Não obstante a existência desta jurisprudência, se os Estados quiserem impor o caráter misto do acordo acabarão por consegui-lo através da inclusão de matérias que exijam a sua participação, como, por exemplo, a inclusão de uma cláusula de "diálogo político" que é um domínio típico de reserva dos Estados[270].

Os acordos mistos são um fenómeno em evolução. A competência que hoje é mista pode ser amanhã exclusiva[271].

O maior grupo de acordos mistos é constituído pelos acordos de associação, muitos deles ligados aos alargamentos outros não.

---

[269] Ver Acórdão de 3/12/96, proc. C-268/94, *Portugal contra Conselho*, ECLI:EU:C:1996:461.
[270] Neste sentido, MARC MARESCEAU, "A Typology of Mixed Bilateral Agreements", *in* CHRISTOPHE HILLION / PANOS KOUTRAKOS (eds.), *Mixed Agreements Revisited...*, p. 16.
[271] Neste sentido, MARC MARESCEAU, "A Typology of Mixed Bilateral Agreements", *in* CHRISTOPHE HILLION / PANOS KOUTRAKOS (eds.), *Mixed Agreements Revisited...*, p. 16.

13.4.3. Os principais problemas que levantam os acordos mistos

Os acordos mistos colocam problemas específicos – e por vezes de solução difícil – não só do lado da União Europeia e dos seus Estados-Membros como também do lado dos terceiros[272].

Nos acordos mistos tem de haver uma enorme coordenação entre a União e os Estados-Membros, em todos os estádios do *treaty making power*, a saber, durante a negociação, a conclusão e a execução[273]. Isto porque é necessário incluir os Estados-Membros e os órgãos da União em todos estes momentos[274], daí que o princípio da coerência e da cooperação leal entre os Estados-Membros e a União e vice-versa encontre aqui um terreno muito fértil[275].

No que diz respeito às negociações[276], de acordo com o artigo 218.º TFUE, os acordos entre a União e os países terceiros ou organizações internacionais são negociados e celebrados de acordo com um processo em que o Conselho autoriza a abertura das negociações, define as diretrizes de negociação, autoriza a assinatura e celebra os acordos. Por sua vez, a Comissão, ou a/o Alta/o Representante da União para os Negócios Estrangeiros e a Política de Segurança, nos casos em que o acordo projetado incida exclusiva ou principalmente sobre a política externa e de segurança comum, apresenta recomendações ao Conselho, que adota uma decisão que autoriza a abertura

---

[272] Sobre a perspetiva dos terceiros que concluem acordos mistos com a União e com os Estados-Membros, ver PETER OLSON, "Mixity from the Outside: the Perspetive of a Treaty Partner", *in* CHRISTOPHE HILLION / PANOS KOUTRAKOS (eds.), *Mixed Agreements Revisited...*, p. 331 e segs; HENRIK BULL, "Mixity Seen from Outside the EU but Inside the Internal Market", *in* CHRISTOPHE HILLION / PANOS KOUTRAKOS (eds.), *Mixed Agreements Revisited...*, p. 320 e segs.

[273] Sobre as dificuldades que as partes enfrentam nas fases de negociação e conclusão dos acordos mistos, ver IVAN SMYTH, "Mixity in Practice – A member State Practitioner's Perspective", *in* CHRISTOPHE HILLION / PANOS KOUTRAKOS (eds.), *Mixed Agreements Revisited...*, p. 304 e segs.

[274] V. JENÖ CZCZAI, "Mixity in Practice...", p. 233.

[275] V. sobre a aplicação deste princípio no domínio dos acordos mistos, CHRISTOPHE HILLION, "Mixity and Coherence in EU External Relations: the Significance of the "Duty of Cooperation", *in* CHRISTOPHE HILLION / PANOS KOUTRAKOS (eds.), *Mixed Agreements Revisited...*, p. 87 e segs.

[276] JENÖ CZCZAI, "Mixity in Practice: Some Problems and Their (Real or Possible) Solution", *in* CHRISTOPHE HILLION / PANOS KOUTRAKOS (eds.), *Mixed Agreements Revisited...*, p. 231 e segs.

das negociações e que designa, em função da matéria do acordo projetado, o negociador ou o chefe da equipa de negociação da União. Além disso, o Conselho pode endereçar diretrizes ao negociador e designar um comité especial, devendo as negociações ser conduzidas em consulta com esse comité. É no âmbito deste comité que as posições dos Estados-Membros devem ser coordenadas entre si e com a Comissão.

No caso de tratados bilaterais, normalmente a Comissão negoceia também em nome dos Estados-Membros, o que apresenta várias vantagens:

- o negociador único tem mais hipótese de fazer vingar uma determinada estratégia;
- o terceiro com quem se negoceia identifica totalmente o interlocutor;
- o negociador único está mais apto a negociar em sistema de *package deal* que envolva quer a União quer os Estados-Membros;
- os Estados não perdem o controlo da negociação, pois podem exercê-lo no comité especial;
- a decisão final mantem-se nos Estados[277].

Já no que toca aos acordos multilaterais a situação é diferente, porque muitas vezes os Estados-Membros já faziam parte do tratado antes de a União ter adquirido competência para o efeito. Nestes casos, a necessidade de coordenação das posições da União e dos Estados-Membros é ainda maior – Estados e União devem pôr-se de acordo quanto ao conteúdo do acordo.

Acresce ainda que as regras da conferência ou da organização no seio da qual são levadas a cabo as negociações podem obstacularizar a participação da União, por exemplo, por ter apenas estatuto de observador.

No que diz respeito à conclusão do acordo misto[278], este necessita de ser ratificado também pelos Estados-Membros, de acordo com os processos

---

[277] Neste sentido, FRANK HOFFMEISTER, "Curse or Blessing? Mixed Agreements in Recent Practice", in CHRISTOPHE HILLION / PANOS KOUTRAKOS (eds.), *Mixed Agreements Revisited*..., p. 253
[278] Sobre a conclusão dos acordos mistos, ver JENÖ CZCZAI, "Mixity in Practice: Some Problems and Their (Real or Possible) Solution", in CHRISTOPHE HILLION / PANOS KOUTRAKOS (eds.), *Mixed Agreements Revisited*..., p. 238 e segs.

previstos no seu direito constitucional interno assim como deve ser concluído pela União, nos termos das regras relativas à conclusão dos acordos internacionais.

Ora, a ratificação por parte dos Estados pode demorar anos, o que tem diversas consequências consoante se trate de um acordo multilateral ou bilateral. No primeiro caso, o acordo pode não necessitar da ratificação de todos os Estados para entrar em vigor, o que significa que a não ratificação por um Estado-Membro pode não ter efeitos negativos. Já no segundo caso, a situação é diferente, porque a não ratificação impedirá a entrada em vigor do acordo, incluindo as partes relativas às atribuições da União. É certo que esta exerce alguma pressão sobre os Estados-Membros para acelerarem as ratificações, mas, por vezes, surgem entraves internos dificilmente ultrapassáveis num Estado-Membro, como ainda recentemente sucedeu com o acordo de associação UE/Ucrânia e com o acordo CETA (*Comprehensive Economic and Trade Agreement*) entre a União e o Canadá[279].

Para evitar problemas, a ratificação deve ocorrer – sempre que possível – em simultâneo por parte dos Estados-Membros e da União, de modo a que o acordo possa entrar em vigor. Se nem todos os Estados ratificam, isso cria incerteza e insegurança para os terceiros contratantes.

Quanto à execução dos acordos mistos, devido à dificuldade de obtenção das ratificações de todos Estados-Membros resultantes dos sucessivos alargamentos, a União desenvolveu a prática da aplicação provisória do acordo misto, nos termos do artigo 25.º CVDT.

Um outro aspeto que levanta problemas em matéria de execução dos acordos mistos é a repartição de atribuições entre a União e os Estados, a qual, como já vimos, é muito complexa. Os terceiros têm necessidade de saber a quem se devem dirigir em caso de incumprimento ou para exigir o cumprimento de determinada cláusula. Muitas vezes a União deposita, com o ato de conclusão do acordo, uma declaração de competências. Do ponto de vista

---

[279] Sobre as dificuldades e as consequências da não ratificação de acordos mistos por parte de um ou mais Estados-Membros, ver GUILLAUME VAN DER LOO / RAMSES A. WESSEL, "The Non-Ratification of Mixed Agreements: Legal Consequences and Solutions", *CMLR*, 2017, p. 735 e segs.

do direito internacional estas declarações podem constituir um elemento importante na interpretação da convenção[280].

A necessidade de coordenação entre a União e os Estados-Membros existe igualmente quando a União faz parte de uma determinada organização internacional de que também são membros os seus Estados. A prática tem demonstrado que o Conselho e a Comissão concluem acordos interinstitucionais com vista a assegurar a coordenação entre ambos.

De um modo geral, em caso de incumprimento do acordo respondem tanto os Estados-Membros como a União, ou seja, existe responsabilidade conjunta, a menos que outra coisa tenha sido estabelecido no acordo ou que, num acordo multilateral, exista uma declaração de competências. Este é um ponto fundamental para os terceiros, pois têm de saber a quem podem / devem exigir a responsabilidade pelo incumprimento[281]. A este assunto voltaremos mais adiante.

Um outro aspeto que causa acrescidas dificuldades quando está em causa um acordo misto diz respeito aos mecanismos de resolução de litígios[282], como melhor se verá no capítulo destinado ao estudo desta matéria.

13.4.4. Diminuição da relevância dos acordos mistos após o Tratado de Lisboa?

A questão que atualmente se coloca é a de saber se, após o Tratado de Lisboa, continua a fazer sentido a utilização dos acordos mistos, havendo quem entenda que eles estão para ficar mas a sua realização tornou-se mais difícil[283].

---

[280] Sobre a interpretação dos acordos mistos ver PANOS KOUTRAKOS, "Interpretation of Mixed Agreements", in CHRISTOPHE HILLION / PANOS KOUTRAKOS (eds.), *Mixed Agreements Revisited...*, p. 116 e segs.

[281] Sobre as dificuldades de acionar a responsabilidade internacional nos acordos mistos, ver PIETER JAN KUIJPER, "International Responsibility for EU Mixed Agreements", in CHRISTOPHE HILLION / PANOS KOUTRAKOS (eds.), *Mixed Agreements Revisited...*, p. 208 e segs.

[282] Sobre este assunto, ver INGE GOVAERE, "Beware of the Trojan Horse: Dispute Settlement in (Mixed) Agreements and the Autonomy of the EU Legal Order", in CHRISTOPHE HILLION / PANOS KOUTRAKOS (eds.), *Mixed Agreements Revisited...*, p. 187 e segs;

[283] No sentido afirmativo, ALLAN ROSAS, "The Future of Mixity", in CHRISTOPHE HILLION / PANOS KOUTRAKOS (eds.), *Mixed Agreements Revisited...*, p. 367.

O desaparecimento dos pilares põe inevitavelmente em causa o caráter misto resultante do facto de a matéria em causa se enquadrar em dois pilares diferentes (horizontal).

Além disso, o Tratado de Lisboa clarificou e estendeu o âmbito de aplicação das atribuições exclusivas da União no domínio da política comercial comum, a qual passou a incluir o comércio de serviços e os aspetos comerciais da propriedade intelectual bem como o investimento estrangeiro, o que implica uma redução do espaço dos acordos mistos. Aliás, nestes domínios os acordos mistos estão automaticamente excluídos. Porém, como já vimos, continuam a existir divergências entre Estados-Membros e órgãos da União bem como entre os órgãos da União entre si quanto à integração de um determinado domínio em determinada atribuição da União, o que tem dado azo a um florescente contencioso[284]. O mesmo sucede quando se trata de acordos com repercussões na PESC e nas outras atribuições da União. O contencioso neste domínio também não parece estar em vias de extinção[285].

14. O procedimento de conclusão das convenções internacionais

Nunca existiu no direito da União Europeia um único procedimento de conclusão de convenções internacionais. Sempre existiram vários, consoante o tipo de acordo internacional em causa, o que continua a verificar-se após a entrada em vigor do Tratado de Lisboa[286].

---

[284] Sobre os conflitos interinstitucionais no domínio das atribuições externas, PETER VAN ELSUWEGE, "The Potencial for Inter-Institutional Conflicts before the Court of Justice: Impacf of the Lisbon Treaty", in MARISE CREMONA / ANNE THIES, *The European Court of Justice* ..., p. 115 e segs.

[285] Sobre os conflitos interinstitucionais no domínio da PESC, ver PETER VAN ELSUWEGE, "The Potencial for Inter-Institutional Conflicts before the Court of Justice...", p. 119 e segs; ALAN DASHWOOD, "Mixity in the Era of the Treaty of Lisbon", *in* CHRISTOPHE HILLION / PANOS KOUTRAKOS (eds.), *Mixed Agreements Revisited*..., p. 365.

[286] Sobre o procedimento de decisão internacional da União Europeia anterior ao Tratado de Lisboa, cfr. GEERT DE BAERE, *Constitutional Principles*..., p. 77 e segs; ALINE DE WALSCHE, "La procédure de conclusion des accords internationaux", *in* JEAN-VICTOR LOUIS / MARIANNE DONY (dir.), *Commentaire Mégret*...., p. 77 e segs; PIET EECKHOUT, *External Relations* – ..., p. 169 e segs; RICARDO PASSOS / STEPHAN MARQUARDT, "International Agreements – Competences, Procedures and Judicial Control", *in* GIULIANO AMATO / HERVÉ BRIBOSIA / BRUNO DE WITTE

O procedimento comum está previsto no artigo 218.º do TFUE que, no essencial, corresponde ao antigo artigo 300.º do TCE, embora com alterações. Além disso, o TFUE prevê processos específicos no âmbito dos acordos comerciais (artigo 207.º) e dos acordos monetários e cambiais (artigo 219.º).

Os acordos relativos à PESC e à CPJP deixaram de seguir um procedimento específico (cfr. antigos artigos 24.º e 38.º do TUE), tendo passado a estar integrados no procedimento comum, ainda que com algumas particularidades.

Os restantes acordos referidos expressamente no TFUE, como, por exemplo, os acordos de associação ou os acordos de vizinhança não apresentam particularidades relativamente ao procedimento.

14.1. O procedimento comum de celebração de convenções internacionais

O procedimento comum de celebração de convenções internacionais está atualmente previsto no artigo 218.º TFUE e aplica-se nos casos em que os Tratados preveem que a União pode celebrar acordos internacionais com um ou mais Estados terceiros ou organizações internacionais (artigo 216.º TFUE).

O processo inicia-se, normalmente, com uma fase preliminar de contactos e conversações exploratórias que estão a cargo da Comissão ou da/o Alta/o Representante quando os acordos dizem respeito a domínios integrados na PESC. O Conselho deve ser informado, na medida em que é ele que vai posteriormente autorizar a abertura formal das negociações (artigo 218.º, n.º 2, do TFUE). Assim, a Comissão ou a/o Alta/o Representante apresentam recomendações ao Conselho para autorizar a encetar as negociações, o qual aprovará uma decisão de autorização do início das negociações e designa, em função da matéria do acordo projetado, o negociador ou o chefe da equipa de negociação (artigo 218.º, n.º 3, do TFUE). O Conselho acompanha as negociações, podendo fornecer diretrizes ao negociador e designar um comité especial (artigo 218.º, n.º 4, do TFUE). Neste caso, as negociações devem ser conduzidas, consultando esse comité.

(eds.), *Genèse et Destinée...*, p. 875 e segs; FAUSTO POCAR, "The Decision-Making Processes of the European Community in External Relations", *in* ENZO CANNIZZARO (ed.), *The European Union...*, p. 3 e segs.

Daqui decorre que, no procedimento comum de celebração de convenção internacional, a Comissão detém a exclusividade da iniciativa, exceto quando se trate de casos em que o acordo projetado diga exclusiva ou principalmente respeito a questões de PESC, situação em que a iniciativa cabe à/ao Alta/o Representante.

Compete, porém, sempre ao Conselho a autorização de abertura das negociações e definição das diretrizes de negociação. É também o Conselho que designa o negociador ou o chefe da equipa de negociação que, contrariamente ao que se verifica na versão anterior do Tratado, pode ou não ser a Comissão. O Conselho dispõe, neste domínio, de uma margem de liberdade muito ampla, podendo designar como negociador para matérias relacionadas com a PESC a Comissão e para matérias diferentes da PESC a/o Alta/o Representante[287].

Uma vez negociado o acordo, o negociador apresenta ao Conselho a proposta de decisão que autoriza a assinatura do acordo, bem como da sua aplicação a título provisório antes da sua entrada em vigor, se for caso disso, devendo o Conselho adotar uma decisão que autoriza a assinatura do acordo e, se for caso disso, a sua aplicação antes da respetiva entrada em vigor (artigo 218.º, n.º 5, do TFUE).

Em seguida, o Conselho, mais uma vez, sob proposta do negociador, adota igualmente uma decisão de celebração do acordo (artigo 218.º, n.º 6, do TFUE).

A regra de votação no seio do Conselho em todo o processo é a maioria qualificada, exceto nos casos em que o acordo incida sobre um domínio em que seja exigida a unanimidade para a adoção de um ato da União, bem como nos acordos de associação (artigo 217.º do TFUE), nos acordos de cooperação com os Estados candidatos à adesão previstos no artigo 212.º do TFUE e no acordo de adesão da UE à CEDH (artigo 218.º, n.º 8, do TFUE). Neste último caso, a decisão de celebração deste acordo só entra em vigor após aprovação pelos Estados-Membros de acordo com as suas regras constitucionais.

A participação do PE varia igualmente consoante o tipo de acordo internacional que está em causa[288]. Contudo, importa, desde já, notar que o PE viu os seus poderes aumentados com o Tratado de Lisboa em matéria de

---

[287] Neste sentido, MARIA JOSÉ RANGEL DE MESQUITA, *A atuação externa...*, p. 320.

[288] Sobre a participação do PE no procedimento de celebração dos acordos internacionais de que a União é parte, v. RICARDO PASSOS, "The External Powers of the European Parliament", in PIET EECKHOUT / MANUEL LOPEZ-ESCUDERO (ed.), *The European Union's External Action...*, p. 85 e segs.

ação externa da União, uma vez que passou a ser necessária a aprovação do acordo por parte do PE (artigo 218.º, n.º 6, al. a), do TFUE) no caso dos acordos de associação (i), do acordo de adesão da UE à CEDH (ii), dos acordos que criem um quadro institucional específico mediante a organização de processos de cooperação (iii), dos acordos com consequências orçamentais significativas (iv) e dos acordos que abranjam domínios aos quais seja aplicável o processo legislativo ordinário ou o processo legislativo especial quando a aprovação do PE é obrigatória (v). Tal significa que o PE pode recusar a aprovação do acordo, impedindo a celebração do mesmo, o que, por um lado, tem como consequência que o projeto de acordo deve, em princípio, sofrer alterações que satisfaçam o PE e, por outro lado, o PE acaba por ter influência nas fases anteriores do procedimento e no próprio conteúdo do projeto de acordo[289]. Com efeito, o PE tem insistido muito, designadamente, na inclusão de cláusulas de direitos humanos, de normas relativas ao ambiente e ao desenvolvimento sustentável bem como de direitos sociais nos vários acordos internacionais. Por outro lado, a participação do PE torna o processo mais democrático e transparente[290].

Ao contrário dos receios que alguns exprimiram, o PE não tem usado o expediente da recusa de aprovação com frequência. Desde a entrada em vigor do Tratado de Lisboa, o PE apenas recusou a aprovação de três acordos internacionais – o acordo SWIFT com os Estados Unidos (fevereiro de 2010), o segundo protocolo do acordo de pescas com Marrocos (dezembro de 2011) e o acordo de comércio anti contrafação negociado no âmbito da OMC[291].

Nos restantes casos o PE é apenas consultado (artigo 218.º, n.º 6, al. b), do TFUE). Note-se que o artigo 218.º, n.º 6, TFUE não se aplica quando estão em causa acordos que incidam exclusivamente sobre a PESC, o que significa que as regras de participação do PE no procedimento de conclusão de convenções internacionais naquele domínio são outras.

O Parlamento é ainda imediata e plenamente informado em todas as fases do processo (artigo 218.º, n.º 10). Esse dever de informação ao PE impende

---

[289] Neste sentido, RICARDO PASSOS, "The External Powers of the European Parliament", p. 87.
[290] Neste sentido, RICARDO PASSOS, "The External Powers of the European Parliament", p. 100 e segs.
[291] Para maiores desenvolviemntos sobre esta questão, v. RICARDO PASSOS, "The External Powers of the European Parliament", p. 88 e segs.

sobre a Comissão e sobre o Conselho. Segundo o Tribunal, trata-se de uma formalidade essencial[292].

O artigo 218.º prevê ainda, no n.º 9, o processo comum de suspensão de um acordo e, no n.º 11, um processo de consulta ao Tribunal de Justiça que estudaremos mais adiante.

14.2. Os procedimentos especiais

14.2.1. Os acordos no âmbito da política comercial comum

As especificidades dos acordos comerciais resultam do artigo 207.º do TFUE e dizem, essencialmente, respeito ao seguinte:

- a iniciativa e a negociação compete exclusivamente à Comissão (artigo 207.º, n.º 3, para. 1.º TFUE);
- o Conselho designa um comité especial para assistir a Comissão (artigo 207.º, n.º 3, para. 3.º TFUE);
- ao Conselho e à Comissão cabe assegurar que os acordos negociados sejam compatíveis com as políticas e normas internas da União (artigo 207.º, n.º 3, par. 2.º, do TFUE);
- a Comissão apresenta regularmente ao comité especial e ao PE um relatório sobre a situação das negociações (artigo 207.º, n.º 3, par. 4.º, do TFUE);
- em regra, o Conselho delibera por maioria qualificada, no que diz respeito à negociação e celebração (artigo 207.º, n.º 4, par. 1.º do TFUE), exceto em relação aos acordos nos domínios do comércio de serviços e dos aspetos comerciais da propriedade intelectual bem como do investimento estrangeiro quando estes acordos incluam disposições relativamente às quais é exigida a unanimidade para a adoção de normas internas (artigo 207.º, n.º 4, par. 2.º do TFUE). Nestes casos, o Conselho delibera por unanimidade assim como quando estão em causa acordos no domínio do comércio de serviços culturais e audiovisuais, sempre que esses acordos sejam suscetíveis de prejudicar a

---

[292] V. acórdão de 24 de junho de 2014, *PE c. Comissão*, proc. C-658/11, ECLI:EU:C:2014:2025.

diversidade cultural e linguística da União, e acordos no domínio do comércio de serviços sociais, educativos e de saúde, sempre que esses acordos sejam suscetíveis de causar graves perturbações na organização desses serviços ao nível nacional e de prejudicar a responsabilidade dos Estados-Membros de prestarem esses serviços (artigo 207.º, n.º 4, par. 3.º, als. a) e b), do TFUE);
- a negociação e celebração dos acordos internacionais no domínio dos transportes está subtraída ao artigo 207.º do TFUE (cfr. n.º 5 do preceito)[293].

14.2.2. Os acordos no âmbito da política monetária e cambial

Os acordos monetários e cambiais também obedecem a regras específicas que estão previstas no artigo 219.º do TFUE.

O n.º 1 do artigo 219.º TFUE prevê os "acordos formais relativos a um sistema de taxas de câmbio do euro em relação às moedas de Estados terceiros", cuja elaboração compete ao Conselho, quer por recomendação do Banco Central Europeu, quer por recomendação da Comissão e após consulta ao Banco Central Europeu. O Conselho delibera por unanimidade, após consulta ao Parlamento Europeu e de acordo com o processo previsto no n.º 3.

De acordo com o n.º 3 do artigo 219.º TFUE, sempre que a União tiver de negociar acordos relativos a questões monetárias ou ao regime cambial com um ou mais Estados terceiros ou organizações internacionais, o Conselho, sob recomendação da Comissão, e após consulta do Banco Central Europeu, decide sobre os mecanismos para a negociação e para a celebração dos referidos acordos. Esses mecanismos devem assegurar que a União expresse uma posição única. A Comissão será plenamente associada a essas negociações.

---

[293] Sobre as especificidades procedimentais dos acordos comerciais, v. MARISE CREMONA, "A Quiet Revolution: the Common Commercial Policy Six Years after the Treaty of Lisbon", *SIEPS* 2017/2, p. 44 e segs; CHRISTINE KADDOUS, "The Transformation of the EU Commom Commercial Policy", in PIET EECKHOUT / MANUEL LOPEZ-ESCUDERO (ed.), *The European Union's External Action in Times of Crisis*, Oxford, Hart, 2016, p.444 e segs; MARKUS KRAJEWSKI, "The Reform of the Common Commercial Policiy", in ANDREA BIONDI / PIET EECKHOUT / STEFANIE RIPLEY, *EU Law After Lisbon*, Oxford, 2012, p. 292 e segs.

Nos termos do n.º 4 do artigo 219.º TFUE, sem prejuízo da competência da União e dos acordos da União relativos à União Económica e Monetária, os Estados-Membros podem negociar nas instâncias internacionais e celebrar acordos internacionais.

14.2.3. Os acordos concluídos no âmbito da PESC

O artigo 37.º TUE prevê a capacidade jurídica internacional da União para celebrar acordos com um ou mais Estados ou organizações internacionais, nos domínios da PESC, mas, em contrapartida, não regula o procedimento que deve ser adotado para esse efeito.

Daí que tenha de se recorrer ao procedimento comum, o qual contem regras específicas relativas aos acordos em matéria de PESC.

Assim, a iniciativa do procedimento cabe em exclusivo à/ao Alta/o Representante quando o acordo incida exclusiva ou principalmente sobre a PESC. Além disso, o PE não participa se o acordo incidir exclusivamente sobre a PESC, sem prejuízo do direito a ser informado. Já se o acordo incidir principal ou parcialmente sobre a PESC, o PE deve participar, através de aprovação, se se tratar de acordo de associação, de acordo que crie um quadro institucional específico mediante a organização de processos de cooperação ou de acordo com consequências orçamentais significativas para a União. Nos outros casos o PE deve ser consultado.

O Conselho deve, neste domínio, decidir por unanimidade.

Decorre do que acaba de se afirmar que a determinação do objeto do acordo e da base jurídica do mesmo são muito importantes na escolha do procedimento. Ora, sendo o PE quem mais perde se se considerar que o acordo se inclui no âmbito da PESC, não admira que os conflitos interinstitucionais pós Tratado de Lisboa existam e já tenham dado lugar a algum contencioso perante o TJ[294].

Não obstante a reduzida competência do Tribunal de Justiça em matéria de PESC, parece que sempre lhe caberá a última palavra quanto ao estabelecimento da fronteira entre a PESC e as outras atribuições da União, quanto ao bem fundado, ou não, da escolha do procedimento em função

---

[294] Cfr. acórdão de 19 de julho de 2012, *Parlamento/Conselho*, proc. C-130/10, EU:C:2012:472.

da matéria do acordo e ainda quanto à compatibilidade do acordo com as disposições do Tratado não relativas à PESC.

Assim, será aqui aplicável o processo consultivo do artigo 218.º, n.º 11, TFUE.

14.2.4. O acordo de adesão da União à CEDH

O artigo 6.º, n.º 2, do TUE determina que a União adere à CEDH. Ao usar a expressão "adere", o preceito impõe à União uma obrigação[295] e não uma mera faculdade.

O procedimento de adesão da União à CEDH exige a aprovação do Parlamento Europeu, a deliberação do Conselho por unanimidade e ainda a aprovação pelos Estados-Membros de acordo com as respetivas normas constitucionais.

Além disso, o artigo 6.º, n.º 2, do TUE, ainda que não especifique claramente quais as modalidades exatas dessa adesão, impõe alguns limites à negociação. O primeiro deles é a não alteração das competências da União, tal como definidas nos Tratados e o segundo consta do Protocolo n.º 8 anexo ao TUE e ao TFUE.

Do ponto de vista jurídico a adesão da União à CEDH deve realizar-se, nos termos do artigo 218.º do TFUE, através da conclusão de um acordo internacional entre todos os Estados-Membros do Conselho da Europa e a União Europeia.

Nos termos do referido Protocolo, o acordo de adesão deve respeitar as seguintes condições[296]:

---

[295] Neste sentido, JEAN PAUL JACQUÉ, "The accession of the European Union to the European Convention on Human Rights and Fundamental Freedoms", *CMLR*, 2011, p. 995; TOBIAS LOCK, «Accession of the EU to the ECHR – who would be responsible in Strasbourg?» in DIAMOND ASHIAGBOR / NICOLA COUNTOURIS / IOANNIS LIANOS,*The European Union...*, p. 110; FLORENCE BENOIT ROHMER, "Valeurs et droits fondamentaux", in E. BROSSET *et al.*, *Le Traité de Lisbonne – Reconfiguration ou déconstitutionnalisation de l'Union européenne?*, Bruxelas, 2009, p. 158.
[296] Sobre as condições de adesão da União à Convenção, cfr., entre muitos outros, ANA MARIA GUERRA MARTINS, *A igualdade e a não discriminação dos nacionais de Estados terceiros legalmente residentes na União Europeia – Da origem na integração económica ao fundamento na dignidade do ser humano*, Coimbra, 2010, p. 372 a 375; WALTER OBWEXER, "Der Beitritt der EU zur EMRK: Rechtsgrundlage, Rechtsfragen und Rechtsfolgen", *EuR*, 2012, p. 119 e segs; GIORGIO GAJA, «Accession to the ECHR», in ANDREA BIONDI / PIET EECKHOUT / STEFANIE RIPLEY (eds),

- Preservação das características próprias da União e do seu Direito[297], designadamente no que diz respeito às regras específicas da eventual participação da União nas instâncias de controlo da CEDH e aos mecanismos necessários para assegurar que os recursos interpostos quer por Estados terceiros quer pelos indivíduos sejam corretamente dirigidos contra os Estados-Membros e/ou a União, conforme o caso (artigo 1.º do Protocolo).
- As atribuições e competências da União não devem ser afetadas pela adesão à CEDH (artigo 6.º, n.º 2, do TUE e artigo 2.º do Protocolo);
- A situação dos Estados-Membros não deve ser afetada, designadamente, no que diz respeito aos seus protocolos, às medidas tomadas pelos Estados-Membros em derrogação da CEDH e às reservas (artigo 2.º).
- A adesão à CEDH não deve afetar o artigo 344.º do TFUE, o qual impõe aos Estados-Membros a obrigação de submeterem todos os diferendos relativos à interpretação ou aplicação dos Tratados a um modo de resolução neles previstos (artigo 3.º).

Do lado da CEDH foi necessário alterar o seu artigo 59.º, o que se fez através do protocolo n.º 14, que entrou em vigor em 1 de junho de 2010. Só assim se tornou possível equacionar a questão da adesão da União à CEDH, na medida em que anteriormente apenas se previa a adesão de Estados.

Logo que a parte do protocolo n.º 14 relativa à alteração do artigo 59.º da CEDH entrou em vigor, estavam criadas as condições para dar início às negociações entre a União Europeia e o Conselho da Europa.

EU Law after Lisbon, 2012, p. 180 e segs; Susana Sanz Caballero, "Crónica de una adhesión anunciada: algunas notas sobre la negociación de la adhesión de la Unión Europea al Convénio Europeo de Derechos Humanos", *Rev. Der. Com. Eur.*, 2011, p. 99 a 128; Florence Benoit Rohmer, "Valeurs et droits fondamentaux", *in* E. Brosset et al., *Le Traité de Lisbonne...*, p. 160 e segs; Oliver De Schutter, «L'adhésion de l'Union européenne à la Convention européenne des droits de l'homme: feuille de route de la négociation», *RTDH*, 2010, p. 547 e segs.

[297] A principal característica da União e do seu Direito é, sem dúvida, a da sua autonomia, a qual, tendo em conta a anterior jurisprudência do TJ, abrange a garantia da independência funcional e orgânica do Tribunal de Justiça, a competência exclusiva e definitiva do TJ para interpretar o direito originário e derivado, a identificação das competências dos Estados-Membros e União consta dos Tratados da União e a sua interpretação é da competência exclusiva do TJ. Cfr. Jean-Paul Jacqué, "The accession of the European Union...", p. 1011 e segs; Oliver De Schutter, «L'adhésion de l'Union européenne...», p. 547 e segs.

Com efeito, em 26 de maio de 2010, o Comité de Ministros do Conselho da Europa adotou os termos de referência *ad hoc*[298], tendo encarregue o Comité Diretor para os Direitos Humanos (CDDH) de elaborar, em cooperação com os representantes da União, um ou vários instrumentos jurídicos que estabelecessem as modalidades de adesão da União à Convenção[299].

Por seu turno, do lado da União, em 4 de junho de 2010, seguindo as recomendações da Comissão, de 17 de março de 2010, o Conselho da Justiça e dos Assuntos Internos adotou um projeto de Decisão em que autorizava a Comissão a negociar o acordo de adesão e onde estabeleceu as diretivas de negociação[300]. Esta Decisão encarregou a Comissão de negociar a adesão, mas na condução das negociações, este órgão deveria consultar o Grupo de Trabalho de Direitos Fundamentais, Direitos dos Cidadãos e Liberdade de Circulação de Pessoas, que era um comité criado pelo Conselho com base no artigo 218.º, n.º 4, do TFUE. O mandato das negociações[301], do lado da União Europeia, impunha expressamente o respeito das condições previstas no artigo 6.º, n.º 2, do TUE e no Protocolo n.º 8, acima mencionado.

Tendo em conta que já tivemos oportunidade de nos debruçar sobre este assunto de forma bastante pormenorizada em anteriores trabalhos[302], não vamos, neste momento, retomar esta questão.

---

[298] Decision No CM/882/26052010, Document CDDH (2010) 008 (CM/Del/Dec(2010)1077/4.5.) de 26 de maio de 2010, disponível no sítio http://www.coe.int/lportal/web/coe-portal/what-we-do/human-rights/eu-accession-to-the-convention?dynLink=true&layoutId=22&dlgroupId=10226&fromArticleId=

[299] Cfr. Document CDDH (2011) 009, parágrafo 1..º.

[300] Cfr. Doc. 10408/10 RESTREINT UE de 31 de maio de 2010, disponível no sítio http://register.consilium.europa.eu/pdf/en/10/st10/st10408-ex02.en10.pdf

[301] Sobre o mandato de negociações, cfr. SUSANA SANZ CABALLERO, "Crónica de una adhesión anunciada: algunas notas sobre la negociación de la adhesión de la Unión Europea al Convénio Europeo de Derechos Humanos, *Rev. Der. Com. Eur.*, 2011, p. 107 a 112.

[302] V. ANA MARIA GUERRA MARTINS, "Opinion 2/13 of the Court of Justice in the Context of Multilevel Protection of Fundamental Rights and Multilevel Constitutionalism", *Zeitschrift für öffentliches Recht / Journal of Public Law*, vol. 71, n..º 1, 2016, p. 27-57; Idem, "O Parecer n..º 2/13 do Tribunal de Justiça relativo à compatibilidade do projeto de acordo de adesão da União Europeia à Convenção Europeia dos Direitos do Homem – uma primeira análise crítica", MARCELO REBELO DE SOUSA / EDUARDO VERA-CRUZ PINTO (coordenadores), *Liber Amicorum Fausto de Quadros*, vol. I, Coimbra, Almedina, 2016, p. 97-129; Idem, "Opinion 2/13 of the European Court of Justice in the Context of Multilevel Protection of Fundamental Rights and Multilevel Constitutionalism Revisited", in LINA PAPADOPOULOU / INGOLF PERNICE/ JOSEPH

Recordaremos apenas que o projeto de acordo de adesão da União Europeia à Convenção Europeia dos Direitos do Homem saído destas negociações, acabou por claudicar às mãos do Tribunal de Justiça.

Como se sabe, o Tribunal de Justiça emitiu, ao abrigo do artigo 218.º, n.º 11, do TFUE, um parecer no sentido de que o projeto de acordo não é compatível com o artigo 6.º, n.º 2, TUE nem com o Protocolo n.º 8 anexo ao TUE, na medida em que:

"(...)
- *é suscetível de lesar as características específicas e a autonomia do Direito da União, uma vez que não garante a coordenação entre o artigo 53.º da CEDH e o artigo 53.º da Carta, não previne o risco de violação do princípio da confiança mútua entre os Estados-Membros no Direito da União e não prevê uma articulação entre o mecanismo instituído pelo Protocolo n.º 16 e o processo de reenvio prejudicial previsto no artigo 267.º TFUE;*
- *é suscetível de afetar o artigo 344.º TFUE, uma vez que não exclui a possibilidade de os litígios entre os Estados-Membros ou entre estes e a União, relativos à aplicação da CEDH no âmbito de aplicação material do Direito da União, serem submetidos ao TEDH;*
- *não prevê modalidades de funcionamento do mecanismo do corresponsável e do processo de apreciação prévia pelo Tribunal de Justiça que permitam preservar as características específicas da União e do seu direito; e*
- *não tem em conta as características específicas do Direito da União relativo à fiscalização jurisdicional dos atos, ações ou omissões da União em matéria de PESC, uma vez que confia a fiscalização jurisdicional de alguns desses atos, ações ou omissões exclusivamente a um órgão externo à União".*

Este parecer inviabilizou, na prática, a adesão da União à CEDH, pelo menos, até ao momento.

H. H. WEILER (eds.), *Legitimacy Issues of the European Union in the Face of Crisis – Dimitris Tsatsos memoriam*, Baden-Baden, Hart / Nomos, p. 233-270.

15. Os efeitos das convenções internacionais nas ordens jurídicas da União e dos Estados-Membros

15.1. Questões relevantes

Sob a capa do tópico dos efeitos das convenções internacionais de que a União é parte nas ordens jurídicas da União e dos seus Estados-Membros escondem-se vários sub-temas.

Em primeiro lugar, a questão de saber quem fica vinculado pelas convenções internacionais celebradas, inicialmente pelas Comunidades e, atualmente, pela União Europeia, foi das que mais ocupou a doutrina ao longo da história da integração europeia[303].

Enquanto para alguns os acordos internacionais só vinculariam os Estados e as organizações internacionais que a eles se vincularam, porque as normas *self-executing* seriam excecionais, ou seja, as convenções não confeririam direitos nem obrigações aos indivíduos; para outros, fazendo os acordos internacionais parte do direito da União Europeia, eles deveriam comungar das características daquele direito e, como tal, as suas normas seriam vinculativas para os indivíduos quando comungassem de determinadas caraterísticas[304].

---

[303] Cfr. Francesca Martines, "Direct Effect of International Agreements of the European Law", *EJIL*, 2014, p. 129 e segs; Mario Mendez, *The Legal Effects of EU Agreements – Maximalist Treaty Enforcement and Judicial Avoidance Techniques*, Oxford, Oxford University Press, 2013, *passim*; Francis G. Jacobs, "Direct effect and interpretation of international agreements in the recent case-law of the European Court of Justice", *in* Alan Dashwood / Marc Maresceau, *Law and Practice...*, p. 13 e segs; Robert Schütze, "On «Middle Ground»...", p. 4 e segs; Jean-Victor Louis, "L'insertion des accords dans l'ordre juridique de la Communauté et des États membres", *in* Jean-Victor Louis / Marianne Dony (dir.), *Commentaire Mégret...*, p. 113 e segs; Piet Eeckhout, *External Relations of the European Union...*, p. 274 e segs; Thomas Cottier, "A Theory of Direct Effect in Global Law", *in* Armin Von Bogdandy / Petros Mavroidis / Yves Mény (ed.), *European Integration and International Coordination Studies in Transnational Economic Law in Honour of Claus-Dieter Ehlermann*, Haia, 2002, p. 99 e segs; Daniel Bethlehem, "International Law, European Community Law, National Law: Three Systems in Search of a Framework", *in* Martti Koskenniemi (ed.), *International Law Aspects...*, p. 169 e segs; Anne Peters, "The Position of International Law...", p. 42 e segs; Antonio Caeiros, "L'effet direct des accords internationaux conclus par la C.E.E.", *RMC*, 1984, p. 526 e segs; Harris N. Tagaras, "L'effet direct des accords internationaux de la Communauté", *CDE*, 1984, p. 15 e segs.

[304] Sobre os termos desta discussão ver Francesca Martines, "Direct Effect of International Agreements...", p. 129 e segs; Mario Mendez, *The Legal Effects of EU Agreements...*, p. 61 e segs.

Os Tratados nunca se pronunciaram diretamente sobre esta matéria, tendo-se limitado, desde a sua versão originária, a afirmar que os acordos celebrados pela Comunidade vinculavam as instituições e os Estados-Membros, tal como atualmente resulta do n.º 2 do artigo 216.º do TFUE, relativamente à União.

Em segundo lugar, os Tratados também nada dizem sobre uma outra questão conexa, qual seja a de saber se as normas suficientemente precisas e incondicionais das convenções internacionais são suscetíveis de ser invocadas pelos particulares nos tribunais nacionais, ou seja, se possuem efeito direto.

Em terceiro lugar, os Tratados não respondem igualmente à questão de saber que posição as convenções internacionais ocupavam na hierarquia de normas do direito da União Europeia. Ou seja, nada se diz nos Tratados sobre a prevalência, ou não, das convenções internacionais sobre o próprio direito da União Europeia nem se as convenções internacionais podem servir de parâmetro de validade dos atos de direito interno da União (regulamentos, diretivas, etc).

Perante este cenário, coube ao Tribunal de Justiça interpretar o direito da União e decidir, em relação a cada convenção em concreto, se as suas normas só vinculavam os Estados e a União ou se vinculavam igualmente os indivíduos assim como se estes as podiam, ou não, invocar nos tribunais nacionais e ainda se eram, ou não, aptas para servir de parâmetro de validade de outras normas.

Tendo em conta que as duas primeiras questões acima referidas, ainda que não incidam exatamente sobre o mesmo objeto, são normalmente estudadas em conjunto, a propósito do efeito direto, vamos também tratá-las desse modo no ponto seguinte. Já a terceira questão relativa à posição que as convenções ocupam na hierarquia de normas do direito da União Europeia deve ser tratada autonomamente.

15.2. O efeito direto das convenções internacionais e dos atos adotados em sua aplicação na Jurisprudência do TJ

Começando pelo efeito direto, o Tribunal foi muito mais relutante em o reconhecer relativamente às disposições das convenções internacionais do que em relação a disposições de outras fontes, designadamente do direito originário e do direito derivado. E mesmo quando o reconheceu, em relação a normas de convenções internacionais bem como a normas de atos adotados em sua aplicação[305], não se restringiu aos critérios do caso *Van Gend en Loos*[306], tendo levado, muitas vezes, também em conta aspetos políticos e estratégicos[307].

Além disso, o grau de exigência do Tribunal no que diz respeito à verificação do efeito direto variou em função do objeto e da natureza da convenção internacional em questão.

O Tribunal foi bastante mais exigente quando se tratava de certos acordos multilaterais gerais, como é caso do GATT[308] ou da OMC[309] e dos acordos celebrados no seu âmbito, como é o caso do acordo TRIPS[310], do que com outros acordos, como, por exemplo, os acordos de associação, os acordos de parceria e cooperação ou os acordos de cooperação euro-mediterrânea entre a União e Estados terceiros[311]. O Tribunal fundamentou as suas decisões de recusa, de um modo geral, na natureza e economia do acordo e as de aceitação no carácter preciso, claro e incondicional de normas específicas.

15.2.1. A negação do efeito direto

Um das primeiras decisões, em que o Tribunal aflorou a questão do efeito direto de convenções internacionais, foi o caso *International Fruit Company*[312], no qual averiguou se determinada disposição do Acordo Geral [GATT] criava para os particulares da Comunidade o direito de a invocar em juízo, com vista a impugnar a validade de atos comunitários, *in casu*, vários regulamentos.

---

[305] Ac. de 7/7/2005, *Gaye Gürol*, proc. C-374/03, Col. 2005, p. I-6199, n.º 46; ac. de 28/4/2004, *Sakir Östürk*, proc. C-373/02, Col. 2004, p. I-3605, n.º 53; ac. de 14/3/2000, *Kocak e Örs*, procs. C-102/98 e C-211/98, Col. 2000, p. I-1287, n.º 39; ac. de 8/5/2003, *Wählergruppe*, proc. C-171/01, Col.2003, p. I-4301, n.ºs 54 a 67.
[306] Ac. de 5/2/1963, *Van Gend en Loos*, proc. 26/62, ECLI:EUC:1963:1.
[307] Neste sentido, Paul Craig / Graínne de Búrca, *EU Law*..., p. 344.
[308] Para um estudo desenvolvido sobre este assunto, ver Mario Mendez, *The Legal Effects of EU Agreements*..., p. 175 e segs.
[309] V. Mario Mendez, *The Legal Effects of EU Agreements* ..., p. 202 e segs; Robert Schütze, "On «Middle Ground»...", p. 4 e segs.
[310] V. José Luís da Cruz Vilaça / Daniela Bruto da Costa Antão, "A (não) aplicabilidade direta do *TRIPS* na ordem jurídica comunitária e em direito nacional e a duração das patentes no Código da Propriedade Industrial", *Estudos em Homenagem a Cunha Rodrigues*, vol.II, Coimbra, Coimbra Editora, 2001, p. 1157 e segs.
[311] Mario Mendez, *The Legal Effects of EU Agreements* ..., p. 107 e segs.
[312] Ac. de 12/12/72, proc. 21-24/72, Rec. 1972, p. 1219.

Fundamentando-se nos critérios do espírito, da economia e dos termos do Acordo Geral, o Tribunal considerou que, tendo em conta os termos do seu preâmbulo, que inclui o princípio das negociações empreendidas «numa base de reciprocidade e de vantagens mútuas», o acordo é caracterizado por grande maleabilidade das suas disposições, nomeadamente das que se referem às possibilidades de derrogação, às medidas que podem ser tomadas perante dificuldades excecionais e à resolução dos diferendos entre as partes contratantes, existindo mesmo a possibilidade de suspensão unilateral do mesmo.

Segundo o Tribunal, *"estes elementos bastam para mostrar que, colocado em tal contexto, o artigo XI do Acordo Geral não é suscetível de criar, para os particulares da Comunidade, o direito de o invocar em juízo. Portanto, a validade dos Regulamentos n.ºs 459/70, 565/70 e 686/70 da Comissão não pode ser afetada pelo artigo XI do Acordo Geral."*

O Tribunal reitera esta jurisprudência restritiva, no caso *Schlüter*[313], em que analisa de novo se as disposições do GATT, no caso, o artigo II, originam para os particulares da Comunidade o direito de as invocarem em juízo para contestar a validade de um ato comunitário.

Retomando a argumentação do caso *International Fruit Company*, o Tribunal chega à conclusão que o preceito em causa não é suscetível de criar, para os particulares da Comunidade, o direito de o invocar em juízo.

Mais tarde, chamado a pronunciar-se sobre os acordos da OMC, o Tribunal mostra-se igualmente muito relutante em reconhecer efeito direto às suas normas.

Um dos casos emblemáticos, neste domínio, envolveu Portugal e é o caso *Portugal / Conselho*[314]. Apesar de o Tribunal não ter tratado propriamente de uma questão de efeito direto de normas convencionais, o acórdão vai ter repercussões em matéria de efeito direto, na medida em que o que estava em causa era a questão de saber em que circunstâncias os Estados-Membros podem invocar normas de um acordo internacional num recurso de anulação contra uma decisão do Conselho.

---

[313] Ac. de 24/10/73, proc. 9/73, Rec. 1973, p. 1135.
[314] Ac. de 23/11/1999, *Portugal / Conselho*, proc. C-149/96, Col. 1999, p. I-8395 e segs.

O Tribunal, tal como faz quando se trata de reconhecer o efeito direto, averigua se a natureza e a economia dos acordos OMC permite que as normas deles contantes sejam tomadas em conta pelo Tribunal de Justiça para fiscalizar a legalidade dos atos das instituições comunitárias, tendo chegado à conclusão que

> "*o Acordo que institui a Organização Mundial do Comércio e seus anexos não pode ser invocado diretamente nos tribunais da Comunidade e dos Estados-Membros*".

Para o Tribunal, "*só no caso de a Comunidade ter decidido cumprir uma obrigação determinada assumida no quadro da OMC ou de o ato comunitário remeter, de modo expresso, para disposições precisas dos acordos OMC, é que compete ao Tribunal de Justiça fiscalizar a legalidade do ato comunitário em causa à luz das regras da OMC (v., relativamente ao GATT de 1947, acórdãos Fediol/Comissão, n. os 19 a 22, e Nakajima/Conselho, n.º 31, já referidos)*".

O Tribunal reafirmou esta jurisprudência mais recentemente, por exemplo, no caso *Develey / IHMI*[315], no qual, após ter recordado que, "*segundo o último considerando do preâmbulo da Decisão 94/800, o Acordo que institui a Organização Mundial do Comércio, incluindo os seus anexos, não pode ser invocado diretamente nos tribunais da Comunidade e dos Estados-Membros*", acrescentou que, "*as disposições desse acordo não têm efeito direto e que não são suscetíveis de criar, para os particulares, direitos que estes possam invocar diretamente em juízo ao abrigo do direito comunitário*"[316].

Note-se ainda que, apesar de as exigências do Tribunal relativas ao reconhecimento do efeito direto das normas dos acordos do GATT[317] e da OMC[318] [319],

---

[315] Ac. de 25/10/2007, *Develey /OHMI*, proc. C-238/06, Col. 2007, p. I-9375 e segs.

[316] Neste sentido, ver acórdãos de 23/11/1999, *Portugal/Conselho*, proc. C-149/96, Col. 1999, p. I-8395, n.ºs 42 a 48; de 14/12/2000, *Dior e o.*, procs. C-300/98 e C-392/98, Col. 2000 p. I-11307, n.ºs 44 e 45; e de 16/11/2004, *Anheuser-Busch*, proc. C-245/02, Col. 2004, p. I-10989, n.º 54.

[317] Ver também ac. de 16/3/83, *SIOT / Ministero delle finanze*, proc. 266/81, Col. 1983, p. 731 e segs.

[318] Ver também acórdãos do Tribunal de Primeira Instância, de 10/3/98, *T. Port*, proc. C-364/95 e C-365/95, Col. 1998, p. I-1023 e segs; de 12/7/2001, *Banatrading / Conselho*, proc. T-3/99, Col. 2001, p. II-2123 e segs e de 11/1/2002, *Biret International / Conselho*, proc. T-174/00, Col. 2002, p. II-17 e segs e acórdão do TJUE, de 9/1/2003, *Petrotub e Republica / Conselho*, proc. C-76/00 P, Col. 2003, p. I-79 e segs..

não se terem estendido a todos os acordos internacionais de que anteriormente a Comunidade e atualmente a União é parte, casos houve em que o Tribunal recusou o efeito direto de normas de outras convenções[320].

No que diz respeito às regras da Convenção Marpol 73/78 e à Convenção de Montego Bay sobre Direito do Mar, o Tribunal, no caso *Intertanko*[321], apreciou a validade dos artigos 4.º e 5.º da Diretiva 2005/35, à luz das regras 9 e 11, alínea b), do anexo I da Convenção Marpol 73/78, 5 e 6, alínea b), do anexo II desta Convenção, bem como à luz das disposições da Convenção de Montego Bay que precisam as condições de exercício, por parte dos Estados costeiros, de alguns dos seus direitos nas diferentes zonas de mar.

Em relação às regras da Convenção Marpol 73/78, o Tribunal remeteu para a sua jurisprudência anterior, declarando que *"não se afigura que, por força do Tratado CE, a Comunidade tenha assumido as competências anteriormente exercidas pelos Estados-Membros no âmbito da aplicação [daquela Convenção], nem que, consequentemente, as disposições desta tenham por efeito vincular a Comunidade (acórdão de 14 de Julho de 1994, Peralta, C379/92, Colect., p. I3453, n.º 16)."*

E o Tribunal prossegue:

> *"Ao contrário do GATT de 1947, no âmbito do qual a Comunidade assumiu progressivamente competências anteriormente exercidas pelos Estados-Membros, o que teve por consequência vincular a Comunidade pelos compromissos decorrentes desse acordo (v., neste sentido, designadamente, acórdão International Fruit Company e o., n.ᵒˢ 10 a 18), isso não sucedeu com a Convenção Marpol 73/78, pelo que a jurisprudência relativa ao GATT de 1947 não é transponível para esta Convenção. Assim sendo, a validade da Diretiva 2005/35 não pode ser apreciada à luz da Convenção Marpol 73/78".*

Quanto à Convenção de Montego Bay que estabelece os regimes jurídicos do mar territorial (artigos 2.º a 33.º), das águas que formam os estreitos utilizados para a navegação internacional (artigos 34.º a 45.º), das águas

---

[319] Sobre a jurisprudência do TJ relativa ao efeito direto das normas do GATT e da OMC, ver Mario Mendez, *The Legal Effects of EU Agreements...*, p. 175 e segs; John Errico, "The WTO in the EU: Unwinding the Knot", *Cornell International Law Journal*, 2011, p. 179 e segs.
[320] Mario Mendez, *The Legal Effects of EU Agreements ...*, p. 252 e segs.
[321] Ac. de 3/6/2008, *Intertanko*, proc. C-308/06, ECLI:EU:C:2008:312.

arquipelágicas (artigos 46.º a 54.º), da zona económica exclusiva (artigos 55.º a 75.º), da plataforma continental (artigos 76.º a 85.º) e do alto mar (artigos 86.º a 120.º), o Tribunal considerou que ela visa estabelecer para todos estes espaços marítimos um justo equilíbrio entre os interesses dos Estados na sua qualidade de Estados costeiros e os interesses dos Estados na sua qualidade de Estados da bandeira, que podem entrar em conflito, não beneficiando os particulares, em princípio, de direitos e de liberdades autónomas por força da Convenção de Montego Bay. Ou seja, a Convenção de Montego Bay não implementa regras destinadas a serem aplicadas direta e imediatamente aos particulares e a conferir a estes últimos direitos ou liberdades suscetíveis de serem invocados contra Estados, independentemente da atitude do Estado da bandeira do navio.

Daqui resulta que a natureza e a sistemática da Convenção de Montego Bay se opõem a que o Tribunal possa apreciar a validade de um ato comunitário à luz desta última.

Mais recentemente, no caso *Brown Bear*[322], a propósito da Convenção de Aarhus, o Tribunal responde à questão de saber se o direito da União confere um direito de agir aos particulares, nomeadamente às associações de proteção do ambiente que pretendam impugnar uma decisão que derroga um regime de proteção do ambiente, como o aplicado pela diretiva «habitats» em benefício de uma espécie que figura no anexo IV desta diretiva, tendo em conta as disposições do artigo 9.º, n.º 3, da Convenção Aarhus. No fundo, a questão em discussão era a de saber se a disposição em causa tem ou não efeito direto.

O Tribunal, embora reitere a sua jurisprudência de que uma disposição de um acordo celebrado pela União e os seus Estados-Membros com Estados terceiros tem efeito direto sempre que, atendendo aos seus termos e ao objetivo e natureza desse acordo, contenha uma obrigação clara e precisa que não esteja dependente, na sua execução ou nos seus efeitos, da intervenção de nenhum ato posterior[323], declara que *"as disposições do artigo 9.º, n.º 3, da Convenção de Aarhus não contêm nenhuma obrigação clara e precisa suscetível de reger diretamente a situação jurídica de particulares. Com efeito, uma vez que só «os membros do público*

---

[322] Acórdão de 8/3/2011, proc. C–240/09, *Lesoochranárske zoskupenie VLK* (*Brown Bear*), ECLI:EU:C:2011:125.
[323] Ver, designadamente, acórdãos de 12/04/2005, *Simutenkov*, proc. C-265/03, Colect., p. I2579, n.º 21, e de 13/12/2007, *Asda Stores*, proc. C-372/06, p. I11223, n.º 82.

*que satisfaçam os critérios estabelecidos no direito interno» s*ão titulares dos direitos previstos no referido artigo 9.º, n.º 3, esta disposição está dependente, na sua execução ou nos seus efeitos, da intervenção de um ato posterior".

15.2.2. A aceitação do efeito direto

Ao contrário do que sucedeu nos casos supracitados, o Tribunal foi muito mais flexível quando estavam em causa disposições de convenções internacionais que implicavam uma maior proximidade entre a Comunidade e os Estados terceiros envolvidos, como é o caso dos acordos de associação, dos acordos de parceria e cooperação e dos acordos de cooperação euro-mediterrânea[324].

Com efeito, os acordos de associação deram lugar a uma jurisprudência muito vasta em matéria de efeito direto.

Assim, no caso *Bresciani*[325], o Tribunal admitiu que o n.º 1 do artigo 2.º da Convenção de Iaundé de 1963 atribui aos particulares, a partir de 1 de Janeiro de 1970, o direito de não pagamento a um Estado-Membro de um encargo de efeito equivalente a direitos aduaneiros, direito que os juízes nacionais devem salvaguardar. Ou seja, o Tribunal aceitou o efeito direto da disposição.

No caso *Kupferberg*[326], em que estava em causa uma norma – o artigo 21.º do acordo entre a Comunidade e Portugal, o Tribunal admitiu a possibilidade de aquela ser diretamente aplicável e suscetível de conferir direitos aos diferentes operadores económicos que os tribunais devem salvaguardar, com base no seu caráter claro, preciso e incondicional[327].

No caso Pabst[328]*,* o Tribunal considerou que uma disposição do acordo de associação entre a Comunidade e a Grécia, redigida em termos semelhantes aos do então artigo 95.º do Tratado, desempenha no quadro da associação entre a Comunidade e a Grécia, uma função semelhante à do artigo 95.º do TCEE, inserindo-se num conjunto de disposições que visam preparar a Grécia para a adesão. Assim sendo, o objeto e a natureza do acordo de associação de

---

[324] Um estudo desenvolvido, veja-se em MARIO MENDEZ, *The Legal Effects of EU Agreements* ..., p. 107 e segs.
[325] Ac. de 5/2/76, proc. 87/75, Rec. 1976, p. 129.
[326] Ac. de 26/10/82, proc. 104/81, Rec. 1982, p. 3641.
[327] Ac. de 10/9/96, *Taflan-Met e.a.*, proc. C-277/94, Col. 1996, p. I-4085 e segs.
[328] Ac. de 29/4/82, proc. 17/81, Rec. 1982, p. 1331.

que a disposição faz parte constituem um obstáculo ao regime nacional de desagravamento fiscal que favorece os produtos nacionais, pelo que a obrigação nela contida é clara, precisa e incondicional, não necessitando de medidas de execução. Daí que deva ser considerado como de aplicação direta, pelo que um importador de álcool provindo da Grécia ou de outro Estado-Membro pode invocá-la em juízo.

A propósito do acordo de associação CEE-Turquia, apesar de inicialmente ter sido bastante exigente quanto à verificação das condições do efeito direto das normas do acordo e do protocolo adicional bem como das decisões do Conselho de Associação, o Tribunal de Justiça acabou por flexibilizar posteriormente a sua posição, tendo chegado mesmo a admitir o efeito direto de algumas disposições relativas ao princípio da não discriminação entre trabalhadores turcos e trabalhadores de Estados-Membros constantes destes instrumentos jurídicos[329]. Ou seja, em certos casos, os cidadãos turcos podem invocar em juízo diretamente, em seu favor, o princípio da não discriminação.

Assim, no caso *Demirel*[330], apesar de o Tribunal ter começado por afirmar que «*uma disposição de um acordo concluído pela Comunidade com países terceiros deve ser considerada como sendo de aplicação direta se, tendo em conta os seus termos assim como o objeto e a natureza do acordo, ela comporta uma obrigação clara, precisa, que não está subordinada na sua execução ou nos seus efeitos, à intervenção de nenhum ato posterior*», o Tribunal considerou, no entanto, que, no caso concreto, "*relativamente à sua estrutura e ao seu conteúdo, o acordo caracteriza-se pelo facto de enunciar, em termos gerais, os objetivos da associação e fixar as linhas mestras para a realização desses objetivos, sem por si mesmo estabelecer regras precisas para obter essa realização*".

O Tribunal acabou por concluir que "*As disposições do artigo 12.º do acordo que cria uma associação entre a Comunidade Económica Europeia e a Turquia, assinado em Ankara, em 12 de Setembro de 1963, concluído em nome da Comunidade por decisão do Conselho de 23 de Dezembro de 1963, e do artigo 36.º do protocolo adicional, assinado em Bruxelas, em 23 de Novembro de 1970, concluído em nome da Comunidade pelo Regulamento n.º 2760/72 do Conselho, de 19 de Dezembro de 1972, em conjugação*

---

[329] Neste sentido, FRANCIS G. JACOBS, "Direct Effect and Interpretation of International Agreements in the Recent Case Law of the European Court of Justice", *in* ALAN DASHWOOD / MARC MARESCEAU, *Law and Practice...*, p. 16.

[330] Ac. de 30/9/87, *Demirel*, proc.12/86, Rec. 1987, p. 3747 e segs.

com o disposto no artigo 7.º do acordo, não constituem regras de direito comunitário diretamente aplicáveis na ordem jurídica interna dos Estados-Membros".

Já no caso *Sevince*[331], estava em causa o efeito direto de normas de uma decisão do conselho de associação, tendo o Tribunal começado por *"notar que, para que lhes seja reconhecido esse efeito, as disposições [...] devem preencher as mesmas condições que são válidas para as disposições do próprio acordo"*, rementendo para o caso *Demirel* quanto aos critérios do efeito direto.

Segundo o Tribunal, *"o artigo 2.º, n.º 1, alínea b), da citada Decisão n.º 2/76, e o artigo 6.º, n.º 1, terceiro travessão, da citada Decisão n.º 1/80 consagram, em termos claros, precisos e incondicionais, o direito do trabalhador turco, após um certo número de anos de emprego regular num Estado-Membro, a aceder livremente a qualquer atividade assalariada da sua escolha"*. *"Da mesma forma, o artigo 7.º da citada Decisão n.º 2/76 e o artigo 13.º da citada Decisão n.º 1/80 estabelecem uma cláusula inequívoca de «standstill» no que se refere à introdução de novas restrições ao acesso ao emprego dos trabalhadores que se encontram em situação regular no que diz respeito à sua residência e ao seu emprego no território dos Estados contratantes."* O efeito direto foi corroborado pela análise do objeto e da natureza das decisões de que aquelas disposições fazem parte e do acordo ao qual estão ligadas.

Em suma, *"o artigo 2.º, n.º 1, alínea b), da citada Decisão n.º 2/76 e/ou o artigo 6.º, n.º 1, da citada Decisão n.º 1/80 e o artigo 7.º da Decisão n.º 2/76 e/ou o artigo 13.º da Decisão n.º 1/80 têm efeito directo nos Estados-Membros da Comunidade Europeia"*.

No caso *Gaye Gürol*[332], o Tribunal considerou que o artigo 9.º da decisão n.º 1/80 do Conselho de Associação goza de efeito direto. Este preceito estabelece que *"os descendentes turcos que residam regularmente num Estado-Membro da Comunidade com os seus pais, que aí estejam ou tenham estado regularmente empregados, serão admitidos nesse Estado-Membro nos cursos de ensino geral, de aprendizagem e de formação profissional com base nas mesmas classificações para admissão, no que respeita à formação exigida, que os descendentes dos nacionais desse Estado-Membro"* e que *"podem beneficiar nesse Estado-Membro dos benefícios previstos neste domínio pela legislação nacional"*.

Para o Tribunal, esta disposição garante aos descendentes turcos um direito de acesso não discriminatório a um subsídio de formação, mesmo quando

---

[331] Ac. de 20/9/90, *Sevince*, proc. C-192/89, Col. 1990, p. I-3461 e segs.
[332] Ac. de 7/7/2005, *Gaye Gürol*, proc. C-374/03, Col. 2005, p. I-6199, n.º 46.

frequentem uma formação de ensino superior na Turquia. A condição de residência com os pais está preenchida quando um residente turco, após ter residido regularmente com os pais no país de acolhimento, estabelece a sua residência principal no local em que frequenta uma formação universitária, situado no mesmo Estado, quando declarou morar em casa de seus pais só a título secundário. Se assim não fosse, estar-se-ia a impor condições que dificultariam o exercício do direito por parte dos cidadãos turcos.

No caso *Sakir Östürk*[333], o Tribunal atribuiu efeito direto ao artigo 3.º, n.º 1, da decisão n.º 3/80 do Conselho de Associação, o qual estabelece que *"as pessoas que residem no território de um dos Estados-Membros e às quais se aplicam as disposições da presente decisão estão sujeitas às obrigações e beneficiam de legislação de qualquer Estado-Membro nas mesmas condições que os nacionais deste Estado, sem prejuízo das disposições especiais constantes da presente decisão"*. O artigo 4.º, n.º 1, da mesma decisão, relativo ao âmbito material, determina que a decisão se aplica a todas as legislações relativas aos ramos da segurança social que respeitam, designadamente, a prestações de invalidez, de velhice e de desemprego.

No caso *Wählergruppe*[334], o Tribunal considerou que o artigo 10.º, n.º 1, da decisão n.º 1/80 tem efeito direto. Este preceito dispõe que *"os Estados-Membros concedem aos trabalhadores de nacionalidade turca pertencentes ao seu mercado regular de trabalho um regime caracterizado pela ausência de qualquer discriminação baseada na nacionalidade, em relação aos trabalhadores nacionais dos outros Estados-Membros, no que diz respeito à retribuição e demais condições de trabalho"*.

Neste acórdão, o Tribunal respondeu, positivamente, à questão de saber se uma disposição nacional que exclui, nomeadamente, os trabalhadores migrantes de nacionalidade turca que fazem parte do mercado regular de trabalho do Estado-Membro de acolhimento da elegibilidade para a assembleia geral de uma câmara de trabalho é contrária ao artigo 10.º, n.º 1, da decisão acima referida.

O Tribunal teve igualmente oportunidade de interpretar as disposições dos artigos 6.º e 7.º da decisão n.º 1/80 que contém conceitos indeterminados, como, por exemplo, "mercado regular de trabalho"[335], "a legalidade do

---

[333] Ac. de 28/4/2004, *Sakir Östürk*, proc. C-373/02, Col. 2004, p. I-3605, n.º 53.
[334] Ac. de 8/5/2003, *Wählergruppe*, proc. C-171/01, Col. 2003, p. I-4301, n.ºs 54 a 67.
[335] Ac. de 6/6/95, *Bozkurt*, proc. C-434/93, Col. 1995, p. I-1475, pontos 22 e 23; ac. de 30/9/97, *Günaydin*, proc. C-36/96, Col. 1997, p. I-5143, ponto 29; ac. de 30/9/97, proc. C-98/96, *Ertanir*,

emprego"[336] e "condições de reagrupamento familiar"[337]. Daqueles preceitos o Tribunal retirou não só o direito à obtenção de uma autorização de trabalho no Estado-Membro de acolhimento, mas também um direito implícito de residência nesse Estado. O direito de residência decorre do direito ao trabalho[338].

A decisão n.º 3/80 consagra, no artigo 10.º, n.º 1, o princípio da não discriminação em razão da nacionalidade, no domínio da segurança social, para os trabalhadores turcos e suas famílias. Segundo o Tribunal, esta disposição tem efeito direto[339].

Esta decisão contém ainda normas que visam a coordenação dos regimes de segurança social dos Estados-Membros, as quais remetem para o regulamento (CEE) n.º 1408/71, de modo a que os trabalhadores turcos, assim como os membros das suas famílias, beneficiem, em caso de doença, maternidade, invalidez, velhice, morte, acidentes de trabalho, etc, das mesmas prestações que os nacionais dos Estados-Membros.

O Tribunal discutiu e reconheceu igualmente o efeito direto de normas constantes de acordos de associação com países que, entretanto, aderiram à União. Vejam-se os casos *Gloszczuk*[340], *Jany e. a.*[341], *Prokrzeptowicz-Meyer*[342]

Col. 1997, p. I-5179, ponto 39; ac. de 26/6/98, *Birden*, proc. C-1/97, Col. 1998, p. I-7747, ponto 33; ac. de 19/11/2002, proc. C-188/00, *Kurz*, Col. 2002, p. I-1069, ponto 37.

[336] A legalidade do emprego pressupõe uma situação estável e segura como membro do mercado de trabalho (ac. de 20/9/90, *Sevince*, proc. C- 192/89, Col. 1990, p. I-3461, par. 30), o que não se verifica se a autorização de residência foi concedida numa base temporária e se está pendente um processo contra a recusa dessa autorização por parte das autoridades nacionais. Ver também ac. de 16/12/92, *Kus,* proc. C- 237/91, Col. 1992, p. I-6781, par. 12, 13 e 22 e ac. de 5/6/97, *Kol*, proc. C-285/95, Col. 1997, p. I-3069, par. 27.

[337] Ac. de 5/10/94, *Eroglu*, proc. C- 355/93, Col. 1994, p. I-5113, par. 24; ac. de 19/11/98, *Akman*, proc. C-210/97, Col. 1998, p. I-7519, par. 24.

[338] Sobre a jurisprudência do TJ em matéria de trabalhadores nacionais de Estados terceiros, ver Pétros Stangos, «La jurisprudence récente de la Cour de Justice des Communautés européennes concernant les travailleurs migrants, ressortissants des pays tiers», *RAE*, 2000, p. 107 e segs; Jean-François Akandji-Kombé, «Le droit des étrangers et leur sauvegarde dans l'ordre communautaire», *CDE*, 1995, p. 369 e segs; Willy Alexander, «Free Movement of Non-EC Nationals», in H.G. Schermers e. a., *Free Movement of Persons in Europe – Legal Problems and Experiences*, Dordrecht, Martinus Nijhoff, 1993, p. 485 e segs.

[339] Ac. de 4/5/99, *Sürul*, proc. C-262/96, Col. 1999, p. I-2685.

[340] Ac. 27/9/2001, *Gloszczuk*, proc. C-63/99, Col. 2001, p. I-6369 e segs.

[341] Ac. de 20/11/2001, *Jani e. a.*, proc. C-268/99, Col. 2001, p. I-8615 e segs.

[342] Ac. de 29/1/2002, *Prokrzeptowicz-Meyer*, proc. C-162/00, Col. 2002, p. I-1049 e segs.

a propósito do acordo Comunidades-Polónia, o caso *Kondova*[343] sobre o acordo Comunidades-Bulgária, o caso *Barkoci e Malik*[344], relativo ao acordo Comunidades-República Checa e ainda o caso *Deutscher Handballbund*[345] que se debruçou sobre o acordo Comunidades-Eslováquia.

O Tribunal mostrou-se igualmente muito flexível quando estavam em causa acordos de parceria e cooperação[346]. Veja-se, por exemplo, o caso *Simutenkov*[347], no qual estava em causa o Acordo de Parceria e Cooperação com a Rússia que proíbe, no artigo 23.º, n.º 1, qualquer Estado-Membro de tratar de modo discriminatório, relativamente aos seus próprios nacionais, em razão da sua nacionalidade, os trabalhadores russos, no que diz respeito às condições de trabalho, remunerações ou despedimento, «*[s]ob reserva da legislação, condições e procedimentos aplicáveis em cada Estado-Membro*». O Tribunal considerou que esta disposição consagra uma obrigação, em termos claros, precisos e incondicionais. E nem o facto de o artigo 27.º do mesmo acordo prever que a aplicação do referido artigo 23.º se efetue com base nas recomendações do Conselho de Cooperação pode impedir o efeito direto desta última disposição. Para o Tribunal, a função das recomendações consiste em facilitar o respeito da proibição de discriminação, mas não pode ser considerado como limitando a sua aplicação imediata.

Os acordos de cooperação euro-mediterrânea também foram objeto de jurisprudência do Tribunal no que diz respeito ao efeito direto das suas normas.

Assim, no caso *El Yassini*[348], o Tribunal reconheceu o efeito direto da norma do artigo 40.º, para. 1.º, do Acordo de Cooperação entre a Comunidade e Marrocos assinado em Rabat, em 27 de Abril de 1976, e aprovado em nome da Comunidade pelo regulamento (CEE) n.º 2211/78 do Conselho, de 26 de Setembro de 1978[349], a qual determina que "*cada Estado-Membro aplicará aos trabalhadores de nacionalidade marroquina que trabalham no seu território um regime caracterizado pela ausência de qualquer discriminação baseada na nacionalidade em*

---

[343] Ac. de 27/9/2001, *Kondova*, proc. C-235/99, Col. 2001, p. I-6427 e segs.
[344] Ac. de 27/9/2001, *Barkoci e Malik*, proc. C-257/99, Col. 2001, p. I-6557 e segs.
[345] Ac. de 8/5/2003, *Deutscher Handbalbund*, proc. C-438/00, Col. 2003, p. 4135 e segs.
[346] Neste sentido, FRANCIS G. JACOBS, "Direct Effect and Interpretation of International Agreements...", p. 16.
[347] Ac. de 12/4/2005, proc. C-265/03, Col. 2005, p. I-2579.
[348] Acórdão de 2/3/1999, *El Yassini*, proc. C-416/96, Col. 1999, p. I-6993.
[349] JOCE L 264, de 27/9/78, p. 1 e segs.

relação aos seus próprios nacionais, no que se refere às condições de trabalho e à remuneração" (n.ºs 31 e 32).

O Tribunal não equiparou, todavia, a proteção dos cidadãos marroquinos em matéria de não discriminação em função da nacionalidade, no que diz respeito às condições de trabalho e de remuneração à proteção que o antigo TCE (atual TFUE) conferia aos nacionais dos Estados-Membros neste domínio nem mesmo à proteção que o acordo de associação CEE / Turquia outorga aos nacionais turcos, por considerar que os objetivos do TCE e do acordo de associação com a Turquia, por um lado, e dos acordos de cooperação, por outro lado – como é o caso em apreço – são diferentes, não sendo possível a analogia.

Assim sendo, o Tribunal decide que *"o artigo 40.º, primeiro parágrafo, do acordo CEE-Marrocos deve ser interpretado no sentido de que, em princípio, o mesmo não obsta a que o Estado-Membro de acolhimento se recuse a prorrogar a autorização de residência de um nacional marroquino, que foi por ele autorizado a entrar no seu território e aí a exercer uma atividade remunerada, por todo o período durante o qual o interessado dispõe desse emprego, quando o fundamento que determinou a atribuição do seu direito de residência já não existia à data da expiração da sua autorização de residência".* Acrescentou ainda o Tribunal que *"assim não sucederá se essa recusa tiver por efeito pôr em causa, na ausência de razões de proteção de um interesse legítimo do Estado, tais como razões de ordem, segurança e saúde públicas, o direito ao exercício efetivo de um emprego conferido ao interessado nesse Estado através de uma autorização de trabalho devidamente concedida pelas autoridades nacionais competentes, por um período superior à duração da sua autorização de residência".*

Sobre o acordo CEE-Marrocos podem ainda citar-se os acórdãos *Kziber*[350] e *Yousfi*[351].

O Tribunal reafirmou a jurisprudência *El Yassini*, no caso *Gattoussi*[352], o qual incidiu sobre o acordo euro-mediterrânico que estabelece uma associação entre as Comunidades Europeias e os seus Estados-Membros, por um lado, e a Tunísia, por outro, assinado em Bruxelas, em 17 de Julho de 1995, Neste processo estava em causa o artigo 64.º, n.º 1, do acordo, tendo o Tribunal

---

[350] Ac. de 31/1/91, *ONEM v. Kziber*, proc. C-18/90, Col. 1991, p. I-199 e segs.
[351] Ac. de 20/4/94, *Youfsi v. Bélgica*, proc. C-58/93, Col. 1994, p. I-1353 e segs.
[352] Acórdão de 14/12/2006, *Gattoussi*, proc. C-97/05, Col. 2006, p. I-11917.

reconhecido igualmente o efeito direto desta norma que, aliás, tem uma redação idêntica à do artigo 40.º, para. 1.º do acordo CEE-Marrocos acabado de analisar (n.º 28).

O Tribunal esclareceu ainda que o artigo 64.º, n.º 1, do acordo deve ser *"interpretado no sentido de que é suscetível de produzir efeitos relativamente ao direito de um cidadão tunisino residir no território de um Estado-Membro se este o tiver regularmente autorizado a exercer nesse território uma atividade profissional por um período superior à duração da sua autorização de residência"*.

Quanto ao acordo de cooperação com Argélia, o Tribunal decidiu, no caso *Babahenini*[353], a aplicação do princípio da não discriminação em matéria de segurança social aos nacionais argelinos[354]. Em relação ao acordo CEE-Argélia pode ainda referir-se o acórdão *Krid*[355].

O Tribunal reconheceu o efeito direto de outros acordos multilaterais, como é o caso do Protocolo relativo à proteção do Mar Mediterrâneo. No caso *Pêcheurs de l'etang de Berre*[356], o Tribunal considerou que *"tanto o artigo 6.º, n.º 3, do protocolo como o artigo 6.º, n.º 1, do protocolo revisto, após a sua entrada em vigor, têm efeito direto, pelo que qualquer pessoa interessada tem o direito de invocar as referidas disposições nos órgãos jurisdicionais nacionais"*.

15.3. Os efeitos indiretos das convenções internacionais

O facto de o Tribunal não reconhecer o efeito direto das normas de uma determinada convenção não significa que, tal como sucedeu em relação às normas constantes de outras fontes de direito da União Europeia[357], a convenção não possa produzir efeitos indiretos.

Na verdade, o Tribunal reconhece, designadamente, os princípios da interpretação uniforme das convenções internacionais em todos os Estados--Membros, da interpretação conforme das normas e dos atos da União com

---

[353] Acórdão de 15/1/98, *Babahenini*, proc. C-113/97, Col. 1998, p. I-183.
[354] Ver também ac. de 5/4/95, *Krid*, proc. C-103/94, Col. 1995, p. I-719.
[355] Ac. de 5/4/95, *Krid*, proc. C-103/94, Col. 1995, p. I-719 e segs.
[356] Ac. de 15/7/2004, *Pêcheurs de l'Étang du Berre*, proc. C-213/03, Col. 2004, p. 7357 e segs.
[357] Ver, por exemplo, o caso das normas das diretivas. Sobre esta questão, ver ANA MARIA GUERRA MARTINS, *Manual*..., p. 557 e segs.

as convenções[358], assim como o princípio da transposição e da implementação das mesmas[359].

Assim sendo, o TJ, não obstante negar o reconhecimento de efeito direto às disposições do GATT e dos acordos celebrados no âmbito da OMC, considera-se competente para as interpretar assim como para invalidar os atos e normas das instituições da Comunidade (e atualmente da União) que lhes sejam contrárias.

A título ilustrativo veja-se, por exemplo, o caso *Fediol*[360], no qual o Tribunal, relativamente às dúvidas levantadas pela Comissão e pela interveniente quanto aos eventuais limites de um controlo jurisdicional de uma decisão adotada pela Comissão respondeu que *"decorre da jurisprudência do Tribunal (veja-se nomeadamente o acórdão de 4 de Outubro de 1983, Fediol/Comissão, 191/82, Recueil, p. 2913), que, mesmo quando haja um poder discricionário da Comissão na matéria em causa, o Tribunal tem competência para verificar se aquela respeitou as garantias processuais concedidas aos denunciantes pelas disposições comunitárias em questão, se não cometeu erros manifestos na sua apreciação dos factos, ou se se absteve de tomar em consideração elementos essenciais suscetíveis de fazerem crer na existência de um efeito de subvenção, ou incluiu na sua fundamentação considerações constitutivas de um desvio de poder."*

Consequentemente, interpretando a noção de subvenção, na qual a Comissão se baseou para adotar a referida decisão, o Tribunal concluiu que *"não está em contradição com as obrigações da Comunidade decorrentes do direito internacional, nomeadamente do GATT e dos acordos concluídos no seu seio".*

No caso *Nakajima*[361], o Tribunal afere a validade de um regulamento por referência ao acordo relativo à aplicação do artigo VI do Acordo Geral sobre Pautas Aduaneiras e Comércio («código *antidumping*»), aprovado, em nome da Comunidade, pela Decisão 80/271/CEE do Conselho, de 10 de Dezembro de 1979, relativa à conclusão dos acordos multilaterais resultantes das negociações comerciais de 1973 a 1979 (JO L 71, p. 1; EE 11 Fl2 p. 38), chegando à conclusão

---

[358] V. Mario Mendez, *The Legal Effects of EU Agreements* ..., p. 196 e segs e 227 e segs.
[359] Sobre os efeitos indiretos das convenções internacionais, v. Robert Schütze, "On «Middle Ground»...", p.6 e segs.
[360] Ac. de 14/7/88, *Fediol*, proc. 188/85, Col. 1988, p. 4193 e segs.
[361] Ac. de 7/5/91, *Nakajima*, proc. C-69/89, Col. 1991, p. I-2069 e segs.

que a interpretação da instituição comunitária em causa era compatível com o acordo internacional.

Além disso, o Tribunal considera-se competente para interpretar o direito derivado em conformidade com os acordos celebrados no âmbito da OMC.

Assim, no caso *Hermès*[362], o Tribunal considerou que *"uma vez que a Comunidade é parte no Acordo TRIPs e que o referido acordo diz respeito à marca comunitária, quando as autoridades judiciais referidas no artigo 99.º do Regulamento n.º 40/94 tenham de aplicar as normas nacionais ao ordenarem medidas provisorias destinadas à proteção de direitos que resultam de uma marca comunitária, são obrigadas a proceder, na medida do possível, à luz da letra e da finalidade do artigo 50.º do Acordo TRIPs (v., por analogia, acórdãos de 24 de Novembro de 1992, Poulsen e Diva Navigation, C-286/90, Colect., p. I-6019, n.º 9, e de 10 de Setembro de 1996, Comissão/Alemanha, C-61/94, Colect, p. I-3989, n.º 52). Daqui resulta que, em qualquer caso, o Tribunal de Justiça tem competência para interpretar o artigo 50.º do Acordo TRIPs."*

Esta jurisprudência foi reafirmada, entre outros, no caso *Dior*[363].

Por seu turno, o Tribunal considera-se compete para assegurar a aplicação uniforme do acordo internacional em toda a Comunidade.

O Tribunal afirmou, no caso *Kupferberg*[364] que fazendo as disposições de um acordo concluído pela Comunidade e pelos seus Estados-Membros, por um lado, e por terceiros Estados, por outro lado, parte integrante do direito comunitário, incumbe-lhe *"no quadro da sua competência para interpretar os acordos em que a Comunidade seja parte, garantir a respetiva aplicação uniforme em toda a Comunidade"*.

O Tribunal reafirmou esta jurisprudência, designadamente, nos casos *Comissão / Alemanha*[365] e *Dior*[366].

O caso *Kupferberg* releva ainda a um outro propósito. O Tribunal aí sustentou que, segundo o artigo 228.º, n.º 2, do TCEE (atual artigo 216.º, n.º 2, do TFUE), os acordos internacionais vinculam tanto as instituições da União como os Estados-Membros, pelo que incumbe também a estes últimos

---

[362] Ac. de 16/6/98, *Hermès*, proc. C-53/96, Col. 1998, p. I-3603 e segs.
[363] Ac. de 14/10/2000, *Dior*, procs. C-300/98 e C-392/98, ECLI:EU:C:2000:688.
[364] Ac. de 26/10/1982, *Kupferberg*, proc. 104/81, Recueil, p. 3641, n.ºs 13 e 14.
[365] Ac. de 10/9/96, *Comissão / Alemanha*, proc. C-61/94, Col. 1996, p. 3989 e segs.
[366] Ac. de 14/10/2000, *Dior*, procs. C-300/98 e C-392/98, ECLI:EU:C:2000:688.

o dever de assegurar o respeito das obrigações deles decorrentes, devendo adotar todas as necessárias medidas para o executar, até a responsabilidade pela execução do acordo incumbe tanto às instituições da União como aos Estados-Membros.

Ou seja, o Tribunal afirmou desta forma o princípio da transposição e da implementação dos acordos internacionais.

15.4. O primado das convenções internacionais sobre o direito derivado da União Europeia

Já tivemos oportunidade de estudar as relações que se estabelecem entre o direito da União Europeia e o direito internacional, designadamente, em que medida o direito da União Europeia aceita uma perspetiva monista com primado de direito internacional e quais as exceções a esse entendimento, pelo que não vamos agora retomar essa questão.

Neste momento, interessa-nos somente o tópico do posicionamento hierárquico das convenções internacionais de que a União é parte no âmbito do direito da União Europeia.

A este propósito, o Tribunal reconheceu, em certos casos, o primado das convenções internacionais sobre o direito derivado (não sobre o direito originário), pois considerou que a validade deste poderia ser aferida por aquelas. Note-se, contudo, que a supremacia do direito internacional sobre o direito derivado da União Europeia não é ilimitada. O Tribunal estabeleceu as condições que devem estar preenchidas para que tal princípio possa ser invocado.

Assim, recentemente, já na vigência do Tratado de Lisboa, o Tribunal reiterou, no acórdão *Air Transport Association of America (ATAA)*[367], a jurisprudência anterior, tendo inferido do artigo 216.º, n.º 2, TFUE o princípio do primado do direito convencional internacional sobre o direito derivado da União, na medida em que quando são celebrados acordos internacionais pela União, as instituições da União estão vinculadas por tais acordos e, por conseguinte,

---

[367] Ac. de 3/2/2012, *Air Transport Association of America and Others v. Secretary of State for Energy and Climate Change*, proc. C–366/10, ECLI:EU:C:2011:864

estes primam sobre os atos da União[368], se estiverem respeitadas as seguintes condições[369]:

a) a União deve, antes de mais, estar vinculada por essas regras;
b) o Tribunal de Justiça só pode proceder ao exame da validade de um ato jurídico da União, à luz de um tratado internacional, quando a sua natureza e a sua sistemática a isso não se oponham[370];
c) as disposições desse Tratado invocadas para efeitos do exame da validade do ato jurídico da União se revelem incondicionais e suficientemente precisas, do ponto de vista do seu conteúdo[371].

No caso em apreço, o Tribunal reconheceu que algumas disposições do Acordo "céu aberto" preenchiam estas condições, ou seja, são suficientemente precisas e incondicionais, pelo que poderiam ser invocadas para efeitos de apreciar a validade de uma diretiva da União.

Já anteriormente, o Tribunal tinha afirmado esta mesma posição, por exemplo, no caso IATA[372], em que sustentou que *"os artigos 19.º, 22.º e 29.º da Convenção de Montreal fazem parte das normas face às quais o Tribunal fiscaliza a validade dos atos das instituições comunitárias, uma vez que, por um lado, a isso não obstam a natureza nem a sistemática da referida convenção e, por outro, as disposições destes três artigos, do ponto de vista do conteúdo, se revelam incondicionais e suficientemente precisas"*.

Em suma, nestes acórdãos, o Tribunal aceita, sem dúvida, a supremacia das convenções internacionais de que a União é parte sobre o direito derivado da União Europeia.

---

[368] V., igualmente, neste sentido, acórdãos de 10/09/96, *Comissão/Alemanha*, C61/94, Colet., p. I3989, n.º 52; de 12/01/2006, *Algemene Scheeps Agentuur Dordrecht*, C311/04, Colet., p. I609, n.º 25; de 3/06/2008, *Intertanko e o.*, C308/06, Colet., p. I4057, n.º 42; e de 3/09/ 2008, *Kadi e Al Barakaat International Foundation/Conselho e Comissão*, C402/05 P e C415/05 P, Colet., p. I6351, n.º 307.
[369] V. acórdão de 12/10/72, *International Fruit Company e o.*, 21/72 a 24/72, Colet., p. 407, n.º 7, e acórdão *Intertanko e o.*, já referido, n.º 44.
[370] V. acórdão de 9/9/2008, *FIAMM e o./Conselho e Comissão*, C120/06 P e C121/06 P, Colet., p. I6513, n.º 110).
[371] V. acórdãos de 10/1/2006, *IATA e ELFAA*, proc. C-344/04, ECLI:EU:C:2006:10, n.º 39, e *Intertanko e o.*, n.º 45.
[372] Ac. de 10/1/2006, *IATA e ELFAA*, proc. C-344/04, ECLI:EU:C:2006:10

Convém chamar a atenção para o facto que não se deve confundir esta problemática com uma outra que tratámos anteriormente e que se relaciona com os casos *Kadi I e II*, bem como aqueles que se lhe seguiram.

A questão que então se colocava tinha um cariz completamente diferente. Por um lado, estava em causa uma resolução das Nações Unidas que tinha sido transposta para o direito da União através de um regulamento e não uma convenção internacional de que a União fosse parte. Aliás, a União nem sequer é membro das Nações Unidas (o Tribunal nunca refere este argumento). Por outro lado, o eventual conflito de normas seria entre o referido regulamento e o direito originário da União.

Recorde-se que o Tribunal considerou que se se aceitasse a tese do Tribunal de Primeira Instância (atual Tribunal Geral), isso poria em causa o núcleo duro dos valores e princípios da União Europeia (a proteção de direitos fundamentais que fazem parte da sua base axiológica).

15.5. O caso especial dos acordos concluídos pelos Estados-Membros antes da entrada em vigor do TCEE ou antes da sua adesão

Os chamados acordos pré-União estão previstos no artigo 351.º TFUE, o qual dispõe, no seu par. 1.º, que as disposições dos Tratados não prejudicam os direitos e obrigações que decorrem de convenções concluídas antes de 1 de janeiro de 1958 ou, em relação aos Estados que aderem à União, anteriormente à data da respetiva adesão entre, por um lado, um ou vários Estados-Membros e, por outro, um ou mais Estados terceiros. Ou seja, estes acordos, em princípio, mantêm-se em vigor, em obediência ao princípio *pacta sunt servanda* (artigo 26.º da CVDT) e ao princípio da relatividade dos tratados (artigo 34.º.º, n.º 4, alínea b), da Convenção de Viena de 1969 sobre Direito dos Tratados).

Todavia, se tais convenções não forem compatíveis com os Tratados, o par. 2.º do mesmo preceito impõe aos Estados-Membros a obrigação de recorrerem a todos os meios apropriados para eliminarem as eventuais incompatibilidades.

Caso seja necessário, os Estados-Membros auxiliar-se-ão mutuamente para atingir essa finalidade, adotando, se for caso disso, uma atitude comum (artigo 351.º, par. 2.º, do TFUE).

O par. 3.º do mesmo preceito acrescenta ainda que, ao aplicar os acordos pré-comunitários ou pré-União, os Estados-Membros terão em conta

o facto de as vantagens concedidas nos Tratados por cada um dos Estados-
-Membros fazerem parte integrante do estabelecimento da União, estando
inseparavelmente ligadas à criação de instituições comuns, à atribuição de
competências em seu favor e à concessão das mesmas vantagens por todos os
outros Estados-Membros.

O preceito tem alcance geral e aplica-se a qualquer convenção internacional,
qualquer que seja o seu objeto, suscetível de ter uma influência sobre a
aplicação dos Tratados[373].

O Tribunal pronunciou-se diversas vezes sobre o antecessor do artigo 351.º
TFUE – o antigo artigo 234.º do TCE.

Num caso que envolveu um acordo entre Portugal e a República Socialista
Federativa da Jugoslávia – o caso *Comissão / Portugal*[374] – o Tribunal afirmou
que, "*tal como resulta do acórdão Burgoa, (...) o artigo 234.º, primeiro parágrafo* [atual
artigo 351.º, n.º 1, TFUE], *tem por objetivo precisar, em conformidade com os princípios
do direito internacional [v., a este propósito, o artigo 30.º, n.º 4, alínea b), da Convenção
de Viena de 1969 relativa ao Direito dos Tratados], que a aplicação do Tratado CE não
afeta o compromisso do Estado-Membro interessado de respeitar os direitos de países
terceiros emergentes duma convenção anterior e de observar as suas obrigações correspondentes. Daí resulta que a República Portuguesa deve sempre respeitar os direitos
que a República Socialista Federativa da Jugoslávia retira do acordo controvertido*".

Porém, tendo em conta que o acordo controvertido continha uma cláusula
explícita de denúncia, o Tribunal considerou que para respeitar os compromissos que lhe advêm do direito da União Europeia, Portugal deveria denunciar
o acordo. Ainda que, "*no quadro do artigo 234.º do Tratado, os Estados-Membros
tenham o direito de escolher as medidas apropriadas a tomar, não deixam por isso de
ter a obrigação de eliminar as incompatibilidades existentes entre uma convenção pré-
-comunitária e o Tratado CE*".

Para o Tribunal, "*se um Estado-Membro encontrar dificuldades que tornem impossível a modificação de um acordo, não se pode, por isso, excluir que lhe compete denunciar
esse acordo. A este propósito, deve recordar-se que o Tribunal de Justiça já decidiu que,
nestas condições, na medida em que a denúncia de um acordo deste tipo seja possível*

---

[373] V. acórdãos de 14/10/80, *Burgoa*, 812/79, Recueil, p. 2787, n.º 6, de 2/8/93, *Levy*, C-158/91, Colect., p. I-4287, n.º 11, e de 4/7/2000, *Comissão / Portugal*, proc. C-84/98, Col. 2000, p. I-5215 e segs.

[374] Ac. de 4/7/2000, *Comissão / Portugal*, proc. C-84/98, Col. 2000, p. I-5215 e segs.

à luz do direito internacional, incumbe ao Estado-Membro interessado denunciá-lo (v., neste sentido, o acórdão de 14 de Setembro de 1999, Comissão/Bélgica, C-170/98, Colect., p. I-5493, n.º 42)".

Em suma, a regra no que diz respeito às convenções concluídas antes de 1 de janeiro de 1958 ou, em relação aos Estados que aderem à União, anteriormente à data da respetiva adesão entre, por um lado, um ou vários Estados-Membros e, por outro, um ou mais Estados terceiros é a da inoponibilidade do direito da União Europeia aos terceiros Estados, conforme resulta do artigo 30.º, n.º 4, alínea b), da Convenção de Viena de 1969 sobre Direito dos Tratados.

Há, no entanto, exceções a esta regra, ou seja, casos em que a Comunidade sucedeu aos Estados-Membros nas obrigações que lhe incumbiam por força de certos tratados. Foi o que se verificou com o acordo GATT, em que se deu a substituição ou sucessão de tratados.

Note-se que essa substituição dos Estados pela Comunidade só ocorreu quando houve transferência de atribuições dos Estados-Membros para as Comunidades.

Esta substituição é, portanto, casuística, não tendo operado em relação a todos os tratados. Já sabemos que tal não se verificou, por exemplo, no caso da CEDH[375].

Um dos casos mais emblemáticos em que o Tribunal decidiu esta problemática foi o já nosso conhecido caso *Internacional Fruit Company*[376] relativo à sucessão das Comunidade aos Estados-Membros no acordo GATT.

O Tribunal sublinhou:

> *"na altura em que celebraram o Tratado que instituiu a Comunidade Económica Europeia, os Estados-Membros estavam vinculados pelas obrigações do Acordo Geral. (...) "os Estados-Membros não puderam, como efeito de um ato celebrado entre eles, desvincular-se das obrigações existentes para com países terceiros. Pelo contrário, a sua vontade de respeitar as obrigações do Acordo Geral resulta tanto das próprias disposições do Tratado CEE como das declarações feitas pelos Estados-Membros aquando da apresentação do Tratado às partes*

---

[375] V. parecer 2/94 já citado.
[376] V. ac. de 12/12/72, *International Fruit Company*, procs. 21 a 24/72, Rec. 1972, p. 1219 e segs.

contratantes do Acordo Geral, em conformidade com a obrigação prevista no artigo XXIV deste". Além disso, *"a Comunidade assumiu – gradualmente durante o período de transição e na totalidade no termo deste, por força dos artigos 111.º e 113.º do Tratado –* as funções inerentes à política pautal e comercial".

Foi, no fundo, a transferência de atribuições, que ocorreu nas relações entre os Estados-Membros e a Comunidade, que foi concretizada de diversas formas no âmbito do Acordo Geral e reconhecida pelas outras partes contratantes, nomeadamente, através da ação da Comunidade, por intermédio das suas próprias instituições, nas negociações pautais e nos acordos de qualquer natureza celebrados no âmbito do Acordo Geral, que justificou a sucessão da Comunidade aos seus Estados-Membros.

Assim, para o Tribunal:

"verifica-se (...) que sempre que, por força do Tratado CEE, a Comunidade assumiu competências anteriormente exercidas pelos Estados-Membros no âmbito da aplicação do Acordo Geral, as disposições deste acordo têm como efeito vincular a Comunidade".

15.6. A interação entre o direito internacional, o direito da União Europeia e os direitos nacionais

Do exposto resulta que a União Europeia, enquanto sujeito de direito internacional, debate-se com alguns problemas idênticos aos dos Estados em geral, no que diz respeito à incorporação do direito internacional no seu direito interno bem como à posição que este ocupa na hierarquia de fontes e normas do direito da União Europeia.

Mas a União enfrenta igualmente dificuldades adicionais, neste domínio, as quais advêm do facto de, ao contrário do que sucede, de um modo geral, com os Estados federais, em que os Estados federados não têm personalidade nem capacidade internacionais, ou se a têm, ela está reduzida a matérias e casos muito contados, na União Europeia, como vimos, os Estados-Membros mantêm a qualidade de sujeitos de direito internacional de pleno direito bem como uma grande parte da sua capacidade internacional.

Assim, quando estão em causa, por exemplo, acordos mistos, além das normas da União relativas à incorporação no direito da União Europeia e das normas sobre a posição hierárquica que esses acordos ocupam no direito da União, há que ter igualmente em conta as regras pertinentes dos Estados-Membros.

Como se sabe é o direito constitucional de cada Estado que define os termos da incorporação dos acordos no direito interno bem como a sua posição hierárquica, pelo que, na parte do acordo em que cada Estado-Membro é competente, é ele que decide como deve incorporá-lo no seu direito interno e que posição lhe atribui na hierarquia das normas internas[377].

Ora, se pensarmos que as regras constitucionais dos Estados-Membros da União, a este propósito, são muito díspares, facilmente chegaremos à conclusão que se trata de uma relação tripartida muito complicada[378].

16. O controlo judicial das convenções internacionais

Sendo a União Europeia uma união de direito, como o Tribunal não se tem cansado de afirmar[379], o controlo jurisdicional das convenções internacionais que vinculam a União e os seus Estados-Membros não é mais do que uma decorrência lógica dessa qualificação.

Esse controlo é exercido pelo Tribunal de Justiça da União Europeia – o qual inclui o Tribunal de Justiça e o Tribunal Geral – e pelos tribunais nacionais dos Estados-Membros, enquanto juízes comuns do direito da União.

No âmbito deste livro vamos estudar apenas o controlo exercido pelo TJUE, havendo que distinguir entre o controlo a título preventivo e o controlo a título sucessivo. Além disso, investigaremos somente os aspectos específicos relacionados com o controlo jurisdicional das convenções internacionais,

---

[377] Para um estudo mais aprofundado sobre este assunto v. MARIO MENDEZ, *The Legal Effects of EU Agreements* ..., p.16 e segs.
[378] Para maiores desenvolvimentos, v. ROBERT SCHÜTZE, "Federalism and Foreign Affairs: Mixity as an (Inter)national Phenomenon", *in* CHRISTOPHE HILLION / PANOS KOUTRAKOS (eds.), *Mixed Agreements Revisited...* 2010, p. 57 e segs.
[379] O Tribunal qualificou, pela primeira vez, a Comunidade Europeia como uma comunidade de direito, no acórdão de 23/4/86, *Os Verdes c. PE*, proc. 294/83, Col. 1986, p. 1339 e segs.

remetendo todas as questões gerais para as unidades curriculares específicas de contencioso da União Europeia que são disponibilizadas nos vários graus do ensino do Direito (licenciatura e mestrado)[380].

Passemos então à análise circunstanciada dos vários processos, ações e recursos em que é possível sindicar os acordos internacionais de que a União é parte[381].

16.1. O controlo preventivo dos acordos internacionais

O controlo preventivo está previsto no artigo 218.º, n.º 11, TFUE e consubstancia-se num processo consultivo que opera antes da conclusão do acordo com o objetivo de averiguar se ele é compatível com os Tratados. Trata-se pois de um verdadedeiro controlo de constitucionalidade.

O artigo 218.º, n.º 11, TFUE, tem a seguinte redação:

> *"Qualquer Estado-Membro, o Parlamento Europeu, o Conselho ou a Comissão podem obter o parecer do Tribunal de Justiça sobre a compatibilidade de um projeto de acordo com os Tratados. Em caso de parecer negativo do Tribunal, o acordo projetado não pode entrar em vigor, salvo alteração deste ou revisão dos Tratados."*

16.1.1. Objetivo do pedido de parecer

A primeira questão que se coloca é a de saber qual o objetivo do pedido de parecer.

O Tribunal afirmou, no parecer 1/75[382], que o pedido de parecer *"tem por objetivo prevenir as complicações que resultariam de contestações em juízo relativas à compatibilidade com o Tratado dos acordos internacionais que obrigam a Comunidade.*

---

[380] V. na doutrina portuguesa, Fausto de Quadros / Ana Maria Guerra Martins, *Contencioso da União Europeia*, 2ª ed., Coimbra, Almedina, 2007; Maria José Rangel de Mesquita, *Introdução ao Contencioso da União Europeia, Lições*, Coimbra Almedina, 2013; Maria Luísa Duarte, *Direito do Contencioso da União Europeia*, Lisboa, AAFDL Editora, 2017.

[381] Para um estudo desenvolvido sobre esta matéria, ver, por todos, Nadine Zipperle, *EU International Agreements: An analysis of direct effect and judicial review pre- and post- Lisbon*, Springer, 2017, p. 97 e segs.

[382] Parecer de 11/11/75, *parecer n.º 1/75*, Rec. 1975, p. 1355 e segs.

Com efeito, uma decisão judicial que eventualmente verificasse que esse acordo é, tendo em vista quer o seu conteúdo, quer o processo adotado para a sua celebração, incompatível com as disposições do Tratado não deixaria de criar não só a nível comunitário, mas também a nível das relações internacionais sérias dificuldades e correria o risco de provocar prejuízos a todas as partes interessadas, incluindo os países terceiros. A fim de evitar estas complicações, o Tratado recorreu ao processo excecional de audição prévia do Tribunal, para que possa ser tirado a claro, antes da conclusão do acordo, se este é compatível com o Tratado."

16.1.2. A noção de acordo

O artigo 218.º, n.º 11, TUE não define o que se deve entender por acordo, pelo que coube ao Tribunal esclarecer igualmente, no Parecer 1/75, que *"a qualificação formal em direito internacional do acordo previsto não é determinante, para efeitos de admissibilidade do pedido. Ao referir-se a um «acordo», (...) refere-se ao seu sentido geral, designando qualquer compromisso adotado por sujeitos de direito internacional, dotado de força obrigatória, independentemente da sua qualificação formal."*

Esta jurisprudência foi reiterada posteriormente, por exemplo, no *parecer n.º 2/92*[383].

16.1.3. Legitimidade

Segundo o artigo 218.º, n.º 11, TFUE, a legitimidade ativa neste processo pertence a qualquer Estado-Membro, ao Parlamento Europeu, ao Conselho ou à Comissão.

16.1.4. A extensão da jurisdição do TJ

Um dos pontos mais controversos na interpretação do artigo 218.º, n.º 11, TFUE foi o do âmbito da jurisdição do Tribunal de Justiça neste processo.

O Tribunal teve oportunidade de esclarecer esta questão, no parecer 1/75, já citado, tendo considerado que *"a compatibilidade de um acordo com as disposições do Tratado deve, com efeito, ser apreciada tendo em conta a totalidade das normas*

---

[383] Parecer de 24/3/1995, *parecer n.º 2/92*, Col. 1995, p. I-521 e segs.

do Tratado, isto é, tanto as normas que determinam a extensão das competências das instituições da Comunidade como as normas substantivas."

Consequentemente, o Tribunal considerou dever admitir, no processo consultivo, todas as questões suscetíveis de serem submetidas à apreciação judicial, quer do Tribunal, quer eventualmente dos órgãos jurisdicionais nacionais, desde que essas questões sejam de molde a suscitar dúvidas quanto à validade material ou formal do acordo relativamente ao Tratado.

No caso do parecer 1/75, o Tribunal sustentou que a questão de saber se a conclusão de determinado acordo se inscreve, ou não, nas competências da Comunidade e, nesse caso, se essas competências foram exercidas em conformidade com as disposições do Tratado, é, em princípio, suscetível de ser submetida ao Tribunal, quer diretamente, pela via do processo por incumprimento do Tratado, quer a título prejudicial, pelo que se deve reconhecer que as mesmas questões podem ser submetidas ao Tribunal, através do procedimento de parecer prévio.

O Tribunal reiterou a jurisprudência de que o pedido de parecer pode abranger a compatibilidade do acordo com todo o direito originário nos pareceres n.ºs 1/78[384], 2/91[385], 2/92[386], 1/94[387] e 1/03[388].

16.1.5. Limites temporais

Um outro aspeto controvertido foi o de saber qual o prazo, ou melhor, o limite temporal do pedido de parecer, previsto no artigo 218.º, n.º 11, TUE.

O Tribunal enfrentou a este respeito várias situações.

Em primeiro lugar, no parecer 1/75, acima mencionado, o Tribunal considerou que o facto de as discussões relativas à substância do acordo em causa se encontrarem já terminadas, daí não resultava um argumento válido para concluir o carácter tardio do pedido de parecer, uma vez que o Tratado não prevê, justamente em razão do carácter não contencioso do procedimento, um prazo de caducidade para a apresentação de um tal pedido.

---

[384] Parecer de 4/10/79, *Parecer 1/78*, EU:C:1979:224.
[385] Parecer de 19/3/92, *parecer n.º 2/91*, Col. 1992, p. 1061 e segs.
[386] Parecer de 24/3/95, *parecer n.º 2/92*, Col. 1995, p. I-521 e segs.
[387] Parecer de 15/11/94, *parecer n.º 1/94*, Col. 1994, p. I-5267 e segs.
[388] Parecer de 7/2/2006, *Parecer n.º 1/03*, Col. 2006, p. I-1145 e segs.

No parecer 2/94[389] relativo à adesão da Comunidade à Convenção Europeia dos Direitos do Homem, o Tribunal admitiu que ainda que não existisse um projeto de acordo, tanto no momento em que o parecer do Tribunal foi solicitado, como no momento em que o parecer é proferido, as negociações ainda não se iniciaram, e que o conteúdo preciso do acordo através do qual a Comunidade pretende aderir à Convenção ainda não está definido, a questão da competência da Comunidade para celebrar tal acordo pode ser decidida.

O Tribunal remeteu para o parecer 1/78, acima mencionado, no qual tinha declarado que, quando se trata de dirimir uma questão de competência, é do interesse das instituições comunitárias e dos Estados interessados, inclusive dos países terceiros, que essa questão seja resolvida logo no início das negociações e mesmo antes de os aspetos essenciais do acordo serem negociados. Nesse parecer, a única condição formulada pelo Tribunal foi a de que o objeto do projeto de acordo fosse conhecido antes de se iniciarem as negociações.

O Tribunal concluiu que o objeto do projeto de acordo era conhecido – a adesão da Comunidade à Convenção – pelo que a admissibilidade do pedido de parecer não pode ser contestada, com fundamento no facto de o Conselho não ter ainda adotado a decisão de iniciar as negociações e de não existir, portanto, projeto de acordo. Além disso, o alcance do pedido de parecer, na parte em que incide sobre a questão da competência da Comunidade, é suficientemente claro e que uma decisão formal do Conselho, de abertura de negociações, não era indispensável para precisar melhor esse objeto.

No parecer 1/94[390], o Tribunal admitiu que pode ser chamado a pronunciar-se, em sede de processo consultivo, em qualquer momento, antes de ser expresso definitivamente o consentimento da Comunidade em ficar vinculada pelo acordo. Enquanto não houver consentimento, o acordo continua a ser um acordo previsto ou projetado. Assim sendo, o pedido de parecer é admissível.

No parecer 3/94[391] relativo à famosa saga das bananas, o Tribunal não respondeu ao pedido de parecer por considerar que ficou privado de objeto, pelo facto de o Acordo-quadro sobre bananas, integrado nos acordos das

---

[389] Parecer de 28/3/1996, *parecer n.º 2/94*, Col. 1996, p. I-1759 e segs.
[390] Parecer de 15/11/94, *parecer n.º 1/94*, Col. 1994, p. I-5267 e segs.
[391] Parecer de 13/12/95, *parecer 3/94*, ECLI:EU:C:1995:436.

negociações multilaterais do Uruguai Round (1986/1994), ter sido celebrado com estes acordos, depois de o Tribunal ter sido chamado a pronunciar-se.

Note-se, contudo, que o pedido de parecer foi apresentado pela República Federal da Alemanha, em 25 de Julho de 1994. Em 15 de Abril de 1994, o Conselho, apesar das reservas formuladas por vários Estados-Membros quanto à inserção do acordo-quadro nas propostas da Comunidade, decidiu assinar a ata final do Uruguai Round. Em 22 de Dezembro de 1994, o Conselho adotou a Decisão 94/800/CE, relativa à celebração, em nome da Comunidade Europeia, e em relação às matérias da sua competência, dos acordos resultantes das negociações multilaterais do Uruguai Round (1986/1994). Em 1 de Janeiro de 1995, os acordos do Uruguai Round, incluindo os anexos com os compromissos da Comunidade em matéria de importação de bananas, entraram em vigor.

O Tribunal apreciou neste parecer se basta que o acordo exista como projeto no momento da apresentação do pedido de parecer ou se deve ainda encontrar-se nessa fase no momento em que o Tribunal se pronuncia. Tendo em conta que um acordo que tenha sido objeto de parecer negativo do Tribunal de Justiça só pode entrar em vigor nas condições previstas para a revisão do Tratados, seria, portanto, contrário à lógica do processo de parecer prévio aceitar que o Tribunal se pronunciasse sobre a compatibilidade com o Tratado de um acordo já celebrado, dado que um parecer eventualmente negativo não teria o efeito jurídico previsto nos Tratados. E também não cumpriria o objetivo do processo de pedido de parecer que é o de prevenir as complicações que resultariam de contestações em juízo relativas à compatibilidade com o Tratado dos acordos internacionais que obrigam a Comunidade.

O Tribunal acrescenta ainda que o Estado ou a instituição comunitária autores do pedido de parecer não ficam destituídos de proteção judicial, pois podem interpor recurso de anulação da decisão do Conselho de celebrar o acordo, e podem também requerer, na mesma altura, medidas provisórias.

16.1.6. Consequências do parecer

Se o parecer do Tribunal for negativo, o acordo projetado não pode entrar em vigor, salvo alteração deste ou revisão dos Tratados.

Ao longo da história da integração europeia, o Tribunal já várias vezes deu pareceres negativos. Veja-se o caso do *parecer n.º 1/76* que concluiu pela incompatibilidade com o direito comunitário do Tribunal do "Fundo Europeu de imobilização da navegação interna" e da estrutura orgânica, do processo de decisão e da posição recíproca dos Estados-Membros prevista no acordo. O *parecer n.º 1/91* relativo à compatibilidade entre a competência do Tribunal do EEE e o Direito Comunitário também foi negativo. Mais recentemente, o *parecer 2/13* relativo à adesão da União à Convenção Europeia dos direitos do Homem conclui igualmente pela incompatibilidade do projeto de acordo com o direito originário.

Se o parecer for favorável, o acordo pode ser concluído.

16.2. O controlo sucessivo dos acordos internacionais

O controlo sucessivo dos acordos internacionais é exercido pelo TJUE após a conclusão e a entrada em vigor dos mesmos e efetiva-se através do processo das questões prejudiciais (artigo 267.º TFUE), do recurso de anulação (artigo 263.º TFUE) e da ação por incumprimento (artigo 258.º TFUE).

O acordo internacional pode igualmente ser invocado no contexto de uma ação de responsabilidade extracontratual (artigos 268.º e 240.º TFUE).

16.2.1. O processo das questões prejudiciais de validade e interpretação

O Tribunal considera-se competente para interpretar, a título prejudicial, os acordos internacionais concluídos pela Comunidade e pela União[392].

No caso *Haegeman II*[393], a propósito do acordo de associação CEE-Grécia, concluído pelo Conselho, o TJ defendeu que este acordo, no que diz respeito à Comunidade, é um ato adotado por um órgão comunitário e, como tal, o juiz nacional pode suscitar questões prejudiciais sobre as suas cláusulas. Quando o Tribunal se pronuncia sobre a interpretação de um acordo internacional que obriga a Comunidade está a interpretar o ato interno comunitário de conclusão do acordo, designadamente a sua conformidade com o atual artigo 218.º

---

[392] Para uma análise exaustiva da jurisprudência sobre esta temática, ver Nadine Zipperle, *EU International Agreements...*, p. 117 a 123. Cfr. igualmente o nosso *Contencioso da União Europeia*, 2ª ed., Coimbra, Almedina, 2007, p. 77 e segs (em co-autoria com Fausto de Quadros).

[393] Acórdão de 30/4/74, proc. 181/73, Rec. 1974, p. 449, 459.

TFUE. Todavia, a interpretação dada pelo TJ é uma interpretação unilateral, válida apenas para a União, não oponível ao Estado terceiro.

O Tribunal admite também a sua competência para interpretar um acordo internacional concluído pelos Estados-Membros, agindo por conta e no interesse da Comunidade[394].

A competência de interpretação de acordos internacionais, no âmbito do artigo 267.º TFUE, também se aplica aos acordos concluídos pelos Estados-Membros, em que a Comunidade lhes sucedeu[395], e aos acordos mistos, designadamente aos acordos de associação[396].

A competência de interpretação do TJ estende-se também às decisões tomadas pelos órgãos instituídos por um acordo internacional, concluído pela Comunidade[397], e aos atos não obrigatórios concluídos por esses órgãos[398].

O Tribunal admite também a sua competência para interpretar, ao abrigo do artigo 267.º TFUE, o acordo que cria o Espaço Económico Europeu, restringindo os efeitos do seu acórdão aos Estados-Membros da União Europeia, excluindo, portanto, a sua aplicação aos Estados-Membros da AELE[399].

O Tribunal admite igualmente a sua competência para interpretar o acordo TRIPS (v. casos *Hermès*[400], *Dior*[401], *Schieving-Nijstad*[402] atrás citados).

Uma outra questão menos pacífica é a de saber se são admissíveis questões de apreciação de validade em matéria de acordos internacionais. Ou seja, a incompatibilidade de um ato da União com um acordo internacional pode afetar a validade do ato, para os efeitos do processo das questões prejudiciais?

---

[394] Acórdão de 16/01/2003, *Cipra e Kvasnicka*, proc. C-439/01, Col. 2003, p. I-745 e segs (cons. 23 e 24).
[395] Acórdão de 12/12/72, *International Fruit*, proc. 21 a 24/72, Rec. 1972, p. 1219.
[396] Em matéria de acordos mistos o Tribunal tem competência para interpretar as cláusulas que relevam das atribuições comunitárias. Ver ac. de 24/11/77, *Razanatsimba*, proc. 65/77, Rec. 1977, p. 2229; ac. de 30/9/87, *Demirel*, proc. 12/86, Col. 1987, p. 3719, 3751; ac. de 20/09/1990, *Sevince*, proc. C-192/89, Col. 1990, p. I-3461 e segs.
[397] Acórdão de 20/09/1990, *Sevince*, cit., p. I-3461 e segs.
[398] Ac. de de 21/1/93, *Deutsche Shell*, proc. C-188/91, p. I-363.
[399] Ver acórdão de 15/06/1999, *Anderson*, proc. C-321/97, Col. 1999, p. I-3551 e segs (em especial, cons. 26-32); acórdão de 15/05/03, *Salzmann*, proc. C-300/01, Col. 2003, p. I-4899 e segs (em especial, cons. 65-71).
[400] Ac. de 16/6/98, *Hermès*, proc. C-53/96, Col. 1998, p. I-3603 e segs.
[401] Ac. de 14/10/2000, *Dior*, procs. C-300/98 e C-392/98, ECLI:EU:C:2000:688.
[402] Ac de 13/09/2001, *Schieving Nijstad e o.*, proc. C-89/99, Colet. 2001,, p. I 5851

Após o caso *International Fruit*[403] ficou claro que os acordos internacionais que vinculam a União fazem parte das regras de Direito cujo respeito é assegurado pelo Tribunal. O TJ admitiu, neste caso, que a incompatibilidade de um ato da União com um acordo pode afetar a validade do mesmo, mas é evidente que a declaração de invalidade só pode ter efeitos dentro da União[404].

16.2.2. O recurso de anulação

Discute-se também o problema de saber se os acordos internacionais concluídos pela União com terceiros podem ser objeto de recurso de anulação, com base no artigo 263.º TFUE[405].

Ora, para os Estados que contratam com a União, os Tratados institutivos da União são *res inter alia*, pelo que, tendo em conta o artigo 34.º da Convenção de Viena sobre Direito dos Tratados de 1969, não se podem aplicar a terceiros Estados.

Assim sendo, os acordos internacionais propriamente ditos não são recorríveis perante o Tribunal de Justiça.

Problema diferente é o de saber se o ato da União, através do qual o acordo é concluído pode ser impugnado com base no artigo 263.º TFUE.

No passado, a doutrina dividiu-se quanto a esta questão. M. C. BERGERÈS[406], apoiando-se na jurisprudência do TJ, defendeu a aplicação da teoria do ato destacável e, consequentemente, a possibilidade de anulação da decisão que autoriza a conclusão do acordo. M. WAELBROECK / D. WAELBROECK[407] entenderam que este ato está tão intimamente ligado ao acordo a que diz respeito pelo que não pode dele ser destacado.

O Tribunal de Justiça aceitou a primeira tese[408], tendo anulado diversos atos de conclusão de acordos internacionais, com base em fundamentos tão

---

[403] Acórdão de 12/12/72, proc. 21 a 24/72, Rec. 1972, p. 1219, 1227-1228.
[404] Ac. de 12/12/72, *International Fruit*, cit., p. 1219; ac. de 5/5/81, *Dürbeck*, proc. 112/80, Rec. 1981, p. 1095.
[405] Cfr. o nosso *Contencioso da União Europeia*..., p. 181.
[406] MAURICE-CHRISTIAN BERGERÈS, *Contentieux communautaire*, 3ª ed., Paris, 1998, p. 214.
[407] M. WAELBROECK / D. WAELBROECK, «La Cour de Justice, les actes des institutions», in *Commentaire Megret. Le droit de la CEE*, vol. 10, Bruxelas, 1993, p. 103 e 104.
[408] Para uma análise exaustiva da jurisprudência do TJ sobre a anulação de acordos internacionais, v. NADINE ZIPPERLE, *EU International Agreements*..., p. 101 a 117.

diversos, como a falta de competência do órgão que adotou o ato[409], a violação de formalidades essenciais[410], a violação dos tratadaos ou de qualquer normas que os aplique[411], como o demonstram vários acórdãos.

O Tribunal Geral partilha da mesma opinião. Veja-se, quanto a este último, recentemente, o caso *Frente Polisário/Conselho*[412], no qual a primeira interpôs um recurso de anulação parcial da Decisão 2012/497/UE do Conselho, de 8 de março de 2012, relativa à celebração do Acordo sob forma de Troca de Cartas entre a União Europeia e o Reino de Marrocos respeitante às medidas de liberalização recíprocas em matéria de produtos agrícolas, de produtos agrícolas transformados, de peixe e de produtos da pesca, à substituição dos Protocolos n.os 1, 2 e 3 e seus anexos e às alterações do Acordo Euro-Mediterrânico que cria uma Associação entre as Comunidades Europeias e os seus Estados-Membros, por um lado, e o Reino de Marrocos, por outro[413]. Este acórdão do Tribunal Geral foi, posteriormente, anulado pelo Tribunal de Justiça, no já mencionado caso Frente Polisário[414], pelo qual este deu provimento ao recurso interposto pela Frente Popular para a Libertação de Saguiaelhamra e Rio de Oro (Frente Polisário) destinado a obter a anulação parcial da Decisão 2012/497/UE do Conselho, de 8 de março de 2012.

No igualmente recente caso *Parlamento Europeu contra Conselho*[415], o primeiro pediu, por um lado, a anulação da Decisão 2014/198/PESC do Conselho, de 10 de março de 2014, relativa à assinatura e celebração do Acordo entre a União Europeia e a República Unida da Tanzânia sobre as condições de transferência, da força naval liderada pela União Europeia para a República Unida da Tanzânia, de pessoas suspeitas de atos de pirataria e dos

---

[409] Ac. de 9/8/94, *França c. Comissão*, proc. C-372/91, Col. 1994, p. I-3641 e segs.
[410] Ac. de 3/7/96, *Parlamento c. Conselho*, proc. C-360/93, Col. 1996, p. I-1195; ac. de 8/6/1999 *Parlamento c. Conselho*, proc. C-189/97, ECLI:EU:C:1999:366; ac. de 30/5/2006, proc. C-317/04 e C-318/04, *Parlamento c. Conselho e Comissão (PNR)*, ECLI:EU:C:2006:346.
[411] Acórdão de 30/4/74, *Haegeman II*, proc. 181/73, Rec. 1974, p. 452; acórdão de 10/3/98, *Alemanha c. Conselho*, proc. C-122/95, Col. 1998, p. I-1011.
[412] Acórdão do Tribunal Geral da União Europeia de 10/10/2015, *Frente Polisário/Conselho* proc. T-512/12, EU:T:2015:953.
[413] JO 2012, L 241, p. 2.
[414] Ac. de 21/12/ 2016, *Conselho da União Europeia contra Front populaire pour la libération de la saguia-el-hamra et du rio de oro (Front Polisario)*, proc. C-104/16 P, ECLI:EU:C:2016:973.
[415] Ac. de 14/06/2016, *Parlamento Europeu contra Conselho*, proc. C-263/14, ECLI:EU:C:2016:435.

bens conexos apreendidos[416] e, por outro, a manutenção dos efeitos desta decisão, no caso de a decisão ser anulada.

A primeira questão que se colocava, neste acórdão, era a de saber se o acordo incidia exclusivamente sobre a PESC e, portanto, tinha sido adotado segundo a base jurídica adequada ou se incidia sobre outras matérias e então necessitava de outras bases jurídicas.

O Tribunal começou por relembrar a sua competência para apreciar a questão bem como a sua jurisprudência anterior relativa à escolha da base jurídica, afirmando *"quanto aos atos adotados com base numa disposição relativa à PESC, incumbe ao Tribunal de Justiça assegurar, nomeadamente, a título do artigo 275.º, segundo parágrafo, primeiro membro de frase, TFUE e do artigo 40.º TUE, que a execução desta política não afeta a aplicação dos procedimentos e o âmbito respetivo das atribuições das instituições previstos nos Tratados para o exercício das competências da União a título do Tratado FUE. A escolha da base jurídica adequada de um ato da União reveste uma importância de natureza constitucional, uma vez que o recurso a uma base jurídica errada é suscetível de invalidar esse ato, nomeadamente, quando a base jurídica adequada prevê um processo de adoção diferente daquele que foi efetivamente seguido (v., neste sentido, parecer 2/00, de 6 de dezembro de 2001, EU:C:2001:664, n.º 5)"*.

A escolha da base jurídica de um ato da União, incluindo aquele que for adotado tendo em vista a celebração de um acordo, deve fundar-se em elementos objetivos suscetíveis de fiscalização jurisdicional, como é o caso da finalidade e do conteúdo desse ato[417] e se o exame de um ato da União demonstrar que este prossegue duas finalidades ou que tem duas componentes e se uma dessas finalidades ou dessas componentes for identificável como sendo principal e a outra apenas acessória, o ato deve assentar numa única base jurídica, a saber, a exigida pela finalidade ou pela componente principal ou preponderante[418].

---

[416] JO 2014, L 108, p. 1.
[417] v., neste sentido, acórdãos de 26/03/87, *Comissão/Conselho*, proc. 45/86, EU:C:1987:163, n.º 11; de 11/06/91, *Comissão/Conselho*, dito «Dióxido de titânio», proc. C300/89, EU:C:1991:244, n.º 10; parecer 2/00, de 6/12/01, EU:C:2001:664, n.º 22; e acórdão de 19/07/12, *Parlamento/Conselho*, proc. C130/10, EU:C:2012:472, n.º 42.
[418] Sobre o contencioso da escolha da base jurídica no domínio das relações externas após o Tratado de Lisboa, ver Peter Van Elsuwege, "The Potential for Inter-Institutional Conflicts before the Court of Justice...", p. 119 e segs.

Após análise da finalidade do Acordo UE-Tanzânia, o Tribunal considerou que:

"o exame da finalidade (...) confirma que o processo de transferência das pessoas capturadas ou detidas pela EUNAVFOR por este estabelecido constitui um instrumento através do qual a União prossegue os objetivos da operação Atalanta que consistem em preservar a paz e a segurança internacional, nomeadamente, na medida em que permite evitar que as pessoas que tenham cometido atos de pirataria permaneçam impunes", pelo que decidiu que, sendo o Acordo abrangido, de forma preponderante, pela PESC, *"a decisão impugnada pode legitimamente basear-se apenas no artigo 37.º TUE. Por conseguinte, a decisão impugnada foi devidamente adotada em conformidade com o processo previsto no artigo 218.º, n.º 6, segundo parágrafo, primeiro membro de frase, TFUE".*

Quanto à alegação relativa à violação pelo Conselho do artigo 218.º, n.º 10, TFUE, por este ter informado tardiamente o Parlamento, uma vez que o Conselho não lhe transmitiu, no caso em apreço, o texto da decisão impugnada nem o texto do Acordo UE-Tanzânia, o Tribunal deu razão ao PE, ou seja, considerou que houve violação do artigo 218.º, n.º 10, TFUE.

Para o Tribunal, o não cumprimento desta exigência prejudica as condições de exercício, pelo Parlamento, das suas funções, no domínio da PESC, e constitui, por conseguinte, uma violação de uma formalidade essencial[419]. Em consequência o Tribunal anulou a decisão impugnada, mas manteve os efeitos da mesma, dado que se o não fizesse, a anulação da decisão era suscetível de entravar o desenvolvimento das operações efetuadas com base no Acordo UE-Tanzânia e, em especial, de comprometer os processos judiciais e os julgamentos das pessoas suspeitas de atos de pirataria detidas pela EUNAVFOR.

Note-se que as decisões da União relativas aos acordos mistos também podem ser objeto de um recurso de anulação, como resulta do caso *Comissão contra Conselho da União Europeia*[420]. Apesar de, nesse caso, o Conselho ter

---

[419] Acórdão de 24/06/14, *Parlamento/Conselho*, proc. C658/11, EU:C:2014:2025, n.º 86.
[420] Acórdão do Tribunal de Justiça de 28/04/15, *Comissão contra Conselho da União Europeia*, proc. C-28/12, ECLI:EU:C:2015:282.

invocado a inadmissibilidade do recurso da Comissão, com base no facto de que aquele deveria ter sido interposto contra os Estados-Membros e não contra o Conselho, dado que a Comissão contesta a participação dos Estados-Membros no processo decisório que conduziu à adoção da decisão impugnada, um ato adotado pelos Representantes dos Estados-Membros não poder ser objeto de fiscalização jurisdicional pelo Tribunal de Justiça no âmbito de um recurso de anulação e a Comissão não ter um verdadeiro interesse em agir, uma vez que a anulação pedida não tem nenhuma consequência jurídica.

O Tribunal de Justiça considerou todos estes argumentos improcedentes, pois *"segundo jurisprudência constante, pode ser interposto recurso de anulação de todas as medidas adotadas pelas instituições, quaisquer que sejam a sua natureza ou forma, desde que se destinem a produzir efeitos jurídicos (v., neste sentido, acórdãos Parlamento/ Conselho e Comissão, C181/91 e C248/91, EU:C:1993:271, n.º 13, e Comissão/Conselho, C27/04, EU:C:2004:436, n.º 44)"*.

No caso em apreço, o Tribunal sustentou que, atendendo a que a decisão impugnada é relativa à assinatura do Acordo de Adesão e do Acordo Adicional em nome da União, bem como à aplicação provisória desses acordos pela União, por um lado, e pelos Estados-Membros, por outro, daí decorre que o Conselho participou nas decisões adotadas sobre todos estes aspetos[421]. Além disso, a decisão impugnada produz efeitos jurídicos.

Para o Tribunal, a decisão impugnada deve ser considerada um ato do Conselho que pode ser objeto de recurso de anulação, nos termos do artigo 263.º TFUE.

Por último, *"resulta de jurisprudência constante do Tribunal de Justiça que a admissibilidade do recurso de anulação da Comissão não pode estar subordinada à prova da existência de um interesse em agir (v. acórdãos Comissão/Conselho, 45/86, EU:C:1987:163, n.º 3, e Comissão/Conselho, C370/07, EU:C:2009:590, n.º 16)"*.

O Tribunal admitiu, pois, o recurso de anulação.

Questão diversa é a de saber se os acordos internacionais podem servir de parâmetro de aferição da legalidade de um ato da União.

Segundo o Tribunal, a jurisprudência *International Fruit Company* relativa à apreciação de validade no domínio do processo das questões prejudiciais

---

[421] O Tribunal remeteu, por analogia, para o acórdão de 4/9/2014, *Comissão/Conselho*, proc. C-114/12, EU:C:2014:2151, n.º 41.

pode aplicar-se em sede de recurso de anulação, quando as obrigações que resultam do acordo em causa não relevam do princípio da reciprocidade, como é o caso da Convenção do Rio de 92 sobre biodiversidade[422].

Por fim, importa referir que os acordos internacionais celebrados pelos Estados-Membros, antes da entrada em vigor do Tratado ou da adesão do Estado à União, prevalecem sobre todo o direito comunitário, nas condições definidas no artigo 351.º TFUE, acima estudado, pelo que os atos aprovados pelos órgãos da União também têm de se conformar com eles.

16.2.3. O processo por incumprimento

Tendo em conta que, segundo o artigo 216.º, n.º 2, do TFUE, os acordos vinculam as instituições da União e os Estados-Membros, a Comissão pode desencadear um processo por incumprimento, ao abrigo do artigo 258.º do TFUE, contra um ou mais Estados-Membros que não cumpram um acordo internacional concluído pela União no âmbito da sua competência[423].

O Tribunal considerou que a Comissão pode igualmente desencadear uma ação por incumprimento contra um Estado que não cumpriu um acordo misto na parte respeitante à competência da União[424].

Em princípio, um Estado-Membro também pode desencadear um processo por incumprimento contra outro Estado-Membro, nos termos do artigo 259.º TFUE pelas mesmas razões. Note-se, contudo, que não é muito comum a utilização deste procedimento por parte dos Estados-Membros, pelo que não existem precedentes neste domínio.

16.2.4. A ação de responsabilidade extracontratual

A ação de responsabilidade civil extracontratual da União Europeia está prevista no artigo 268.º TFUE segundo o qual o Tribunal de Justiça tem

---

[422] V. acórdão de 9/10/2001, *Países Baixos / PE e Conselho*, proc. C-377/98, Col. 2001, p. I-7079 e segs, cons. 52 a 54.
[423] Acórdão de 26/10/82, *Kupferberg*, proc. 104/81, Rec. 1982, p. 3641, 3662.
[424] V., entre outros, acórdão de 19/3/2002, *Comissão / Irlanda (Convenção de Berna)*, proc. C-13/00, Col. 2002, p. I-2943 e segs, cons. 14 e 15, 19 e 20 e acódão de 15/7/2004, *Pêcheurs de l'Étang du Berre*, proc. C-213/03, Col. 2004, p. 7357 e segs.

competência exclusiva para conhecer dos litígios relativos à reparação dos prejuízos referidos no artigo 340.º, par. 2.º e 3.º, TFUE.

Dado o carácter parcimonioso da letra destes preceitos, o TJ tem tido um papel extremamente importante na construção de um sistema de responsabilidade próprio do direito da União Europeia, que tem em conta as exigências decorrentes da estrutura da União e dos princípios gerais comuns aos direitos dos Estados-Membros.

A ação de responsabilidade civil extracontratual é uma decorrência lógica da ideia de União de Direito. Efetivamente, se, devido à sua atuação, a União causar prejuízos a terceiros, sejam eles quem forem, estes devem ter acesso à justiça para poderem obter a reparação desses prejuízos. Dito de outro modo: é necessário que exista uma ação que permita, em certas circunstâncias, obter a reparação desses danos.

Como se sabe, os particulares são, em muitos casos, destinatários das normas da União, pelo que da aplicação dessas normas podem resultar prejuízos na sua esfera jurídica. Mas a inércia dos órgãos da União também pode provocar danos[425]. Ou seja: os órgãos da União, quando exercem ou não exercem a competência que os Tratados lhes atribuem, podem fazê-lo de forma a causarem prejuízos aos particulares.

O sistema de proteção jurisdicional da União, cujo principal objetivo é a reposição da legalidade, ficaria incompleto se não existisse um meio processual adequado à concretização da responsabilidade extracontratual.

Esta ação desempenha também um papel subsidiário ou complementar em relação aos meios jurisdicionais nacionais.

A maioria dos casos de responsabilidade extracontratual baseia-se na atividade normativa da União.

Na ausência de regras específicas nos Tratados relativas aos requisitos exigidos para acionar o mecanismo da responsabilidade civil extracontratual da União coube ao Tribunal a tarefa de os definir.

---

[425] O prejuízo que fundamenta a acção de responsabilidade extracontratual tanto pode advir de uma acção como de uma omissão da Comunidade. Ver, por exemplo, acórdão de 26/11/1975, *Societé des Grands Moulins des Antilles,* proc. 99/74, Rec. 1974, p. 1531 e segs.

Numa primeira fase, o Tribunal exigiu requisitos diferentes, consoante a ilicitude se baseasse em violação de atos dotados de generalidade (v.g. regulamentos) ou de atos individuais (v. g. decisões)[426].

Mais recentemente, no acórdão *Bergaderm*[427], o Tribunal abandona aquela fórmula, tendo passado a exigir que «*a regra superior de direito violada tenha por objeto conferir direitos aos particulares*»[428].

Além disso, o Tribunal passou a considerar que, para acionar o mecanismo da responsabilidade, o que importa não é tanto o carácter geral ou individual do ato, mas antes a margem de apreciação ou o grau de discricionariedade de que o seu autor dispõe. Quando a margem de apreciação não existe, ou é muito reduzida, a mera violação do ato pode ser suficiente, independentemente de se tratar de um ato legislativo ou administrativo[429].

Apesar de o Tribunal, no acórdão *Bergaderm,* ter omitido a referência clássica à necessidade de violação de uma regra superior de Direito, daí não se deve inferir que esta exigência tenha sido abandonada. Com efeito, para haver ilegalidade, é necessário que o ato viole uma regra que ocupe um lugar superior na hierarquia das normas[430].

Formalmente, a regra superior é toda e qualquer regra de nível hierárquico superior ao facto ilícito, pelo que nada impede que aí se incluam os acordos internacionais. Sublinhe-se, porém, que a exigência de «*a regra superior de direito violada tenha por objeto conferir direitos aos particulares*» pode afastar todos aqueles acordos aos quais o Tribunal recusou reconhecer o efeito direto das suas normas, como, por exemplo, os acordos adotados no âmbito da OMC.

Materialmente, a regra superior de Direito é qualquer princípio que exprima valores importantes da ordem jurídica da União, como, por exemplo,

---

[426] Acórdão de 25/5/78, *HNL*, proc. 83/76, Rec. 1978, p. 1209; acórdão de 13/11/73, *Werhahn*, procs. 63 a 69/72, Rec. 1973, p. 1247; acórdão de 14/5/75, *CNTA*, proc. 74/74, Rec. 1975, p. 533; acórdão de 14/1/87, *Zuckerfabrik Bedburg*, proc. 281/84, Col. 1987, p. 49.
[427] Acórdão de 4/7/2000, *Bergaderm e Goupil,* proc. C-352/98 P, Col. 2000, p. I-5291 e segs.
[428] Acórdão de 17/03/2005, *AFCon Management Consultants*, proc. T-160/03, Col. 2005,cons. 31.
[429] Acórdão de 4/7/2000, *Bergaderm e Goupil,* proc. C-352/98 P, Col. 2000, p. I-5291 e segs, cons. 40, 46, 47.
[430] Neste sentido Takis Tridimas, "Liability for Breach of Community Law: Growing Up or Mellowing Down?", *CMLR*, 2001, p. 328.

os princípios da confiança legítima[431] e da segurança jurídica, o princípio da igualdade[432], o princípio da não retroatividade[433] e do respeito pelos direitos adquiridos e o princípio da proporcionalidade[434]. A fonte destas regras materialmente superiores tanto podem ser os Tratados como os direitos dos Estados-Membros através dos princípios comuns.

O conceito de violação suficientemente caracterizada tem-se revelado bastante difícil de precisar.

Parece que a violação suficientemente caracterizada tem de ser uma violação grave e manifesta[435]. A violação é manifesta se provocou um prejuízo importante e especial, ou seja, tem a ver com a natureza da infração.

A violação é grave se os prejuízos alegados pelo autor ultrapassarem os limites do risco inerentes à atividade económica do sector em causa. A violação grave situa-se, pois, no plano das consequências dos prejuízos causados. O TJ identificou a violação grave com o comportamento arbitrário[436].

Como vimos, até ao acórdão *Bergaderm*, o Tribunal considerou que a ilegalidade deveria consistir na violação de uma regra de Direito destinada a proteger os direitos e interesses do autor, tendo, após aquele acórdão, passado a exigir que a regra violada conferisse direitos aos indivíduos. Todavia, o facto de a norma violada ser de natureza geral não exclui a possibilidade de afetar interesses de operadores económicos individuais.

No caso *Sofrimport*, o TJ parece ter sido menos exigente quanto à verificação desta condição, na medida em que admitiu que a Comissão, ao adotar um regulamento, que impedia a importação de maçãs chilenas, sem ter em conta a situação das mercadorias já em trânsito, violou de forma suficiente

---

[431] Acórdão de 19/5/92, *Mulder II*, proc. 104/89, Col. 1992, p. 3061; acórdão de 28/4/88, *Von Deetzen*, proc. 170/86, Col. 1988, p. 2355; acórdão de 17/3/76, *Lesieur Cotelle*, procs. 67 a 87/75, Rec. 1976, p. 391.

[432] Acórdãos de 13/6/72, *Grands Moulins de Paris*, proc. 9 e 11/71, Rec. 1972, p. 403; de 24/10/73, *Merkur*, proc. 43/72, Rec. 1973, p. 1055; *HNL*, cit., p. 1209; *Dumortier frères*, cit., p. 3091; acórdão *Ireks-Arkady*, cit., p. 2955; *Zuckerfabrik Bedburg*, cit., p. 49.

[433] Acórdão *CNTA*, cit., p. 533.

[434] Acórdão *Wernahn*, cit., p. 1229; acórdão *Bedburg*, cit., p. 84.

[435] Acórdão *HNL*, cit., p. 1209; acórdão *Dumortier frères*, cit., p. 3114; acórdão de 5/12/79, *Amilum*, procs. 116 e 124/77, Rec. 1979, p. 3561; acórdão *Mulder II*, cit., p. 3131 e segs; acórdão *Grands Moulins de Paris*, cit., cons. 12.

[436] Acórdão *Amilum*, cit., p. 3497 e segs; acórdão de 5/12/79, *Koninklijke*, proc. 143/77, Rec. 1979, p. 3583 e segs.

caracterizada a confiança legítima do recorrente[437]. No acórdão *Mulder* o Tribunal aceitou que, se um operador económico foi incitado a suspender a comercialização de leite por um período determinado no interesse geral e contra o pagamento de um subsídio, tal operador pode legitimamente esperar não ser submetido a restrições que o afetem de forma específica em razão do facto de ter feito uso das possibilidades abertas pela legislação comunitária.

O TJ parece ter atenuado a exigência de dolo, tendo-se contentado com a culpa grave[438].

16.2.5. As dificuldades do controlo sucessivo

O controlo judicial sucessivo de convenções internacionais enfrenta algumas dificuldades quer do ponto de vista dos princípios de direito Internacional quer no que diz respeito à responsabilidade internacional da União, em caso de incumprimento de obrigações internacionais, devido à anulação ou invalidade do ato interno de vinculação.

Como veremos, no capítulo seguinte, esta não é a única dificuldade que a União Europeia enfrenta.

---

[437] Acórdão de 26/6/90, proc. C-152/88, Col. 1990, p. I-2477.
[438] Acórdão de 19/5/92, procs. C-104/89 e C-37/90, Col. 1992, p. I-3126.

Capítulo VI
Os outros direitos da União Europeia inerentes à sua subjetividade internacional

17. O direito de participação da União em organizações internacionais

Como temos vindo a observar ao longo deste livro, a União Europeia assume um papel muito relevante na comunidade internacional, desenvolvendo relações com o resto do Mundo, o que inclui as relações com certas organizações internacionais[439].

As bases jurídicas desse relacionamento constam dos Tratados (TUE e TFUE)[440] e têm vindo a ser concretizadas através da atuação da União.

---

[439] Sobre a participação da União nas organizações internacionais em geral, ver Maria José Rangel de Mesquita, *A atuação externa...*, p. 345 e segs; Piet Eeckhout, *External Relations of the European Union...*, p. 199 e segs; Kari Möttölä, "Collective and Co-Operative Security Arrangements in Europe", in Martti Koskenniemi (ed.), *International Law Aspects...*, p. 87 e segs; Marc Weller, "The European Union within the European Security Architecture", in Martti Koskenniemi (ed.), *International Law Aspects...*, p. 57 e segs; Catherine Flaesch--Mougin, "Les relations avec les organisations internationales et participation à celles-ci", in Jean-Victor Louis / Marianne Dony (dir.), *Commentaire Mégret...*, p. 337-437; Michael Hofstötter, "Suspension of Rights by International Organisations: The European Union, the European Communities and other International Organisations", in Vincent Kronenberger (ed.), *The European Union and the International Legal Order...*, p. 23-52; Sergio Marchisio, "EU's Membership in International Organizations", in Enzo Cannizzaro (ed.), *The European Union as an Actor...*, p. 231-260.

[440] V. Ramses A. Wessel / Steven Blockmans, "The Legal Status and Influence of Decisions of International Organizations...", p. 228 e segs; Ramses A. Wessel, "The Legal Framework

17.1. Bases jurídicas

Os Tratados preveem a possibilidade de a União e os seus Estados-Membros cooperarem com as organizações internacionais competentes (artigo 211.º TFUE) assim como preveem a possibilidade de a União celebrar acordos com organizações internacionais que criem uma associação caracterizada por direitos e obrigações recíprocos, ações comuns e procedimentos especiais (artigo 217.º TFUE).

O artigo 216.º, n.º 1, TFUE prevê que a União pode celebrar acordos com organizações internacionais e para isso não necessita de uma competência expressa, podendo resultar de uma competência interna, como já vimos. O processo para concluir esses acordos está previsto no artigo 218.º TFUE.

O artigo 220.º, n.ºs 1 e 2, TFUE prevê a "cooperação útil" com certas organizações internacionais e o estabelecimento de "ligações oportunas" com outras. O n.º 3 do mesmo preceito define quem é competente ao nível da União para promover as referidas "cooperação útil" e "ligações oportunas" – a/o Alta/o Representante da União para os Negócios Estrangeiros e a Política de Segurança e a Comissão.

O TFUE debruça-se igualmente sobre a representação da União junto das organizações internacionais, cujas delegações da União ficam colocadas sob a autoridade da/o Alta/o Representante da União para os Negócios Estrangeiros e a Política de Segurança e devem atuar em estreita cooperação com as missões diplomáticas e consulares dos Estados-Membros (artigo 221.º, n.º 1, TFUE).

O artigo 34.º, n.º 1, TUE versa indiretamente sobre a participação da União nas organizações internacionais ao estabelecer a coordenação da ação dos Estados-Membros no âmbito das organizações internacionais e em conferências internacionais no sentido de aí defenderem as posições da União.

O artigo 35.º TUE refere-se às representações junto das organizações internacionais.

Os Tratados preveem ainda a conclusão de tratados com organizações internacionais em domínios específicos, como é o caso, do artigo 37.º TUE que prevê essa possibilidade no que diz respeito à PESC.

for the Participation of the European Union in International Institutions", *European Integration*, 2011, p. 626 e segs.

Outros preceitos admitem essa mesma celebração de acordos com organizações internacionais, no domínio de políticas específicas, como, por exemplo, em matéria de política de ambiente (artigo 191.º, n.º 4, TFUE), em matéria de política comercial comum (artigo 207.º, n.º 3, TFUE), no âmbito da cooperação ao desenvolvimento (artigo 209.º, n.º 2, TFUE), no domínio da cooperação económica, financeira e técnica com países terceiros (artigo 212.º, n.º 3, TFUE) e em sede de ajuda humanitária (artigo 214.º, n.º 4, TFUE).

A ideia da cooperação da União com organizações internacionais aparece em vários domínios: educação e desporto (artigo 165.º, n.º 3, TFUE), formação profissional (artigo 166.º, n.º 3, TFUE), cultura (artigo 167.º, n.º 3, TFUE), saúde pública (artigo 168.º, n.º 3, TFUE), política social (artigo 156.º TFUE) e investigação e desenvolvimento tenológico (artigo 180.º, alínea b), TFUE).

No âmbito da PCSD, o artigo 42.º TUE menciona organizações internacionais específicas, como as Nações Unidas e a Organização do Atlântico Norte.

Aliás, não é demais realçar a relevância das Nações Unidas para a União Europeia. A prová-lo estão as múltiplas referências de que são alvo nos Tratados – artigos 3.º, n.º 5, 21.º, n.ºs 1 e 2, 34.º, n.º 2, 42.º, n.ºs 1 e 7, TUE e 208.º, n.º 2, 214.º, n.º 7, 220.º, n.º 1, TFUE.

Do exposto resulta que as competências da União no que toca às suas relações com organizações internacionais estão dispersas ao longo dos Tratados e encontram-se bastante fragmentadas.

17.2. A cooperação útil e as ligações oportunas

Segundo o artigo 220.º TFUE as relações entre a União e as organizações internacionais são de dois tipos – a cooperação útil e as ligações oportunas – sendo que o que distingue uma e outra é a intensidade da relação.

O Tratado explicita quais são as organizações internacionais com as quais a União deve desenvolver a cooperação útil – os órgãos das Nações Unidas e das suas agências especializadas, o Conselho da Europa, a Organização para a Segurança e a Cooperação na Europa e a Organização de Cooperação e de Desenvolvimento Económico. Com todas as outras organizações internacionais, a União pode desenvolver ligações oportunas.

Note-se que o tipo de relação que se estabelece entre a União e uma qualquer organização internacional não tem diretamente a ver com o estatuto da União nessa organização. Ou seja, a União pode não ser membro de uma organização e estabelecer cooperação útil, enquanto sendo membro pode estabelecer apenas ligações oportunas.

Os órgãos competentes para assegurarem a cooperação útil e as ligações oportunas são a/o Alta/o Representante da União para os Negócios Estrangeiros e a Política de Segurança e a Comissão.

17.3. A participação da União em organizações internacionais

Além da cooperação útil e das ligações oportunas, a União pode participar como membro de uma determinada organização internacional. Porém, a participação da UE em determinada organização internacional depende, em primeiro lugar, da repartição de atribuições entre os Estados-Membros e a União e, em segundo lugar, do facto de a organização internacional em causa permitir, ou não, a entidades como a UE fazerem dela parte[441].

Na verdade, apenas um número pequeno de organizações internacionais permite essa participação em pleno. Por isso, a UE não é membro de algumas organizações internacionais que têm atribuições muito extensas nos domínios dos seus objetivos, como é o caso da Organização Marítima Internacional ou da Organização Internacional da Aviação Civil. Por outro lado, o facto de os Estados-Membros, por vezes, não quererem abdicar da sua participação também causa problemas à participação da UE.

Desde cedo, o TJ admitiu que a União pode criar organizações internacionais (v. Parecer 1/76 anteriormente citado). Na prática, o Espaço Económico Europeu e as associações criadas pelos acordos de associação podem considerar-se como tal.

Além disso, a União participa quer como membro, quer como observador, ou ainda com um estatuto específico, em várias organizações internacionais.

Nos termos do artigo 34.º, n.º 1, TUE, a/o Alta/o Representante da União para os Negócios Estrangeiros e a Política de Segurança assegura a organização a coordenação da União e dos Estados-Membros. Nas organizações

---

[441] V. RAMSES A. WESSEL, "The Legal Framework for the Participation of the European Union...", p. 625.

internacionais e em conferências internacionais em que não tomem parte todos os Estados-Membros, aqueles que nelas participem defenderão as posições da União.

Os Estados-Membros representados em organizações internacionais ou conferências internacionais em que nem todos os Estados-Membros o estejam, manterão estes últimos, bem como a/o Alta/o Representante, informados sobre todas as questões que se revistam de interesse comum.

Os Estados-Membros que sejam igualmente membros do Conselho de Segurança das Nações Unidas concertar-se-ão e manterão os outros Estados--Membros, bem como a/o Alta/o Representante, plenamente informados. Os Estados-Membros que são membros do Conselho de Segurança das Nações Unidas defenderão, no exercício das suas funções, as posições e os interesses da União, sem prejuízo das responsabilidades que lhes incumbem por força da Carta das Nações Unidas. Sempre que a União tenha definido uma posição sobre um tema que conste da ordem de trabalhos do Conselho de Segurança das Nações Unidas, os Estados-Membros que nele têm assento solicitam que a/o Alta/o Representante seja convidada/o a apresentar a posição da União.

Naturalmente que os Estados-Membros da União com assento no Conselho de Segurança têm aqui uma obrigação de meios e não de resultados.

18. O direito de legação

18.1. O direito de legação ativo e passivo da União Europeia

Além do direito de celebração de convenções internacionais e do direito de participação em organizações internacionais, após a entrada em vigor do Tratado de Lisboa, a União passou a dispor também do dircito de legação. Este não estava previsto na versão originária dos Tratados nem foi aditado nas várias revisões que, entretanto, ocorreram, só tendo adquirido estatuto de direito originário recentemente.

Note-se que, não obstante o silêncio dos Tratados, antes as Comunidades, e posteriormente a União tinham um número significativo de representações da Comissão junto de Estados terceiros e de organizações internacionais e de missões diplomáticas acreditadas junto das Comunidades e de representações de organizações internacionais[442].

As principais alterações consagradas no Tratado de Lisboa, com repercussões no direito de legação ativo, são as seguintes:

a) a previsão do Serviço Europeu para a Ação Externa, no artigo 27.º, n.º 3, TUE, que estudaremos no ponto seguinte;
b) o artigo 32.º, par. 3.º, TUE, o qual, no domínio da PESC, estabelece que "*as missões diplomáticas dos Estados-Membros e as delegações da União nos países terceiros e junto de organizações internacionais cooperam entre si e contribuem para a formulação e execução da abordagem comum*";
c) o artigo 35.º, par. 1.º, TUE prevê que as missões diplomáticas e consulares dos Estados-Membros e as delegações da União nos países terceiros e nas conferências internacionais, bem como as respetivas representações junto das organizações internacionais, concertar-se-ão no sentido de assegurar a observância e a execução das decisões que definem posições e ações da União adotadas no âmbito da PESC.
d) o artigo 35.º, par. 2.º, TUE impõe às referidas missões, delegações e representações um dever de intensificação da sua cooperação através do intercâmbio de informações e avaliações comuns;
e) o artigo 35.º, o par. 3.º, TUE confere a essas missões, delegações e representações competência para contribuírem para a execução de um dos direitos da cidadania da União – o direito de proteção diplomática e consular dos cidadãos da União no território dos países terceiros – constante da alínea c) do n.º 2 do artigo 20.º TFUE, e das medidas adotadas em aplicação do artigo 23.º do referido Tratado;
f) o artigo 221.º do TFUE, inserido no capítulo do TFUE relativo à ação externa da União, refere que a representação da União é assegurada pelas delegações da União junto dos países terceiros e junto das organizações internacionais.

---

[442] Sobre o direito de legação antes do Tratado de Lisboa, cfr. MARIA JOSE RANGEL DE MESQUITA, *A atuação externa*..., p. 341 e segs; JEAN-VICTOR LOUIS, "*La personnalité juridique internationale*...", p. 29 e segs; CHRISTINE KADDOUS, *Le droit des relations extérieures*..., p. 133 e segs.

No que diz respeito ao direito de legação passivo, o Tratado apenas se refere às representações dos Estados terceiros junto da União no capítulo VI do Protocolo n.º 7 relativo aos privilégios e imunidades da União Europeia.

18.2. O Serviço Europeu para a Ação Externa

Com efeito, uma das principais inovações do Tratado de Lisboa é a previsão de criação futura de um Serviço Europeu para a Ação Externa (SEAE), o qual foi concebido para assistir a/o Alta/o Representante (artigo 27.º, n.º 3, TUE) e tem como objetivo trabalhar em cooperação com os serviços diplomáticos dos Estados-Membros[443].

O SEAE é constituído por uma administração central[444] e pelas cerca de 130 delegações da Comissão e do Conselho no exterior, que anteriormente existiam, as quais passaram a delegações da União (artigo 221.º, n.º 2, TFUE) assim como por diplomatas dos Estados-Membros.

No fundo, o SEAE, tal como se encontra esboçado, no Tratado de Lisboa, tinha como principal objetivo acabar com a multiplicidade de centros diplomáticos em que a ação externa da União se desenvolvia[445], construindo, em seu lugar, uma diplomacia comum europeia[446].

A previsão do SEAE no Tratado de Lisboa – ainda que importante – não foi suficiente para assegurar a sua criação.

---

[443] V. artigo 3..º da Decisão 2010/427/UE do Conselho, de 26 de Julho de 2010, que estabelece a organização e o funcionamento do Serviço Europeu para a Ação Externa, publicada no JOUE L 201/30 de 3/8/2010.
Sobre a cooperação entre as missões diplomáticas da União e os serviços diplomáticos dos Estados-Membros, v. DIMITAR DERMENDZHIEV, "The Emergence of a Network of "European Embassies": Increasing Cooperation between EU Delegations and Member States Diplomatic Missions", *EU Diplomacy Papers* 10/2014.

[444] V. artigo 4..º da Decisão 2010/427/UE do Conselho, de 26 de Julho de 2010, citada na nota anterior.

[445] Neste sentido, NATIVIDAD FERNÁNDEZ SOLA, "The proposed reform of the European External Actions Service and its implications for the European Union's Security Policy", *Revista del Instituto Español de Estudios Estratégicos*, 2013, p. 1 e segs.

[446] Neste sentido, FRANCISCO ALDECOA LUZÁRRAGA, "La diplomacia europea como diplomacia común" in FRANCISCO ALDECOA LUZÁRRAGA (coord.), *La diplomacia común europea: el servicio europeo de acción exterior*, Madrid, Marcial Pons, 2011, p. 28.

Na verdade, a conceção do SEAE estava em curso desde as negociações do Tratado que estabelece uma Constituição para a Europa e gerava muita controvérsia[447], isto porque a representação diplomática é um dos aspetos em que os Estados têm mais dificuldade em abdicar da sua soberania. Alguns Estados temiam até que tal serviço ofuscasse as embaixadas nacionais e conduzisse ao seu fecho.

Estes receios acabaram por ficar salvaguardados no próprio Tratado de Lisboa que inclui uma declaração – a declaração n.º 13 sobre a política externa e de segurança comum – a qual expressamente afirma que a criação de um serviço para a ação externa não afeta as responsabilidades dos Estados-Membros, tal como estão consagradas, para a formulação e condução das respetivas políticas de negócios estrangeiros, nem as suas representações em países terceiros ou em organizações internacionais.

Apesar desta declaração, e tendo em conta que o Tratado de Lisboa deixava em aberto a maior parte das questões relacionadas com a criação no terreno do SEAE, como, por exemplo, que estrutura deveria ter, que tarefas deveria desempenhar assim como quais as técnicas que deveria utilizar, as diferentes partes envolvidas – Presidente do Conselho Europeu, Presidente da Comissão, Comissão e Conselho e ainda o Parlamento Europeu[448] – após a entrada em vigor do Tratado de Lisboa precisaram de chegar a um acordo. Tal não se afigurou uma tarefa fácil[449], desde logo, porque o serviço se destinava a assistir a/o Alta/o Representante, a/o qual, tal como está delineada/o no Tratado, tem uma natureza bastante híbrida, pois não se enquadra em nenhuma das categorias previstas pelo Tratado – instituição, órgão ou agência[450].

---

[447] V. Francisco Aldecoa Luzárraga, "La diplomacia europea...", p. 26.

[448] Sobre o contributo e a posição do Parlamento Europeu durante as negociações do acordo de criação do SEAE, ver Ricardo Cortés, "La naturaleza institucional del SEAE y su vinculación al Parlamento Europeo", in Francisco Aldecoa Luzárraga (coord.), *La diplomacia común europea...*, p. 77 e segs.

[449] Sobre as dificuldades de criação do SEAE, ver Bart Von Vooren / Ramses A. Wessel, "External Representation and the European External Action Service: Selected Legal Challenges", in Steven Blockmans / Ramses A. Wessel (eds.), *Principles and practices of EU external representation*, Cleer Working Papers, 2012/5, p. 59 e segs; Alfonso Diéz Torres, "El Servicio Europeo de Acción Exterior: Desafios para su puesta en marcha", in Francisco Aldecoa Luzárraga (coord.), *La diplomacia común europea...*, p. 60 e segs.

[450] Neste sentido, Leendert Erkelens / Steven Blockmans, "Setting up the European External Action Service: An Institutional Act of Balance", *Cleer Working papers* 2012/1, p. 4.

Note-se ainda que a criação do SEAE não colocava problemas apenas do lado da União Europeia e dos seus Estados-Membros, mas também do lado dos terceiros Estados e das organizações internacionais, na medida em que as relações diplomáticas e consulares foram pensadas no direito internacional para a proteção dos nacionais de Estados e não de entidades como a União Europeia[451].

Acresce que, estando o SEAE na dependência da/o Alta/o Representante da União para os Negócios Estrangeiros e para a Política de Segurança, a/o qual, segundo o TUE, é nomeada/o, com o acordo do Presidente da Comissão, pelo Conselho Europeu, por maioria qualificada, que a/o pode destituir a qualquer momento (artigo 18.º do TUE), sendo, em simultâneo, Vice-presidente da Comissão (artigo 17.º, n.ºs 4 e 5, do TUE) e presidente do Conselho de Negócios Estrangeiros (artigo 27.º, n.º 1, do TUE), isso implica uma dupla responsabilidade – perante o Presidente do Conselho Europeu e perante o Presidente da Comissão (podendo ser destituído por qualquer um deles).

Ora, o Conselho Europeu e a Comissão representam interesses distintos, pelo que esta ambivalência vai repercutir-se no SEAE. Esta dupla «fidelidade» é suscetível de causar problemas nas relações interinstitucionais[452].

Por outro lado, sendo membro da Comissão é igualmente responsável perante o PE pelas atividades que desenvolva no âmbito da Comissão e deve demitir-se em caso de aprovação de uma moção de censura à Comissão (artigo 17.º, n.º 8, TUE e artigo 234.º TFUE).

Na prática, a primeira Alta Representante – a Baronesa Ashton – deparou-se com enormes dificuldades de afirmação, desde logo, perante a Comissão enquanto sua Vice-Presidente, uma vez que o então Presidente Barroso tudo fez para lhe dificultar o exercício das suas competências[453]. Além disso, a instalação do SEAE consumiu-lhe uma grande parte da energia e do mandato.

---

[451] O desenvolvimento deste assunto, veja-se em BART VON VOOREN / RAMSES A. WESSEL, "External Representation and the European External Action Service...", p. 75 e segs.
[452] Neste sentido, CHRISTINE KADDOUS, "Role and Position of the High Representative of the Union for Foreign Affairs and Security Policy under the Lisbon Treaty", in STEFAN GRILLER / JACQUES ZILLER, *The Lisbon Treaty*..., p. 209 e segs.
[453] Sobre estas dificuldades, v. LEENDERT ERKELENS / STEVEN BLOCKMANS, "Setting up the European External Action Service...", p. 5.

Desde logo, as negociações da Decisão de estabelecimento e organização do SEAE foram muito árduas[454].

Os dois principais problemas que se colocaram tiveram a ver com a inclusão, ou não, da política de cooperação ao desenvolvimento no SEAE, o que implicaria, antes de mais, a gestão de um orçamento significativo – o que não agradava, desde logo, à Comissão – e com a responsabilidade política do SEAE perante o PE[455].

Estas questões acabaram por se resolver, mantendo algum poder na Comissão, no primeiro caso, e assumindo a Alta Representante o compromisso perante o PE de que, na nomeação de Chefes de Delegações que o PE considera estrategicamente importantes, haverá uma troca prévia de pontos de vista com o PE.

A Decisão 2010/427/UE do Conselho, de 26 de Julho de 2010, estabelece a organização e o funcionamento do Serviço Europeu para a Ação Externa[456], o qual foi formalmente lançado, em 1 de dezembro de 2010, e começou a operar, em 1 de janeiro de 2011, com a transferência de cerca de 1500 funcionários dos serviços indicados no Anexo da Decisão acima referida.

O funcionamento efetivo do SEAE não ocorreu, todavia, de um dia para o outro, antes levou tempo a arrancar e a entrar em velocidade de cruzeiro, necessitando de ajustamentos constantes. Daí que em 2013 a Baronesa Ashton tenha apresentado um conjunto de recomendações de curto e médio prazo para melhorar o serviço[457], no que não parece ter tido grande sucesso. A própria academia também se ocupou do tema da reforma do SEEA[458].

---

[454] Para maiores desenvolvimentos sobre estas negociações, ver MARK FURNESS," Who Controls the European External Action Service? Agent Autonomy in EU External Policy", *European Foreign Affairs Review*, 2013, p. 110 e segs.

[455] Para maiores desenvolvimentos sobre a responsabilização política do SEEA perante o PE, v. LEENDERT ERKELENS / STEVEN BLOCKMANS, "Setting up the European External Action Service...", p. 17 e segs.

[456] Para um comentário desta Decisão, ver STEVEN BLOCKMANS / CHRISTOPHE HILLION (ed.), "EEAS 2.0: A Legal Commentary on Council Decision 2010/427/EU Establishing the Organizations and Functioning of the European External Action Service", *EUI Working Paper AEL* 2013/3.

[457] NIKLAS HELWIG / CAROLIN RÜGER, "In Search of a Role for the High Representative: The Legacy of Catherine Ashton", *The International Spectator*, 2014, p. 5 e 6.

[458] V. STEVEN BLOCKMANS / CHRISTOPHE HILLION (eds.), "EEAS 2.0 – Recommendations for the amendement of Council Decision 2010/427/EU establishing the organization and

O SEAE procura, portanto, tornar a ação externa da União mais consistente, mais coerente[459] e mais visível, o que alguns consideram que efetivamente sucedeu[460]. Deve, no entanto, sublinhar-se que a forma como o SEAE está concebido torna, por vezes, difícil a resposta rápida e eficaz aos desafios da diplomacia moderna, uma vez que se trata de uma estrutura muito pesada, muito hierarquizada e ainda pouco integrada no sistema global. Além disso, depende dos interesses de outros intervenientes[461], designadamente dos Estados, os quais em conjunto com as instituições europeias definem o seu orçamento[462].

19. O direito de participação da União no sistema internacional de controvérsias

19.1. Enquadramento geral da questão

O direito de reclamação internacional ou direito de pleitear em juízo é um dos direitos que resultam da personalidade jurídica internacional[463] e é inerente ao princípio da *rule of law*.

---

functioning of the European External Action", *CEPS Special Report N..º 78/13* November 2013.

[459] Sobre o papel do SEAE no reforço da unidade e coerência da ação externa da União, ver BRIAN CROWE, "The European External Action Service and the Unity and Coherence of European Foreign Policy", in FRANCISCO ALDECOA LUZÁRRAGA (coord.), *La diplomacia común europea...*, p. 43 e segs.

[460] Neste sentido, PANOS KOUTRAKOS, "The European Union's Common Foreign and Security Policy after the Treaty of Lisbon", SIEPS, 2017: 3, p. 47; THOMAS HENÖKL, "Conflict and Continuity in European Cultures: Accountability, Scrutiny and Control in EU External Affairs", *International Relations and Diplomacy*, 2016, p. 336 e 337.

[461] Para um estudo sobre a forma como os diversos intervenientes tomam decisões no âmbito do SEAE, ver THOMAS E. HENÖKL, "How do EU Foreign Policy-Makers Decide? Institutional Orientations within the European External Action Service", *West European Politics*, 2015, p. 679 e segs.

[462] Para maiores desenvolvimentos ver JULIANE SCHMIDT, "Between Irrelevance and Integration? New Challenges to Diplomacy in the 21st Century and the Role of the EEAS", *EU Diplomacy Papers 8/2014*, Collège d'Europe, p. 14 e segs.

[463] Sobre o direito de reclamação internacional da União Europeia, cfr., entre outros, JEAN-VICTOR LOUIS, "La personnalité juridique internationale...", p. 29 e segs; CHRISTINE KADDOUS, Le droit des relations extérieures..., p. 133 e segs.

Ora, se este princípio fosse verdadeiramente respeitado no direito internacional, qualquer sujeito de direito internacional deveria ter acesso a tribunais internacionais para fazer valer os direitos que lhe advêm da norma internacional assim como deveria estar sujeito à jurisdição daqueles, em caso de incumprimento das suas obrigações internacionais.

É sabido que, no estádio atual de evolução do direito internacional, nem sempre se verifica a existência de tribunais para dirimir os conflitos e, quando existem, nem sempre a sua jurisdição é obrigatória[464].

A União Europeia, além das dificuldades que enfrenta qualquer sujeito de direito internacional em sede de reclamação internacional, depara ainda com outros entraves inerentes à sua especial natureza.

19.2. As dificuldades que a União enfrenta no sistema internacional de controvérsias

Algumas caraterísticas da União Europeia e do seu direito, como sejam a autonomia da ordem jurídica da União; a complexa repartição de poderes entre a União e os seus Estados-Membros e a competência exclusiva do Tribunal de Justiça para aplicar e interpretar o direito da União prevista nos artigos 19.º TUE e 344.º TFUE, tornam ainda mais difícil o exercício do direito de participação da União Europeia no sistema internacional de controvérsias do que o que se verifica em relação a outros sujeitos de direito internacional.

Na verdade, o TJ que já teve oportunidade de se pronunciar diversas vezes sobre a questão da compatibilidade de sistemas internacionais de controvérsias com o direito da União Europeia e foram muitas as dificuldades com que se deparou[465].

Não obstante ter demonstrado uma certa abertura à participação da União no sistema internacional de controvérsias, pois o Tribunal aceitou, no Parecer 2/13, como ponto de partida que *"(...) um acordo internacional que prevê a criação de uma jurisdição com competência para interpretar as suas disposições e cujas*

---

[464] Sobre o estado desta questão no direito internacional ver, por todos, PATRICK DAILLIER / MATHIAS FORTEAU / ALAIN PELLET, *Droit International Public...*, p. 926 e segs.

[465] Sobre estas dificuldades ver BRUNO DE WITTE, "A Selfish Court? The Court of Justice and the Design of International Disputes Settlement Beyond the European Union", in MARISE CREMONA / ANNE THIES, *The European Court of Justice ...*, p. 33 e segs.

decisões vinculam as instituições, incluindo o Tribunal de Justiça, não é, em princípio, incompatível com o direito da União, e isso é tanto mais assim quanto, como no caso em apreço, a celebração desse acordo está prevista nos próprios Tratados. Com efeito, a competência da União em matéria de relações internacionais e a sua capacidade para celebrar acordos internacionais comportam necessariamente a faculdade de se submeter às decisões de uma jurisdição criada ou designada em virtude de tais acordos, no que diz respeito à interpretação e à aplicação das suas disposições (v. pareceres 1/91, EU:C:1991:490, n.ᵒˢ 40 e 70, e 1/09, EU:C:2011:123, n.º 74)."

A verdade é que, na prática, salvo raras exceções[466], sempre que o Tribunal de Justiça foi chamado a pronunciar-se sobre sistemas de controlo judicial previstos ou criados por acordos internacionais acabou por os considerar incompatíveis com os Tratados[467].

Assim, no parecer 2/13, o Tribunal rejeitou a compatibilidade do acordo projetado de adesão da União à CEDH com os Tratados, em boa parte, devido à incompatibilidade do seu sistema de controlo judicial com o direito originário. Além disso, podem ainda citar-se o parecer 1/91, em que o Tribunal inviabilizou o Tribunal do Espaço Económico Europeu e o parecer 1/09[468], em que o Tribunal considerou os poderes do Tribunal Europeu de Patentes incompatíveis com os Tratados.

Dito isto, importa também sublinhar que há algumas situações em que a União participa no sistema de solução de controvérsias do acordo internacional ou da organização internacional de que é parte. O exemplo mais óbvio é o da participação da União no sistema internacional de controvérsias da OMC[469], da qual é membro fundador.

---

[466] Ver, por exemplo, o parecer 1/00, 18 de abril de 2002 (EU:C:2002:231), no qual o Tribunal emitiu um parecer no sentido de que *"o sistema de controlo judicial que o acordo sobre a criação de um Espaço de Aviação Comum Europeu visa instituir através dos seus artigos 17.º, 23.º, e 27.º, bem como do seu Protocolo IV, é compatível com Tratado CE."*

[467] Ver pareceres 1/76 (Tribunal do Fundo); 1/91 (Tribunal do Espaço Económico Europeu); 2/94 (Tribunal Europeu dos Direitos do Homem); caso *Mox Plant* (acórdão de 30/05/2006, proc. C-459/03, ECLI:EU:C:2006:345) e pareceres 1/09 (Tribunal Europeu das Patentes) e 2/13 (Adesão da União à CEDH, incluindo sua submissão à jurisdição do TJ. Para um estudo desenvolvido destas decisões, com exceção da última, ver BRUNO DE WITTE, "A Selfish Court? The Court of Justice...", p. 35 e segs.

[468] Parecer de 8/3/2011, EU:C:2011:123, n.º 76.

[469] Sobre a União no sistema de controvérsias da OMC, ver GRACIA MARIN-DURAN, "The EU and its Member States in WTO Dispute Settlement: A 'Competence Model', or a Case Apart,

Abrindo aqui um parêntesis, o sistema de resolução de litígios da OMC abrange todos os acordos comerciais multilaterais. Com efeito, o sistema aplica-se ao comércio de mercadorias, ao comércio de serviços e às questões de propriedade intelectual abrangidas pelo acordo sobre os ADPIC, sendo igualmente aplicável aos litígios abrangidos pelo acordo plurilateral sobre os contratos públicos. Alguns desses acordos contêm regras relativas à resolução de litígios que só se aplicam aos litígios abrangidos pelo acordo em questão e que podem completar ou alterar as regras do memorando de entendimento.

O memorando de entendimento que rege a resolução de litígios reconhece a situação especial dos países em desenvolvimento e dos países menos desenvolvidos membros da OMC. Os países em desenvolvimento podem optar por um procedimento acelerado e solicitar prazos mais longos ou uma assistência jurídica complementar. Os membros da OMC são incentivados a prestarem uma atenção especial à situação dos países em desenvolvimento membros.

O Mecanismo de Exame das Políticas Comerciais (MEPC) foi instituído a título provisório no âmbito do GATT, em 1989, na sequência da avaliação intercalar do Uruguai Round. Hoje em dia, esse mecanismo faz parte integrante do sistema da OMC e visa todos os domínios abrangidos pelos acordos OMC (mercadorias, serviços e questões em matéria de propriedade intelectual).

O MEPC tem, designadamente, por objetivo permitir uma maior transparência e um melhor conhecimento das políticas e práticas comerciais dos membros da OMC, de as incentivar com vista a um maior respeito pelas regras em vigor no sistema comercial multilateral e, por conseguinte, facilitar o bom funcionamento desse sistema.

No âmbito do MEPC, todos os membros da OMC são objeto de um exame. Relativamente aos 4 membros que ocupam as principais posições a nível do comércio mundial (atualmente a China, a UE, o Japão e os Estados Unidos) a periodicidade prevista desse exame é de 2 anos, sendo de 4 anos relativamente aos 16 membros seguintes e de 6 anos relativamente aos restantes membros. Para os países menos desenvolvidos pode ser fixado um período mais longo. Na prática, foi introduzida uma certa flexibilidade na periodicidade dos exames (até 6 meses de desfasamento). Em 1996, foi acordado que

for Managing International Responsibility?" (October 29, 2015). Disponível em SSRN: https://ssrn.com/abstract=2683491

os exames relativos a cada uma das 4 primeiras potências mundiais seriam, alternadamente, exames intercalares.

O exame é realizado pelo OEPC a partir de uma declaração de política geral apresentada pelo membro interessado e de um relatório elaborado pelo Secretariado da OMC. A fim de elaborar o seu relatório, o Secretariado solicita a colaboração do membro em questão, mas continua inteiramente responsável pelos factos apresentados e pelos pontos de vista expressos. O relatório do Secretariado e a declaração do membro serão publicados após a reunião de exame, assim como a ata da reunião e o texto das observações finais formuladas pelo presidente do OEPC no final da reunião.

Fechando parêntesis, diremos que, apesar de não existir um verdadeiro "tribunal" na OMC, as decisões dos vários painéis e do órgão de apelação são consideradas vinculativas. A União tem, aliás, uma participação muito ativa quer como autora quer como réu ou ainda como terceiro interveniente.

Note-se que no parecer 1/94 sobre a competência da União para fazer parte da OMC, o Tribunal não se pronunciou sobre o sistema de controlo. Apesar de o Acordo OMC ser um acordo misto é a Comissão que representa a União e os Estados-Membros em todas as disputas.

A União também está igualmente vinculada ao sistema de solução das controvérsias previsto na Convenção de Montego Bay sobre Direito do Mar.

Além disso, há acordos bilaterais de cooperação ou de associação que preveem sistemas de solução de controvérsias.

Outra dificuldade que a União enfrenta, neste domínio, prende-se com o sistema de repartição de poderes entre a UE e os seus Estados-Membros, o qual conduz, muitas vezes, à necessidade de os Estados-Membros litigarem em casos em que o direito da União está em causa.

Por último, refira-se que há certos mecanismos de solução judicial de controvérsias em que a União, pura e simplesmente, não pode litigar, devido à sua natureza. É o caso, por exemplo, do Tribunal Internacional de Justiça. Nesse caso, um dos seus Estados-Membros poderá assumir o litígio.

19.3. O contributo da União para o sistema internacional de controvérsias

Como atrás vimos, o Tribunal de Justiça socorre-se amiúde do direito internacional nas suas decisões, citando, frequentemente, decisões de tribunais internacionais, designadamente, do Tribunal Internacional de Justiça, mas o contrário não se verifica. Ou seja, os tribunais internacionais não recorrem à jurisprudência do Tribunal de Justiça para fundamentarem as suas decisões, com a rara exceção do TEDH.

As razões que podem explicar este fenómeno prendem-se, provavelmente, com a própria natureza da União que ameaça a estadualidade e com a postura do TJ, o qual é muito cioso da sua competência e muito zeloso da autonomia da ordem jurídica da União[470].

20. A responsabilidade internacional da União Europeia

20.1. A responsabilidade internacional das organizações internacionais em geral

Não sendo este o local próprio para estudar a responsabilidade internacional das organizações internacionais em geral, importa, porém, proceder a uma sucinta apresentação dos *Draft Articles on the responsibility of international organizations,* elaborados pela Comissão de Direito Internacional, ao longo de anos, e apresentados, em junho de 2011, à Assembleia Geral das Nações Unidas que os aprovou, em dezembro de 2011[471].

Ainda que essas regras não vinculem diretamente a União Europeia, elas acabam por ter alguma relevância, como veremos.

Existe, portanto, atualmente, um enquadramento jurídico-internacional relativo à responsabilidade internacional das organizações internacionais[472].

---

[470] Neste sentido, CHRISTOPHE HILLION / RAMSES A. WESSEL, "The European Union and International Dispute Settlement: Mapping Principles and Conditions", M. CREMONA / A. THIES / R. A. WESSEL (eds.), *The European Union and International Disputes Settlement,* Oxford, Hart, 2017, p. 21 e segs.

[471] Disponível em http://legal.un.org/ilc/texts/instruments/english/draft_articles/9_11_2011.pdf

[472] Do muito que se escreveu sobre responsabilidade internacional das organizações internacionais, em geral, e sobre os *Draft Articles,* ver ALAIN PELLET, "International Organizations are definitely not States. Cursory Remarks on the ILC Articles on the Responsibility of International Organizations", in MAURIZIO RAGAZZI (ed.), *Responsibility of International Organizations – Essays in Memoriam of Sir Ian Brownlie,* Leiden, Martinus Nijhoff, 2013, p. 41 e segs; MIRKA MÖLDNER, "Responsibility of International Organizations – Introducing the ICL's

Os *Articles* versam sobre a responsabilidade internacional das organizações internacionais por ato ilícito (artigo 1.º, n.º 1), mas também se aplicam à responsabilidade internacional de um Estado por ato ilícito que esteja relacionado com a conduta de uma organização internacional (artigo 1.º, n.º 2).

Qualquer ato internacionalmente ilícito de uma organização internacional gera responsabilidade internacional (artigo 3.º). O ato internacionalmente ilícito de uma organização internacional pode ser por ação ou omissão e tem de ser atribuído à organização segundo o direito internacional e constituir uma violação de uma obrigação internacional dessa organização (artigo 4.º, a) e b)).

O capítulo II incide sobre a questão de saber quando é que uma determinada conduta deve ser atribuída à organização internacional. Segundo o artigo 6.º, n.º 1, a conduta de um órgão ou agente de uma organização internacional no exercício das suas funções deve ser considerada um ato dessa organização sujeito ao direito internacional, seja qual for a posição desse órgão ou agente no âmbito da organização. As funções dos órgãos e agentes de uma organização internacional são definidas pelas suas regras.

O capítulo III diz respeito à violação de uma obrigação internacional e afirma no artigo 10.º, n.º 1, que existe violação de uma obrigação de direito internacional por uma organização internacional quando um ato de uma organização internacional não está em conformidade com o que é exigido por essa obrigação, independentemente da origem ou natureza da obrigação em causa e o n.º 2 do mesmo preceito adianta que estão incluídas no n.º 1 quaisquer obrigações provenientes da organização internacional em relação aos seus membros de acordo com o direito da organização.

Com especial relevância para a União Europeia refira-se o artigo 64.º dos *Draft Articles* intitulado *Lex specialis,* o qual tem a seguinte redação:

> "*Estes artigos não se aplicam onde e na medida em que as condições para a existência de um ato internacionalmente ilícito ou o conteúdo ou a implementação da responsabilidade internacional de uma organização internacional, ou de um Estado em conexão com a conduta de uma organização internacional, sejam*

DARIO", in A. Von Bogdandi / R. Wolfrum (eds.), *Max Planck Yearbook of United Nations Law*, vol. 16, 2012, p. 281 e segs; Jan Wouters / Jed Odermatt, "Are All International Organizations Created Equal? Reflections on the ILC's Draft Articles of Responsibility of International Organizations", *Global Governance Opinions – March 2012*, www.globalgovernancestudies.eu.

governadas por regras especiais do direito internacional. Tais regras especiais de direito internacional podem estar contidas nas regras da organização aplicáveis às relações entre uma organização internacional e seus membros".

Ou seja, este preceito pretende salvaguardar as situações especiais, isto é, normas especiais de responsabilidade internacional que, eventualmente, possam existir em certas organizações internacionais.

Note-se que a aplicação deste preceito à União Europeia não é isenta de dúvidas. Isto porque – quer se queira quer não – a União não é uma organização internacional como as outras.

O primeiro problema com que a União Europeia se depara é, portanto, o de saber se este preceito se lhe aplica, ou não.

Segundo os comentários da Comissão de Direito Internacional aos *Draft Articles*[473], não há dúvida que a União Europeia e as Comunidades se devem considerar abrangidas pelo artigo 64.º. Aliás, a CDI começa por chamar a atenção para o facto que é impossível enumerar todas as organizações internacionais que se devem considerar abrangidas por aquele preceito, para logo dar a Comunidade / União Europeia como exemplo de organização internacional com regras específicas relativamente a responsabilidade internacional.

Muito mais haveria a dizer sobre a responsabilidade internacional das organizações internacionais. Porém, não é este o local próprio para investigar o regime jurídico dessa responsabilidade, pelo que nos limitámos a referenciar algumas normas dos *Articles* em relação às quais se colocaram e colocam mais problemas à União Europeia.

Seguidamente vamos estudar quais as razões que levam a esta situação.

20.2. As dificuldades que a União enfrenta no domínio da responsabilidade internacional

A aplicação deste quadro legal à União levanta, com efeito, questões muito complexas, desde logo, porque, como se disse, a União não é uma organização internacional como as outras.

---

[473] Disponível em http://legal.un.org/ilc/texts/instruments/english/commentaries/9_11_2011.pdf

Porém, não há dúvida que a União é um sujeito de direito internacional[474] e, como tal, por ação ou omissão ilícitas, pode ser responsável internacionalmente. Tal perspetiva tem tendência a expandir-se à medida que os seus poderes aumentam. Ora, como se sabe, os poderes da União têm vindo a alargar-se em todas as revisões dos Tratados[475].

Afigura-se, pois, possível encontrar domínios novos em que a responsabilidade internacional da União poderá, eventualmente, vir a ser acionada. É o caso da ação da União ao nível da PESC, designadamente, no caso da sua participação em operações civis e militares, cujas particularidades, complexidade, efeitos em relação a pessoas e o nível de perigo que envolvem, requerem uma análise das suas consequências no caso de haver violação do direito internacional.

Com efeito, especialmente nas ações militares a União, pode eventualmente, violar direito internacional humanitário, direito internacional dos direitos humanos, acordos internacionais celebrados com terceiros Estados assim como as resoluções da ONU[476].

Na prática, verifica-se que a União pode ser responsabilizada pelos atos das suas instituições, órgãos e agentes, como, por exemplo, já sucedeu no âmbito da OMC, em diversos casos, mesmo quando a medida, contrária ao direito

---

[474] Nem sempre foi assim. A existência de personalidade jurídica internacional da Uniao foi, como vimos, controversa até ao Tratado de Lisboa.

[475] Sobre a responsabilidade internacional da União Europeia e dos seus Estados-Membros, cfr. entre outros, PIETER JAN KUIJPER, "International Responsibility for EU Mixed Agreements", in CHRISTOPHE HILLION / PANOS KOUTRAKOS (eds.) *Mixed Agreements Revisited...*, p. 208 e segs; JEAN-VICTOR LOUIS, "La personnalité juridique internationale...", p. 41 e segs; ELEFTHERIA NEFRAMI, "International Responsibility of the European Community and of the Member States under Mixed Agreements", in ENZO CANNIZZARO (ed.), *The European Union...*, p. 193 e segs; CHRISTIAN TOMUSCHAT, "The International Responsibility of the European Union", in ENZO CANNIZZARO (ed.), *The European Union...*, p. 177 e segs; GEERT A. ZONNEKEYN, "EC Liability for Non-Implementation of Adopted WTO Panels and Appellate Body Reports – the example of the "innocent exporters in banana case", in VINCENT KRONENBERGER (ed.), *The European Union...*, p. 251 e segs; CHRISTINE KADDOUS, *Le droit des relations extérieures...*, p. 169 e segs

[476] Neste sentido, CARMEN MÁRQUEZ CARRASCO / CRISTINA CHURRUCA MUGURUZA / ROCIO ALAMILLOS SÁNCHEZ, "Case Study: Common Security and Defence Policy (CDSP)", Deliverable n.º 10.3 de 31 de maio de 2016, p. 52 e segs; GLORIA FERNANDEZ ARRIBAS, "International Responsibility of the European Union for the Activities of its Military Operations. The Issue of Effective Control", *Spanish Yearbook of International Law*, 2013-2014, p. 36 e segs.

internacional, tenha sido adotada por um Estado-Membro. Noutros casos, são os Estados que assumem a responsabilidade internacional, como sucede com a CEDH, na qual a União não é parte (caso *Matthews*).

Além disso, dos Tratados resulta que a União é responsável pelos atos adotados pelas suas instituições, órgãos e agentes (artigo 340.º, n.º 2, TFUE).

Dito isto, importa sublinhar que as particulares caraterísticas da União Europeia dificultam – e muito – aos terceiros Estados ou organizações internacionais acionarem a União por violação de obrigações internacionais.

As regras da União relativas à repartição de atribuições entre ela e os seus Estados-Membros em matéria de ação externa não são suficientemente claras para permitirem aos terceiros saber *a priori* se devem acionar a União ou os seus Estados-Membros ou ambos.

Se, no caso das atribuições exclusivas, se poderá dizer que só a União deve ser acionada quer por condutas ilícitas dos seus órgãos e agentes quer por condutas dos seus Estados-Membros, pois só a União pode acabar com violação do direito internacional, já no caso das atribuições paralelas e das atribuições partilhadas é diferente.

No que diz respeito às atribuições paralelas, previstas no artigo 4.º, n.º 4, TFUE, parece que a responsabilidade deve ser conjunta da União e dos Estados-Membros.

No que toca às atribuições partilhadas tanto os Estados como a União podem atuar, pelo que ambos podem entrar em responsabilidade internacional. A questão complica-se ainda mais porque nas matérias de atribuições partilhadas muitas vezes celebram-se acordos mistos, em que não é muito claro quem é responsável em relação a cada obrigação assumida. Para obviar a este problema existem as declarações de competência, mas mesmo assim a análise tem de ser casuística.

Além das regras de repartição de atribuições, a União ainda tem regras muito próprias no que se refere ao modo de relacionamento da União Europeia com os seus Estados-Membros, designadamente quanto à implementação e execução do direito da União.

São normalmente os Estados-Membros que devem implementar e executar o acordo, dado que a União não dispõe de uma administração adequada para tal, socorrendo-se das administrações dos Estados-Membros. Daí que os Estados podem estar a atuar em nome da União, pelo que não é, à partida, líquido se se deve acionar a União ou os Estados-Membros.

Estes e outros problemas foram identificados pela Comissão, durante a elaboração dos referidos *Articles*, tendo-os levado ao conhecimento da Comissão de Direito Internacional. Além disso, a Comissão apresentou propostas de alteração que contemplassem as especificidades da União[477].

Também a doutrina defendeu que os *Articles* deveriam incorporar regras próprias de responsabilidade internacional da União Europeia, ou, pelo menos, um regime especial para a União[478], devido à sua especial natureza e assim se evitariam interferências no direito interno da União.

As propostas da Comissão acabaram por não vingar[479], como vimos, pois o que acabou por ficar consagrado foi a regra especial do artigo 64.º que se aplica a toda e qualquer organização internacional que se enquadre na sua previsão.

Daí que a primeira consequência da ausência de regras internacionais específicas de responsabilidade internacional da União por violação de direito internacional conduza à necessidade de soluções casuísticas.

---

[477] Scarlett McArdle / Paul James Cardwell, "EU External Representation and the International Law Commission: An increasingly significant international role for the European Union?", in Steven Blockmans / Ramses A. Wessel (eds.), *Principles and practices of EU external representation*, Cleer Working Papers, 2012/5, p. 83 e segs.

[478] Neste sentido, Frank Hoffmeister, "Litigating against the European Union and Its Member States – Who Responds under the ILC's Draft Articles on International Responsibility of International Organizations?", *EJIL*, 2010, p. 739 e segs. Contra, Lorenzo Gasbarri, "The International Responsability of the European Union and the Legal Nature of the Rules of International Organizations", *Jean-Monnet Working Papers*, 04/2017, City, University of London, p. 1 e segs.

[479] Veja-se os termos da discussão em Lorenzo Gasbarri, "The International Responsability of the European Union ...", p. 13.

PARTE III
A União Europeia, a Segurança e a Defesa

Capítulo VII
A Política Externa e de Segurança Comum

21. Das origens da Política Externa e de Segurança Comum até ao Tratado de Lisboa

21.1. Enquadramento do problema

Não obstante ter surgido, inicialmente, com o objetivo principal de construção do mercado interno, a União, para concretizar esse objetivo, necessitava de uma projeção externa, a qual se encontrava, em parte, prevista nos próprios Tratados, mas também foi sendo desenvolvida, ao longo dos tempos, não só pela jurisprudência do Tribunal de Justiça como pelas sucessivas revisões dos Tratados.

Note-se, contudo, que, na versão originária dos Tratados, não existia qualquer referência à segurança e à defesa – domínios privilegiados da política externa de qualquer ente político que se pretenda afirmar a nível mundial, como era o caso da União – o que tinha como consequência que a União não tinha competência para atuar nessas duas áreas.

A evolução que se verificou, nos domínios da segurança e da defesa, desde a criação das Comunidades Europeias até aos nossos dias, foi bastante significativa, mas, ainda assim, afigura-se insuficiente para fazer frente aos desafios que a União enfrenta hodiernamente.

Antes de avançar para o estudo da PESC no Tratado de Lisboa faz sentido estudar, ainda que muito sucintamente, os antecedentes remotos e próximos da PESC, pois só assim se poderá compreender plenamente o quadro jurídico em vigor.

21.2. Os antecedentes remotos da PESC

Apesar de a Política Externa e de Segurança Comum ter sido referida, pela primeira vez, no Tratado de Maastricht, a verdade é que ela foi sendo construída, ao longo de décadas, e até começou a ser concebida antes da criação da Comunidade Económica Europeia.

Após a criação do Tratado CECA que significou, no fundo, o abandono temporário do ideal federalista global sucederam-se uma série de acontecimentos que não agradaram, de todo, à França: a guerra da Coreia, o aumento da ameaça da União Soviética de Estaline, o rearmamento da Alemanha e a sua entrada na NATO[480], o que levou o Ministro da Defesa francês Pléven, em 24 de outubro de 1950, a apresentar à Assembleia Nacional francesa uma proposta, em parte da lavra de Monnet, de criação, para a defesa comum, de um exército europeu ligado às instituições políticas da Europa unida, colocado sob a responsabilidade de um Ministro da Defesa europeu, sob controlo de uma Assembleia europeia e com um orçamento militar comum. No fundo, propunha-se a extensão do método supranacional à defesa[481].

Deve notar-se que a proposta não foi objeto de particular entusiasmo e as negociações entre os seis membros da CECA foram particularmente difíceis. Finalmente, em 27 de maio de 1952, foi assinado o Tratado da Comunidade Europeia de Defesa (CED), de inspiração francesa. Esta Comunidade deveria traduzir-se na criação de um exército comum europeu. O artigo 38.º do Tratado, introduzido por influência de De Gasperi, atribuía à Assembleia da CED a missão de criar uma estrutura política federal ou confederal.

Com efeito, a iniciativa da CED só adquiriria verdadeiramente sentido no quadro de uma Comunidade política que enquadrasse a Comunidade já existente e as que viessem a surgir. Assim, em 1952, constituiu-se uma Assembleia

---

[480] Sobre esta conjuntura, cfr. Jean Monnet, *Mémoires*, Paris, 1976, p. 487 e segs.
[481] Cfr. Jean Monnet, *Mémoires*, p. 505 e segs.

ad hoc composta por membros da Assembleia CECA e do Conselho da Europa, com o objetivo de elaborar, no prazo de 6 meses, um projeto de Comunidade Política Europeia (ComPE). O projeto saído da Assembleia *ad hoc*, no início de 1953, cujo principal mentor foi BEYEN, ministro holandês, apresentou-se sob a forma de um projeto de Constituição europeia com uma estrutura federal e de construção de um mercado comum. Este projeto não foi, contudo, aceite pelos Seis, os quais admitiam a ideia de construir uma ComPE mas sem um cariz tão marcadamente federal e manifestavam sérias reticências quanto à criação do mercado comum. Foram os franceses quem mais se lhe opôs.

A mudança de Governo, entretanto, ocorrida em França vai ditar a sorte da CED e por arrastamento da ComPE. Com efeito, as preocupações com a cedência de soberania, no domínio militar, levaram, em 30 de agosto de 1954, à recusa de ratificação do Tratado CED por parte da Assembleia Nacional Francesa. Assim se liquidou também o projeto da ComPE, que, entretanto, tinha sido transmitido aos Governos dos seis Estados-Membros[482].

E assim a ideia de uma união política só voltou a ser retomada mas numa base muito diferente, na conferência de Paris, de fevereiro de 1961, em que o General DE GAULLE apresentou um projeto de união política europeia original – a Europa dos Estados – o qual, embora tenha sido aceite por ADENAUER, teve a oposição dos outros parceiros comunitários.

Com o objetivo de dar forma à vontade de união política da Europa foi criada uma comissão – a comissão FOUCHET. Em 18 de julho de 1961 foi adotada pelos Seis uma resolução, que ficou conhecida como a Declaração de Bad-Godesberg[483], na qual se decidiu a criação de uma união de Estados europeus. Esta declaração é tida, por alguns, como o ato de nascimento da ideia da Europa política.

---

[482] Sobre o fracasso da CED e da ComPE, ver BINO OLIVI / ALESSANDRO GIACONE, *L'Europe difficile – la construction européenne*, 3ª ed., Paris, 2012, p. 36 e segs; GÉRARD BOSSUAT, *Histoire de l'Union européenne – Fondations, élargissements, avenir*, Paris, 2009, p. 167 e segs; ÉLISABETH DU RÉAU, *L'idée d'Europe – Des mythes aux réalités*, s. l., Ed. Complexe, 2008, p. 203 e segs; ROGELIO PÉREZ-BUSTAMANTE / JUAN MANUEL URUBURU COLSA, *História da União Europeia*, Coimbra, 2004, p. 61 e segs; JEAN MONNET, *Mémoires*, p. 578 e segs; PAULO DE PITTA E CUNHA, "O Movimento Europeu", (1963), *in Integração Europeia – Estudos de economia, política e direito comunitários*, Lisboa, 1993, p. 49 e segs.

[483] Excertos da Declaração de Bad-Godesberg estão publicados em *50 Anos de Europa – os grandes textos da construção europeia*, cit., p. 53.

A primeira versão do Plano Fouchet foi apresentada, em 2 de novembro de 1961, consubstanciando-se num projeto de tratado que previa a criação de uma união indissolúvel de Estados e abarcava, essencialmente, aspectos sociais e políticos[484].

Tendo sido rejeitada esta primeira versão, em 18 de janeiro de 1962, foi apresentado um segundo Plano Fouchet que alargava o domínio do futuro tratado à economia e previa a existência de recursos próprios[485]. As propostas contidas nestes dois Planos, de inspiração francesa, baseavam-se numa matriz de União de Estados de tipo confederal, em que a cada Estado seria atribuído direito de veto. A França foi o único Estado a sustentar esta ideia. Pelo contrário, as restantes delegações, favoráveis à Europa dos povos, defenderam uma União de Estados e de povos europeus, assim como a adoção de uma política externa comum e de uma política de defesa comum[486].

Sendo conhecido pela sua defesa da Europa dos Estados, baseada na cooperação intergovernamental e pela consequente oposição a toda organização de base supranacional, De Gaulle tentou, pois, subverter a ideia de aprofundamento da integração europeia que estava subjacente à Declaração de Bad-Godesberg.

Não tendo sido possível chegar a qualquer acordo entre a delegação francesa e as restantes delegações, as negociações foram suspensas e os Planos Fouchet acabaram por ser abandonados[487].

---

[484] Excertos do primeiro Plano Fouchet para uma União Política Europeia estão publicados em *50 Anos de Europa – os grandes textos da construção europeia*, cit., p. 54.

[485] Excertos do segundo Plano Fouchet estão publicados em *50 Anos de Europa – os grandes textos da construção europeia*, cit., p. 55.

[486] Excertos da contraproposta das restantes delegações estão publicados em *50 Anos de Europa – os grandes textos da construção europeia*, cit., p. 55.

[487] Sobre o projeto de união política europeia do General de Gaulle e o fracasso dos planos Fouchet, cfr. Bino Olivi / Alessandro Giacone, *L'Europe difficile...*, p. 61 e segs; Gérard Bossuat, *Histoire de l'Union européenne...*, p. 221 e segs; Élisabeth du Réau, *L'idée d'Europe...*, p. 249 e segs; Rogelio Pérez-Bustamante / Juan Manuel Uruburu Colsa, *História da União...*, p. 89 e segs; Marie-Thérèse Bitsch, *Histoire de la construction européenne de 1945 à nos jours*, s. l., Ed. Complexe, 2004, p. 135 e segs; C. Zorgbibe, *Histoire de la construction européenne*, Paris, 1993, p. 52 e segs; Jean Monnet, *Mémoires*, cit., p. 649 e segs; Paulo de Pitta e Cunha, "O Movimento Europeu", cit., p. 57 e segs.

O isolamento da França dentro da Europa comunitária começava a ser visível, tendo a tensão aumentado ainda mais com o veto francês ao alargamento ao Reino Unido.

E assim a ideia de criação de uma política externa comum e de uma política de defesa comum foi, mais uma vez, adiada, só tendo voltado a ser retomada na Cimeira da Haia de 1969, na qual os Ministros dos Negócios Estrangeiros dos Seis foram encarregues de preparar um relatório sobre a melhor forma de obter progressos em matéria de união política no contexto do alargamento ao Reino Unido, Irlanda, Dinamarca e Noruega.

O Relatório DAVIGNON[488] – assim ficou conhecido o produto do trabalho dos Ministros – foi, definitivamente, adotado, em 27 de outubro de 1970, na Cimeira do Luxemburgo, dele resultando a instauração da cooperação política europeia.

Considerando que o alargamento, entretanto, se tinha tornado uma realidade, a Cimeira de Paris de 1972 convidou os Ministros dos Negócios Estrangeiros a apresentar uma nova proposta sobre a forma de melhorar a cooperação política, com vista a permitir à Europa uma maior contribuição para o equilíbrio internacional.

Daí resultou o Segundo Relatório DAVIGNON sobre cooperação política[489] que foi apresentado, em 23 de julho de 1973, no qual se sustentava a necessidade de cooperação entre os Estados-Membros das Comunidades e de adoção de posições comuns no que dizia respeito aos principais problemas internacionais.

A Cimeira seguinte, realizada em Copenhaga, em 14 e 15 de dezembro de 1973, ocorreu, todavia, num ambiente pouco propício à tomada de decisões de grande fôlego. A crise monetária internacional, a crise militar no Médio Oriente e a crise energética tornaram impossível aos Nove chegarem a posições comuns, tendo sido apenas adotada uma Declaração sobre a identidade europeia, na qual se definiam os seus elementos fundamentais, sobretudo, no respeitante às relações entre as Comunidades e o resto do Mundo.

---

[488] Excertos do Relatório Davignon estão publicados em *50 Anos de Europa – os grandes textos da construção europeia*, cit., p. 75 e 76.
[489] Excertos do Segundo Relatório Davignon estão publicados em *50 Anos de Europa – os grandes textos da construção europeia*, cit., p. 89 e 90.

Mais tarde, em 1974, coube à Cimeira de Paris II, criar o quadro institucional – o Conselho Europeu – da cooperação política europeia.

O próximo avanço – muito tímido – no domínio da política externa da Comunidade, deveu-se ao AUE, o qual consagrou, no essencial, as práticas já existentes em matéria de cooperação política europeia. Apesar disso, deve notar-se que a maior parte da doutrina considera que foi esta revisão dos Tratados que lançou as bases para a criação de uma política externa e de segurança comum que viria a constituir o segundo pilar intergovernamental do TUE[490].

Esta fase inicial – ainda que informal – revela-se interessante a vários propósitos. Em primeiro lugar, permitiu evidenciar quais os fatores políticos e jurídicos que desempenham um papel central na PESC. Em segundo lugar, permitiu perceber que a PESC não incide só sobre aspetos políticos mas também revela do ponto de vista económico. Além disso, esta primeira fase também permitiu demonstrar que as vertentes institucional e procedimental têm quase tanta importância como a vertente substantiva[491].

21.3. A PESC no Tratado de Maastricht

A definição dos interesses comuns dos Estados na matéria e a criação de um quadro institucional específico para a PESC constituiu um dos principais objetivos da conferência intergovernamental sobre União Política, na qual se negociou o Tratado de Maastricht.

Como se sabe, a União Europeia foi criada pelo Tratado de Maastricht com uma estrutura tripartida[492], a qual se fundava nas três Comunidades

---

[490] Sobre a CPE no AUE, cfr., entre outros, José Maria Beneyto, *Europa 1992. El Ato Unico Europeo: Mercado Interior y Cooperacion Politica Europea*, Madrid, 1989, p. 239 e segs; Diego Liñan Nogueras, «Cooperacion politica y Acta Unica Europea», *Rev. Inst. Eur.*, 1988, p. 45 e segs; David Freestone et al., «Community Competence and Part III of the Single European Act», *CMLR*, 1986, p. 793 e segs.

[491] Neste sentido, Panos Koutrakos, "The European Union's Common Foreign and Security Policy after the Treaty of Lisbon", *SIEPS*, 2017: 3, p. 11 e 12.

[492] Sobre a estrutura da União Europeia no Tratado de Maastricht, ver, entre outros, Fausto de Quadros / Fernando Loureiro Bastos, "União Europeia", *DJAP*, vol. VII, Lisboa, 1996, p. 543 e segs; Ana Maria Guerra Martins, *O Tratado da União Europeia – contributo para a sua compreensão*, Lisboa, Lex, 1993, p. 23 e segs; C. Alibert, "Union Européenne", in Ami Barav / Christian Philip, *Dictionnaire juridique des Communautés Européennes*, Paris, 1993, p. 1136 e segs; Fernando Loureiro Bastos, *A União Europeia – Fins, objetivos e estrutura*

então existentes e era completada por dois pilares intergovernamentais – a PESC e a CJAI.

A PESC abrangia o conjunto das questões relativas à segurança da União Europeia, incluindo a definição a termo de uma política de defesa, que poderia conduzir, no futuro, a uma defesa comum.

A PESC constituía tarefa da União e dos seus Estados-Membros, os quais não transferiram, definitiva nem temporariamente, as suas atribuições para a União em matéria de defesa e mantinham o controlo das ações em matéria de segurança e de relações externas com ela relacionadas.

É certo que a PESC representava um avanço – mas um avanço pouco consistente – em relação à Cooperação Política Europeia que tinha sido formalizada no AUE[493].

O Tratado de Maastricht elencava os objetivos da política externa e de segurança comum, nos quais se incluíam a salvaguarda dos valores comuns, dos interesses fundamentais e da independência da União; o reforço da segurança da União e dos seus Estados-Membros, sob todas as formas; a manutenção da paz e o reforço da segurança internacional, de acordo com os princípios da Carta das Nações Unidas e da Ata Final de Helsínquia e com os objetivos da Carta de Paris; o fomento da cooperação internacional; o desenvolvimento e o reforço da democracia e do Estado de direito bem como o respeito dos direitos do homem e das liberdades fundamentais.

Segundo o Tratado de Maastricht competia à União prosseguir estes objetivos, mediante a instituição de uma cooperação sistemática entre os Estados-Membros na condução da sua política e a realização gradual de ações comuns nos domínios em que os Estados-Membros têm interesses importantes em

---

orgânica, Lisboa, 1993; DEIRDRE CURTIN, "The Constitutional Structure of the Union: A Europe of Bits and Pieces", *CMLR*, 1993, p. 17 e segs; ASTÉRIS D. PLIAKOS, "La nature juridique de l'Union européenne", *RTDE*, 1993, p. 187 e segs; ULRICH EVERLING, "Reflections on the Structure of the European Union", *CMLR*, 1992, p. 1053 e segs.

[493] Especificamente sobre a PESC no Tratado de Maastricht, cfr., entre outros, BARBARA-CHRISTINE RYBA, "La politique étrangère et de sécurité commune (PESC) – mode d'emploi et bilan d'une année d'application (fin 1993/1994)", *RMCUE*, 1995, p. 14 e segs; ANDRÉ COLLET, "Le Traité de Maastricht et la Défense", *RTDE*, 1993, p. 225 e segs; LUIS IGNACIO SANCHEZ RODRIGUEZ, "La politica exterior y de seguridad comun en el Tratado de la Union Europea", *GJ*, 1992, p. 97 e segs; VICTORIA ABELLAN HONRUBIA, "Pressupuestos de una politica comun en materia de relaciones exteriores y de seguridad", *Rev. Inst. Eur.*, 1992, p. 9 e segs.

comum. Além disso, o Tratado especificava que o princípio da solidariedade tinha uma vertente positiva – os Estados-Membros deveriam apoiar ativamente e sem reservas a política externa e de segurança da União, num espírito de lealdade e de solidariedade mútua – e uma vertente negativa – os Estados deveriam abster-se de empreender quaisquer ações contrárias aos interesses da União ou suscetíveis de prejudicar a sua eficácia como força coerente nas relações internacionais. Competia ao Conselho zelar pela observância destes princípios.

Por outro lado, o Tratado previa uma obrigação de informação mútua entre os Estados-Membros e de concertação no âmbito do Conselho sobre todas as questões de política externa e de segurança que revistam interesse geral, de modo a garantir que a sua influência conjugada se exerça da forma mais eficaz, através da convergência das ações. O Conselho poderia definir uma posição comum.

O Tratado previa ainda que os Estados-Membros zelassem pela coerência das suas políticas nacionais com as posições comuns e que coordenassem a sua ação no âmbito das organizações internacionais e em conferências internacionais, de modo a defenderem as posições comuns.

21.4. Os desenvolvimentos da PESC nos Tratados de Amesterdão e Nice

21.4.1. O Tratado de Amesterdão

Estas normas revelaram-se, como já se esperava, inadequadas para atingir o principal desiderato para que foram criadas – a afirmação da União na cena internacional – pelo que um dos objetivos do Tratado de Amesterdão foi, precisamente, o reforço da capacidade de ação externa da União e da sua identidade, o que implicou a revisão global das normas do segundo pilar[494].

Além disso, outro objetivo da revisão do Tratado efetuada em Amesterdão foi a consolidação e a melhoria da União Europeia, enquanto entidade central,

---

[494] Sobre a necessidade de rever as normas da PESC, ver, entre outros, EMMA BONINO, «La réforme de la politique étrangère et de sécurité commune: aspects institutionnels», *RMUE*, 1995, p. 261 e segs; GÜNTER BURGHARDT, «Politique étrangère et de sécurité commune: garantir la stabilité à long terme de l'Europe», *RMUE*, 1995, p. 267 e segs.

o que implicava necessariamente a melhoria das normas relativas à PESC, na medida em que ela constituía uma dos seus três pilares.

Com o Tratado de Amesterdão iniciou-se, por um lado, um processo de emancipação da União Europeia em relação às Comunidades Europeias, tendo a primeira começado a adquirir uma existência própria. Por outro lado, tentou-se uma maior aproximação dos pilares intergovernamentais ao pilar comunitário, embora esse objetivo só tivesse sido minimamente atingido no tocante ao antigo terceiro pilar.

Assim, no que diz respeito à PESC, o Tratado de Amesterdão operou uma revisão global tendo a política externa e de segurança comum passado a abranger todas as questões relativas à segurança da União, incluindo a definição gradual de uma política de defesa comum, que poderá conduzir a uma defesa comum, se o Conselho Europeu assim o decidir. Neste caso, o Conselho Europeu recomendará aos Estados-Membros que adotem uma decisão nesse sentido, nos termos das respetivas normas constitucionais.

Para permitir a atuação da União em matéria de defesa, a UEO passou a fazer parte integrante do desenvolvimento da União, proporcionando-lhe o acesso a uma capacidade operacional. Ou seja, a UEO passou a ser o "braço armado" da União Europeia, devendo apoiar a União na definição dos aspetos da política externa e de segurança comum relativos à defesa. Para isso a União incentivará o estabelecimento de relações institucionais mais estreitas com a UEO, na perspetiva da eventualidade de integração da UEO na União, se o Conselho Europeu assim o decidir. Neste caso, o Conselho Europeu recomendará aos Estados-Membros que adotem uma decisão nesse sentido, nos termos das respetivas normas constitucionais.

A nova configuração da PESC poderia conflituar com os interesses de alguns Estados-Membros, pelo que o Tratado de Amesterdão afirmou a sua compatibilidade com o carácter específico da política de segurança e de defesa de determinados Estados-Membros, o respeito pelas obrigações decorrentes do Tratado do Atlântico-Norte para certos Estados-Membros que veem a sua política de defesa comum realizada no quadro da NATO e com a política de segurança e de defesa comum adotada nesse âmbito. A definição gradual de uma política de defesa comum seria apoiada por uma cooperação entre os Estados-Membros em matéria de armamento, na medida em que estes a considerem pertinente.

O Tratado de Amesterdão assumiu claramente que as questões de defesa poderiam incluir missões humanitárias e de evacuação, missões de manutenção da paz e missões de forças de combate para a gestão de crises, incluindo missões de restabelecimento da paz e que, se assim for, a União solicitará à UEO que prepare e execute as decisões e ações da União que tenham repercussões no domínio da defesa. Todos os Estados-Membros da União terão o direito de participar plenamente nessas missões.

Além disso, o Tratado de Amesterdão permitia o desenvolvimento de uma cooperação reforçada entre dois ou mais Estados-Membros ao nível bilateral, no âmbito da UEO e da Aliança Atlântica, na medida em que essa cooperação não contrariasse nem dificultasse as diversas formas de cooperação previstas no direito da União Europeia.

Note-se ainda que a busca de maior unidade e coerência da União da ação externa teve repercussões no plano institucional, nomeadamente, através da criação da figura do Alto Representante para a PESC (o "Senhor ou Senhora PESC") e na consagração da possibilidade de o Conselho celebrar acordos internacionais em matéria de PESC e da CPJP[495].

---

[495] Especificamente sobre as modificações introduzidas na PESC pelo Tratado de Amesterdão, cfr. José Javier Fernandez Fernandez, «El Tratado de Amsterdam y la política exterior y de seguridad común de la Unión: análisis crítico desde de la ótica del Parlamento Europeo», *Rev. Der. Com. Eur.*, 1998, p. 79 e segs; Daniel Vignes, «Et si Amsterdam avait fait encore une autre chose de bien: permettre de réaliser la politique de défense commune?», *RMCUE*, 1998, p. 77 e segs; Nanette A. E. M. Neuwahl, «A Partner with a Troubled Personality: EU Treaty-Making in Matters of CFSP and JHA after Amsterdam», *EFARev.*, 1998, p. 177 e segs; Rudolf Streinz, «Der Vertrag von Amsterdam. Einführung in die Reform des Unionsvertrages von Maastricht und erste Bewertung der Ergebnisse», *EuZW*, 1998, p. 137 e segs; Wolff Heintschell, «Rechtliche Aspekte der Neufassung der GASP durch den Vertrag von Amsterdam», *Die Friedens-Warte*, 1998, p. 159 e segs; Matthias Dembinski, «Perspektiven der GASP nach dem Vertrag von Amsterdam», *Die Friedens-Warte*, 1998, p. 173 e segs; Hanspeter Neuhold, «The Provisions of the Amsterdam Treaty on the CFSP: Cosmetic Operation or Genuine Progress?», in *Liber Amicorum Prof. Seidl-Hohenveldern*, Haia, 1998, p. 495 e segs; Criseide Novi, «Le novità del Trattato di Amsterdam in tema di politica esterna e di sicurezza comune», *Dir. Un. Eur.*, 1998, p. 433 e segs; Uwe Schmalz, «The Amsterdam Provisions on External Coherence: Bridging the Union's Foreign Policy Dualism?», *EFARev.*, 1998, p. 421 e segs; Antonio Remiro Brotóns, «Que ha significado el Tratado de Amsterdam para la PESC?», *GJ*, 1998, p. 71 e segs; Elfriede Regelsberger / Matthias Joop, «Und sie bewegt sich doch! Die Gemeinsame Aussen- und Sicherheitspolitik nach den Bestimmungen des Amsterdamer Vertrages», *Int.* 4/97, p. 255 e segs; Philippe Braillard / René Schwok,

21.4.2. O Tratado de Nice e as inovações posteriores

O Tratado de Nice prosseguiu esta tendência, não tendo, contudo, introduzido alterações substanciais[496].

Na verdade, as principais inovações, no domínio da PESC, ocorreram à margem da revisão dos Tratados. A guerra do Kosovo demonstrou a necessidade de definir uma política externa e de segurança comuns, pelo que o Conselho Europeu de Colónia, de junho de 1999, decidiu dotar a União dos meios necessários «para decidir e agir em face das crises». Os cinco Estados reunidos no Eurocorps (Alemanha, Bélgica, Espanha, França e Luxemburgo) tomaram a decisão de o transformar em «corpo de reação rápido europeu».

O Conselho Europeu de Helsínquia, de dezembro de 1999, decidiu a criação até 2003 de uma força de reação rápida não permanente, composta por 50000 militares capazes de se deslocarem num prazo de 2 meses, em caso de crise internacional, se a NATO não intervier.

O Conselho Europeu de Nice aprovou a criação de estruturas operacionais para gestão de crise – o Comité Político e de Segurança, o Comité Militar e o Estado-Maior – os quais, na prática, funcionavam desde o ano 2000. Como se disse, trata-se de estruturas criadas à margem dos Tratados.

Dentro do quadro da União propriamente dito, a principal inovação do Tratado de Nice foi a autonomização da defesa europeia[497], tendo a UEO

«Les pays neutres dans la conférence intergouvernementale: «un engagement mesuré»», *RMCUE*, 1997, p. 277 e segs.

[496] Sobre a PESC no Tratado de Nice, cfr. LUIS N. GONZÁLEZ ALONSO, "La política europea de seguridad y defensa después de Niza", *Rev. Der. Com. Eur.*, 2001, p. 197 e segs; JAVIER GONZÁLEZ VEGA, "Los «acuerdos de Niza, la PESC y la arquitetura europea de seguridad y defensa", *BEUR*, 2001, p. 11 e segs; ELFRIEDE REGELSBERGER, "Die Gemeinsame Aussen- und Sicherheitspolitik nach "Nizza" – begrenzter Reformeifer und aussenvertragliche Dynamik", *Int.*, 2001, p. 156 e segs; MARTÍN KREMER / UWE SCHMALZ, "Nach Nizza – Perspektiven der Gemeinsamen Europäischen Sicherheits- und Verteidigungspolitik", *Int.*, 2001, p. 167 e segs; ANNE CAMMILLERI, "Le Traité de Nice et la politique européenne de defense", *RAE*, 2000, p. 389 e segs.

[497] Em particular sobre esta questão, cfr. RAMSES A. WESSEL, "The EU as a Black Widow: Devouring the WEU to Give Birth to a European Security and Defence Policy", *in* VINCENT KRONENBERGER (ed.), *The European Union and the International Legal Order: Discord or Harmony?*, Haia, TMC Asser Press, 2001, p. 405 e segs.

deixado de constituir o braço armado da União e a extensão das cooperações reforçadas ao domínio da PESC[498].

21.5. O quadro institucional da PESC antes do Tratado de Lisboa

A PESC servia-se do quadro institucional da União, que, aliás, era único, mas os poderes que os órgãos detinham, o modo como decidiam, o tipo de decisões que adotavam e o controlo judicial suscetível de ser exercido, afigurava-se totalmente diferente do que se verificava no pilar comunitário.

Os principais órgãos de decisão, em sede de PESC, eram o Conselho Europeu e o Conselho, sendo que o direito de iniciativa competia aos Estados--Membros e à Comissão e, nos casos que exigissem uma decisão rápida, também à Presidência. A função do Parlamento Europeu era bastante diminuta, limitando-se a ser informado ou ouvido.

A regra de votação no seio do Conselho era, no Tratado de Maastricht, a unanimidade, tendo passado com o Tratado de Amesterdão a existir alguns casos de votação por maioria qualificada. Além disso, foi introduzida a "abstenção construtiva" e continuaram a existir os processos urgentes.

Os instrumentos de atuação, no domínio da PESC, incluíam no Tratado de Maastricht, as posições comuns, as ações comuns e as declarações, o que foi alterado pelo Tratado de Amesterdão. A partir daí as fontes da PESC passaram a ser os princípios e as orientações gerais da PESC, as estratégias comuns, as posições comuns, as ações comuns e a cooperação sistemática entre os Estados-Membros e – muito importante – os acordos internacionais. Os princípios e as orientações gerais da PESC eram definidos pelo Conselho Europeu que decidia igualmente as estratégias comuns. As ações e as posições comuns eram adotadas pelo Conselho.

---

[498] Sobre as cooperações reforçadas no domínio da PESC, cfr., entre outros, ARACELI MANGAS MARTIN, "Las cooperaciones reforzadas en el Tratado de Niza", in CARLOS MOREIRO GONZÁLEZ (coord.), *Tratado de Niza – Análisis, comentarios y texto*, Madrid, 2002, p. 67 e ss; XAVIER PONS RAFOLS, "Las cooperaciones reforzadas en el Tratado de Niza", *Rev. Der. Com. Eur.*, 2001, p. 183 e ss; CLAUS GIERING / JOSEF JANNING, "Flexibilität als Katalysator der Finalität? Die Gestaltungskraft der "Verstärkten Zusammenarbeit»", *Int.*, 2001, p. 146 e ss; FRANCETTE FINES, «La réforme des coopérations renforcés», *RAE*, 2000, p. 367 e segs.

Do exposto resulta que a natureza dos instrumentos de atuação da PESC era meramente intergovernamental, não se lhes aplicando o chamado método comunitário.

A implementação dos instrumentos de atuação, no que diz respeito à PESC, estava a cargo, no Tratado de Maastricht, das delegações da Comissão nos países terceiros e nas organizações internacionais, das missões diplomáticas dos Estados-Membros, das operações civis a longo prazo e das operações militares.

No âmbito do Tratado de Amesterdão, este quadro alterou-se, devido à criação da figura do Alto Representante para a PESC, tendo passado a execução das decisões tomadas no âmbito da PESC a estar a cargo não só das delegações da Comissão nos países terceiros e nas organizações internacionais e das missões diplomáticas dos Estados-Membros, como sucedia anteriormente, mas também a cargo da Presidência assistida pelo Alto Representante para a PESC bem como pela Comissão e pelos Estados-Membros.

O quadro que acaba de se traçar mostra bem o défice democrático da PESC. Os órgãos com uma legitimidade democrática direta – o Parlamento Europeu e os parlamentos nacionais – não tinham qualquer poder de decisão em matéria de PESC.

Acresce que ao défice democrático se juntava o défice jurisdicional, uma vez que os instrumentos de atuação da PESC estavam excluídos da jurisdição do Tribunal, o que constituía, sem dúvida, uma afronta à União de direito até porque a PESC não vivia isolada dos dois outros pilares, na medida em que aqueles também tinham uma vertente externa.

Como já vimos, o Tribunal tentou minimizar este défice, tendo-se considerado competente para decidir se um ato adotado com base na PESC violava, ou não, as atribuições da Comunidade Europeia.

Com efeito, o Tribunal aplicou a chamada teoria dos objetivos e do conteúdo do ato quando a PESC estava envolvida, tendo-se considerado competente para decidir os potenciais conflitos entre as atribuições da Comunidade e as da PESC quando estavam em causa, por exemplo, restrições do TCE relacionadas com a segurança, como sejam as restrições às liberdades de circulação devidas a conhecimentos contrários aos interesses essenciais da segurança, a produção e comércio de armas, os distúrbios internos graves, o comércio de bens de uso duplo ou a imposição de sanções económicas.

Do exposto resulta que a necessidade de articulação entre a PESC e os outros pilares era imperiosa, pelo que o Tratado consagrou o princípio da coerência entre a ação externa da União que visava precisamente assegurar uma certa harmonia de atuação ao nível externo qualquer que fosse o pilar que estava em causa.

21.6. O financiamento da PESC antes do Tratado de Lisboa

O financiamento da PESC constituiu outro assunto delicado, aquando da negociação do Tratado de Maastricht, tendo as despesas administrativas por força da PESC ficado a cargo do orçamento comunitário e as restantes, designadamente, as operacionais dependiam de uma decisão, por unanimidade, por parte do Conselho, para ficarem a cargo do orçamento comunitário. Caso contrário, ficavam a cargo dos Estados-Membros.

O Tratado de Amesterdão alterou esta situação, tendo as despesas operacionais ficado igualmente a cargo do orçamento comunitário, exceto quando se tratasse de operações com implicações no domínio militar e da defesa, ou quando o Conselho, por unanimidade, decidisse o contrário.

21.7. Primeiro balanço

Em jeito de balanço geral, a PESC surgiu e desenvolveu-se com base em considerações práticas, de modo informal. Com o decorrer do tempo foi sendo formalizada e consolidada, ajustando-se às alterações que a estrutura constitucional da União foi sofrendo ao longo dos tempos. Por outro lado, a PESC desenvolveu-se com base em regras e procedimentos diferentes dos aplicáveis às outras matérias da União[499], os quais implicavam uma certa desordem institucional e administrativa que era necessário corrigir.

---

[499] Neste sentido, PANOS KOUTRAKOS, "The European Union's Common Foreign and Security Policy after the Treaty of Lisbon", *SIEPS*, 2017: 3, p. 15.

22. Os antecedentes próximos do Tratado de Lisboa

O antecedente mais próximo do Tratado de Lisboa é, indubitavelmente, o Tratado que estabelece a Constituição para a Europa[500], o qual, apesar de não ter entrado em vigor, foi a fonte de inspiração da maior parte das normas que viriam a ser consagradas no Tratado de Lisboa, designadamente no domínio da política externa, de segurança e defesa.

22.1. O Tratado que estabelece uma Constituição para a Europa

Em primeiro lugar, cumpre notar que, não obstante o TECE ter sido a principal fonte de inspiração das normas relativas à PESC constantes do Tratado de Lisboa, o regime jurídico aí consagrado não coincide inteiramente com o previsto no TECE, uma vez que certas modificações e determinados aditamentos foram abandonados.

Em segundo lugar, importa salientar que o TECE surgiu numa conjuntura em que a "*ação da União na cena internacional*" já era dotada de muito peso, ou seja, a União já se afirmava como uma autêntica potência mundial tanto no âmbito das relações económicas internacionais como ao nível político[501].

Em terceiro lugar, sublinhe-se que o dualismo de métodos da ação externa da União, oscilando entre o intergovernamental e o comunitário[502], conduziu a que as modificações introduzidas no TECE tivessem como principais

---

[500] Para uma visão geral sobre o TECE, cfr., do muito que se escreveu, GIULIANO AMATO / HERVÉ BRIBOSIA / BRUNO DE WITTE (eds.), *Genèse et Destinée...*; JEAN-CLAUDE PIRIS, *Le Traité Constitutionnel pour l'Europe: une analyse juridique*, Bruxelas, 2006; INGOLF PERNICE / JIRI ZEMANEK (eds.), *A Constitution for Europe: The IGC, the Ratification Process and Beyond*, Baden--Baden, 2005; MARIANNE DONY / EMMANUELLE BRIBOSIA, *Commentaire de la Constitution de l'Union européenne*, Bruxelas, 2005; OLIVIER DE SCHUTTER / PAUL NIHOUL, *Une Constitution pour l'Europe – Réflexions sur les transformations du droit de l 'Union européenne*, Bruxelas, 2004; ANA MARIA GUERRA MARTINS, *O projecto de Constituição Europeia – contributo para o debate sobre o futuro da União*, 2ª ed., Coimbra, Almedina, 2004.

[501] Neste sentido, BARBARA DELCOURT, "La politique étrangère et sécurité commune", in MARIANNE DONY / EMMANUELLE BRIBOSIA, *Commentaire de la Constitution de l'Union européenne*, Bruxelas, IEE, 2005, p. 356.

[502] Sobre este assunto, ver ROBERTO BARATTA, "Overlaps Between European Community Competence and European Union Foreign Policy Activity", in ENZO CANNIZZARO (ed.), *The European Union as an Actor ...*, p. 51-75.

objetivos, por um lado, uma maior coerência entre a política externa e as outras políticas em geral bem como entre a Política Externa e de Segurança Comum e a restante ação externa[503] e, por outro lado, uma maior eficácia da ação externa da União[504].

Vejamos, então, muito sucintamente, quais as soluções que o TECE preconizava para a PESC[505].

A Parte I continha as disposições específicas da PESC[506].

O Título V da Parte III do TECE (relativa às políticas e funcionamento da União) consagrava o regime jurídico geral da ação externa da União, o qual contempla duas disposições de âmbito geral[507], cujo desígnio parecia ser o de conferir maior unidade e coerência à atuação da União na "cena internacional" e normas sobre cada um dos domínios da ação externa da União, as quais incluíam, nalguns casos, alterações e aditamentos às normas anteriores dos Tratados, mas também se verificavam outras situações em que as normas anteriores eram retomadas.

Os artigos III-294.º a III-308.º do TECE regulavam a PESC e o artigo III-313.º do TECE estabelecia as questões financeiras decorrentes destas duas áreas de atuação.

Além destas, o Título V da Parte III do TECE incluía ainda normas relacionadas com assuntos externos, que antes se encontravam dispersas entre o pilar comunitário e o segundo pilar, com o intuito de lhes conferir uma maior unidade e uma maior coerência.

Note-se, porém, que a consagração da estrutura unitária da União Europeia no TECE não obstaculizou à manutenção do caráter intergovernamental

---

[503] Sobre a ação externa da União no TECE ver, por todos, MARISE CREMONA, "The Union's External Action: Constitutional Perspectives", in GIULIANO AMATO / HERVE BRIBOSIA / BRUNO DE WITTE (eds.), *Genèse et Destinée de la Constitution Européenne*, Bruxelas, Bruylant, 2007, p. 1173-1217.

[504] Neste sentido, BARBARA DELCOURT, "La politique étrangère...", p. 357.

[505] Para maiores desenvolvimentos, v. GEERT DE BAERE, *Constitutional Principles of EU External Relations*, Oxford, Oxford Univ. Press, 2008, p. 250-303; JEAN DE RUYT, "Perspectives constitutionnelles de l'action extérieure et de la politique de défense de l'Union – organisation de l'action extérieure de l'Union et de la politique de la défense", in GIULIANO AMATO / HERVE BRIBOSIA / BRUNO DE WITTE (eds.), *Genèse et Destinée ...*, p. 1145-1171.

[506] V. artigo I-40.º do TECE

[507] V. artigos III-292.º e III-293.º do TECE.

da PESC. Os Estados-Membros não estavam, na realidade, dispostos a abdicar da sua soberania em tão significativo domínio.

O distanciamento da PESC em relação às outras políticas da União verificava-se ao nível:

a) da enumeração das "categorias de competências da União"[508] – o TECE autonomizava a PESC[509], determinando que ela abrangia todos os domínios da política externa bem como todas as questões relativas à segurança, incluindo a definição gradual de uma política de defesa comum que poderá conduzir a uma defesa comum, o que, aliás, não se afastava significativamente do TUE na versão de Nice.
b) da inclusão de normas específicas sobre a PESC e a PCSD, sem paralelo nos outros domínios da política externa da União. Ou seja, a unificação formal da União não foi acompanhada da correspondente "comunitarização" da PESC e da PCSD. Antes permanecia, genericamente, a anterior "fuga ao método comunitário". E para que nenhuma dúvida restasse quanto ao método a seguir nestes domínios, as disposições específicas a propósito da execução da PESC[510] e da PCSD[511] nem sequer constavam da Parte III, mas antes da Parte I.
c) da posição dos Estados-Membros na PESC e na PCSD, assim como os poderes dos órgãos da União eram muito diferentes dos que dispunham nos outros domínios[512].

A posição preponderante dos Estados-Membros na PESC era visível nos seguintes aspetos:

a) O artigo I-40.º, n.º 1, do TECE estabelecia que a União conduzia a PESC baseada no desenvolvimento da solidariedade política mútua entre os Estados-Membros, na identificação das questões de interesse geral e na realização de um grau de convergência crescente das ações

---

[508] V. artigo I-12.º TECE.
[509] V. artigo I-16.º TECE.
[510] V. artigo I-40.º do TECE.
[511] V. artigo I-41.º do TECE.
[512] Cfr. BARBARA DELCOURT, "La politique étrangère...", p. 358 e segs.

dos Estados-Membros, o que era corroborado e desenvolvido no n.º 5 do mesmo preceito.

b) O artigo I-16.º, n.º 2, do TECE asseverava que os Estados-Membros apoiavam ativamente e sem reservas a PESC, num espírito de lealdade e de solidariedade mútua, respeitavam a ação da União e abstinham-se de toda e qualquer ação contrária aos interesses da União ou suscetível de prejudicar a sua eficácia, mas as normas da PESC estavam, de um modo geral, subtraídas à jurisdição do Tribunal de Justiça, pelo que, se os Estados-Membros não cumprissem o preceituado no referido artigo, não haveria forma de os fazer cumprir coercivamente, pois nem sequer seria possível a instauração, por exemplo, de um processo por incumprimento. Ou seja, a atuação dos Estados-Membros, em conformidade com as regras do TECE, no domínio da PESC e da PCSD, dependia da sua boa vontade.

c) Os Estados-Membros detinham também uma posição primordial nos órgãos da União que atuavam no domínio da PESC[513]. A identificação dos interesses estratégicos da União e a definição dos seus objetivos cabia ao Conselho Europeu[514], o qual se limitava a adotar em conjunto com o Conselho as decisões europeias necessárias[515]. Ora, quem está representado nestes dois órgãos são os Estados-Membros, o que significava que, em termos de legitimidade democrática, a PESC continuava deficitária.

d) Os atos legislativos previstos no TECE – as leis e as leis-quadro europeias[516] – estavam excluídos da PESC[517]. A reforçar a posição dos Estados-Membros, já não coletiva, mas individualmente, a regra de votação das decisões, no seio do Conselho e do Conselho Europeu, quanto a esta matéria, era a unanimidade[518], ainda que se admitisse que o Conselho Europeu, por unanimidade, poderia adotar uma decisão

---

[513] Sobre o quadro institucional da PESC no TECE, cfr. GIOVANNI GREVI, "The Institutional Framework of External Action", in GIULIANO AMATO / HERVÉ BRIBOSIA / BRUNO DE WITTE (eds.), Genèse et Destinée ..., p. 778 e segs.
[514] V. artigo I-40.º, n.º 2, do TECE.
[515] V. artigo I-40.º, n.º 3, do TECE.
[516] Cfr. artigo I-33.º do TECE.
[517] Cfr. artigo I-40.º, n.º 6, par. 2.º, do TECE
[518] V. artigo I-40.º, n.º 6, par. 1.º, do TECE.

que permitisse ao Conselho deliberar, por maioria qualificada, em casos não previstos na Parte III[519]. Tendo em conta os entraves que alguns Estados têm vindo a colocar ao abandono da regra da unanimidade nesta área, não parece que esta regra pudesse ter tido alguns efeitos práticos de relevo.

e) O poder de iniciativa cabia igualmente aos Estados-Membros, sob proposta do MNE. Ao contrário do que sucedia nas restantes matérias, a Comissão não detinha o poder de iniciativa, mas apenas o direito de apoiar a proposta do MNE[520]. O PE era somente regularmente consultado e informado, o que reforçava o défice democrático atrás assinalado. Note-se que, tradicionalmente, os parlamentos nacionais influenciam a política externa dos Estados quer através da sua participação no *treaty-making power* quer através do controlo orçamental, por exemplo, em relação ao envio de tropas para o estrangeiro. Já a condução da política externa não cabe aos parlamentos[521].

f) Os Estados-Membros ocupavam uma posição privilegiada em sede de execução da PESC, a qual competia ao MNE e aos Estados-Membros[522].

Do exposto resulta que a PESC se encontrava subtraída ao sistema geral de fontes de direito derivado da União, bem como aos procedimentos de decisão comuns dos órgãos da União[523]. Esta subtração era reforçada na Parte III do TECE[524].

Assim, na sequência das disposições específicas da Parte I, o artigo III--294.º, n.º 1, do TECE estendia a PESC a todos os domínios da política externa bem como a todas as questões relacionadas com a segurança, devendo os Estados-Membros apoiar ativamente e sem reservas a política externa e de

---

[519] V. artigo I-40.º, n.º 7, do TECE.
[520] V. artigo I-40.º, n.º 6, par. 2.º, do TECE.
[521] Neste sentido, Geert De Baere, *Constitutional Principles of EU...*, p. 166.
[522] V. artigo I-40.º, n.º 4, do TECE.
[523] Ou seja, o procedimento legislativo ordinário previsto no artigo III-396.º do TECE e procedimentos legislativos especiais constantes de várias disposições do TECE.
[524] Sobre as disposições da PESC constantes da Parte III do TECE, cfr. Giovanni Grevi, "The Common Foreign, Security and Defence Policy", *in* Giuliano Amato / Hervé Bribosia / Bruno De Witte (eds.), *Genèse et Destinée ...*, p. 807 e segs.

segurança comum da União, num espírito de lealdade e de solidariedade mútua (n.º 2 do mesmo preceito)[525].

O artigo III-295.º, n.º 1, do TECE reafirmava que o principal órgão com competência em matéria de ação externa era o Conselho Europeu que devia decidir, por unanimidade, sendo a fonte primordial do Direito, neste domínio, a decisão europeia (artigo III-293.º, n.º 2, par. 3.º, do TECE).

Note-se que o MNE era a grande novidade do TECE no domínio da política externa[526]. Eliminada a estrutura tripartida da União, o MNE visava assegurar as relações externas da União, substituindo o Alto Representante para a PESC, o comissário responsável das relações externas e o Presidente do Conselho. Dotado de ampla competência em matéria de PESC[527], incluindo a de representação da União, o MNE deveria ser nomeado pelo Conselho Europeu, com o acordo do Presidente da Comissão, podendo ser destituído pelo mesmo procedimento[528].

Uma das suas principais missões era a de assegurar a coerência da ação externa da União[529]. O MNE cumulava, no fundo, as funções do anterior Alto Representante para a PESC / Secretário-Geral do Conselho e do comissário das relações externas.

Em termos de representação externa da União, concorria com o Presidente do Conselho Europeu e com o Presidente da Comissão. Sendo simultaneamente Vice-Presidente da Comissão e Presidente do Conselho de Negócios Estrangeiros[530], seria, portanto, duplamente responsável – perante o Presidente do Conselho Europeu e perante o Presidente da Comissão.

Esta dupla responsabilidade comportava um risco – a dificuldade de exercer esta dupla «fidelidade», na prática – uma vez que o Conselho Europeu e a Comissão representam interesses, por vezes, distintos – e até antagónicos

---

[525] Não tendo sido possível obter consenso quanto à consagração de uma verdadeira política comum, foi esta a saída que se encontrou para ultrapassar o impasse.
[526] Para um estudo desenvolvido sobre o MNE, cfr. MIGUEL PRATA ROQUE, *O Ministro dos Negócios Estrangeiros da União na Constituição Europeia – A caminho de uma política externa europeia?*, Coimbra, 2005.
[527] V. artigo III-296.º do TECE.
[528] V. artigo I-28.º, n.º 1, do TECE.
[529] V. artigo I-28.º, n.º 4, par. 1.º, do TECE.
[530] V. artigo I-28.º, n.ºs 3 e 4, do TECE.

– dentro da União[531]. Ora, não resultava muito claro do TECE como se iriam desenrolar as relações entre o MNE e a Comissão, o Presidente do Conselho Europeu e o Presidente da Comissão[532].

Nos termos do artigo I-28.º, n.º 2, do TECE, o MNE conduziria a política externa e de segurança comum, contribuiria para a definição da política externa e executá-la-ia na qualidade de mandatário do Conselho. Partilharia ainda a representação externa da União com o Presidente do Conselho Europeu[533].

De acordo com o TECE, o Ministro dos Negócios Estrangeiros deveria exercer funções ao nível da ação externa da União e ao nível da PESC, tal como o Presidente do Conselho Europeu e, em parte, a Comissão. Ou seja, tal como foi gizado pelo TECE, o Ministro dos Negócios Estrangeiros deveria fazer a ponte entre o Conselho Europeu, uma vez que era por ele nomeado e a Comissão, na medida em que era um dos seus vice-presidentes.

Para coadjuvar o MNE, o TECE previa a criação de um Serviço Europeu para a Ação Externa, o qual trabalharia em colaboração com os serviços diplomáticos dos Estados-Membros[534]. Além disso, o MNE poderia propor ao Conselho de Ministros a nomeação de um representante especial, a quem seria confiado um mandato relativo a questões políticas específicas. Esse representante seria nomeado pelo Conselho de Ministros, mas exerceria o seu mandato sob a autoridade do MNE[535].

O TECE reafirmava, na Parte III, a decisão europeia como a principal fonte de direito derivado no domínio da PESC. As regras de votação dessas decisões estavam previstas no artigo III-300.º do TECE. Em regra, o Conselho de Ministros votava, por unanimidade, sendo que as abstenções não impediam a tomada de decisão (par. 2.º do n.º 1 do preceito), o que, aliás, já se verificava na anterior versão do TUE. A votação, por maioria qualificada, era a exceção e os casos em que ela era admissível estavam previstos no n.º 2 do preceito *supra* mencionado, mantendo-se a possibilidade de um Estado-Membro se

---

[531] Neste sentido, ver José Maria Beneyto Pérez, "Modifying or Leaving in Force the Constitutional and Institutional Balance of the European Union?", in Ingolf Pernice / Miguel Poiares Maduro, *A Constitution for the European Union*..., p. 57 e 58.
[532] Neste sentido, Barbara Delcourt, "La politique étrangère...", p. 369.
[533] V. artigo I-22.º, n.º 2, do TECE.
[534] V. artigo III-296.º, n.º 3, do TECE.
[535] V. artigo III-302.º do TECE.

opor à adoção de uma decisão, por maioria qualificada, com fundamento em razões vitais e expressas de política nacional[536]. Isto é, o "travão de emergência" previsto no antigo artigo 23.º, n.º 2, do TUE foi transposto para o TECE.

Além das decisões previstas no artigo III-300.º do TECE, outras poderiam vir a ser aprovadas, por maioria qualificada, mas, para isso, era necessária uma decisão do Conselho Europeu, por unanimidade[537]. Todavia, a maioria qualificada nunca seria aplicável às decisões que tivessem implicações militares ou de defesa[538]. Além disso, as divergências dos Estados-Membros, no domínio da PESC, não eram propícias à utilização desta cláusula de passarela.

Não obstante o TECE ter introduzido modificações de relevo no âmbito da PESC, não alterava, significativamente, o equilíbrio institucional anterior. O domínio da PESC continuava a pertencer aos Estados-Membros ou aos órgãos que os representavam. A prová-lo invoque-se a fraca participação do Parlamento Europeu nesta matéria. Efetivamente, este órgão limitava-se a ser consultado sobre os principais aspetos e as opções fundamentais e a ser regularmente informado pelo MNE sobre a evolução da PESC[539]. Acresce que o PE detinha o poder de dirigir perguntas ou apresentar recomendações ao Conselho de Ministros e ao MNE[540].

Em bom rigor, a posição do PE, no domínio da PESC, não se alteraria substancialmente em relação à versão anterior dos Tratados.

A PESC tem uma vertente operacional muito significativa, pelo que o TECE também dispunha sobre a capacidade operacional e as missões da União no âmbito da PESC, sendo que o órgão responsável por essas missões era o Conselho de Ministros[541].

O financiamento da PESC seria, em regra, efetuado a partir do orçamento da União, tanto no que diz respeito às despesas administrativas como às despesas operacionais[542], com exceção das despesas decorrentes de operações que

---

[536] V. n.º 2, par. 2, do artigo III-300.º do TECE.
[537] V. artigo III-301.º do TECE.
[538] V. artigo III-300.º, n.º 4, do TECE.
[539] V. artigo III-304.º, n.º 1, do TECE.
[540] V. artigo III-304.º, n.º 2, do TECE.
[541] V. artigo III-297.º do TECE..
[542] V. artigo III-313.º, n.ºs 1 e 2, do TECE

tivessem implicações militares e nos casos em que o Conselho de Ministros decidisse diferentemente[543].

Seria, pois, por esta via que o Parlamento Europeu poderia exercer alguma influência no âmbito da PESC, mas, note-se que se excluíam as operações militares e aquelas em que o Conselho decidisse não submeter ao financiamento do orçamento da União, o que acabava por enfraquecer os poderes do PE.

A generalidade dos atos e normas adotados com fundamento na PESC continuavam subtraídos à jurisdição do TJ, como se prova pela leitura do artigo III-376.º, par. 1.º, do TECE, admitindo-se, no entanto, o recurso de anulação das medidas restritivas contra pessoas singulares ou coletivas adotadas com base no artigo III-376.º, par. 2.º, do TECE.

A exclusão da jurisdição do TJ, no domínio da PESC, é, por vezes, apontada como uma negação muito grave da União de direito, mas se se comparar com o que sucede nos Estados em geral, a situação não é muito diferente. Com efeito, os tribunais nacionais também não dispõem de amplos poderes para fiscalizar a condução da política externa estadual, uma vez que esta se enquadra naquilo que a doutrina americana designa como *"political questions"*.

O TECE submetia à jurisdição do TJ as medidas que poderiam ser atentatórias de direitos fundamentais das pessoas, o que reforçava a União de direito e a proteção dos direitos fundamentais. Aliás, tendo em conta a adoção de alguns atos adotados pelos órgãos da Comunidade / União, neste domínio, bem como a Jurisprudência, muitas vezes, contraditória do Tribunal de Justiça e do então Tribunal de Primeira Instância[544], esta solução afigurava-se, na prática, não só necessária como imprescindível.

Além da PESC, a Parte III do TECE incluía ainda normas relativas à PCSD – que serão estudadas mais adiante – bem como normas sobre a capacidade da

---

[543] V. artigo III-313.º, n.º 2, 2ª parte, do TECE.
[544] Cfr. acórdãos do TPI (atual TG) de 12/12/2006, *Organisation des Modjahedines du peuple de l'Iran*, proc. T-228/02, Col. 2006, p. II-4665 e segs; de 23/10/2008, *People's Mojahedin Organization of Iran*, proc. T-256/07, Col. 2008, p. II-3019 e segs; de 4/12/2008, *People's Mojahedin Organization of Iran*, proc. T-284/08, Col. 2008, p. II-3487 e de 30/9/2009, *Sison*, proc. T-341/07. Cfr. igualmente os acórdãos de 12/7/2006, *Ayadi*, proc. T-235/02 e *Hassan*, proc. T- 49/04, os quais foram anulados pelo TJ: ac. de 3/12/2007, *Hassan e Ayadi*, procs. C-403/06 P e C-399/06.

União para celebrar acordos internacionais, para participar em organizações internacionais ou para exercer o direito de legação[545].

Apesar de as normas do TECE nunca terem chegado a entrar em vigor, elas tiverem uma grande influência na revisão dos Tratados realizada em Lisboa.

22.2. Idem: o mandato da CIG 2007 no domínio da ação externa da União

Após um período de reflexão, devido aos referendos negativos francês e holandês, em 2005[546], a eminência de alguns acontecimentos – as eleições para o PE em 2009, a nova composição da Comissão prevista no Protocolo sobre o alargamento da União anexo ao Tratado de Nice que se aplicaria a partir de 1 de novembro de 2009 e a revisão intermédia das Perspetivas Financeiras para 2007-2013 – impuseram a aprovação de um novo Tratado até 2009. Daí que o Conselho Europeu, de junho de 2006, tenha encarregue a Presidência alemã de elaborar um relatório, do qual constasse um mandato claro e preciso para a CIG 2007. Este mandato veio a constar de um anexo às conclusões do Conselho Europeu, de junho de 2007[547].

Com relevância para o domínio da *"ação da União na cena internacional"*, recorde-se que do referido mandato constava expressamente que *"o TUE e o Tratado sobre o Funcionamento da União não terão caráter constitucional"*, pelo que *"esta mudança refletir-se-á na terminologia utilizada em todos os textos dos Tratados:*

---

[545] Sobre a ação externa no TECE, cfr., entre outros, Jean de Ruyt, "Perspectives constitutionnelles de l'action extérieure..." p. 1145 e segs; Marise Cremona, "The Union's External Action... ", p. 1173 e segs.

[546] Sobre as consequências do fracasso da ratificação do TECE, ver Neil Walker, "After finalité? The future of the European constitutional idea?", *in* Giuliano Amato / Hervé Bribosia / Bruno de Witte (eds.), *Genèse et Destinée...*, p. 1245 e segs; Jo Shaw, "What happens if the Constitutional Treaty is not ratified ?", *in* Ingolf Pernice / Jiri Zemanek (eds.), *A Constitution for Europe...*, p. 77 e segs; Stanislaw Biernat, "Ratification of the Constitutional Treaty and Procedures for the Case of Veto", *in* Ingolf Pernice / Jiri Zemanek (eds.), *A Constitution for Europe...*, p. 97 e segs; Jean-Claude Piris, *Le Traité Constitutionnel pour l'Europe...*, p. 248 e segs.

[547] Sobre este mandato ver, por todos, Maria José Rangel de Mesquita, "Sobre o mandato da Conferência Intergovernamental definido pelo Conselho Europeu de Bruxelas: é o Tratado de Lisboa um novo Tratado?", *in Estudos em Honra do Professor Doutor José de Oliveira Ascensão*, Vol. I, Coimbra, 2008, p. 551 e segs.

(...), o Ministro dos Negócios Estrangeiros será designado Alto Representante da União para os Negócios Estrangeiros e a Política de Segurança (...)".

Assim, no que diz respeito à *"ação da União na cena internacional"*, a primeira modificação a assinalar é a mudança de nome do MNE, passando a sua competência, no essencial, para o Alto Representante. Trata-se, pois, de uma modificação formal, embora com uma carga simbólica muito forte.

Do mesmo modo, a fusão das disposições relativas à ação externa da União num Título único prevista no TECE é abandonada. Alguns Estados-Membros, em especial o Reino Unido, continuavam a defender a autonomia da PESC em relação às restantes políticas da União assim como a manutenção do segundo pilar.

Como solução de compromisso, o mandato incumbiu a CIG de inserir um novo capítulo no Título V do TUE do qual constassem as disposições gerais que se integravam na Parte III do TECE, mantendo-se o anterior Capítulo II daquele Título, mas com as alterações introduzidas na CIG 2004, ou seja, com as soluções consagradas no TECE.

Por conseguinte, em cumprimento do mandato, as disposições gerais sobre a ação externa da União, bem como as disposições específicas relativas à política externa e de segurança comum (a qual inclui a política comum de defesa e de segurança) passam a fazer parte do Título V do TUE, ao contrário do que sucede com as restantes bases jurídicas, que se situam no TFUE.

Este enquadramento sistemático revela, antes de mais, que os Estados não quiseram incorporar estas matérias, no TFUE, com receio de isso poder reverter em qualquer tipo de aproximação aos procedimentos próprios desse Tratado. Tal explica-se pelo facto de as políticas externa e de defesa serem a expressão mais acabada da soberania de um Estado[548]. A verdade é que esta separação formal acaba por não ter consequências jurídicas significativas, uma vez que os dois Tratados têm o mesmo valor jurídico[549].

---

[548] JACQUES ZILLER, *Les nouveaux traités européens...*, p. 31.
[549] Neste sentido, JAN WOUTERS / DOMINIC COPPENS / BART DE MEESTER, "The European Union's External Relations after the Lisbon Treaty", *in* STEFAN GRILLER / JACQUES ZILLER, *The Lisbon Treaty EU Constitutionalism without a Constitutional Treaty?*, Viena, Springer, 2008, p. 146.

23. A PESC no Tratado de Lisboa

23.1. A remodelação total da PESC

A abolição da estrutura tripartida da União operada pelo Tratado de Lisboa assim como a atribuição expressa de personalidade jurídica à União levou à remodelação total da PESC com o objetivo de a tornar mais coerente, mais clara e mais simples.

Ao contrário do que sucedia no TECE, o regime jurídico da PESC, atualmente em vigor, está previsto no Título V do TUE, o qual contém disposições gerais que se aplicam a toda a ação externa (artigos 21.º e 22.º TUE) e disposições específicas que se dirigem apenas à PESC (artigos 23.º a 41.º TUE)[550].

Na presente obra já tivemos oportunidade de estudar as disposições gerais relativas à ação externa da União, pelo que vamos agora dedicar uma particular atenção às disposições específicas no domínio da PESC.

Antes, contudo, importa tecer algumas considerações sobre a forma como as disposições gerais, designadamente as referentes aos objetivos, princípios, valores e interesses se aplicam à PESC.

---

[550] Sobre a PESC no Tratado de Lisboa ver, entre outros, Marc Fallon / Anne-Claire Simon, "Le renouvellement des politiques de l'Union européenne dans le traité de Lisbonne", *RAE*, 2007-2008, p. 243-264; Gerhard Hafner, "La neutralité permanente de l'Autriche et le traité de Lisbonne", *in* E. Brosset / C. Chevallier-Govers / V. Edjaharian / C. Schneider (dir.), *Le Traité de Lisbonne – Reconfiguration ou déconstitutionnalisation de l'Union européenne?*, Bruxelas, Bruylant, 2009, p. 313-337; Christine Kaddous, "External Action under the Treaty of Lisbon", *in* Ingolf Pernice / Evgeni Tanchev (eds.), *Ceci n'est pas une Constitution – Constitutionalisation without a Constitution?*, Baden-Baden, Nomos, 2009, p. 172-187; Andrea Ott "Depillarisation: The entrance of intergovernmentalism through the backdoor?", *MJ*, 2008, p. 35-42; Jean Claude Piris, *The Lisbon Treaty – A Legal and Political Analysis*, Cambridge, Cambridge University Press, 2010, p. 238-287; François-Xavier Prioullaud / David Siritzky, *Le traité de Lisbonne – Texte et commentaire article par article des nouveaux traités européens (TUE – TFUE)*, Paris, La Documentation Française, 2008, p. 108-132; Catherine Schneider, "Brèves réflexions iconolastes sur la "déconstitutionnalisation" de la Politique étrangère", *in* E. Brosset / C. Chevallier-Govers / V. Edjaharian / C. Schneider (dir.), *Le Traité de Lisbonne – Reconfiguration ou déconstitutionnalisation de l'Union européenne?*, Bruxelas, Bruylant, 2009, p. 287-312; Jan Wouters / Dominic Coppens / Bart de Meester, "The European Union's External Relations after the Lisbon Treaty", *in* Stefan Griller / Jacques Ziller, *The Lisbon Treaty...*, p. 143-203, Paul Craig, *The Lisbon Treaty...*, p. 370-436.

23.2. A aplicação das disposições gerais relativas à ação externa à PESC

23.2.1. Os objetivos, os princípios, os valores e os interesses da União

As disposições gerais relativas à ação externa – artigos 21.º e 22.º TUE – aplicam-se à PESC. Assim, a PESC comunga dos princípios e prossegue os objetivos previstos no artigo 21.ºs, n.º 1 e 2, TUE, o que é corroborado no artigo 23.º TUE, o qual já faz parte das disposições específicas da PESC.

Recorde-se que, segundo o artigo 3.º, n.º 5, TUE, nas suas relações com o resto do Mundo, a União afirma e promove os seus valores e interesses e contribui para a proteção dos seus cidadãos, o que tanto vale quando atua no domínio da PESC como em qualquer outro domínio da ação externa.

Recorde-se que os objetivos da ação externa da União são:

- Políticos – a salvaguarda dos valores da União (a democracia, o respeito dos direitos humanos, em especial os da criança, a *rule of law*) e a promoção de um sistema internacional baseado no multilateralismo e na *global governance*, incluindo o respeito dos princípios da Carta das Nações Unidas (artigo 3.º, n.º 5, TUE).
- De segurança – preservação da paz e prevenção de conflitos (domínio privilegiado da PESC).
- De desenvolvimento – o desenvolvimento sustentável do planeta, a solidariedade e o respeito mútuo entre os povos e a erradicação da pobreza.
- Económicos – o comércio livre e equitativo.

Sublinhe-se que se verifica uma interação e uma interligação entre os diversos objetivos, o que conduz a uma tendência cada vez maior para encarar a política externa de uma forma integrada e homogénca[551].

---

[551] Neste sentido, PANOS KOUTRAKOS, "The European Union's Common Foreign and Security Policy …", p. 21.

23.2.2. Dificuldades de articulação entre a PESC e a restante ação externa

Existem, todavia, dificuldades de articulação entre a PESC e a restante ação externa da União, pelo que o artigo 21.º, n.º 3, 2.º par., TUE estabelece que a União vela pela coerência entre os diferentes domínios da sua ação externa e entre estes e as suas outras políticas, estando a cargo do Conselho e da Comissão, assistidos pela/o Alta/o Representante da União para os Negócios Estrangeiros e a Política de Segurança, assegurar essa coerência e cooperação para o efeito.

O artigo 22.º, n.º 1, TUE atribui ao Conselho Europeu o poder de identificar os interesses e objetivos estratégicos da União, de acordo com os princípios e objetivos enunciados no artigo 21.º TUE, sendo que as decisões do Conselho Europeu sobre os interesses e objetivos estratégicos da União incidem tanto nos domínios da política externa e de segurança comum como noutros domínios que se insiram no âmbito da ação externa da União. Essas decisões podem dizer respeito às relações da União com um país ou uma região ou seguir uma abordagem temática. Definem a sua duração e os meios a facultar pela União e pelos Estados-Membros.

Considerando que, apesar de o Tratado de Lisboa ter conseguido uma reconfiguração da ação externa da União, não teve o mesmo sucesso na unificação dos instrumentos de atuação, dos procedimentos e do controlo jurisdicional, o artigo 22.º, n.º 1, TUE remete, no que diz respeito à deliberação do Conselho Europeu, por unanimidade, por recomendação do Conselho, para as regras previstas para cada domínio.

Do mesmo modo, as decisões do Conselho Europeu são executadas nos termos dos Tratados. A/o Alta/o Representante da União para os Negócios Estrangeiros e a Política de Segurança, no domínio da política externa e de segurança comum, e a Comissão, nos restantes domínios da ação externa, podem apresentar propostas conjuntas ao Conselho.

No fundo, apesar de o mote da revisão dos Tratados operada em Lisboa ter sido a unidade, como melhor se verá, a PESC continua a obedecer a regras muito diferentes das restantes políticas e muito complexas, o que não contribuiu para a simplificação dos seus procedimentos nem dos seus instrumentos de atuação nem para a sua eficácia.

23.3. As disposições específicas relativas à PESC

23.3.1. O âmbito da PESC

Nos termos do artigo 24.º, n.º 1, TUE, a PESC abrange todos os domínios da política externa bem como todas as questões relativas à segurança da União, incluindo a definição gradual de uma política de defesa comum que poderá conduzir a uma defesa comum.

O facto de a PESC abranger todos os domínios da ação externa é suscetível de causar alguns embaraços à União, na medida em que as regras e procedimentos, neste domínio, são diferentes dos previstos no TFUE para as outras políticas com dimensão externa. Além disso, a fronteira entre a PESC e os outros domínios da política externa da União nem sempre é muito fácil de traçar, dado que uma determinada ação pode ter implicações em várias políticas.

Daí que, como já anteriormente estudámos, os Tratados insistem na necessidade de coerência entre os diferentes domínios da ação externa da União e entre estes e as outras políticas, cabendo ao Conselho e à Comissão, assistidos pela/o Alta/o Representante assegurar essa coerência e cooperarem para esse efeito (artigos 21.º, n.º 3, e 26.º, n.º 3, TUE).

23.3.2. Os procedimentos específicos

A PESC está sujeita a regras e procedimentos específicos (artigo 24.º, n.º 1, par. 1.º TUE)[552]. Não se lhe aplica, de todo, o processo legislativo comum da União – o processo legislativo ordinário – pelo que a intervenção da Comissão e do Parlamento Europeu fica muito aquém da que estes órgãos têm neste processo.

No âmbito da PESC (quando não estão em causa matérias com implicações no domínio da defesa), a tomada de decisão cabe ao Conselho, com respeito pelas orientações gerais e linhas estratégicas definidas pelo Conselho Europeu (artigo 26.º, n.º 2, TUE).

Em regra, o Conselho Europeu e o Conselho deliberam por unanimidade (artigo 31.º TUE), com exceção dos casos previstos no n.º 2 do artigo 31.º TUE,

---

[552] Sobre estes procedimentos, ver PANOS KOUTRAKOS, "The European Union's Common Foreign and Security Policy ...", p. 50 e segs.

em que os Estados-Membros podem invocar razões vitais e expressas de política nacional para impedir a votação (artigo 31.º, n.º 2, par. 2.º, TUE). Ou seja, o artigo 31.º, n.º 1, TUE mantém o mecanismo da "abstenção construtiva" da versão anterior dos Tratados.

O artigo 31.º, n.º 3, TUE introduz uma nova *passarelle*, em matéria de PESC, com exceção das decisões com implicações militares e de defesa (artigo 31.º, n.º 3, TUE).

A Comissão e o Parlamento Europeu não têm qualquer poder decisório. A primeira detém um poder de iniciativa cujo exercício se realiza por intermédio da/o Alta/o Representante (artigo 30.º, n.º 1, TUE). Ou seja, a Comissão perdeu o poder de iniciativa que detinha na anterior versão dos Tratados, passando apenas a poder apoiar as iniciativas da/o Alta/o Representante ou, em certos casos, a submeter iniciativas conjuntas. Os Estados-Membros detêm igualmente o poder de iniciativa (artigo 30.º, n.º 1, TUE) em matéria de política externa e de segurança comum. A Comissão mantém, todavia, o seu poder de apresentar propostas no domínio da ação externa nas matérias que estejam fora da PESC.

Por seu turno, o PE tem um poder meramente consultivo, podendo dirigir recomendações ao Conselho e à/ao Alta/o Representante (artigo 36.º TUE). O Parlamento poderá vir a exercer algum controlo político através da competência de que dispõe no domínio do orçamento.

A/o Alta/o Representante da União para os Negócios Estrangeiros e para a Política de Segurança é nomeada/o, com o acordo do Presidente da Comissão, pelo Conselho Europeu, por maioria qualificada, que a/o pode destituir a qualquer momento (artigo 18.º TUE). É, em simultâneo, Vice-Presidente da Comissão (artigo 17.º, n.ºs 4 e 5, TUE) e Presidente do Conselho de Negócios Estrangeiros (artigo 27.º, n.º 1, TUE).

Esta forma de nomeação implica uma dupla responsabilidade – perante o Presidente do Conselho Europeu e perante o Presidente da Comissão (podendo ser destituído por qualquer um deles), sendo certo que o Conselho Europeu e a Comissão representam interesses distintos.

Daí que ainda nem o Tratado de Lisboa tinha entrado em vigor e já se anteviam dificuldades quanto ao exercício desta dupla «fidelidade»[553].

---

[553] Neste sentido, CHRISTINE KADDOUS, "Role and Position of the High Representative...", p. 209 e segs.

A/o Alta/o Representante exerce funções ao nível da ação externa da União em geral e, em especial, ao nível da PESC, tal como o Presidente do Conselho Europeu e, em parte, a Comissão. Sendo nomeada/o pelo Conselho Europeu e sendo Vice-Presidente da Comissão, um dos objetivos da/o Alta/o Representante seria fazer a ponte entre os dois órgãos, devendo contribuir para uma maior unidade, coerência e eficácia da política externa da União (como, aliás, lhe impõe o artigo 26.º, n.º 2, par. 2.º, TUE)[554].

O principal objetivo que o Tratado de Lisboa pretende atingir com a criação da/o Alta/o Representante é, precisamente, o de conferir maior visibilidade e maior estabilidade à representação externa da União nos assuntos da PESC e maior consistência e coerência entre os diferentes aspetos da política externa da União[555].

A/o Alta/o Representante é competente para exercer um número significativo de funções, as quais anteriormente pertenciam ao Alto Representante PESC / Secretário-Geral do Conselho, ao Comissário das Relações Externas e, em parte, ao Presidente do Conselho de Ministros dos Negócios Estrangeiros.

Assim, no domínio da PESC, a/o Alta/o Representante é presidente do Conselho dos Negócios Estrangeiros (artigo 18.º, n.º 3, e 27.º, n.º 1, TUE), faz parte do Conselho Europeu (artigo 15.º, n.º 2, TUE), assegura a consistência da ação externa da União, incluindo na PESC (artigo 18.º, n.º 4, TUE). Como Vice-Presidente da Comissão é responsável dentro da Comissão pelas relações externas e coordena os outros aspetos da política externa (artigo 18.º, n.º 4, TUE), conduz a PESC (artigo 18.º, n.º 2, TUE), assegura com o Conselho a unidade, consistência e efetividade da ação da União no domínio da PESC (artigo 26.º, n.º 2, TUE). Exerce ainda o direito de iniciativa e apresenta propostas no domínio da PESC (*v. g.* artigos 18.º, n.º 2, 27.º, n.º 1 e 3, 30.º, n.º 1, 42.º, n.º 4, TUE) em conjunto ou com o apoio da Comissão (artigos 22.º, n.º 2, 30.º, n.º 1, 42.º, n.º 4, TUE e 223.º, n.º 3, TFUE). Negoceia os acordos internacionais exclusiva ou principalmente no domínio da PESC (artigo 218.º, n.º 3, TFUE), representa a União, conduzindo o diálogo político com terceiros, expressa a posição da União nas organizações e nas conferências internacionais

---

[554] Duvidando, CHRISTINE KADDOUS, "Role and Position of the High Representative...", p. 219.
[555] Neste sentido, JEAN-CLAUDE PIRIS, *The Lisbon Treaty – A Legal and Political Analysis*, Cambridge, Cambridge Univ. Press, 2010, p. 245.

e apresenta a posição da União perante o Conselho de Segurança das Nações Unidas (artigo 27.º, n.º 2, e 34.º, n.º 2, TUE). Além disso, executa as decisões da PESC (artigos 26.º, n.º 3, 24.º, n.º 1, e 34.º, n.º 1, TUE), consulta regularmente o PE (artigo 36.º TUE), exerce autoridade sobre os representantes especiais nomeados pelo Conselho (artigo 33.º TUE) e sobre o Serviço Europeu para a Ação Externa, incluindo as delegações da União nos Estados terceiros ou nas organizações internacionais (artigo 221.º, n.º 2, TFUE).

A representação externa da União ficou, portanto, a cargo de três diferentes personalidades – a/o Alta/o Representante, o Presidente do Conselho Europeu e o Presidente da Comissão, tendo sido difícil, na prática, alcançar um equilíbrio, como prova a tensão vivida entre a primeira Alta Representante e o Presidente Barroso a que atrás aludimos. Este é um dos casos em que as características das personalidades que, em cada momento, ocupam os cargos pode fazer a diferença.

A/o Alta/o Representante é apoiada/o por um Serviço Europeu para a Ação Externa (artigo 27.º, n.º 3, TUE), o qual, como vimos, já se encontra a funcionar no terreno. As delegações da União devem representar a União (artigo 221.º, n.º 1 e 2, TFUE).

A criação do SEAE procurou igualmente tornar a ação externa da União mais consistente, mais visível e mais eficiente, o que parece estar a verificar-se, em termos práticos.

Não obstante todas estas alterações, os verdadeiros detentores do poder, no domínio da PESC, são os Estados-Membros, os quais devem apoiar ativamente e sem reservas a PESC da União, com um espírito de lealdade e solidariedade mútua, devendo respeitar a ação da União neste domínio (artigo 24.º, n.º 3, par. 1.º, TUE). Os Estados deverão atuar de forma concertada e deverão abster-se de levar a cabo ações que ponham em causa os interesses da União ou que ponham em causa a sua eficácia e coerência nas relações internacionais (par. 2.º do n.º 3 do mesmo preceito).

O princípio da lealdade ou solidariedade comunitária, previsto no TCE, desde o início do processo de integração europeia, parece ter sido estendido à PESC, embora se deva assinalar uma diferença fundamental.

Ao contrário do que sucede com o atual artigo 4.º, n.º 3, TUE, as normas específicas da PESC não são, em geral, suscetíveis de ser sindicadas pelo Tribunal de Justiça, pelo que o cumprimento das "obrigações" constantes do artigo 24.º, n.º 3, TUE depende basicamente da vontade dos Estados-Membros.

Com efeito, as disposições específicas relativas à PESC estão expressamente excluídas da jurisdição do Tribunal de Justiça, excetuando a competência para verificar a observância do artigo 40.º TUE e fiscalizar a legalidade de certas decisões previstas no artigo 275.º, par. 2.º, TFUE (artigo 24.º, n.º 1, par. 2.º, TUE).

Em suma, os procedimentos da União em sede de PESC continuam a primar pelo seu carácter intergovernamental.

23.4. O quadro institucional da PESC

O sistema institucional da PESC foi substancialmente modificado pelo Tratado de Lisboa[556], mas ainda assim os órgãos proeminentes, neste domínio, continuam a ser o Conselho Europeu e o Conselho[557].

Ao Conselho Europeu compete identificar os interesses estratégicos da União, estabelecer os objetivos e definir as orientações gerais da política externa e de segurança comum, incluindo em matérias com implicações no domínio da defesa (artigo 26.º, n.º 1, TUE), sendo que o artigo 22.º TUE lhe confere, como já mencionámos, um verdadeiro poder genérico de decisão, o qual é confirmado no artigo 26.º TUE.

O Conselho é o principal órgão decisor na PESC. Nos termos do artigo 26.º, n.º 2, TUE, o Conselho elabora a política externa e de segurança comum e adota as decisões necessárias à definição e execução dessa política, com base nas orientações gerais e linhas estratégicas definidas pelo Conselho Europeu.

À/ao Alta/o Representante e aos Estados-Membros compete executar a política externa e de segurança comum, utilizando os meios nacionais e os da União.

A unidade, a coerência e a eficácia da ação da União são asseguradas pelo Conselho e pela/o Alta/o Representante da União para os Negócios

---

[556] Sobre as modificações do quadro institucional da PESC ver Panos Koutrakos, "The European Union's Common Foreign and Security Policy ...", p. 32 e segs.

[557] Sobre o papel do Conselho Europeu e do Conselho na PESC ver Luis Amorim, "The European Council and CSDP", in Jochen Rehrl (ed.), *Handbook CSDP – The Common Security and Defence Policy of the European Union*, vol. I, 3.ª ed., Viena, 2017, p. 46 e segs.

Estrangeiros e a Política de Segurança, o que é particularmente importante, na medida em que a PESC se encontra muito ligada à soberania dos Estados.

O Parlamento Europeu, não obstante ter visto os seus poderes reforçados em alguns domínios da ação externa, o mesmo não sucedeu no âmbito da PESC[558]. É certo que o artigo 36.º TUE prevê que a/o Alta/o Representante da União para os Negócios Estrangeiros e a Política de Segurança consulte regularmente o Parlamento Europeu sobre os principais aspetos e as opções fundamentais da política externa e de segurança comum e da política comum de segurança e defesa, e que o informe sobre a evolução destas políticas, devendo velar por que as opiniões daquela instituição sejam devidamente tidas em conta. Os representantes especiais podem ser associados à informação do Parlamento Europeu. Além disso, esta instituição pode dirigir perguntas ou apresentar recomendações ao Conselho e à/ao Alta/o Representante. Por fim, o PE procederá duas vezes por ano a um debate sobre os progressos realizados na execução da política externa e de segurança comum, incluindo a política comum de segurança e defesa.

Como já vimos, nos termos do artigo 218.º, n.º 10, TUE, no que diz respeito aos acordos em matéria de PESC, o Parlamento Europeu deve ser imediata e completamente informado em todos as fases do processo.

Note-se que, apesar de a competência do Parlamento em sede de PESC ser bastante reduzida, este tem um instrumento poderoso no sentido de fazer valer os seus pontos de vista, a saber, o papel que desempenha no orçamento da União e, consequentemente, no financiamento da PESC e da PCSD. Com base nestas premissas, o PE não tem hesitado em influenciar as decisões, no domínio da PESC, tendo até, por vezes, assumido um papel bastante proactivo[559].

A Comissão assume na PESC um papel muito menos relevante do que nas outras áreas[560]. De qualquer forma, está envolvida no funcionamento do SEAE até porque contribui com um terço do pessoal. Acresce que a/o Alta/o

---

[558] Sobre o papel do PE, no domínio da PESC, ver Jerôme Lagrand, "The role of the European Parliament in CSDP", in Jochen Rehrl (ed.), *Handbook CSDP – The Common Security and Defence...*, p. 58 e segs.

[559] Neste sentido, Jerôme Lagrand, "The role of the European Parliament in CSDP", p. 64.

[560] Sobre o papel da Comissão na PESC ver Diego de Ojeda, "The role of the European Commission in CSDP", in Jochen Rehrl (ed.), *Handbook CSDP – The Common Security and Defence ...*, 2017, p. 55 e segs.

Representante com o apoio da Comissão, pode submeter ao Conselho todas as questões do âmbito da política externa e de segurança comum e apresentar-lhe, respetivamente, iniciativas ou propostas (artigo 30.º, n.º 1, TUE).

Além destas referências, a Comissão, do ponto de vista do direito originário, não participa nem na configuração nem na condução da PESC. Porém, nas relações internacionais nem sempre a realidade coincide com os textos legais. Com efeito, a Comissão tem, por um lado, uma experiência acumulada em termos de política externa que não pode ser descurada e, por outro lado, desempenha um papel relevante nas outras áreas da política externa, como é o caso da política de cooperação ao desenvolvimento, a qual está cada vez mais ligada à PESC, pelo que, por essa via, acaba por exercer alguma influência sobre a PESC.

Por último, a Comissão tem competência de execução do orçamento, o que lhe permite ter um impacto – à partida não visível apenas a partir unicamente da leitura dos Tratados – muito importante nas atividades da PESC.

23.5. O papel dos Estados-Membros no âmbito da PESC

Além das instituições e dos órgãos da União, os Estados-Membros desempenham um papel fundamental no domínio da PESC[561].

Em primeiro lugar, segundo o artigo 24.º, n.º 3, TUE, os Estados-Membros apoiarão ativamente e sem reservas a política externa e de segurança da União, num espírito de lealdade e de solidariedade mútua, e respeitam a ação da União neste domínio.

O dever de apoio tem uma vertente positiva, a qual impõe que os Estados-Membros atuarão de forma concertada a fim de reforçar e desenvolver a solidariedade política mútua, e uma vertente negativa, a qual impõe a abstenção dos Estados-Membros de empreender ações contrárias aos interesses da União ou suscetíveis de prejudicar a sua eficácia como força coerente nas relações internacionais.

Como já se disse, compete ao Conselho e à/ao Alta/o Representante assegurarem a observância destes princípios.

---

[561] Sobre o papel dos Estados-Membros ver PANOS KOUTRAKOS, "The European Union's Common Foreign and Security Policy ...", p. 26.

Em segundo lugar, nos termos do artigo 32.º, n.º 1, TUE, os Estados-Membros concertar-se-ão no âmbito do Conselho Europeu e do Conselho sobre todas as questões de política externa e de segurança que se revistam de interesse geral, de modo a definir uma abordagem comum. Antes de empreender qualquer ação no plano internacional ou de assumir qualquer compromisso que possa afetar os interesses da União, cada Estado-Membro consulta os outros no Conselho Europeu ou no Conselho. Os Estados-Membros asseguram, através da convergência das suas ações, que a União possa defender os seus interesses e os seus valores no plano internacional. Os Estados-Membros são solidários entre si.

Em terceiro e último lugar, as decisões relativas a ações operacionais por parte da União, previstas no n.º 1 do artigo 28.º TUE, vincularam os Estados-Membros nas suas tomadas de posição e na condução da sua ação (artigo 28.º, n.º 2, TUE).

Além disso, os Estados-Membros zelarão pela coerência das suas políticas nacionais com as posições da União que definam a abordagem global de uma questão específica de natureza geográfica ou temática (artigo 29.º TUE).

23.6. Os instrumentos jurídicos de atuação da PESC

Os atos a adotar, no domínio da PESC, também não coincidem com os que o Tratado institui no artigo 288.º TFUE[562].

Nos termos do artigo 25.º TUE, as fontes de direito derivado da PESC são:

a) as orientações gerais;
b) as decisões que definam as ações a desenvolver;
c) as posições a tomar pela União;
d) as regras de execução dessas decisões;
e) as decisões de cooperação sistemática entre os Estados-Membros.

Não obstante o termo "decisão" aparecer nas disposições específicas relativas à PESC como um dos seus principais instrumentos de atuação,

---

[562] Sobre os instrumentos jurídicos da PESC ver PANOS KOUTRAKOS, "The European Union's Common Foreign and Security Policy ...", p. 29 e segs.

deve esclarecer-se, desde já, que nada tem a ver com a decisão prevista no artigo 288.º do TFUE[563]. Acresce que o TUE revela, claramente, o propósito de excluir as fontes previstas naquele preceito do âmbito da PESC, quando, em vários preceitos, de modo expresso, afasta a adoção de atos legislativos[564] (artigos 24.º, par. 2.º, e 31.º, n.º 1, par. 1.º, TUE).

Além disso, devem mencionar-se igualmente as medidas operacionais previstas no artigo 28.º, n.º 1, par. 1.º, TUE, o qual estabelece que sempre que uma situação internacional exija uma ação operacional por parte da União, o Conselho adota as decisões necessárias. Essas decisões definirão os respetivos objetivos e âmbito, os meios a pôr à disposição da União e condições de execução respetivas e, se necessário, a sua duração (a título exemplificativo, refira-se a decisão do Conselho n.º 2012/422/PESC, de 23 de julho de 2012[565] que apoia um processo conducente ao estabelecimento de uma zona livre de armas nucleares e de todas as armas de destruição maciça no Médio Oriente).

O Conselho pode alterar os princípios e objetivos da decisão em causa e adotar as decisões necessárias, caso se verifique alteração de circunstâncias que tenha um efeito substancial numa questão que seja objeto de uma decisão anterior (artigo 28.º, n.º 1, par. 2.º, TUE).

Nos termos do artigo 26.º, n.º 2, TUE, o Conselho adota as decisões necessárias à definição e execução da PESC, com base nas orientações gerais e linhas estratégicas definidas pelo Conselho Europeu (como exemplos mencionem-se a decisão do Conselho n.º 2012/281/PESC, de 29 de maio de 2012[566], no âmbito da Estratégia de Segurança Europeia em apoio à proposta da União de Código de Conduta Internacional para as Atividades no Espaço Exterior e a decisão do Conselho n.º 2012/421/PESC, de 23 de julho de 2012[567], de apoio

---

[563] Sobre as fontes de direito derivado previstas no artigo 288.º do TFUE ver ANA MARIA GUERRA MARTINS, *Manual...*, p. 496 e segs.

[564] Trata-se de um resquício do TECE que previa este tipo de atos e que hoje se deve interpretar como referência aos regulamentos, às diretivas e às decisões de âmbito geral. Sobre o conceito de atos legislativos, à luz do Tratado de Lisboa, cfr. MIGUEL PRATA ROQUE, "A separação de poderes no Tratado de Lisboa – avanços e recuos na autonomização da função administrativa europeia", *Cadernos O Direito*, 2010, p. 214 e segs.

[565] JO L 196/67 de 24/7/2012.

[566] JO L 140/68 de 30/5/2012.

[567] JO L 186/61, de 24/7/2012.

à Convenção sobre as Armas Biológicas e Tóxicas no âmbito da Estratégia da União Europeia contra a Proliferação de Armas de Destruição Maciça).

Segundo o artigo 29.º TUE, o Conselho adota ainda decisões que definem a abordagem global de uma questão específica de natureza geográfica ou temática pela União. Foi o caso da reação da União contra a operação da Rússia na Ucrânia, no início de 2014, em que o Conselho adotou uma decisão que impunha medidas restritivas no que diz respeito a ações que comprometam ou ameacem a integridade territorial, a soberania ou a independência da Ucrânia[568], ou ainda o caso da posição da União sobre o Tribunal Penal Internacional[569].

Na sequência da atribuição de personalidade jurídica à União (artigo 47.º TUE), as dúvidas quanto à capacidade internacional da União para concluir acordos internacionais, no domínio da PESC, desapareceram. Aliás, esses acordos passaram a estar sujeitos ao procedimento geral previsto no artigo 218.º TFUE.

Os acordos internacionais concluídos pela União no âmbito da PESC são vinculativos para os Estados-Membros e para a União (artigo 37.º TUE conjugado com o artigo 218.º, n.º 2, TFUE)[570].

Por último, refira-se que, além dos instrumentos acabados de analisar, há outros que, não estando previstos nos Tratados, como, por exemplo, as declarações políticas do/a Alta/o Representante, expressam a posição da União a propósito de vários acontecimentos mundiais. Ou seja, estes instrumentos não produzem efeitos jurídicos vinculativos, antes se situam ao nível do *soft law*.

23.7. O procedimento de decisão no âmbito da PESC

O procedimento de decisão em matéria de PESC[571] também difere do procedimento de decisão nas outras áreas. Assim, nos termos do artigo 31.º, n.º 1, TUE, a regra de votação no seio do Conselho é a unanimidade, com três exceções:

---

[568] Decisão do Conselho 2014/145/PESC, de 17/3/2014, JO L 78/16.
[569] Decisão do Conselho 2011/168/PESC, de 21/3/2011, JO L 76/56.
[570] Para maiores desenvolvimentos ver PANOS KOUTRAKOS, "The European Union's Common Foreign and Security Policy ...", p. 59 e segs.
[571] Sobre o processo de decisão no domínio da PESC, ver PANOS KOUTRAKOS, "The European Union's Common Foreign and Security Policy ...", p. 50.

- A "abstenção construtiva" – um Estado pode abster-se numa votação, fazendo acompanhar a sua abstenção de uma declaração formal. Nesse caso, não é obrigado a aplicar a decisão, mas deve reconhecer que ela vincula a União. Num espírito de solidariedade mútua, esse Estado-Membro deve abster-se de qualquer atuação suscetível de colidir com a ação da União baseada na referida decisão ou de a dificultar; os demais Estados-Membros respeitarão a posição daquele. Se os membros do Conselho que façam acompanhar a sua abstenção da citada declaração representarem, no mínimo, um terço dos Estados-Membros que reúna, no mínimo, um terço da população da União, a decisão não é adotada.
- A deliberação por maioria qualificada – o Conselho pode deliberar por maioria qualificada sempre que adote uma decisão que defina uma ação ou uma posição da União com base numa decisão do Conselho Europeu sobre os interesses e objetivos estratégicos da União, referida no n.º 1 do artigo 22.º TUE; sempre que adote uma decisão que defina uma ação ou uma posição da União sob proposta da/o Alta/o Representante da União para os Negócios Estrangeiros e a Política de Segurança apresentada na sequência de um pedido específico que o Conselho Europeu lhe tenha dirigido por iniciativa própria ou por iniciativa da/o Alta/o Representante; sempre que adote qualquer decisão que dê execução a uma decisão que defina uma ação ou uma posição da União; sempre que nomeie um representante especial nos termos do artigo 33.º do TUE
- Cláusula de passarela – o Conselho Europeu pode adotar, por unanimidade, uma decisão que determine que o Conselho delibere, por maioria qualificada, em casos que não estejam previstos no n.º 2 do artigo 31.º TUE.

Existe, todavia, um "travão de emergência" à adoção de medidas por maioria qualificada, o qual pode ser acionado por qualquer membro do Conselho que declare que, por razões vitais e expressas de política nacional, tenciona opor-se à adoção de uma decisão a tomar por maioria qualificada. Nesse caso, não se procederá à votação e a/o Alta/o Representante, em estreita consulta com o Estado-Membro em causa, procurará encontrar uma solução que este possa aceitar. Caso essas diligências não sejam bem sucedidas, o Conselho, deliberando por maioria qualificada, pode solicitar que a questão seja submetida ao Conselho Europeu, a fim de ser adotada uma decisão por unanimidade.

A votação, por maioria qualificada, não é aplicável às decisões que tenham implicações no domínio militar ou da defesa (artigo 31.º, n.º 4, do TUE).

Em questões de natureza processual, o Conselho delibera por maioria dos seus membros (artigo 31.º, n.º 5, do TUE).

O Tratado de Lisboa trouxe, pois, exceções à regra da unanimidade, ainda que menos significativas do que, à primeira vista, poderiam parecer, na medida em que ou dependem de uma medida prévia que deverá ser adotada por unanimidade ou se verifica a possibilidade de acionamento do "travão de emergência".

23.8. O controlo jurisdicional da PESC pelos Tribunais da União

A PESC sempre esteve, tradicionalmente, excluída da jurisdição do TJ[572]. Esta situação não se alterou radicalmente com a entrada em vigor do Tratado de Lisboa. Pelo contrário, nos termos do artigo 24.º, n.º 1, TUE, o Tribunal de Justiça da União Europeia continua a não dispor de competência, no que diz respeito às disposições da PESC, com duas exceções:

- a competência para verificar a observância do artigo 40.º do TUE;
- a competência de fiscalizar a legalidade de determinadas decisões, a que se refere o segundo parágrafo do artigo 275.º do TFUE.

Nos termos do artigo 40.º TUE, a execução da política externa e de segurança comum não afeta a aplicação dos procedimentos e o âmbito respetivo das outras atribuições das instituições previstos nos Tratados para o exercício das competências da União enumeradas nos artigos 3.º a 6.º do TFUE. Por outro lado, a execução das políticas previstas nestes artigos também não afeta a aplicação dos procedimentos e o âmbito respetivo das atribuições

---

[572] Sobre a competência do TJ, no domínio da PESC, ver RAMSES WESSEL, "The Legal Dimension of European Foreign Policy", in KNUD ERIK JØRGENSEN e outros (eds.), *Handbook of European Foreign Policy*, Londres, Sage, 2015, p. 310 e segs.

das instituições previstas nos Tratados para o exercício das competências da União no âmbito da PESC.

O artigo 275.º do TUE, apesar de excluir da competência do Tribunal de Justiça da União Europeia as disposições relativas à PESC e os atos adotados com base nessas disposições, admite a competência para controlar a observância do artigo 40.º TUE e para se pronunciar sobre os recursos interpostos nas condições do quarto parágrafo do artigo 263.º do referido Tratado, relativos à fiscalização da legalidade das decisões que estabeleçam medidas restritivas contra pessoas singulares ou coletivas, adotadas pelo Conselho com base no Capítulo 2 do Título V do TUE.

Ainda que a letra destas normas pareça restringir o controlo judicial das medidas restritivas adotadas no âmbito da PESC ao recurso de anulação, previsto no artigo 263.º, n.º 4, TFUE, há quem entenda que esse controlo não deve ser limitado a esse recurso, antes devendo abranger todos os outros meios contenciosos abertos aos particulares, por força do artigo 47.º da CDFUE. Ou seja, para quem defende esta tese, o artigo 275.º TUE deve ser interpretado extensivamente de modo a abranger a exceção de ilegalidade e a ação de responsabilidade[573].

Recorde-se que, antes do Tratado de Lisboa, o TJ já se considerava competente para decidir se uma determinada medida tinha sido adotada com a base jurídica e o procedimento adequados[574] assim como para apreciar as medidas restritivas[575].

O Tribunal de Justiça já teve oportunidade de reafirmar esta jurisprudência após a entrada em vigor do Tratado de Lisboa.

---

[573] Neste sentido, CHRISTOPHE HILLION, "A Powerless Court? The European Court of Justice and Common Foreign and Security Policy", in MARISE CREMONA / ANNE THIES, *The European Court of Justice ...*, p. 49 e segs.

[574] Ver acórdão de 12/5/1998, *Comissão c. Conselho (Vistos em trânsito nos aeroportos)*, proc. C-170/96, ECLI:EU:C:1998:219; acórdão de 13/9/2005, *Comissão c. Conselho (sanções ambientais)*, proc. C-176/03, ECLI:EU:C:2005:542; acórdão de 30/5/2006, *Parlamento c. Conselho e Comissão (Acordo Comunidade / EUA relativo ao registo de passageiros de transportes aéreos)*, procs. C-317/04 e C-318/04, ECLI:EU:C:2006:346; acórdão de 23/10/2007, *Comissão c. Conselho (poluição com origem em navios)*, proc. C-440/05, ECLI:EU:C:2007:625; acórdão de 23/10/2007, *Parlamento c. Comissão (segurança nas fronteiras das Filipinas)*, proc. C-403/05, ECLI:EU:C:2007:624; acórdão de 20/5/2008, *Comissão c. Conselho (ECOWAS)*, proc. C-91/05, ECLI:EU:C:2008:288.

[575] Ver, entre muitos outros, caso *Kadi* sobejamente citado.

Assim, no caso *Rosneft Oil Company*[576], a propósito das medidas restritivas, o Tribunal recordou que estas se equiparam, simultaneamente, a atos de caráter geral, na medida em que proíbem uma categoria geral e abstrata de destinatários de colocar recursos económicos à disposição das entidades visadas pelos seus anexos, e a decisões individuais contra estas entidades[577].

Além disso, o TJ relembrou que, no que se refere aos atos adotados com fundamento nas disposições relativas à PESC, é a natureza individual desses atos que abre, em conformidade com o disposto no artigo 275.º, segundo parágrafo, TFUE, o acesso aos órgãos jurisdicionais da União[578].

O Tribunal concluiu nesse acórdão que, no processo principal, ao estabelecer os critérios previsto no artigo 1.º, n.º 2, alíneas b) a d), da Decisão 2014/512, que permitem identificar a *Rosneft*, e ao incluir esta sociedade no anexo III desta decisão, o Conselho adotou medidas restritivas contra a pessoa coletiva em causa. Apesar de também se poderem dirigir, em termos individuais, contra outras entidades de uma indústria específica num Estado terceiro, não é menos certo que resulta da natureza das referidas medidas, que, na hipótese da legalidade destas últimas ser contestada, devem poder ser sujeitas, em conformidade com o disposto no artigo 275.º, segundo parágrafo, TFUE, a fiscalização jurisdicional.

Por outro lado, nesse mesmo acórdão, o Tribunal tratou igualmente a questão de saber se os artigos 19.º, 24.º e 40.º TUE, o artigo 275.º TFUE e o artigo 47.º da Carta dos Direitos Fundamentais da União Europeia devem ser interpretados no sentido de que o Tribunal de Justiça da União Europeia é competente para decidir a título prejudicial, nos termos do artigo 267.º TFUE, da validade de um ato adotado com base em disposições relativas à PESC, que imponham medidas restritivas, tendo chegado à conclusão que, desde que o pedido de decisão prejudicial tenha por objeto a fiscalização da observância do artigo 40.º TUE por essa decisão ou a fiscalização da legalidade de medidas restritivas contra pessoas singulares ou coletivas, a resposta deve ser positiva.

---

[576] Ver acórdão de 28/03/2017, *Rosneft*, proc. C-72/15, ECLI:EU:C:2017:236.
[577] V., neste sentido, acórdãos de 3/9/2008, *Kadi Al Barakaat International Foundation/Conselho e Comissão*, procs. C-402/05 P e C-415/05 P, EU:C:2008:461, n.ºs 241 a 244, e de 23/4/2013, *Gbagbo e o./Conselho*, procs. C-478/11 P a C-482/11 P, EU:C:2013:258, n.º 56.
[578] V. acórdão de 23 de abril de 2013, *Gbagbo e o./Conselho*, cit., n.º 57.

Além do controlo das medidas restritivas, o Tribunal também se considera competente para decidir se os acordos internacionais relativos à PESC obedeceram, ou não, ao procedimento previsto no artigo 218.º TFUE[579].

Por último, o Tribunal considera-se igualmente competente para apreciar certos aspetos específicos das missões PESC.

Assim, no caso *Elitaliana SpA / Eulex Kosovo*, o Tribunal afirmou o seguinte:

> *"Há que salientar que, por aplicação do artigo 24.º, n.º 1, segundo parágrafo, último período, TUE e do artigo 275.º, primeiro parágrafo, TFUE, o Tribunal de Justiça não é, em princípio, competente no que respeita às disposições relativas à PESC e aos atos adotados com base nessas disposições (acórdão Parlamento/Conselho, C658/11, EU:C:2014:2025, n.º 69).*
>
> *Contudo, os referidos artigos 24.º, n.º 1, segundo parágrafo, último período, e 275.º, primeiro parágrafo, introduzem uma derrogação à regra da competência geral que o artigo 19.º TUE confere ao Tribunal de Justiça para assegurar o respeito do direito na interpretação e na aplicação dos Tratados, pelo que devem ser interpretados restritivamente (acórdão Parlamento/Conselho, C658/11, EU:C:2014:2025, n.º 70).*
>
> *Nos termos do artigo 41.º, n.º 2, primeiro parágrafo, TUE, as «despesas operacionais decorrentes da aplicação do [...] capítulo [relativo às disposições específicas respeitantes à PESC] ficarão [...] a cargo do orçamento da União, com exceção das despesas decorrentes de operações que tenham implicações no domínio militar ou da defesa e nos casos em que o Conselho, deliberando por unanimidade, decida em contrário».*

Para o Tribunal, sendo esta disposição retomada, em substância, no artigo 4.º, n.º 2, alínea a), do regulamento financeiro; cabendo à Comissão executar o orçamento da União, de acordo com o disposto nos artigos 17.º TUE e 317.º TFUE; resultando do artigo 16.º, n.º 2, da Ação Comum 2008/124 que «[a]s despesas» da missão Eulex Kosovo «*são* geridas de acordo com as regras e procedimentos aplicáveis ao orçamento geral da União» e tendo em

---

[579] Cfr. acórdão de 24/06/2014, *Parlamento / Conselho (Acordo UE-Mauritânia)*, proc. C-658/11, ECLI:EU:C:2014:2025. Sobre esta questão v. Christophe Hillion, "A Powerless Court? The European Court of Justice...", p. 55 e segs.

conta que a missão Eulex Kosovo é de natureza civil e que estava previsto imputar no orçamento da União as despesas relativas ao serviço de assistência por helicóptero a favor da missão Eulex Kosovo, as medidas controvertidas, cuja anulação foi pedida devido à violação das regras de direito aplicáveis aos contratos públicos da União, diziam respeito à adjudicação de um contrato público que gerou despesas para o orçamento da União. Daqui resulta que o contrato em causa é abrangido pelas disposições do regulamento financeiro.

Atendendo às circunstâncias específicas do caso, o Tribunal decidiu que a limitação derrogatória da sua competência prevista no artigo 24.º, n.º 1, segundo parágrafo, último período, TUE e no artigo 275.º TFUE não deve ser alargada a ponto de excluir a interpretação e aplicação das disposições do regulamento financeiro em matéria de adjudicação de contratos públicos.

Por conseguinte, o Tribunal Geral e, no caso de um recurso de uma decisão proferida por este, o Tribunal de Justiça são competentes para conhecer desse litígio.

Esta jurisprudência foi retomada no caso *H. / Conselho e Comissão*[580], a propósito de uma Missão de Polícia da União Europeia (MPUE) na Bósnia-Herzegovina.

Note-se ainda que, além do Tribunal de Justiça e do Tribunal Geral, detêm ainda competência jurisdicional, no domínio da PESC, os tribunais nacionais, tal como resulta do artigo 274.º do TFUE segundo o qual os litígios em que a União seja parte não ficam, pelo facto de a competência ser atribuída ao Tribunal de Justiça da União Europeia pelos Tratados, subtraídos à competência dos órgãos jurisdicionais nacionais.

23.9. O financiamento da PESC e da PCSD

O financiamento da PESC e da PCSD está previsto no artigo 41.º do TUE. Esta norma mantém alguns aspetos do anterior regime, com a ressalva de que passa a ser o orçamento da União – e não o das Comunidades – a assumir o financiamento.

---

[580] Ac. de 19/07/2016, *H. / Conselho e Comissão*, proc. C-455/14 P, ECLI:EU:C:2016:569

Nos termos do n.º 1 do referido preceito, tal como anteriormente, as despesas administrativas em que incorram as instituições por força da aplicação das disposições da PESC e da PCSD ficam a cargo do orçamento da União.

O n.º 2 do artigo 41.º TUE mantém igualmente as regras de financiamento relativamente às despesas operacionais, as quais ficam também a cargo do orçamento da União, com exceção das despesas decorrentes de operações que tenham implicações no domínio militar ou da defesa e nos casos em que o Conselho, deliberando por unanimidade, decida em contrário.

Nos casos em que as despesas não sejam imputadas ao orçamento da União, ficam a cargo dos Estados-Membros, de acordo com a chave de repartição baseada no produto nacional bruto, salvo decisão em contrário do Conselho, deliberando por unanimidade.

No que se refere às despesas decorrentes de operações com implicações no domínio militar ou da defesa, os Estados-Membros cujos representantes no Conselho tiverem feito uma declaração formal, nos termos do n.º 1, segundo parágrafo, do artigo 31.º do TUE, não serão obrigados a contribuir para o respetivo financiamento.

Inovador é o n.º 3 do artigo 41.º TUE, o qual estipula que o Conselho adota uma decisão que estabeleça os procedimentos específicos para garantir o rápido acesso às dotações do orçamento da União destinadas ao financiamento urgente de iniciativas no âmbito da política externa e de segurança comum, nomeadamente às atividades preparatórias das missões referidas no n.º 1 do artigo 42.º e no artigo 43.º do TUE. O Conselho delibera após consulta ao Parlamento Europeu.

As atividades preparatórias das missões referidas no n.º 1 do artigo 42.º e no artigo 43.º TUE que não sejam imputadas ao orçamento da União são financiadas por um fundo de lançamento, constituído por contribuições dos Estados-Membros. O Conselho adota por maioria qualificada, sob proposta da/o Alta/o Representante da União para os Negócios Estrangeiros e a Política de Segurança, as decisões que estabelecem:

a) As regras de criação e financiamento do fundo de lançamento, nomeadamente os montantes financeiros que lhe sejam afetados;
b) As regras de gestão do fundo de lançamento;
c) As regras de controlo financeiro.

Quando a missão prevista em conformidade com o n.º 1 do artigo 42.º e com o artigo 43.º não possa ser imputada ao orçamento da União, o Conselho autoriza a/o Alta/o Representante a utilizar aquele fundo. A/O Alta/o Representante apresenta ao Conselho um relatório sobre a execução desse mandato.

Capítulo VIII
A Política Comum de Segurança e Defesa

24. A evolução da Política Comum de Segurança e Defesa até ao Tratado de Lisboa

24.1. As principais dificuldades de afirmação da política europeia de segurança e defesa

A génese e a evolução da política europeia de defesa caminham a par e, por vezes, até se confundem com as da política europeia de segurança[581].

---

[581] Sobre a génese e a evolução da política europeia de defesa, v., entre muitos outros, Hervé Bribosia, "Les nouvelles formes de flexibilité en matière de défense", in Giuliano Amato / Hervé Bribosia / Bruno De Witte (eds.), *Genèse et Destinée* ..., p. 835-848; Emmanuel Decaux, "Le processus de décision de la PESC: Vers une politique étrangère européenne?", in Enzo Cannizzaro (ed.), *The European Union as an Actor* ..., p. 17-49 (23 e ss) ; Franklin Dehousse, "Les questions relatives à la sécurité de l'Union", in Jean-Victor Louis / Marianne Dony (dir.), *Commentaire Mégret*..., p. 515-547; Geoffrey Edwards, "Common Foreign and Security Policy: Incrementalism in Action?", in Martti Koskenniemi, *International Law Aspects*..., p. 3-17; Giovanni Grevi, "The Common Foreign, Security and Defence Policy", in Giuliano Amato / Hervé Bribosia / Bruno De Witte (eds.), *Genèse et Destinée* ..., p. 807-834; Martti Koskenniemi, "International Law Aspects of the Common Foreign and Security Policy", in Martti Koskenniemi (ed.), *International Law Aspects* ..., p. 27-44; Panos Koutrakos, *EU International* ..., p. 453-477; Ramses Wessel, "The EU as a Black Widow... », p. 405-434 ; Jolyon Howorth, "Chapter 9 – From Security to Defence: the Evolution of the CFSP", in Christopher Hill / Michael Smith, (eds.) – *International Relations and the European Union*, Oxford, Oxford University Press, 2005, p. 183 e segs.

Ora, como já se viu, a segurança e a defesa foram discutidas nas Comunidades Europeias praticamente desde a sua criação. A CED, os planos Fouchet I e II, os relatórios Davignon I e II e a CPE, constante do artigo 30.º do AUE, consubstanciam alguns exemplos de propostas neste domínio.

Mas a verdade é que, apesar de se ter consciência do problema, até ao início dos anos 90, a política europeia de segurança e defesa não foi objeto de qualquer avanço digno de nota.

A primeira referência à defesa, no direito originário, consta do Tratado de Maastricht, tendo-se mantido e até reforçado nas revisões dos Tratados que se lhe seguiram – Amesterdão e Nice. No entanto, a afirmação da Europa em matéria de segurança e de defesa exerce-se, primordialmente, através da NATO, como se verificou na crise da Jugoslávia, enquanto a UEO e a União Europeia desempenhavam um papel bastante diminuto.

Na verdade, a crise jugoslava, em junho de 1991, foi bastante ilustrativa da incapacidade da União Europeia para gerir crises internacionais no quadro da PESC. A falta de entendimento político dos então Doze debilitou a imagem externa da União ao mesmo tempo que demonstrou que os compromissos assumidos em Maastricht não passavam do papel.

Assim, entre 1993 e 1996, não se verificaram quaisquer avanços significativos em direção a uma Europa de Segurança e Defesa, não obstante durante as negociações do Tratado de Amesterdão existir perfeita consciência de que era necessário reformular o quadro legal da PESC previsto no Tratado de Maastricht, o que, aliás, veio a suceder. Esse foi até, como vimos, um dos objetivos maiores da conferência intergovernamental. A verdade, porém, é que, no domínio da defesa, não se conseguiram progressos assinaláveis.

24.2. Os primeiros avanços no domínio da política europeia de defesa e segurança

Foi no final dos anos 90, pouco mais de um ano após a assinatura do Tratado de Amsterdão, que se entrou verdadeiramente numa fase nova, nos domínios da segurança e da defesa, por impulso de uma inesperada convergência franco-britânica, a qual ficou formalmente consagrada na declaração de Saint Malo, de 4 de Dezembro de 1998.

Se a França sempre tinha tentado incluir a defesa na integração europeia, o Reino Unido, pelo contrário, sempre se lhe tinha oposto desde a sua adesão às Comunidades em 1973.

Ora, na declaração de Saint Malo, a França e o Reino Unido aceitam dotar a UE de uma *"capacidade para desenvolver uma ação autónoma, apoiada por forças militares credíveis, os meios para decidir usá-las, e a prontidão para fazer isso, em resposta a crises internacionais"*.

Os Conselhos Europeus que se lhe seguiram – o de Viena (dezembro de 1998), o de Colónia (junho de 1999) e o de Helsínquia (dezembro de 1999) – prosseguiram este objetivo, tendo conferido impulso político à matéria da defesa europeia.

Assim, o Conselho Europeu de Viena, de dezembro de 1998, que ocorreu alguns dias depois da declaração de Saint Malo, apelou à afirmação de uma PESC operativa inerente à 'Estratégia de Viena para a Europa', o que levou à adoção de novas deliberações políticas fora dos compromissos de Amesterdão.

A Presidência austríaca acolheu *"a intenção da UEO levar a cabo uma auditoria das capacidades disponíveis para as operações europeias"*, na linha da assunção unanimemente aceite de que *"para a União Europeia se encontrar numa posição de desempenhar integralmente o seu papel na cena internacional, a PESC tem de ser apoiada por capacidades operacionais credíveis"*[582].

Um mês depois do Tratado de Amesterdão ter entrado em vigor, os chefes de Estado e de governo reunidos no Conselho Europeu de Colónia assumiram compromissos adicionais com vista a aprofundar a dimensão comunitária da segurança.

Na sequência da guerra do Kosovo, os Estados-Membros da União deram-se conta da insuficiência de meios indispensáveis para a gestão de crises e do desfasamento, em termos de forças e recursos existentes, entre os seus exércitos nacionais e o dos Estados Unidos – que colocava em cheque o futuro político e operativo da NATO (no caso de uma abstenção norte-americana). Daí que os Estados europeus tenham reconhecido que a credibilidade da política externa e de segurança comum exigia um suporte militar que permitisse

---

[582] Conclusões da Presidência, Dezembro 1998. Disponível em http://www.consilium.europa.eu/media/21093/conselho-europeu-de-vienna-conclusoes-da-presidencia.pdf

à UE a gestão de crises, pelo menos, em regiões tão prioritárias para a sua segurança, como os Balcãs.

No Conselho Europeu de Colónia, os Estados europeus mostraram-se decididos a construir uma Política Europeia Comum de Segurança e Defesa (PECSD) tendente ao reforço da PESC.

Consequentemente, comprometeram-se a dotar a União com uma capacidade de decisão e ação autónomas para responder a crises internacionais, na esteira da fórmula política acordada em Saint Malo.

Com este objetivo foram adotadas duas decisões políticas estruturantes que viriam a ter fortes repercussões na arquitetura de segurança europeia edificada durante a primeira década do pós-Guerra Fria:

a) a integração, até final de 2000, das funções da UEO consideradas imprescindíveis ao desempenho, por parte da UE, das suas novas responsabilidades no domínio das missões de Petersberg;
b) a criação de estruturas (políticas e militares) necessárias à tomada de decisões eficazes na gestão das crises, mas também ao seu controlo político e direção estratégica.

A PECSD foi apresentada nas Conclusões do Conselho Europeu de Colónia como compatível com a Identidade Europeia de Segurança e Defesa adotada no seio da NATO, em 1994, tendo sido rejeitado pelos Estados mais atlantistas liderados pelo Reino Unido e pelos parceiros militarmente não aliados (em especial, a Finlândia, a Irlanda e a Suécia) qualquer compromisso de defesa coletiva. Estes países continuaram a advogar uma clara divisão do trabalho entre a NATO e a emergente PECSD que, no limite, deveria ficar confinada ao domínio da gestão de crises, no espírito das missões de Petersberg[583].

---

[583] As missões de Petersberg foram instituídas pela Declaração de Petersberg, adotada na sequência do conselho ministerial da UEO, de junho de 1992. Nos termos desta declaração, os países membros da UEO decidiram colocar à disposição da UEO, mas igualmente da NATO e da UE, unidades militares provenientes dos diversos ramos das suas forças convencionais. As chamadas missões de Petersberg incluem as missões humanitárias ou de evacuação dos cidadãos nacionais; as missões de prevenção de conflitos e as missões de manutenção da paz; as missões de forças de combate para a gestão das crises, incluindo operações de restabelecimento da paz; as ações conjuntas em matéria de desarmamento; as missões de aconselhamento e assistência em matéria militar; as operações de estabilização no termo dos conflitos.

No Conselho Europeu de Helsínquia, de dezembro de 1999, os chefes de Estado e de Governo concretizaram a dinâmica iminentemente operativa da PECSD que ganhou expressão na formulação do chamado 'Grande Objetivo' ou Objetivo Global' (*Headline Goal*').

Tratava-se de definir um "objetivo comum europeu prioritário", em termos de capacidades e meios, suscetível de permitir à UE assumir as suas responsabilidades na prevenção de conflitos e gestão de crises.

O 'Objetivo Global' apontou para a criação de uma força composta por um contingente máximo de 60.000 homens (até 15 brigadas), mobilizável em 60 dias e sustentável por um período de um ano com capacidade de levar a cabo a totalidade das tarefas de Petersberg. Esta força, edificada na sequência de um processo de cooperação voluntária, deveria ser militarmente auto sustentada e possuir capacidades de comando, controle e informações secretas, logística e de outros serviços de apoio de combate. Se possível, o contingente em questão deveria ser também reforçado por elementos aéreos e navais[584].

Um outro passo qualitativo no sentido do desenvolvimento de uma componente militar da UE prendeu-se com uma resolução coletiva favorável ao início das atividades, em março de 2000, de órgãos políticos e militares provisórios, tendo em vista a criação de um quadro institucional permanente vocacionado para assegurar um controlo político e uma orientação estratégica na condução das missões de Petersberg.

A criação, no âmbito do Conselho, de um comité político e de segurança permanente provisório, de um órgão provisório constituído por representantes militares dos Estados-Maiores e de um núcleo provisório de peritos militares deveria fomentar a emergência de um *modus faciendi* coletivo e preparar o caminho para o estabelecimento de um Comité Político e de Segurança permanente, de um Comité Militar e de um Quadro de Pessoal Militar, em cumprimento das deliberações de Colónia.

Tendo em conta que a credibilidade da PESC dependia da capacidade comunitária de projeção de forças em caso de conflito, após a reunião de Helsínquia, os líderes europeus passaram a debruçar-se sobre a qualidade

---

[584] Conclusões da Presidência, Dezembro 1999. Disponível em http://www.consilium.europa.eu/media/21049/conselho-europeu-de-hels%C3%ADnquia-conclus%C3%B5es-da--presid%C3%AAncia.pdf

e quantidade das forças (militares, mas também civis) da UE. Foi neste contexto que, em novembro de 2000, se realizou a primeira Conferência de Cometimento de Capacidades, na qual os Estados, na base de uma decisão soberana, anunciaram o seu contributo voluntário para a realização do objetivo comum europeu prioritário da capacidade militar e, no mês seguinte, no Conselho Europeu de Nice, os mais altos representantes dos Quinze confirmaram o seu empenhamento relativamente ao desenvolvimento das capacidades europeias de gestão de crises.

Em 31 de março de 2003, a UE lançou a sua primeira operação militar na antiga República Jugoslava da Macedónia (FYROM) e, em junho de 2003, lançou a sua primeira operação autónoma na República Democrática do Congo.

Em dezembro de 2003, o Conselho Europeu de Bruxelas aprovou um documento intitulado "Estratégia Europeia em matéria de Segurança – Uma Europa segura num mundo melhor", o qual consubstanciava a primeira Estratégia de Segurança Europeia (ESE)[585]. Este documento chamava a atenção para os desafios globais e para as principais ameaças que a Europa e o Mundo enfrentavam, assim como identificava os objetivos estratégicos da União e as implicações políticas para a União.

Os principais desafios globais identificados na Estratégia eram os seguintes:

- a ligação entre os aspetos internos e externos da segurança;
- a dependência da Europa de uma infraestrutura interligada nos domínios dos transportes, da energia e da informação, entre outras áreas;
- A segurança como condição prévia do desenvolvimento, na medida em que os conflitos destroem as infraestruturas, incluindo as de carácter social, incentivam a criminalidade, desencorajam o investimento e tornam impossível uma atividade económica normal;
- A concorrência em matéria de acesso aos recursos naturais (nomeadamente à água);
- A dependência energética é fonte de especial preocupação para a Europa, que é o maior importador mundial de petróleo e gás.

---

[585] Disponível em http://www.consilium.europa.eu/media/30824/qc7809568ptc.pdf

As principais ameaças consideradas na Estratégia foram:

- o terrorismo;
- a proliferação de armas de destruição maciça;
- os conflitos regionais, em especial os das regiões de Caxemira e dos Grandes Lagos, da Península da Coreia e do Médio Oriente;
- O fracasso dos Estados devido a má governação (corrupção, abuso de poder, debilidade das instituições e ausência de responsabilização) e a guerras civis;
- A criminalidade organizada.

A Estratégia de Segurança Europeia reconhecia que a Europa deveria ser mais ativa, mais capaz, mais coerente e deveria estar preparada para partilhar a responsabilidade da segurança global e para construir um "mundo melhor".
Transcreve-se, em seguida, a conclusão da Estratégia por se considerar que ela é bastante elucidativa do estado das coisas na época.

> *"Vivemos num mundo em que se perfilam novos perigos, mas também novas oportunidades. A União Europeia tem o potencial necessário para dar um contributo fundamental, tanto para a contenção das ameaças como para a realização das oportunidades. Uma União Europeia ativa e capaz teria um forte impacto à escala mundial, contribuindo assim para um efetivo sistema multilateral conducente a um mundo mais justo, mais seguro e mais unido"*[586].

A Estratégia de Segurança Europeia de 2003 vai ser reforçada em 2008 através da apresentação do Relatório sobre a Execução da Estratégia Europeia – Garantir a Segurança num Mundo em Mudança – a qual confirma a necessidade de a União ser 'mais capaz, mais coerente e mais ativa', aditando novos desafios, como a cibersegurança, a segurança marítima e novas ameaças, como as híbridas.

A Estratégia de 2003, com os aditamentos de 2008, revelou-se um documento chave para o desenvolvimento de uma política europeia de segurança e defesa autónoma.

---

[586] Disponível em http://www.consilium.europa.eu/media/30824/qc7809568ptc.pdf

No entanto, os novos desafios com que a Europa e o Mundo se defrontavam, mostraram que a Estratégia necessitava, por um lado, de ser atualizada e, por outro lado, de ser mais inovadora.

Daí que o Conselho Europeu, de 25 e 26 de junho de 2015[587], tenha decidido encarregar a Alta Representante de dar continuidade ao processo de reflexão estratégica com vista a preparar uma estratégia global da UE no domínio da política externa e de segurança, em estreita colaboração com os Estados-Membros, a qual deveria ser apresentada ao Conselho Europeu até junho de 2016, o que veio a suceder.

Tendo o ambiente de segurança na Europa mudado radicalmente, o Conselho Europeu considerou que, além da estratégia global, era também necessário levar por diante os trabalhos relativos à Estratégia Renovada de Segurança Interna da União Europeia; a aplicação integral das orientações relativas à luta contra o terrorismo acordadas na reunião de fevereiro de 2015 continua a ser uma prioridade e os trabalhos sobre uma PCSD mais eficaz, visível e orientada para os resultados, um maior desenvolvimento das capacidades civis e militares e o reforço da indústria de defesa europeia, incluindo as PME.

Das Conclusões do Conselho Europeu constava igualmente o seguinte:

"O Conselho Europeu recorda a necessidade de:
– os Estados-Membros preverem um nível suficiente de despesas para a defesa e a necessidade de utilizar os recursos da forma mais eficaz;
– o orçamento da UE garantir um financiamento adequado das ações preparatórias da investigação no domínio da PCSD, abrindo o caminho a um eventual futuro programa de investigação e tecnologia no domínio da defesa;
– incentivar uma maior e mais sistemática cooperação europeia no domínio da defesa, no sentido de criar capacidades essenciais, nomeadamente por meio dos fundos da UE;
– mobilizar os instrumentos da UE para ajudar a fazer face às ameaças híbridas – intensificar parcerias, designadamente com a ONU, a OTAN, a OSCE e a UA;

---

[587] Conclusões disponíveis em http://data.consilium.europa.eu/doc/document/ST-22-2015-INIT/pt/pdf

– habilitar e capacitar os nossos parceiros para a prevenção e a gestão de crises, nomeadamente através de projetos concretos de criação de capacidades com um âmbito geográfico flexível"[588].

Em consequência, a Alta Representante / Vice-Presidente MOGHERINI apresentou, em junho de 2016, a Estratégia Global para a Política Externa e de Segurança da União Europeia[589], sobre a qual nos debruçaremos mais adiante.

Em dezembro de 2004 a NATO transferiu a responsabilidade da Força de Estabilização da Bósnia-Herzegovina para a UE.

24.3. A estrutura política e militar criada até ao Tratado de Lisboa

Antes do Tratado de Lisboa entrar em vigor já existia uma certa estrutura política e militar nos domínios da segurança e da defesa, a qual foi sendo criada ao longo dos anos para responder a necessidades concretas.

Dessa estrutura política e militar constavam:

– O Comité Político e de Segurança, o qual atualmente está previsto no artigo 38.º TUE. Este Comité reúne ao nível de embaixadores como órgão de preparação das reuniões do Conselho. As suas principais funções são acompanhar a situação internacional nos domínios pertencentes ao âmbito da política externa e de segurança comum e contribuir para a definição das políticas, emitindo pareceres destinados ao Conselho, a pedido deste, da/o Alta/o Representante da União para os Negócios Estrangeiros e a Política de Segurança ou por sua própria iniciativa. O Comité acompanha igualmente a execução das políticas acordadas e exerce, sob a responsabilidade do Conselho e da/o Alta/o Representante, o controlo político e a direção estratégica das operações de gestão de crises referidas no artigo 43.º TUE.

---

[588] V. http://data.consilium.europa.eu/doc/document/ST-22-2015-INIT/pt/pdf
[589] Para um estudo desenvolvido dos novos desafios da União Europeia, no domínio da segurança e da defesa, e das respostas que lhe deveriam ser dadas ver AAVV, *Towards an EU Global Strategy – Consulting the Experts*, Institute for Security Studies, April 2016.

- O Comité Militar da União Europeia foi criado pela Decisão do Conselho n.º 2001/79/PESC, de 22 de janeiro[590]. Dirige todas as atividades militares no quadro da União, com especial destaque para o planeamento e a execução das operações e missões militares no âmbito da PCDS e o desenvolvimento das capacidades militares. É composto pelos Chefes Militares dos Estados-Membros e é apoiado por vários grupos de peritos.
- O Instituto de Estudos de Segurança da União Europeia foi criado, em 2002, pela Ação Comum do Conselho n.º 2001/554/PESC, de 20 de julho de 2001, revista pela Ação Comum do Conselho 2006/1002/PESC, de 21/12/2006[591], como uma agência autónoma para a PESC. Tem a sua sede em Paris, com uma antena em Bruxelas. O seu principal objetivo é criar uma cultura de segurança comum na União Europeia, apoiar a elaboração e projeção da política externa e enriquecer o debate estratégico dentro e fora da Europa[592].
- O Centro de Satélites da UE é uma agência da União Europeia que apoia o processo de decisão no domínio da PESC e da PCSD, através da análise dos dados provenientes dos satélites de observação da Terra. O Centro foi criado em 1992 como parte da UEO e transformado em agência da União, em 2002[593]. Tem sede em Torrejón de Ardoz.
- O Colégio Europeu de Segurança e Defesa foi criado em 2005 com o objetivo de dar à PCSD o instrumento de formação e educação que promovesse uma cultura europeia de segurança.

---

[590] JO L 27/4 de 30/1/2001.
[591] JO L 409/181, de 30/12/2006.
[592] Para mais desenvolvimentos ver Antonio Missiroli, "EU Institute For Security Studies", in Jochen Rehrl (ed.), *Handbook CSDP – The Common Security and Defence Policy...*, p. 156 e segs.
[593] Para mais desenvolvimentos ver Pascal Legai, "The European Union Satellite Centre", in Jochen Rehrl (ed.), *Handbook CSDP – The Common Security and Defence Policy...*, p. 160 e segs.

25. A PCSD após o Tratado de Lisboa

25.1. Antecedentes próximos do Tratado de Lisboa

Além dos desenvolvimentos acabados de enunciar, a PCSD foi igualmente objeto de uma particular atenção por parte do TECE que lhe dedicou a Parte III, com especial destaque para os artigos III-309.º a III-312.º do TECE.

O artigo III-309.º do TECE definiu as missões previstas no artigo I-41.º, n.º 1, TECE, as quais abrangiam ações conjuntas em matéria de desarmamento, missões humanitárias e de evacuação, as missões de aconselhamento e assistência militar, as missões de prevenção de conflitos e de manutenção da paz, as missões das forças de combate para a gestão de crises, incluindo as missões de restabelecimento da paz e as operações de estabilização no termo dos conflitos.

O artigo III-311.º do TECE conferia base jurídica à criação de uma agência europeia de desenvolvimento das capacidades de defesa, da investigação, da aquisição e dos armamentos (Agência Europeia de Defesa), a qual seria colocada sob autoridade do Conselho de Ministros. Esta Agência foi efetivamente criada pela Ação Comum n.º 2004/551/PESC de 12 de julho[594], independentemente da entrada em vigor do TECE[595].

Como a implementação da PCSD está muito dependente da vontade dos Estados-Membros, as modificações do direito originário não asseguram, por si só, a sua evolução. E o contrário também é verdade, ou seja, o facto de não se introduzirem alterações nos Tratados não é impeditivo de avanços nestes domínios. A criação da Agência Europeia de Defesa foi apenas um exemplo, entre muitos, que corrobora esta afirmação.

O TECE procedeu ao alargamento do âmbito de aplicação da PCSD[596]. Com efeito, a defesa constitui um domínio importante da política externa da

---

[594] JO L 245/17 de 17/7/2004.
[595] Para maiores desenvolvimentos, cfr. ERIC REMACLE, "La politique commune de sécurité et défense", in MARIANNE DONY / EMMANUELLE BRIBOSIA, *Commentaire de la Constitution...*, p. 376 e segs.
[596] Sobre a PCSD no TECE, cfr. HERVÉ BRIBOSIA, "Les nouvelles formes de flexibilité en matière de défense", in GIULIANO AMATO / HERVÉ BRIBOSIA / BRUNO DE WITTE (eds.), *Genèse et Destinée de la Constitution...*, p. 835 e segs; ERIC REMACLE, "La politique commune de sécurité

União, daí que a construção de uma Europa-potência no domínio da defesa, incluindo, designadamente, os meios militares necessários para responder aos desafios, por exemplo, do terrorismo internacional, tenha constituído um dos objetivos da Convenção sobre o Futuro da Europa.

A PCSD era considerada parte integrante da PESC e visava garantir à União uma capacidade operacional apoiada em meios civis e militares (artigo I-41.º, n.º 1, do TECE), os quais podiam ser empregues em missões no exterior com vista à garantia da manutenção da paz, à prevenção dos conflitos e ao reforço da segurança internacional, de acordo com os princípios da Carta das Nações Unidas. O TECE não retomava o catálogo detalhado das missões de Petersberg previsto no antigo artigo 17.º do TUE.

A PCSD visava estabelecer uma política de defesa comum da União[597], mas esse objetivo dependia de uma decisão unânime do Conselho Europeu que necessitava posteriormente de ser adotada pelos Estados-Membros, segundo as suas normas constitucionais. Isto é, a "União de defesa" dependia de um processo que se consubstanciava numa espécie de uma revisão simplificada dos Tratados[598].

A execução da PCSD competia aos Estados-Membros, com exceção da Dinamarca (Protocolo n.º 20 e Declaração n.º 39), os quais deviam colocar ao dispor da União os meios civis e militares necessários[599].

Tendo em conta que os Estados-Membros têm, de um modo geral, em matéria de defesa, políticas específicas (enquanto uns são membros da NATO, outros assumem um estatuto de neutralidade, como é o caso da Áustria, da Finlândia, da Irlanda e da Suécia, sendo que o Chipre e Malta, embora sem se declararem neutros, na prática, agem como tal), a União devia respeitar essas especificidades, as quais podiam levar a que, por exemplo, os Estados com estatuto de neutralidade não participassem nas ações militares contrárias a esse estatuto[600].

---

et défense", in MARIANNE DONY / EMMANUELLE BRIBOSIA, *Commentaire de la Constitution...*, p. 375 e segs.
[597] Artigo I-41.º, n.º 2, do TECE.
[598] Artigo I-41.º, n.º 2, do TECE.
[599] Artigo I-41.º, n.º 2 e 3, do TECE.
[600] Artigo I-41.º, n.º 2, do TECE.

Os Estados cujas capacidades militares preenchiam critérios mais elevados e que tivessem assumido compromissos mais vinculativos podiam estabelecer uma "cooperação estruturada permanente" no âmbito da União[601].

O instrumento jurídico da execução da PCSD era, tal como em relação à PESC, a decisão europeia adotada pelo Conselho de Ministros, por unanimidade, sob proposta do MNE ou por iniciativa de um Estado-Membro[602]. Ou seja, a PCSD também estava subtraída às fontes de direito derivado da União Europeia.

O artigo I-41.º, n.º 7, do TECE, incluía uma cláusula de "assistência mútua", determinando que, se um Estado-Membro vier a ser vítima de agressão armada no seu território, os outros deviam prestar-lhe auxílio e assistência por todos os meios ao seu alcance, de acordo com o artigo 51.º da CNU e sem prejuízo das obrigações que alguns Estados assumiram no âmbito da NATO.

Além disso, o TECE estabelecia, no artigo I-43.º, uma "cláusula de solidariedade", nos termos da qual a União e os seus Estados-Membros atuariam em conjunto, num espírito de solidariedade, se um Estado-Membro fosse vítima de um ataque terrorista ou vítima de catástrofe natural ou de origem humana.

Como veremos, o conteúdo da maior parte destas disposições foi transposto para o Tratado de Lisboa.

Antes de avançar, recorde-se ainda o que se disse a propósito da PESC, no que diz respeito aos instrumentos de atuação, ao quadro institucional e ao controlo judicial, pois aplica-se à PCSD, pelo que remetemos para o que então dissemos.

Existem, no entanto, aspetos específicos da PCSD que necessitam de um estudo *ex professo*. É o que se fará nas páginas que se seguem.

25.2. O objetivo do Tratado de Lisboa no domínio da PCSD

O principal objetivo do Tratado de Lisboa em relação à PCSD foi o de flexibilizar a condução efetiva das operações civis e militares.

A PCSD, normalmente considerada como uma das áreas de sucesso da União Europeia, não é mais do que o resultado provisório de um processo

---

[601] Artigo I-41.º, n.º 6, do TECE.
[602] Artigo I-41.º, n.º 4, do TECE.

bastante moroso, iniciado logo nos anos 50, o qual só veio a desenvolver-se recentemente e ainda não se concretizou plenamente.

O Tratado de Lisboa modificou, significativamente, as disposições relativas à PCSD[603], com o intuito de permitir ao Conselho e aos Estados-Membros uma maior escolha de soluções flexíveis na condução efetiva e eficiente de um maior número de operações civis e militares e, por essa via, aumentar o valor acrescentado da União no âmbito da gestão das crises[604]. Com efeito, a urgência de algumas medidas, no âmbito da PCSD, não se compadece com a complexidade, morosidade e, por vezes, paralisia dos procedimentos da União Europeia.

25.3. O âmbito da PCSD

Nos termos do artigo 42.º, n.º 1, TUE, a política comum de segurança e defesa faz parte integrante da política externa e de segurança comum, visando garantir à União uma capacidade operacional apoiada em meios civis e militares. A União pode empregar esses meios em missões no exterior a fim de assegurar a manutenção da paz, a prevenção de conflitos e o reforço da segurança internacional, de acordo com os princípios da Carta das Nações Unidas.

Segundo o artigo 42.º, n.º 2, TUE, a política comum de segurança e defesa inclui a definição gradual de uma política de defesa comum da União. A política comum de segurança e defesa conduzirá a uma defesa comum logo que o Conselho Europeu, deliberando por unanimidade, assim o decida. Neste caso, o Conselho Europeu recomendará aos Estados-Membros que adotem uma decisão nesse sentido, em conformidade com as respetivas normas constitucionais.

25.4. A atualização e alargamento das missões de Petersberg, incluindo a luta contra o terrorismo

As missões e operações (civis e militares) a que se refere o artigo 42.º, n.º 1, TUE, incluem as ações conjuntas em matéria de desarmamento, as missões

---

[603] V. PERRINE OROSCO / JULIEN CATS, "Le traité de Lisbonne: Un tournant pour l'Europe de la défense?", *RMCUE*, 2008, p. 420-431.
[604] Neste sentido, JEAN-CLAUDE PIRIS, *The Lisbon Treaty...*, p. 265.

humanitárias e de evacuação, as missões de aconselhamento e assistência em matéria militar, as missões de prevenção de conflitos e de manutenção da paz, as missões de forças de combate para a gestão de crises, incluindo as missões de restabelecimento da paz e as operações de estabilização no termo dos conflitos.

Todas estas missões podem contribuir para a luta contra o terrorismo, inclusive mediante o apoio prestado a países terceiros para combater o terrorismo no respetivo território (artigo 43.º TUE)[605]. Ou seja, um dos objetivos de todas as missões, previstas no artigo 43.º TUE, pode ser a luta contra o terrorismo.

Note-se que a PCSD é mais "integrada" no plano civil do que no plano militar[606], devido a barreiras estruturais, como, por exemplo, a ausência de um corpo militar europeu e os diferentes processos de decisão nacionais que, muitas vezes, envolvem, no domínio militar, a intervenção dos parlamentos nacionais[607].

Por outro lado, o financiamento das operações militares constitui igualmente um entrave, na medida em que os Estados ainda não chegaram a acordo sobre esse aspeto. Aliás, os Estados-Membros encaram a segurança e a defesa de modo muito diverso. Enquanto a França e o Reino Unido adotam uma visão mais unilateral da defesa, a Alemanha tem uma visão muito mais multilateral, defendendo uma conceção global da segurança e defesa.

25.5. A cláusula de assistência mútua no domínio militar

Nos termos do artigo 42.º, n.º 2, par. 2.º TUE, a PCSD não afetará o caráter específico da política de segurança e de defesa de determinados Estados-Membros, respeitará as obrigações decorrentes do Tratado do Atlântico Norte

---

[605] Sobre as missões e operações civis e militares, ver ANA ISABEL XAVIER / JOCHEN REHRL, "How to launch a CSDP Mission or Operation?", in JOCHEN REHRL (ed.), *Handbook CSDP – The Common Security and Defence Policy...*, p. 78 e segs.

[606] Neste sentido, CHRISTIAN DEUBNER, "New Developments of EU External Security Policy", *FEPS Studies,* June 2016, p. 17.

[607] V. GEORGIOS TSITSIKOSTAS, "Challenges of Military Operations and Missions", in JOCHEN REHRL (ed.), *Handbook CSDP – The Common Security and Defence Policy...*, p. 83 e segs; KATE FEARON / SOPHIE PICAVER, "Challenges for Civilian CSDP Missions", in JOCHEN REHRL (ed.), *Handbook CSDP – The Common Security and Defence Policy...*, p. 89 e segs.

para certos Estados-Membros que veem a sua política de defesa comum realizada no quadro da Organização do Tratado do Atlântico Norte (NATO) e será compatível com a política de segurança e de defesa comum adotada nesse domínio.

O Tratado de Lisboa introduz uma "cláusula de assistência mútua", no artigo 42.º, n.º 7, TUE, no caso de um Estado-Membro vir a ser vítima de agressão armada no seu território, salvaguardando, no entanto, os compromissos assumidos na NATO pelos Estados que são membros desta Organização[608].

Este preceito foi, pela primeira vez, invocado pelo Ministro da Defesa Francês no Conselho de Ministros da Defesa, no dia 17 de novembro de 2015, na sequência dos ataques terroristas, de 13 e 14 de novembro 2015, em Paris.

Note-se que, ao invocar esta cláusula, o Governo francês qualificou o ataque terrorista de que a França tinha sido alvo como uma agressão armada e, por isso, recorreu a este preceito e não ao artigo 222.º TFUE que estudaremos em seguida. Não se verificou, no entanto, nenhuma operação no âmbito da PCSD. Os Estados-Membros reagiram, ajudando a França.

25.6. A "cláusula de solidariedade" no domínio não militar

Da cláusula de assistência mútua no domínio militar há que distinguir a "cláusula de solidariedade" prevista no artigo 222.º TFUE que deverá operar, no caso de um Estado-Membro ser alvo de um ataque terrorista ou de uma catástrofe natural ou de origem humana[609].

Nos termos do n.º 1 do artigo 222.º TFUE, a União e os seus Estados-Membros atuarão em conjunto, num espírito de solidariedade, se um Estado-Membro for alvo de um ataque terrorista ou vítima de uma catástrofe natural ou de origem humana.

O preceito estabelece que a União mobiliza todos os instrumentos ao seu dispor, incluindo os meios militares disponibilizados pelos Estados-Membros,

---

[608] Sobre esta cláusula, ver P. KOUTRAKOS, "The role of law in Common Security and Defence Policy: functions, limitations and perceptions", in P. KOUTRAKOS, *European Foreign Policy – Legal and Political Perspectives*, p. 237 e segs; City Research On line, accessivel em http://openaccess.city.ac.uk/4275/

[609] Sobre esta cláusula, ver P. KOUTRAKOS, "The role of law in Common Security and Defence Policy...", p. 240 e segs.

para prevenir a ameaça terrorista no território dos Estados-Membros, proteger as instituições democráticas e a população civil de um eventual ataque terrorista, prestar assistência a um Estado-Membro no seu território, a pedido das suas autoridades políticas, em caso de ataque terrorista. Além disso, mobilizará meios para prestar assistência a um Estado-Membro no seu território, a pedido das suas autoridades políticas, em caso de catástrofe natural ou de origem humana.

Os outros Estados-Membros prestarão igualmente assistência a pedido das autoridades políticas do Estado-Membro afetado. Para o efeito, os Estados-Membros coordenam-se no Conselho.

De acordo com o n.º 3 do artigo 222.º TFUE, as regras de execução, pela União, da cláusula de solidariedade são definidas por uma decisão adotada pelo Conselho, sob proposta conjunta da Comissão e da/o Alta/o Representante da União para os Negócios Estrangeiros e a Política de Segurança. Se a decisão tiver implicações no âmbito da defesa, o Conselho delibera nos termos do n.º 1 do artigo 31.º do TUE. O Parlamento Europeu é informado.

O Conselho é assistido pelo Comité Político e de Segurança, com o apoio das estruturas desenvolvidas no âmbito da política comum de segurança e defesa, e pelo Comité Permanente, referido no artigo 71.º TFUE, que lhe apresentam, se for caso disso, pareceres conjuntos.

Segundo o n.º 4 do artigo 222.º TFUE, para que a União e os seus Estados-Membros possam agir de modo eficaz, o Conselho Europeu procede a uma avaliação periódica das ameaças com as quais a União se confronta.

25.7. A "cooperação estruturada permanente" entre alguns Estados-Membros

Uma outra inovação do Tratado de Lisboa é a cláusula de "cooperação estruturada permanente", prevista nos artigos 42.º, n.º 6, 46.º TUE e no Protocolo n.º 10[610].

Nos termos do artigo 42.º, n.º 6, TUE os Estados-Membros, cujas capacidades militares preencham critérios mais elevados e que tenham assumido

---

[610] Sobre esta cláusula, ver P. KOUTRAKOS, "The role of law in Common Security and Defence Policy...", p. 242 e segs.

compromissos mais vinculativos na matéria, tendo em vista a realização das missões mais exigentes, estabelecem uma cooperação estruturada permanente no âmbito da União.

Essa cooperação rege-se pelo disposto no artigo 46.º TUE, o qual prevê que os Estados-Membros participantes notifiquem a sua intenção ao Conselho e à/ao Alta/o Representante da União para os Negócios Estrangeiros e a Política de Segurança.

No prazo de três meses a contar daquela notificação, o Conselho deve adotar uma decisão que estabelece a cooperação estruturada permanente e determinar a lista dos Estados-Membros participantes. O Conselho delibera por maioria qualificada, após consulta à/ao Alta/o Representante.

Os Estados-Membros que, numa fase posterior, desejem participar na cooperação estruturada permanente devem notificar a sua intenção ao Conselho e ao Alto Representante. O Conselho adota uma decisão confirmando a participação do Estado-Membro interessado que preencha os critérios e subscreva os compromissos a que se referem os artigos 1.º e 2.º do Protocolo n.º 10 relativo à cooperação estruturada permanente. O Conselho delibera por maioria qualificada, após consulta à/ao Alta/o Representante, só tomando parte na votação os membros do Conselho que representem os Estados-Membros participantes[611].

Se um Estado-Membro participante deixar de preencher os critérios ou de poder satisfazer os compromissos a que se referem os artigos 1.º e 2.º do Protocolo relativo à cooperação estruturada permanente, o Conselho pode adotar uma decisão que suspenda a participação desse Estado. O Conselho delibera por maioria qualificada, só tomando parte na votação os membros do Conselho que representem os Estados-Membros participantes, com exceção do Estado-Membro em causa[612].

Se um Estado-Membro participante desejar abandonar a cooperação estruturada permanente, notificará a sua decisão ao Conselho, tomando este nota de que terminou a participação do Estado-Membro em causa.

---

[611] A maioria qualificada é definida nos termos da alínea a) do n..º 3 do artigo 238..º TFUE.

[612] A maioria qualificada é definida nos termos da alínea a) do n..º 3 do artigo 238..º TFUE.

As decisões e as recomendações do Conselho no âmbito da cooperação estruturada permanente, que não sejam as previstas nos n.ºs 2 a 5, são adotadas por unanimidade[613].

Não obstante nada nestas normas implicar a perda de controlo dos Estados-Membros em matéria de defesa, o protocolo n.º 10, acima referido, nos considerandos recorda que a política comum de segurança e defesa da União não afeta o caráter específico da política de segurança e defesa de determinados Estados-Membros, e que a política comum de segurança e defesa da União respeita as obrigações decorrentes do Tratado do Atlântico Norte para os Estados-Membros que consideram que a sua defesa comum se realiza no quadro da Organização do Tratado do Atlântico Norte, a qual continua a ser o fundamento da defesa coletiva dos seus membros, e é compatível com a política comum de segurança e defesa adotada nesse quadro.

Estas normas permaneceram letra morta até há relativamente pouco tempo. Mas a verdade é que, na sequência da apresentação da Estratégia Global para a Política Externa e de Segurança da União Europeia, pela Alta Representante Mogherini, iniciou-se um processo de aprofundamento da cooperação em matéria de segurança e defesa. Os Estados-Membros concordaram em aprofundar a cooperação, aumentar o investimento e desenvolver as capacidades no domínio da defesa. A cooperação estruturada permanente viu finalmente a luz do dia.

Em 13 de novembro de 2017, Ministros de 23 Estados-Membros, nos quais não se incluiu Portugal, assinaram uma notificação comum sobre a PESCO e enviaram-na à Alta Representante e ao Conselho. Esta notificação comum foi o primeiro passo formal no sentido da criação da PESCO. Estabelece os princípios, sublinhando o caráter vinculativo e inclusivo do quadro legal, a lista de compromissos comuns dos Estados-Membros, assim como propostas para a governança da PESCO.

Na sequência dessa notificação, o Conselho adotou a Decisão (PESC) 2017/2315, em 11 de dezembro de 2017, através da qual estabelece uma cooperação estruturada permanente (CEP) e determina a lista de Estados-Membros

---

[613] A unanimidade é constituída exclusivamente pelos votos dos representantes dos Estados-Membros participantes.

participantes[614], na qual se incluem todos os Estados-Membros da União, com exceção da Áustria, Malta e Chipre. Portugal tornou-se, entretanto, um dos Estados participantes (ver artigo 2.º da Decisão).

A governação da cooperação estruturada permanente é organizada ao nível do Conselho e no quadro de projetos executados por grupos de Estados-Membros participantes que tenham acordado entre si realizar esses projetos (artigo 4.º, n.º 1, da Decisão).

A Alta Representante é plenamente associada aos trabalhos relativos à Cooperação Estruturada Permanente, nos termos do protocolo n.º 10 (artigo 6.º, n.º 2, da Decisão). Pode formular uma recomendação relativa à identificação e à avaliação dos projetos CEP, com base em avaliações fornecidas nos termos do artigo 7.º, tendo em vista a adoção de decisões e recomendações do Conselho, nos termos do artigo 4.º, n.º 2, alínea e), após parecer militar do Comité Militar da União Europeia (CMUE) (artigo 5.º n.º 1, da Decisão).

Sob a responsabilidade da Alta-Representante, e igualmente na sua qualidade de chefe da AED, o SEAE, incluindo o Estado-Maior da União Europeia (EMUE), e a AED asseguram conjuntamente as funções de secretariado necessárias para a CEP, que não a nível do Conselho, e, a este respeito, constituem um ponto de contacto único. O SEAE, incluindo o EMUE, apoia o funcionamento da CEP (artigo 7.º, n.º 1 e 2, da Decisão).

O financiamento da CEP está a cargo do orçamento da União quando se trate de despesas administrativas das instituições da União e do SEAE decorrentes da aplicação da presente decisão (artigo 8.º, n.º 1, da Decisão). As despesas da AED ficam sujeitas às regras de financiamento aplicáveis da AED, nos termos da Decisão (PESC) 2015/1835 do Conselho[615].

Já as despesas de funcionamento decorrentes de projetos empreendidos no quadro da CEP são suportadas principalmente pelos Estados-Membros participantes que fazem parte de um projeto específico. Podem ser efetuadas contribuições para esses projetos a partir do orçamento geral da União, no respeito dos Tratados e de acordo com os instrumentos aplicáveis da União (artigo 8.º, n.º 2, da Decisão).

---

[614] JO L 331 de 14.12.2017, p. p. 57 e segs.
[615] Decisão (PESC) 2015/1835 do Conselho, de 12 de outubro de 2015, que define o estatuto, a sede e as regras de funcionamento da Agência Europeia de Defesa, JO L 266 de 13.10.2015, p. 55 e segs.

A Decisão contem igualmente um anexo do qual constam os compromissos que os Estados assumiram e que são os seguintes:

> "1. Aumentar regularmente os orçamentos de defesa em termos reais tendo em vista alcançar os objetivos acordados.
>
> 2. Aumentar sucessivamente e a médio prazo as despesas de investimento na defesa para 20 % do total das despesas no domínio da defesa (marco de referência coletivo) a fim de colmatar as lacunas em matéria de capacidades estratégicas de defesa através da participação em projetos no domínio das capacidades de defesa, em conformidade com o CDP e a análise anual coordenada (AACD).
>
> 3. Multiplicar os projetos conjuntos e «colaborativos» em matéria de capacidades estratégicas de defesa. Esses projetos conjuntos e colaborativos deverão ser financiados, se as necessidades e as circunstâncias o exigirem, através do Fundo Europeu de Defesa.
>
> 4. Aumentar a parte das despesas consagradas à investigação e à tecnologia em matéria de defesa tendo em vista a aproximação a 2 % do montante total das despesas de defesa (marco de referência coletivo).
>
> 5. Estabelecer uma análise regular destes compromissos (com o objetivo de aprovação pelo Conselho).
>
> 6. Desempenhar um papel importante no desenvolvimento de capacidades na UE, inclusive no quadro da AACD, a fim de garantir a disponibilidade das capacidades necessárias para alcançar o nível de ambição na Europa.
>
> 7. Apoiar, na máxima medida possível, a AACD, reconhecendo a natureza voluntária da análise e os condicionalismos de cada Estado-Membro participante.
>
> 8. Assegurar uma participação ativa de um futuro Fundo Europeu de Defesa na contratação pública multinacional que represente um valor acrescentado concreto para a UE.
>
> 9. Definir requisitos harmonizados para todos os projetos de desenvolvimento de capacidades acordados pelos Estados-Membros participantes.
>
> 10. Considerar a utilização conjunta das capacidades existentes a fim de otimizar os recursos disponíveis e melhorar a sua eficácia global.
>
> 11. Assegurar a intensificação dos esforços na cooperação em matéria de ciberdefesa, através por exemplo da partilha de informações, da formação e de apoio operacional.

12. Em relação à disponibilidade e à projeção de forças, os Estados-Membros participantes comprometem-se a:
– Disponibilizar unidades que sejam suscetíveis de projeção estratégica para atingir o nível de ambição da UE, para além da potencial projeção de um agrupamento tático da UE. Este compromisso não abrange uma força de intervenção rápida nem uma força permanente ou uma força em alerta.
– Desenvolver um instrumento sólido (por exemplo, uma base de dados) que apenas seja acessível aos Estados-Membros participantes, devendo as nações contribuintes registar as capacidades disponíveis e que possam ser objeto de projeção rápida, a fim de facilitar e acelerar o processo de constituição de forças.
– Visar a obtenção rápida de um compromisso político a nível nacional, incluindo uma possível revisão dos respetivos processos de decisão nacionais.
– Prestar apoio substancial, atendendo aos seus meios e capacidades, às operações da PCSD (por exemplo, a EUFOR) e às missões (por exemplo, as missões de formação da UE) com pessoal, material, formação, apoio com exercícios, infraestruturas ou outros meios que tenham sido decididas por unanimidade pelo Conselho, sem prejuízo das decisões relativa aos contributos para as operações da PCSD e sem prejuízo de exigências constitucionais.
– Contribuir substancialmente para os agrupamentos táticos da UE confirmando os contributos, em princípio com pelo menos quatro anos de antecedência, com um período de alerta em consonância com o conceito de agrupamento tático da UE, a obrigação de realizar exercícios para o pacote de forças dos agrupamentos táticos da UE (nação-quadro) e/ou de participar nesses exercícios (todos os Estados-Membros que participam nos agrupamentos táticos da UE).
– Simplificar e normalizar o transporte militar transfronteiras na Europa para permitir a rápida projeção de material e de pessoal militar.

13. Em relação à interoperabilidade de forças, os Estados-Membros participantes comprometem-se a:
– Desenvolver a interoperabilidade das suas forças através:
– do compromisso de acordar numa avaliação comum e em critérios de validação para o pacote de forças dos agrupamentos táticos da UE em consonância com as normas da OTAN, embora mantendo a certificação nacional,

> *– do compromisso de acordar em normas operacionais e técnicas comuns para as forças reconhecendo que devem garantir a interoperabilidade com a OTAN,*
> *– Otimizar as estruturas multinacionais: os Estados-Membros participantes poderão comprometer-se a juntar-se e a desempenhar um papel ativo nas principais estruturas existentes e nas possíveis estruturas futuras, participando na ação externa europeia no domínio militar (Eurocorps, Euromarfor, Eurogendfor, MCCE/Atares/SEOS).*

14. Os Estados-Membros participantes esforçar-se-ão por desenvolver uma abordagem ambiciosa para o financiamento comum das missões e operações militares da PCSD, para além do que for definido como custos comuns, de acordo com a decisão do Conselho relativa ao mecanismo Athena.

15. Ajudar a superar as deficiências em matéria de capacidades identificadas ao abrigo do Plano de Desenvolvimento de Capacidades (PDC) e da AACD. Estes projetos de capacidades aumentarão a autonomia estratégica da Europa e reforçarão a base tecnológica e industrial europeia de defesa (BITDE).

16. Considerar como prioridade uma abordagem colaborativa europeia destinada a colmatar as lacunas em matéria de capacidades identificadas a nível nacional e, regra geral, utilizar unicamente uma abordagem nacional se essa análise já tiver sido realizada.

17. Participar em pelo menos um projeto no âmbito da CEP que desenvolva ou forneça capacidades identificadas como estrategicamente pertinentes pelos Estados-Membros.

18. Comprometer-se a utilizar a AED como o fórum europeu para o desenvolvimento de capacidades em conjunto e considerar a OCCAR como a organização preferida para a gestão do programa de colaboração.

19. Assegurar que todos os projetos em matéria de capacidades dirigidos pelos Estados-Membros participantes tornam a indústria europeia da defesa mais competitiva através de uma política industrial adequada que evite sobreposições desnecessárias.

20. Assegurar que os programas de cooperação (que devem apenas beneficiar entidades que comprovadamente constituam uma mais-valia no território da UE) e as estratégias de aquisição adotadas pelos Estados-Membros participantes terão um impacto positivo na BITDE."

A Cooperação Estruturada Permanente está intimamente ligada à Nova Coordenação Anual Revista no domínio da Defesa (CARD) e ao Fundo Europeu de Defesa (FED), os quais se desenvolvem atualmente no âmbito do Programa Europeu de Desenvolvimento Industrial da Defesa.

Do exposto resulta que a União está a dar passos muito significativos em matéria de defesa.

25.8. A Agência Europeia de Defesa e o fundo de lançamento

Como já se disse, a Agência Europeia de Defesa foi criada pela Ação Comum n.º 2004/551/PESC de 12 de Julho[616], a qual foi, recentemente, reformulada pela Decisão do Conselho 2015/1835/PESC, de 12 de outubro de 2015, que define o seu estatuto, sede e regras de funcionamento[617].

Note-se que a AED só passou a constar do direito originário com o Tratado de Lisboa (artigos 42.º, n.º 3, e 45.º TUE)[618].

Nos termos do artigo 42.º, n.º 3, do TUE, a AED tem competência *"no domínio do desenvolvimento das capacidades de defesa, da investigação, da aquisição e dos armamentos (...) identifica as necessidades operacionais, promove as medidas necessárias para as satisfazer, contribui para identificar e, se necessário, executar todas as medidas úteis para reforçar a base industrial e tecnológica do setor da defesa, participa na definição de uma política europeia de capacidades e de armamento e presta assistência ao Conselho na avaliação do melhoramento das capacidades militares".*

Nos termos do artigo 45.º TUE, a Agência tem por missão:

a) Contribuir para identificar os objetivos de capacidades militares dos Estados-Membros e para avaliar o respeito dos compromissos por eles assumidos em termos de capacidades;
b) Promover a harmonização das necessidades operacionais e a adoção de métodos de aquisição eficazes e compatíveis;
c) Propor projetos multilaterais para cumprir os objetivos em termos de capacidades militares e assegurar a coordenação dos programas

---

[616] JOUE L 245, de 17/7/2004, p. 17.
[617] JOUE L 266, de 13/10/2015, p. 55 e segs.
[618] Sobre a AED ver JORGE DOMECQ, "The European Defence Agency (EDA)", in JOCHEN REHRL (ed.), *Handbook CSDP – The Common Security and Defence Policy...*, p. 164 e segs.

executados pelos Estados-Membros, bem como a gestão de programas de cooperação específicos;
d) Apoiar a investigação em matéria de tecnologia de defesa, coordenar e planificar atividades de investigação conjuntas e estudos de soluções técnicas que deem resposta às necessidades operacionais futuras;
e) Contribuir para identificar e, se for caso disso, executar todas as medidas úteis para reforçar a base industrial e tecnológica do setor da defesa e para aumentar a eficácia das despesas militares.

A Agência Europeia de Defesa está aberta a todos os Estados-Membros que nela desejem participar. O Conselho, deliberando por maioria qualificada, adota uma decisão que defina o estatuto, a sede e as regras de funcionamento da Agência. Essa decisão tem em conta o grau de participação efetiva nas atividades da Agência. No quadro da Agência são constituídos grupos específicos compostos por Estados-Membros que desenvolvam projetos conjuntos. A Agência cumpre as suas missões em articulação com a Comissão, na medida do necessário (artigo 45.º, n.º 2, TUE).

Note-se que o TUE prevê a votação, por maioria qualificada, no seio do Conselho, da decisão de modificação do estatuto da Agência.

O TUE prevê também que a adoção da decisão de criação de um fundo de lançamento, constituído por contribuições dos Estados-Membros, seja adotada por maioria qualificada do Conselho, sob proposta do Alto Representante (artigo 41.º, n.º 3, TUE). A criação deste fundo também está em marcha, no momento em que escrevemos, pois os recentes desenvolvimentos no domínio da defesa necessitam de instrumentos financeiros sólidos.

25.9. O papel dos Estados-Membros no domínio da PCSD

A execução das tarefas da PCSD assenta nas capacidades fornecidas pelos Estados-Membros.

O artigo 44.º TUE confere à União uma maior flexibilidade em relação a certas crises em que a capacidade de reação é essencial, uma vez que permite que a União confie as missões previstas no artigo 43.º TUE a um grupo de Estados-Membros que o desejem e que tenham os meios necessários.

Com vista à execução da política comum de segurança e defesa, os Estados-Membros colocam à disposição da União capacidades civis e militares de modo a contribuir para os objetivos definidos pelo Conselho. Os Estados-Membros que constituam entre si forças multinacionais podem também colocá-las à disposição da política comum de segurança e defesa (artigo 42.º, n.º 3, par. 1.º, TUE).

Os Estados-Membros comprometem-se a melhorar progressivamente as suas capacidades militares (artigo 42.º, n.º 3, par. 2.º, TUE).

Capítulo IX
A atuação da União no âmbito da PESC e da PCSD

26. As ações da União no âmbito da PESC e da PCSD

Tão importante como estudar as normas dos Tratados e as normas adotadas pelas instituições, nos domínios da PESC e da PCSD, é conhecer a atuação da União no terreno, quando confrontada com crises concretas e que necessitam de uma resposta rápida e eficaz.

A União tem-se mostrado um ator assaz relevante, no domínio da segurança internacional, desde que adotou a Estratégia de Segurança Europeia, em 2003.

Assim, tem levado a efeito missões e operações civis e militares, atuando não só ao nível de medidas preventivas como também ao nível de medidas restritivas.

Além disso, ultimamente a União tem privilegiado as medidas positivas às medidas de retaliação.

26.1. As missões e operações civis e militares

Como vimos, a PCSD foi concebida como um instrumento de gestão de crises, tendo em vista a definição progressiva de uma política de defesa comum. Como tal, o desenvolvimento das capacidades operacionais para a manutenção da paz, para a prevenção de conflitos e reforço da segurança internacional, de acordo com os princípios da Carta das NU, é muito importante.

Os Estados-Membros podem deslocar forças multinacionais militares e civis para levarem a cabo diferentes missões e operações, das quais se destacam as operações conjuntas de desarmamento, as missões humanitárias e de salvamento, a assistência e treino militar, prevenção de conflitos e manutenção da paz, incluindo a estabilização pós-conflito.

Estas operações e missões podem igualmente contribuir para combater o terrorismo.

Desde 2003 – data da sua primeira missão – a União já levou a cabo mais de 30 missões e operações, das quais dez são militares (Concordia, Artemis, EUFOR Althea, EUFOR DR Congo, EUFOR Chade/RCA, EUNAVFOR Atalanta, EUTM Mali, EUFOR RCA, EUMAM RCA, EUNAVFOR MED Sophia), nove de assistência e apoio (EUSEC RD Congo, EU support to AMIS Darfur, EUPAT FYROM, EUSSR Guiné-Bissau, EUCAP Sahel Niger, EUCAP NESTOR Corno de África, EUAVSEC Sul do Sudão EUCAP Sahel Mali e EUAM Ucrânia), seis operações de polícia (EUPM BiH, EUPOL Proxima, EUPOL Kinshasa, EUPOL COPPS, EUPOL DRC, EUPOL Afeganistão), três são as chamadas missões de *rule of law* (EUJUST THEMIS, EUJUST LEX, EULEX Kosovo), três missões de controlo de fronteira (EUBAM Rafah, EUBAM Ucrânia/Moldávia, EUBAM Líbia), e duas missões de monitorização (AMM and EUMM Geórgia). Estas missões ocorreram na Europa, em África, no Médio Oriente e na Asia[619].

Como se vê, as missões e operações da União Europeia tomam diversas formas. A diferença de denominação das mesmas tem a ver com a natureza das forças que nelas participam. As missões civis podem incluir forças policiais, juízes ou peritos civis, enquanto as missões militares incluem tropas militares.

---

[619] Sobre as operações e missões civis e militares da UE, ver, entre outros, Carmen Márquez Carrasco / Cristina Churruca Muguruza / Rocio Alamillos Sánchez, "Case Study: Common Security and Defence Policy...", p. 32 e segs. Disponível em http://www.fp7-frame.eu; Ana Isabel Xavier / Jochen Rehrl, "How to launch a CSDP Mission or Operation?", in Jochen Rehrl (ed.), *Handbook CSDP – The Common Security and Defence Policy...*, p. 78 e segs; Georgios Tsitsikostas, "Challenges of Military Operations and Missions", in Jochen Rehrl (ed.), *Handbook CSDP – The Common Security and Defence Policy...*, p. 83 e segs; Kate Fearon / Sophie Picaver, "Challenges for Civilian CSDP Missions", in Jochen Rehrl (ed.), *Handbook CSDP – The Common Security and Defence Policy...*, p. 89 e segs; Antonio Missiroli (ed.), *The EU and the World: Players and Policies post-Lisbon...*, p. 45 e segs.

A prática demonstra que a maior parte das missões e operações da UE têm uma natureza civil.

As missões militares têm como objetivo a consolidação da paz, a observação e supervisão de eleições, o combate à pirataria e à migração irregular. No fundo, o que está em causa é o apoio aos esforços para restaurar a paz e segurança em Estados e regiões situados na periferia da União. Estas missões e operações são muito diversas, embora todas devam ter por base uma resolução do Conselho de Segurança das Nações Unidas.

Na última década o ambiente da segurança nas regiões adjacentes à Europa mudou muito. Surgiram novos desafios, como o terrorismo, a cibersegurança, as ameaça híbridas, a proliferação de armas de destruição massiva e os seus meios de propagação, o crime internacional organizado, a pirataria ou os conflitos armados. Estas novas ameaças exigem respostas inovadoras. Todas são transnacionais, multidimensionais e dinâmicas, ultrapassando as fronteiras da distinção tradicional segurança interna e externa.

As missões civis têm em vista promover a estabilidade numa determinada região e construir resiliência em ambientes frágeis, reforçando a *rule of law* e os *leaders* chave locais. A União tem missões deste tipo no Kosovo, na Ucrânia, na Geórgia, na Nigéria, no Mali, nos Territórios Ocupados da Palestina, no Afeganistão, na Somália e na Líbia. As missões civis pretendem implementar mudanças sustentáveis nos países e nas regiões afetadas pelo conflito.

26.2. As medidas preventivas e restritivas

Nos últimos tempos, a estratégia da União no domínio da política de segurança e defesa tem privilegiado a atuação na fase da prevenção dos conflitos e da resposta rápida e das comunicações estratégicas, o que não significa que as medidas restritivas tenham deixado de existir. Pelo contrário, continuam a representar um instrumento de uma enorme relevância.

Do ponto de vista da União Europeia, a prevenção dos conflitos faz-se, antes de mais, através de instrumentos jurídicos. Daí que a União tenha vindo a desempenhar um papel bastante importante no domínio da luta contra a proliferação das armas nucleares, de mísseis balísticos, de armas biológicas e tóxicas, de armas de destruição maciça, no controlo da exportação de bens de uso duplo e no controlo do comércio de armas em geral[620], na luta contra as minas e outras armas contrárias à Humanidade e contra a acumulação e difusão de armas ligeiras e de pequeno calibre[621].

As medidas restritivas tornaram-se um instrumento muito importante de política externa da União. Apesar de terem sido usadas na década de 80, por exemplo, contra a Africa do Sul, aumentaram o seu número e o seu âmbito, desde a entrada em vigor do Tratado de Maastricht, pois a partir daí permitiu--se à União impor sanções políticas. Deixaram de ser utilizadas somente medidas abrangentes, como, por exemplo, embargos de petróleo ou do comércio de larga escala que afetam toda a população de um determinado Estado ou território para passarem a incluir um sistema chamado de *smart sanctions*[622] que tem como objetivo principal atingir essencialmente os responsáveis, como, por exemplo, leaders, os decisores políticos e as elites que supostamente pressionam os governantes. Este sistema de *smart sanctions* compreende, por exemplo, o congelamento de contas bancárias bem como a proibição de saída e entrada no território da União.

Os objetivos das medidas restritivas podem ser diversos. Estas medidas não se dirigem apenas aos Estados mas também aos indivíduos e a atores não estaduais, como, por exemplo, organizações terroristas, o Presidente Mugabe e os seus associados, empresas relacionadas com a junta militar em Burma/Myanmar. Por outro lado, o contexto das sanções também pode ser diverso. Um dos objetivos mais comuns é a proteção dos direitos fundamentais, como sucedeu na Bielorrússia e no Uzbequistão, mas também podem fazer parte da gestão da crise (Afeganistão e Rússia) ou constituir uma reação

---

[620] Quanto ao controlo do comércio de armas ver IMMACULADA MARRERO ROCHA, "The European Union Arms Trade Control and European Civil Society", in PIET EECKHOUT / MANUEL LOPEZ-ESCUDERO (ed.), *The European Union's External Action in Times of Crisis...*, p. 547 e segs.

[621] Para uma visão geral da atuação da União, nestes domínios, consultar o *site* do SEAE https://eeas.europa.eu/headquarters/headquarters-homepage/427/disarmament-non-proliferation-and-arms-export-control_en.

[622] Sobre as *smart sanctions* ver CLARA PORTELA, "The EU's Use of 'Targeted' Sanctions' – Evaluating Effectiveness, *CEPS Working Document* N.º 391 de março de 2014, disponível no site da CEPS – http://www.ceps.eu; DANIEL W. DREZNER, "Sanctions Sometimes Smart: Targeted Sanctions in Theory and Practice", *International Studies Review*, 2011, 13, p. 96 e segs.

à não proliferação de armas (Líbia e Irão) e até ao contra terrorismo (Al Qaeda e Daesh)[623].

Estas medidas devem ser utilizadas para forçar as entidades a quem são aplicadas a mudar o seu comportamento em determinadas circunstâncias ou a reverter um comportamento ilícito. Porém, por vezes, são aplicadas com objetivos políticos.

Do ponto de vista do seu conteúdo, as medidas restritivas podem constituir sanções económicas, sanções relativas à cooperação, sanções relativas à exportação de armas e sanções pessoais. Tendo em conta o peso da União no comércio mundial, no investimento global e na ajuda ao desenvolvimento e humanitária o impacto destas medidas acaba por ser muito relevante.

A implementação das medidas restritivas esbarra, todavia, com alguns obstáculos de índole política e técnica. Desde logo, a definição, a amplitude e a natureza das medidas pressupõe a tomada de decisões ao nível interno, as quais dependem de vários instituições, órgãos e organismos da União – o Conselho, a Comissão e o SEAE. Ora, esta fragmentação, ao nível da decisão, pode atrasar todo o processo, incluindo a sua implementação. Além disso, o impacto das medidas depende do grau de interdependência do destinatário das mesmas em relação à União e da envolvente política.

26.3. Medidas positivas

Além das medidas preventivas e restritivas, a União tem vindo a apostar ultimamente em medidas positivas, as quais incluem o diálogo político, a nomeação de representantes especiais para certas questões, a defesa da democracia e da proteção de direitos humanos, designadamente, através da observação e supervisão em processos eleitorais e processos de democratização de certos Estados terceiros.

Estas medidas serão desenvolvidas mais adiante.

---

[623] Sobre as medidas restritivas anti-terrorismo, ver Enzo Cannizzaro, "The EU Antiterrorist Sanctions", Piet Eeckhout / Manuel Lopez-Escudero (ed.), *The European Union's External Action in Times of Crisis...*, p. 531 e segs.

27. Síntese conclusiva sobre a atuação da UE no âmbito da PESC e da PCSD

Em primeiro lugar, deve sublinhar-se que as alterações introduzidas pelo Tratado de Lisboa, no domínio da PESC e da PCSD, não são despiciendas, constituindo uma tentativa séria e notável de melhorar a situação anterior. O que se pretende é pôr a União a falar a "uma só voz" ao mesmo tempo que se procura tornar a ação externa da União mais coerente, mais eficiente e mais efetiva[624].

O Tratado de Lisboa dá, de facto, alguns passos importantes no sentido da maior afirmação da União na *"cena internacional"*.

No entanto, a PESC e a PCSD continuam a obedecer a um quadro legal muito diferente do previsto para as outras matérias – ao contrário do que teria sucedido, caso o TECE tivesse entrado em vigor[625] – o que tem causado alguns problemas adicionais.

Acresce que as disposições do Tratado por si só não bastam, dado que o sucesso ou insucesso da PESC e da PCSD depende de muitos outros fatores, tanto externos como internos. Externamente, a anexação da Crimeia pela Rússia trouxe de volta a ameaça da guerra na Europa, o que já não se verificava desde o conflito jugoslavo, a nova Administração Americana, cuja política externa se centra totalmente nos Estados Unidos, com o consequente afastamento da Europa, a iminente saída do Reino Unido da União Europeia, o terrorismo, a tomada de consciência da vulnerabilidade das infraestruturas e a crise migratória consubstanciaram alguns dos fatores que forçaram a Europa a reorganizar a sua segurança interna e externa[626].

Na verdade, os eventos acabados de referir levaram a que a Europa, pela primeira vez, após décadas de paz e estabilidade, enfrentasse instabilidade e novas ameaças à segurança dos seus cidadãos e parceiros, o que contribuiu

---

[624] Ver Jan Wouters / Dominic Coppens / Bart de Meester, "The European Union's External Relations...", p. 196 e 197; Daniel Thym, "Aussenverfassungsrecht nach dem Lissaboner Vertrag", in Ingolf Pernice (dir.), *Der Vertrag von Lissabon: Reform der EU ohne Verfassung? – Kolloquim zum 10. Geburtstag des WHI*, p. 167 e segs.
[625] Neste sentido, Jacques Ziller, *Les nouveaux traités européens...*, p. 33 e segs.
[626] Neste sentido, Annegret Bendiek, "A Paradigm Shift in the EU's Common Foreign and Security Policy: From Transformation to Resilience", *SWP Research Paper*, Berlim, out. 2017, p. 5.

para uma maior tomada de consciência de que tinha de investir mais e desenvolver esforços em matéria de segurança e defesa.

Internamente, a substituição do Presidente da Comissão bem como da Alta Representante, em 2014, contribuíram para dar um novo impulso à política de segurança e defesa.

Com efeito, foi, essencialmente, a partir das orientações políticas, de julho de 2014, do Presidente da Comissão Juncker, o qual identificou, como uma das dez prioridades da Comissão, a política de defesa europeia, que se assistiu a um desenvolvimento da implementação das regras do Tratado.

Verificava-se, na época, uma insatisfação, mais ou menos generalizada, com a PESC e a PCSD, o que levou a um amplo debate sobre o assunto. Esse debate culminou com a apresentação pela Alta Representante, em junho de 2016, de um documento intitulado *Shared Vision, Common Action – a stronger Europe*, o qual contém a nova Estratégia Global para a Politica Externa e de Segurança na União Europeia, o qual será estudado mais adiante.

Note-se ainda que a PESC e a PCSD dependem, em larga escala, da vontade dos Estados-Membros, quer ao nível da iniciativa e decisão quer ao nível da implementação, o que, por vezes, dificulta a execução.

Na verdade, algumas normas demoraram muito a ser implementadas e outras ainda estão em vias de implementação.

Como se viu, só muito recentemente se deram passos significativos no sentido da criação de grupos permanentes para uma cooperação mais estreita em matéria de defesa, mas continua a não existir um quartel-general militar para as questões da PCSD, o que implica a incapacidade estrutural de reagir rapidamente em questões militares, e continua a verificar-se uma fragmentação significativa neste domínio.

De qualquer forma, diga-se, em abono da verdade, que, nos últimos dois anos, vários foram os contributos para relançar o debate sobre as questões de segurança e defesa.

Em julho de 2016 foi assinada, em Varsóvia, uma declaração conjunta de cooperação entre a UE e a NATO[627].

---

[627] Declaração conjunta do Presidente do Conselho Europeu, do Presidente da Comissão e do Secretário-Geral da NATO disponível em http://www.consilium.europa.eu/media/21481/nato-eu-declaration-8-july-en-final.pdf

Em setembro de 2016, na cimeira de Bratislava, os leaders europeus acordaram dar um novo impulso à segurança e à defesa[628]. Os Estados-Membros concordaram em implementar um plano de segurança e defesa.

A Comissão propôs o Plano de Ação da Defesa Europeia para incentivar a investigação e as capacidades. A UE e a NATO apresentaram em comum um conjunto de propostas para a implementação da Declaração de Varsóvia[629].

Em dezembro de 2016, o Conselho Europeu aprovou a implementação do Plano de Ação da Defesa, da Estratégia Global e da Declaração de Varsóvia.

Em novembro 2016, a Comissão adotou o Plano de Ação Europeu no domínio da Defesa[630], no qual estabeleceu um conjunto de medidas para alcançar uma maior cooperação em matéria de defesa e para apoiar a competitividade da indústria de defesa europeia.

Em junho de 2017, a Comissão apresentou uma proposta de regulamento do PE e do Conselho sobre um Programa de Desenvolvimento Industrial no domínio da Defesa que tem como objetivo reforçar a competitividade e a inovação da indústria de defesa da União, incluindo a cibersegurança[631]. Retomaremos alguns destes documentos mais adiante, a propósito da implementação da Estratégia Global para a Política Externa e de Segurança da União Europeia.

---

[628] A Declaração de Bratislava está disponível em http://www.consilium.europa.eu/media/21251/160916-bratislava-declaration-and-roadmap-pt.pdf
[629] Declaração conjunta do Presidente do Conselho Europeu, do Presidente da Comissão e do Secretário-Geral da NATO disponível em http://www.consilium.europa.eu/media/21481/nato-eu-declaration-8-july-en-final.pdf
[630] COM/2016/0950 final.
[631] COM/2017/0294 final – 2017/0125 (COD).

PARTE IV
Os Desafios Atuais à Ação Externa da União Europeia

Capítulo X
O cidadão como primeira prioridade da ação externa da União Europeia

28. Manifestações recentes da relevância do cidadão e da pessoa humana

A Europa enfrentou, nos últimos anos, das maiores crises da sua história, designadamente, ao nível económico, financeiro e monetário (a crise do euro) bem como no domínio da segurança (o terrorismo e os fluxos migratórios), o que contribuiu para que os cidadãos tivessem passado a ver a União Europeia não como a solução para os seus problemas mas sim como a principal causa de muitos deles.

A descida do nível de vida, a perda do emprego, a deterioração dos serviços públicos, a insegurança provocada pelo terrorismo e pelos fluxos migratórios são apenas alguns exemplos que se podem dar a este propósito.

Neste contexto, afigurava-se necessário restaurar a confiança dos cidadãos na União Europeia, pelo que havia que dar-lhes uma indicação clara no sentido de que a União Europeia continuava a considerá-los como a sua primeira prioridade não só quando atuava internamente mas também quando agia internacionalmente.

Em consequência, foram tomadas diversas medidas no sentido de recentrar as prioridades da política externa da União no cidadão e na pessoa humana. Entre essas medidas contam-se, desde logo, com relevância para o tema que ora investigamos, o Segundo Plano de Ação sobre Direitos Humanos e Democracia para o período de 2015-2019 – *"Manter os direitos humanos no centro da agenda da UE*"[632] e a Estratégia Global para a Política Externa e de Segurança da União Europeia.

Além disso, os desenvolvimentos recentes, em termos de dimensão externa do espaço de liberdade, segurança e justiça, nos quais se incluem ações não só internas como também externas, designadamente, nos domínios do asilo, da política migratória e da luta contra o terrorismo, comungam igualmente da preocupação da União com o cidadão e a pessoa humana.

Confirmando a tendência de colocar o cidadão no centro das relações externas, veja-se a importância que a União Europeia tem vindo a atribuir à salvaguarda dos direitos dos cidadãos nas negociações que estabelece com o Reino Unido, ao abrigo do artigo 50.º TUE, no âmbito do denominado *Brexit*.

Assim sendo, neste capítulo, vamos começar por estudar o papel da União Europeia na promoção e defesa da democracia, da *rule of law* e dos direitos humanos quando atua ao nível externo.

Em seguida, investigaremos a *Estratégia Global para a Política Externa e de Segurança da União Europeia*, com o intuito de identificar os principais desafios que a União enfrenta atualmente no domínios da segurança e da defesa.

Tendo em consideração a atual relevância, o carácter inovador e a enorme repercussão que o ciberespaço tem no âmbito das relações externas (e não só), dedicaremos uma especial atenção à cibersegurança, à ciberdefesa e às ameaças híbridas.

A dimensão externa do espaço de liberdade, segurança e justiça, com especial destaque para os fluxos migratórios e para a luta contra o terrorismo, será tratada no capítulo seguinte.

A questão das repercussões do *Brexit* na política externa, de segurança e defesa da União será propositadamente objeto do último capítulo desta obra, o que tem um valor simbólico. Considerando que se trata de um tema em construção, pretendemos deixar a porta aberta a todas as soluções futuras.

---

[632] Disponível em http://data.consilium.europa.eu/doc/document/ST-10897-2015-INIT/pt/pdf

29. A promoção e defesa da democracia, do Estado de direito e dos direitos humanos no âmbito das relações externas da União

29.1. Das origens ao Tratado de Lisboa

Constituindo, atualmente, o cidadão uma prioridade da política externa da União, não é de estranhar que o respeito da democracia, do Estado de direito e dos direitos humanos ao nível das relações com terceiros Estados, com organizações internacionais e com a sociedade civil em geral, tenha adquirido uma relevância muito particular. Tal resulta, desde logo, como já se viu anteriormente, do artigo 21.º, n.º 2, al. b), do TUE.

Note-se que, todavia, que a colocação do cidadão e da pessoa no centro das preocupações da política externa da União não é uma inovação do Tratado de Lisboa. Porém, também não surgiu logo com a criação das Comunidades. Com efeito, o objetivo económico inicial de construção do mercado comum obnubilou o respeito da democracia, do Estado de direito e da proteção dos direitos fundamentais enquanto valores[633] e princípios que deveriam reger a atividade das então Comunidades Europeias. Daí que não se encontrem referências a estes valores e princípios nas versões originárias dos Tratados das Comunidades Europeias.

Foi praticamente por "imposição" dos Tribunais Constitucionais nacionais, designadamente do *Bundesverfassungsgericht* alemão e da *Corte Costituzionale* italiana, que o TJ se viu na contingência de afirmar que asseguraria o respeito da proteção dos direitos fundamentais enquanto princípios gerais de direito[634].

Posteriormente, em 1973, na Declaração de Copenhaga, o respeito da democracia, do Estado de direito e da proteção dos direitos fundamentais foram considerados como os "elementos fundamentais da identidade europeia", o que foi reafirmado, em 1997, numa Declaração conjunta do PE, Conselho

---

[633] Sobre a evolução dos valores e dos princípios da União, ver ANA MARIA GUERRA MARTINS, *Manual de Direito da União Europeia*, 2.ª ed., p. 198 e segs bem como toda a bibliografia aí citada.
[634] Ver acórdão de 12/11/69, *Stauder*, proc. 29/69, Rec. 1969, p. 419 e segs. Para um estudo desenvolvido sobre a proteção dos direitos fundamentais na União Europeia, ver ANA MARIA GUERRA MARTINS, *Manual de Direito da União Europeia*, 2.ª ed., p. 258 e segs bem como toda a bibliografia aí citada.

e Comissão. A promoção dos direitos humanos constituiu igualmente um ponto fundamental da Ata Final de Helsínquia de 1975.

A primeira referência no direito originário ao desenvolvimento e consolidação da democracia, do Estado de direito e da proteção dos direitos fundamentais como objetivo da PESC coube ao Tratado de Maastricht. A partir daí as referências sucederam-se e até passaram a constituir uma condição de adesão de um Estado à União Europeia (artigo 49.º TUE).

Como se viu, o Tratado de Lisboa reforçou as exigências de respeito da democracia, do Estado de direito e da proteção dos direitos humanos, ao incluí-los entre os valores que a União deve respeitar internamente, mas, sobretudo, ao considerá-los como princípios gerais e objetivos que regem a ação externa da União (artigos 21.º, n.º 1 e 2, e 3.º, n.º 5, do TUE)[635].

Já atrás desenvolvemos alguns destes tópicos pelo que não vamos agora retomá-los. Por ora importa averiguar qual a política de direitos humanos, de *rule of law* e de democracia que a União tem levado a efeito no domínio das suas relações externas.

29.2. O Quadro Estratégico e o Plano de Ação para os Direitos Humanos e para a Democracia

A União integra a proteção dos direitos humanos, desde 2001, em todos os domínios da sua ação externa, mas foi, sobretudo, a partir de junho de 2012, com a aprovação pelo Conselho do Quadro Estratégico e do Plano de Ação para os Direitos Humanos e para a Democracia[636], que se procurou melhorar a eficácia e a consistência da política de direitos humanos da União Europeia.

De acordo com o Quadro Estratégico da União para os Direitos Humanos e para a Democracia de 2012, *"os direitos humanos são normas legais de aplicação universal. A democracia é uma aspiração de toda a humanidade. Em todo o mundo, homens e mulheres exigem viver com liberdade, dignidade e segurança em sociedades abertas e democráticas, assentes nos direitos humanos e no Estado de direito.*

---

[635] Para um estudo desenvolvido da relevância do artigo 21.º do TUE na política de direitos humanos da União, ver VIVIAN KUBE, "The European Union's External Human Rights Commitment: What is the Legal Value of Article 21 TEU?", *EUI Working Papers Law* 2016/10.
[636] Disponível em http://data.consilium.europa.eu/doc/document/ST-11855-2012-INIT/pt/pdf

A paz sustentável, o desenvolvimento e a prosperidade apenas são possíveis quando baseadas no respeito pelos direitos humanos, a democracia e o Estado de direito".

A abolição da pena de morte, a erradicação da tortura e dos tratamentos ou penas cruéis, desumanos e degradantes, o apoio efetivo aos defensores de direitos humanos, a promoção dos direitos das crianças, a proteção dos direitos das mulheres e a proteção contra a violência sexual, o cumprimento do direito humanitário internacional, o exercício efetivo dos direitos humanos pelas pessoas LGBTI, a liberdade de religião ou de crença, a liberdade de expressão, a aplicação dos princípios orientadores das NU sobre empresas e direitos humanos, a administração da justiça, a promoção do respeito pelos direitos das minorias, o reforço da política das questões indígenas e o exercício dos direitos pelas pessoas com deficiência foram as áreas temáticas definidas como prioritárias pela UE no período 2012-2014.

Mais recentemente, na sequência da Comunicação Conjunta da Alta Representante e da Comissão Europeia, foi adotado em conjunto pelo Parlamento Europeu e pelo Conselho, em 20 de julho de 2015, o Segundo Plano de Ação sobre Direitos Humanos e Democracia para o período de 2015-2019 – *"Manter os direitos humanos no centro da agenda da UE"*, o qual reafirma o empenhamento da União Europeia na promoção e proteção dos direitos humanos e no apoio à democracia em todo o mundo, com a flexibilidade suficiente para responder aos novos desafios[637].

Não se tratando de um ato vinculativo da União, o Plano tem como objetivo fornecer às missões diplomáticas da União e dos Estados-Membros um conjunto de diretrizes políticas de atuação[638].

Além disso, a execução do Plano cabe às instituições da União – Alta Representante / Vice-Presidente, assistida pelo SEAE, Comissão, Conselho, com o contributo do Representante Especial para os Direitos Humanos – e quando

---

[637] Sobre este Plano ver Carmen Márquez Carrasco / Cristina Churruca Muguruza / Rocio Alamillos Sánchez, "Case Study: Common Security and Defence Policy...", p. 61 e segs; Jan Wouters / Marta Hermez, "EU Guidelines on Human Rights as a Foreign Policy Instrument: An Assessment", in Sara Poli (ed.), *Protecting Human Rights in the European Union's External Relations*, Cleer Papers 2016/5, 63 e segs.
[638] Neste sentido, Jan Wouters / Marta Hermez, "EU Guidelines on Human Rights...", p. 65.

apropriado aos Estados-Membros. Tal como previsto, o Plano foi avaliado, em outubro de 2017[639].

O Plano de Ação estabelece os objetivos, a ação ou ações a realizar para os atingir, o *timing* e a entidade ou entidades responsáveis pela realização.

Nas relações que estabelece com o resto do Mundo, a União reafirma o seu compromisso com a promoção e respeito de todos os direitos humanos, incluindo os civis e políticos e os económicos, sociais e culturais assim como incentiva a implementação da DUDH e a ratificação dos principais tratados de direitos humanos.

A União procura impedir a violação da democracia e dos direitos humanos em todo o Mundo e, quando isso suceder, procurará assegurar o apoio às vítimas, incluindo o acesso à justiça. A União promove os direitos humanos em todas as áreas da sua ação externa – comércio, investimento, tecnologia, telecomunicações, internet, energia, ambiente, política de desenvolvimento, PESC e na dimensão externa da política de emprego, social, do espaço de liberdade, segurança e justiça (incluindo contra o terrorismo).

A União continua a promover a liberdade de expressão, de opinião, de reunião e de associação, *online* e *offline*, direitos essenciais à democracia. Além disso, a liberdade de religião e a luta contra a discriminação, seja ela de que tipo for, os direitos das crianças e os direitos das mulheres fazem igualmente parte dos direitos que a União deve promover. A União procurará intensificar a promoção dos direitos económicos, sociais e culturais bem como o acesso a bens e serviços básicos.

A União continuará a sua campanha contra a pena de morte, a tortura e os tratamentos cruéis degradantes e desumanos que constituem violações graves e sérias da dignidade humana. O direito a um julgamento justo e a igualdade perante a lei são essenciais para salvaguardar os outros direitos humanos, pelo que a União também os promoverá.

A União continuará a promover o respeito do direito internacional humanitário e do direito internacional penal bem como o diálogo e o apoio, incluindo financeiro, à sociedade civil e aos defensores dos direitos humanos.

---

[639] Ver as conclusões do Conselho dos Negócios Estrangeiros em http://www.consilium.europa.eu/media/21512/st12815en17-cc.pdf

Os direitos humanos estão, pois, no centro das relações da União com terceiros quer ao nível bilateral quer multilateral.

29.3. A implementação das diretrizes relativas à promoção e defesa da democracia, do Estado de direito e dos direitos humanos

Tendo em conta que o Quadro Estratégico e o Plano de Ação, acima mencionados, estabelecem linhas gerais de atuação para os vários intervenientes nas relações externas da União, importa averiguar em que medida estes instrumentos foram implementados bem como as dificuldades com que se depararam.

Em primeiro lugar, note-se que a União Europeia tem demonstrado uma clara preferência pelo uso de medidas positivas, como é o caso do diálogo político, em detrimento das medidas de retaliação, de retorsão ou restritivas.

Assim sendo, com vista a prosseguir os seus objetivos, no domínio dos direitos humanos e da democracia, a UE desenvolveu, ao nível da política externa, uma série de instrumentos específicos, como sejam os instrumentos financeiros, dos quais se destaca o Instrumento Europeu para os Direitos Humanos e a Democracia, as cláusulas de direitos humanos nos tratados que celebra com terceiros Estados, a atuação do Representante Especial para os Direitos Humanos, o diálogo em matéria de direitos humanos e consultas bem como o apoio a eleições.

Além destes instrumentos específicos, a União desenvolveu ainda outros instrumentos, como sejam o diálogo político multilateral; as declarações, designadamente da Alta Representante / Vice-Presidente da Comissão; as ações comuns, as posições comuns e as estratégias adotadas em sede de PESC assim como as decisões no domínio da defesa; as medidas restritivas; os instrumentos financeiros temáticos e os instrumentos financeiros geográficos.

Os principais objetivos de todas estas medidas são acabar com as violações de direitos humanos e prevenir violações futuras, combater a impunidade dos prevaricadores e contribuir para a proteção e apoio às vítimas.

A União integra atualmente estes objetivos em todas as suas ações, usando desde os meios diplomáticos e económicos até aos meios militares, sendo que estes últimos só recentemente foram incluídos.

Começando pelo Instrumento Europeu para a Democracia e os Direitos Humanos, diremos que é um instrumento financeiro destinado a promover a democracia e os direitos humanos no quadro da política de desenvolvimento e cooperação. Os anteriores instrumentos continham referência à possibilidade de suspensão da assistência, em caso de inobservância da democracia, da *rule of law* e dos direitos humanos. Os novos instrumentos para o período de 2014-2020 abandonaram esta referência por se considerar que a suspensão da assistência não era uma solução eficaz para a promoção e proteção democracia, da *rule of law* e dos direitos humanos.

Um outro instrumento, muito usado pela União Europeia, para incentivar os terceiros Estados a cumprir o direito internacional dos direitos humanos, compreende as cláusulas de direitos humanos, as quais têm vindo a ser integradas, desde 1995, nos acordos bilaterais de cooperação e de associação.

Mais recentemente (desde 2009), o modelo da cláusula foi alterado e estendeu-se a praticamente todos os acordos[640], incluindo os de cooperação e parceria, tendo passado a ser considerado uma preocupação comum e não só da União Europeia.

Hoje em dia, estas cláusulas obedecem a um modelo *standard*, o qual abrange uma referência, no preâmbulo do acordo, ao forte apego das partes contratantes aos valores não comerciais, como o princípio democrático, a *rule of law* e os direitos humanos. Em seguida, na primeira parte do acordo inclui-se uma cláusula que define estes valores como um elemento essencial do acordo. E por fim, inclui-se, na parte final do acordo, uma cláusula de não execução, em que se estipulam as medidas que as partes podem adotar, no caso de incumprimento, inclusivamente da cláusula de direitos humanos[641].

Essas medidas não têm de ser necessariamente contramedidas, podendo limitar-se a retorsão, como o adiamento de novos projetos ou a recusa de continuação de uma iniciativa comum. Outras podem enquadrar-se nas

---

[640] Sobre as cláusulas de direitos humanos nos acordos comerciais, v. Samantha Velluti, "The Promotion and Integration of Human Rights in EU External Trade Relations", p. 53 e segs; Lorand Bartels, "A Model Human Rights Clause for the EU's International Trade Agreements", *German Institute for Human Rights*, 2014.
[641] V. Francesca Martines, "Human Rights Clause in EU Agreements", in Sara Poli (ed.), *Protecting Human Rights...*, p. 37 e segs.

contramedidas, como é o caso da suspensão da cooperação ou da ajuda financeira prevista no acordo para certos projetos[642].

Deve sublinhar-se que nem sempre é fácil para a União convencer os terceiros Estados, com especial destaque para os africanos e os asiáticos, a aceitarem a inclusão de uma cláusula de direitos humanos bem como de uma cláusula de não execução da primeira nos acordos, especialmente nos acordos de livre comércio, sejam eles bilaterais ou multilaterais, devido a uma diferente tradição, cultura e conceção de direitos humanos. Os terceiros veem, muitas vezes, essas cláusulas como uma ingerência nos seus assuntos internos e na sua auto-determinação.

A legislação anti LGBTI é das que causa mais problemas, dado que, em muitos países africanos e asiáticos as práticas homossexuais consentidas entre adultos são punidas com multas ou até com penas de prisão que podem ser pesadas. Ora, estas leis são consideradas contrárias aos direitos humanos quer na Europa quer para os órgãos competentes em matéria de direitos humanos das Nações Unidas. Contudo, os líderes africanos alegam que a homossexualidade é, por natureza, não africana e que é contrária à tradição e à moral africana. Ou seja, a aplicação da cláusula de direitos humanos esbarra desde logo, na querela, atrás estudada, do universalismo e do relativismo dos direitos humanos[643].

Não sendo possível convencer os Estados terceiros a aceitar as cláusulas de direitos humanos, existem outros meios para os incentivar, como é o caso do diálogo político[644].

A União usa o diálogo político quer ao nível bilateral quer multilateral, procurando por essa via que os terceiros adotem uma série de medidas ao nível interno, designadamente, a criminalização das violações dos direitos humanos, a abolição de práticas e leis discriminatórias, a despenalização do exercício de direitos humanos, como, por exemplo, a liberdade de expressão

---

[642] Neste sentido, FRANCESCA MARTINES, "Human Rights Clause in EU Agreements", p. 52.
[643] Para maiores desenvolvimentos, v. FRANCESCA MARTINES, "Human Rights Clause in EU Agreemnts", p. 56 e segs.
[644] Para um estudo desenvolvido sobre o diálogo político no domínio dos direitos humanos em sede de política externa da União, ver BALÁZ MAJTÉNYI / LORENA SOSA / ALEXANDRA TIMMER, *Human Rights Concepts in EU Human Rights Dialogues*, deliverable no. 3.5, disponível em http://fp7-frame-eu.

ou a prática de relações sexuais entre pessoas do mesmo sexo. Além disso, a União incentiva a proteção das vítimas de violações de direitos humanos e encoraja a efetiva implementação do direito internacional dos direitos humanos.

Aliás, um dos aspetos centrais da política de direitos humanos e democracia da União é o seu compromisso de cumprir e incentivar ao cumprimento dos instrumentos internacionais universais e regionais de direitos humanos, tais como todas as convenções de direitos humanos das Nações Unidas mas também as convenções do Conselho da Europa e os princípios e as regras da OSCE.

As referências ao direito internacional universal dos direitos humanos e ao direito internacional humanitário são muito mais frequentes do que as referências ao direito europeu dos direitos humanos, dado que estas últimas são encaradas pelos Estados terceiros como uma interferência na sua soberania e na sua cultura[645]. No fundo, é mais fácil convencer os terceiros a cumprir o direito internacional universal – que também os vincula – do que o direito europeu que lhes é estranho.

Outros meios de que a União se serve para afirmar o respeito da democracia, do Estado de direito e dos direitos fundamentais, incluindo os direitos sociais, são os instrumentos unilaterais de comércio, técnicos e financeiros que incluem o sistema de preferências generalizadas, através do qual os Estados em desenvolvimento têm preferência unilateral e não recíproca no acesso ao mercado da União Europeia, nomeadamente, gozam de isenção de tarifas aduaneiras. Porém, essa preferência está condicionada ao respeito da democracia, Estado de direito e dos direitos fundamentais.

Este sistema foi estabelecido, pela primeira vez, em 1971, e de então para cá já foi reformulado diversas vezes, com o intuito de responder às críticas que lhe têm sido dirigidas, designadamente, as dúvidas quanto à sua conformidade com o sistema mundial de comércio da OMC, a duplicidade de critérios, a inexistência de uma monitorização adequada, o que o torna de reduzida eficácia[646].

---

[645] Neste sentido, JAN WOUTERS / MARTA HERMEZ, "EU Guidelines on Human Rights...", p. 73.
[646] V. SAMANTHA VELLUTI, "The Promotion of Social Rights and Labour Standards in the EU's External Trade Relations", in SARA POLI (ed.), *Protecting Human Rights...*, p. 99.

Atualmente, o acesso ao mercado da UE está dependente da ratificação e implementação efetiva das principais convenções internacionais de direitos humanos, incluindo as oito convenções mais importantes da OIT[647].

Se o Estado em desenvolvimento não consegue implementar as convenções necessárias ou as viola, isso implica a saída temporária desse Estado do sistema de preferências generalizado[648].

Além disso, a União introduziu medidas de direitos humanos na regulação do comércio de armas e de produtos que possam ser usados para a aplicação da pena capital, de tortura, tratamento cruel, desumano ou degradante.

A UE tem igualmente aplicado medidas restritivas a indivíduos particulares na sequência das resoluções da ONU, como já tivemos oportunidade de estudar.

24.4 Apreciação crítica

Antes de terminar este ponto, importa sublinhar que, para alguns[649], a atuação da União, no domínio da promoção e proteção da democracia, da *rule of law* e dos direitos humanos peca pela falta de consistência, na medida em que, muitas vezes, perante violações crassas destes princípios não se adotam medidas negativas. Esta situação agrava-se quando estão em causa os seus interesses estratégicos. Na verdade, a União parece ser, nestes casos, mais tolerante com as eventuais violações, o que afeta a sua credibilidade.

Porém, deve sublinhar-se que os meios de que a União dispõe para afirmar a promoção e proteção da democracia, da *rule of law* e dos direitos humanos incluem elementos muito diversos[650], sendo que enquanto alguns se integram no *hard law*, como é o caso das cláusulas de direitos humanos que fazem parte de acordos bilaterais ou multilaterais; outros estão abrangidos por aquilo

---

[647] SAMANTHA VELLUTI, "The Promotion of Social Rights...", p. 97.
[648] SAMANTHA VELLUTI, "The Promotion and Integration of Human Rights in EU External Trade Relations", p. 52.
[649] SAMANTHA VELLUTI, "The Promotion and Integration of Human Rights in EU External Trade Relations", p. 41.
[650] Sobre os vários instrumentos de promoção dos valores da União, ver ANNABEL EGAN / LAURENT PECH, "Respect for Human Rights as a General Objective of the EU's External Action", p. 12 e segs.

que vulgarmente se designa como *soft law*, como é o caso dos instrumentos unilaterais de comércio, técnicos e financeiros, das orientações do Conselho no domínio dos direitos humanos, do diálogo bilateral com terceiros Estados baseado em acordos de associação ou cooperação, mas também dos diálogos *ad hoc* com a Rússia e a Índia, dos diálogos com Estados com opiniões próximas, como os EUA, o Canadá, a Nova Zelândia ou o Japão e dos diálogos estruturados com a China e com o Irão.

Acresce que a União usa igualmente os canais da diplomacia bilateral ou multilateral para prosseguir a sua política de direitos humanos ao nível da ação externa.

Não é demais sublinhar que, não obstante a vulnerabilidade do *soft law*, a adesão de terceiros aos valores da União será melhor conseguida com base no consenso voluntário do que através de medidas coercivas[651].

A União parece, todavia, ter consciência das deficiências de que são tributários alguns dos instrumentos e mecanismos que tem utilizado para promover e proteger a democracia, a *rule of law* e os direitos humanos, uma vez que, em alguns casos tem vindo a reformula-los sucessivamente (é o caso do sistema de preferências generalizadas ou das cláusulas de direitos humanos) e noutros casos opta por nem sequer os retomar nem atualizar (como parece ser o caso do Plano de Ação 2015-2019).

30. A Estratégia Global para a Política Externa e de Segurança da União Europeia

Continuando a investigar os desafios que atualmente enfrenta a ação externa da União Europeia, a referência à *Estratégia Global para a Política Externa e de Segurança da União Europeia* afigura-se incontornável.

Com efeito, tendo em consideração que a Estratégia de Segurança Europeia, de dezembro de 2003, já se encontrava completamente ultrapassada, pois já tinham decorrido treze anos desde a sua adoção e os problemas com que a Europa se deparava tinham mudado radicalmente, o Conselho Europeu, de 25

---

[651] Neste sentido, JACK DONELLY, "The Relative Universality of Human Rights", p. 291.

e 26 de junho de 2015[652], encarregou a Alta Representante de dar continuidade ao processo de reflexão estratégica com vista a preparar uma estratégia global da UE no domínio da política externa e de segurança, em estreita colaboração com os Estados-Membros.

A *Estratégia Global* deveria ser apresentada ao Conselho Europeu até junho de 2016, o que veio a suceder. Efetivamente, a Alta Representante Mogherini apresentou, em junho de 2016, um documento que intitulou *Estratégia Global para a Política Externa e de Segurança da União Europeia – vis*ão partilhada, ação comum: uma Europa mais forte[653].

Note-se que, ao contrário, do que muitas vezes sucede com documentos deste tipo, a *Estratégia Global* agitou as águas no domínio da segurança e da defesa da União[654]. Vejamos como.

30.1. O conteúdo da *Estratégia Global*

A *Estratégia Global* parte de um princípio básico e incontestável, qual seja que a União está mais instável e mais insegura, pelo que é necessário torná-la mais forte. Com vista a responder a este desafio considera os interesses dos cidadãos como primeira prioridade da União, identifica os princípios que devem reger a ação externa, indica as prioridades da mesma e propõe a passagem à ação.

Começando pela promoção dos interesses dos cidadãos a par dos valores da União, o documento identifica a paz, a segurança, a prosperidade, a democracia e uma ordem jurídica global baseada no direito como os principais interesses da União.

A paz e a segurança estão intimamente ligadas, uma vez que a segurança interna da Europa depende da paz, sobretudo, nas regiões vizinhas.

---

[652] Conclusões disponíveis em http://data.consilium.europa.eu/doc/document/ST-22-2015-INIT/pt/pdf
[653] Disponível em https://europa.eu/globalstrategy/sites/globalstrategy/files/eugs_pt_version.pdf
[654] Sobre a *Estratégia Global* ver Rafael García Pérez, "Estratégia Global da União Europeia – Pragmatismo e possibilismo", *Relações Internacionais*, 2017, p. 71 e segs; AAVV, *After the EU Global Strategy – Consulting the Experts – Security and Defence*, Institute for Security Studies, disponível em https://www.iss.europa.eu/content/after-eu-global-strategy-%E2%80%93-consulting-experts-%E2%80%93-security-and-defence

A prosperidade implica a promoção do crescimento, do emprego, da igualdade, da segurança e de um ambiente saudável, pelo que a abertura e a justiça dos mercados, a participação na economia global e no direito do ambiente, o acesso sustentável aos mares, ao ar e ao espaço assim como uma internet segura e livre são alguns dos interesses identificados nesta área.

No domínio da democracia a promoção dos direitos fundamentais bem como a *rule of law* são os aspetos mais relevantes e que mais contribuem não só para o respeito dos valores da União do ponto de vista jurídico como também do ponto de vista ético e de identidade.

O multilateralismo e uma ordem jurídica global baseada no direito das Nações Unidas são a única garantia para a paz e segurança dentro e fora da União[655].

Em segundo lugar, no domínio dos princípios, a *Estratégia Global* considera que num Mundo cada vez mais complexo e em que o poder está cada vez mais fragmentado, é essencial que a UE se mantenha unida, assim como os seus Estados-Membros e os seus povos.

Tendo em conta que existe partilha de interesses, a ação deve ser conjunta, o que permitirá alcançar mais do que cada um por si.

Por outro lado, o envolvimento da União no mercado global e na formação das regras que o governam é fundamental bem como um forte sentido de responsabilidade, o que impõe que a União atue prontamente na prevenção de conflitos, responda rapidamente às crises, facilite os compromissos.

A União deve combater as causas dos conflitos e da pobreza e defender a indivisibilidade e a universalidade dos direitos humanos.

A responsabilidade deve ser partilhada e requer investimento nos parceiros.

Em terceiro lugar, após ter identificado os interesses e os princípios, a *Estratégia Global* debruça-se sobre as cinco prioridades da ação externa da União.

A primeira prioridade é a segurança dentro da União, uma vez que o terrorismo, as ameaças híbridas, as alterações climáticas, as oscilações económicas e a insegurança energética têm vindo a pô-la em causa.

---

[655] Sobre os desafios do multilateralismo, ver Juliane Schmidt, "The EU's Multilateralism as Proactive Engagement", in Balazs Ujvari (ed.), *The EU Global Strategy: going beyond effective multilateralism?*, Europe Policy Centre, June 2016, p. 13 e segs.

A Europa precisa de pôr em marcha a assistência mútua, a solidariedade e de contribuir mais para a segurança coletiva. Embora a NATO continue a ser o primeiro quadro de defesa coletiva europeu para muitos Estados-Membros, há outros que nem sequer dela fazem parte, não devendo, por essa razão ser prejudicados. Afigura-se, pois, imprescindível que a União seja capaz de atuar autonomamente assim como cooperar com a NATO.

A *Estratégia Global* alerta para o facto que a segurança e a defesa da Europa necessitam de mais financiamento adstrito à investigação e tecnologia bem como de uma indústria de defesa mais forte.

Além disso, é necessário um maior investimento na luta contra o terrorismo assim como na cibersegurança.

A União também tem de diversificar as suas fontes de energia, rotas e fornecedores, especialmente no domínio do gaz.

A segunda prioridade da ação externa da União deve ser a resiliência social e dos Estados que estão a leste e a sul da Europa, isto porque a fragilidade dos Estados que circundam a Europa ameaça os seus interesses vitais. A política de alargamento e de vizinhança deve ter em conta a resiliência dos Estados e no caso de Estados autoritários deve promover o diálogo e o respeito pelos direitos humanos, mesmo nos casos mais difíceis[656].

A União deve igualmente desenvolver uma politica de migração mais efetiva.

A terceira prioridade da ação externa da União deve ser uma abordagem integrada dos conflitos e das crises, o que significa que, sendo as crises e os conflitos multidimensionais só uma resposta multidimensional, isto é, através da utilização de todas as políticas e instrumentos disponíveis, pode ser eficaz.

Para isso a União tem de estar preparada para agir rapidamente ao nível da prevenção dos conflitos, da manutenção da paz, da garantia da segurança e da proteção das vidas humanas, em especial dos civis.

---

[656] ANNEGRET BENDIEK sustenta que deve haver uma mudança de paradigma na Política Externa e de Segurança Comum da União Europeia no sentido de dar mais atenção à resiliência do que à transformação desses Estados. V. ANNEGRET BENDIEK, "A Paradigm Shift in the EU's Common Foreign and Security Policy: From Transformation to Resilience", *SWP Research Paper*, outubro 2017, p. 14 e segs.

Durante o conflito a União deve promover o acesso à ajuda humanitária de bens e serviços básicos, o que implica maiores sinergias entre a assistência humanitária e o desenvolvimento bem como longas operações de manutenção.

Acresce que depois de terminado o conflito, a União deve ter um papel de apoio e suporte a eventuais acordos políticos futuros a todos os níveis.

A quarta prioridade da ação externa da União é o apoio a ordens regionais de cooperação qualquer que seja a sua forma.

Neste domínio, a Rússia constitui uma primeira preocupação, na medida em que a União não reconhece, de todo, a anexação da Crimeia por parte da Rússia nem a desestabilização da Ucrânia mas, por outro lado, tendo em conta a sua importância não pode deixar de se relacionar com ela.

O estreitamento de relações com o Conselho da Europa e com a OSCE ajudarão a manter a segurança na Europa.

A contribuição para a pacificação e prosperidade dos países do Mediterrâneo, do Médio Oriente e de África assim como o investimento numa sólida parceria transatlântica com a NATO, os EUA e o Canadá, e com a América Latina[657] e as Caraíbas bem como com a Ásia constituem enormes desafios para a ação externa da União.

Por último, a quinta prioridade incluída na *Estratégia Global* é a *Global Governance* para o século XXI.

Neste âmbito, a União deve contribuir para a reforma da Carta das Nações Unidas e das Instituições Financeiras Internacionais[658] assim como a União e os seus Estados-Membros devem investir mais nas operações de manutenção da paz, de mediação, de construção da paz e nas missões humanitárias.

A União deve implementar os seus compromissos em matéria de desenvolvimento sustentável e de alterações climáticas.

A União deve contribuir para o aprofundamento do direito internacional económico, designadamente na OMC, para a extensão do direito internacional em áreas sensíveis, como a proliferação de armas de destruição maciça, e para o desenvolvimento de regras que assegurem a segurança e a sustentabilidade

---

[657] Sobre a implementação das relações da União com a América Latina, Joren Selleslaghs, "Improved Multilateral Action through the revitalisation of the EU-Latin America Relations", in Balazs Ujvari (ed.), *The EU Global Strategy: going beyond effective multilateralism?*, Europe Policy Centre, June 2016, p. 21 e segs.

[658] Juliane Schmidt, "The EU's Multilateralism as Proactive Engagement", p. 13 e segs.

do acesso a bens comuns globais, como o acesso à internet, ao espaço e à energia. No domínio da *Global Governance*, a União deverá atuar em parceria com a ONU e com as organizações regionais de outros continentes assim com atores não estaduais[659].

A finalizar, a *Estratégia Global* considera que para realizar os objetivos nela definidos a Europa tem de investir coletivamente numa União credível, reativa e coesa.

Uma União credível implica um investimento em todas as dimensões da política externa, desde a investigação e a luta contra as alterações climáticas até às infraestruturas e à mobilidade, desde o comércio e as sanções até à diplomacia e ao desenvolvimento, o que implica um aumento da despesa em matéria de defesa, o investimento em inteligência, supervisão e reconhecimento, incluindo sistemas de controlo remoto de aviões, o investimento na indústria europeia de defesa. Ainda que os Estados-Membros mantenham a soberania em matéria de defesa, os programas de defesa meramente nacionais são insuficientes para colmatar os défices de capacidades.

Uma União reativa impõe respostas rápidas e flexíveis, o que requer uma mudança na diplomacia, na PCSD e no desenvolvimento, bem como investimento na base de conhecimentos em que assenta a ação externa.

Ao longo dos anos, foram sendo dados passos importantes no sentido de uma União mais coesa. A *Estratégia Global* refere, nomeadamente, as inovações institucionais, como a criação, pelo Tratado de Lisboa, do duplo cargo de Alto Representante e Vice-Presidente da Comissão Europeia e do Serviço Europeu para a Ação Externa como exemplos de passos no sentido da maior coesão da União. Por outro lado, considera que um SEAE forte, que colabora com as outras instituições da UE, está no cerne de um papel coerente da UE no mundo.

A "abordagem global dos conflitos e crises" e a programação conjunta em matéria de cooperação para o desenvolvimento são outros aspetos que têm de ser reforçados.

A diplomacia energética, a diplomacia cultural e a diplomacia económica devem também ser implementadas.

---

[659] Juliane Schmidt, "The EU's Multilateralism as Proactive Engagement", p. 13 e segs.

A *Estratégia Global* deixa claro que a Europa tem de se tornar mais coesa em todas as políticas internas e externas[660]. Dando como exemplo o fenómeno da migração, considera que esta requer uma combinação de políticas equilibrada e conforme com os direitos humanos, que aborde a gestão dos fluxos e as causas estruturais. Consequentemente, deve superar-se a fragmentação das políticas externas relevantes para a migração. Em particular, devem estabelecer-se ligações mais sólidas entre os esforços humanitários e os de desenvolvimento, mediante uma análise de riscos conjunta, e uma programação e financiamento plurianuais.

Os diferentes instrumentos e políticas externos devem tornar-se sensíveis à migração – desde a diplomacia e a PCSD até ao desenvolvimento e à luta contra as alterações climáticas – e deve assegurar-se a sua coerência com os instrumentos e políticas internos em matéria de gestão das fronteiras, segurança interna, asilo, emprego, cultura e educação.

Em termos de segurança, o terrorismo, as ameaças híbridas e a criminalidade organizada não têm fronteiras, o que exige laços institucionais mais estreitos entre a ação externa da União e o espaço de liberdade, segurança e justiça.

A política de defesa também precisa de ser mais articulada com as políticas que abrangem o mercado interno, a indústria e o espaço. Os esforços dos Estados-Membros devem igualmente ser mais concertados: a cooperação entre os serviços policiais, judiciais e de informações tem de ser reforçada.

As políticas de segurança e desenvolvimento também devem ter uma abordagem conjunta. As missões da PCSD de reforço de capacidades têm de ser coordenadas com o trabalho desenvolvido pela Comissão nos domínios do setor da segurança e do Estado de direito.

A política da União em prol da paz deve ainda assegurar uma transição harmoniosa da gestão de crises a curto prazo para consolidação da paz a longo prazo, a fim de evitar lacunas no ciclo de conflito. Os esforços envidados a longo prazo em favor da paz preventiva, da resiliência e dos direitos humanos têm de estar articulados com a resposta a situações de crise através da ajuda humanitária, da PCSD, das sanções e da diplomacia.

---

[660] Para maiores desenvolvimentos sobre a necessidade de articulação entre a política interna e externa na ótica da Estratégia Global, ver Félix Arteaga, "European Defence between the Global Strategy and its implementation", *Working Paper 4/2017*, Real Instituto Delcano, p. 4.

Por último, os direitos humanos e as questões de género devem ser sistematicamente integrados em todos os setores políticos e instituições e deve promover-se uma coordenação mais estreita no que diz respeito a questões digitais.

A *Estratégia Global* não se limitou a identificar os problemas, tendo igualmente alertado para a necessidade de agir rapidamente, através da identificação de algumas etapas subsequentes. A revisão das estratégias setoriais existentes, bem como a elaboração e implementação de novas estratégias temáticas ou geográficas, em conformidade com as prioridades políticas, são algumas das ações previstas.

30.2. Apreciação crítica da *Estratégia Global*

Em primeiro lugar, deve notar-se que a *Estratégia Global* não foi objeto, no momento do seu lançamento, da atenção que teria merecido noutro contexto temporal, pois coincidiu com o referendo do Reino Unido relativo à saída da União. O tumulto que o *Brexit* causou na Europa alcandorou-o à prioridade máxima, tendo colocado todos os outros assuntos em segundo plano.

Em segundo lugar, importa referir que a *Estratégia Global* não é um documento totalmente inovador. Pelo contrário, contém, em muitos aspetos, designadamente, no domínio da defesa, elementos de continuidade com a Estratégia de Segurança de 2003.

Em terceiro lugar, a *Estratégia Global* é um documento bastante genérico que não hierarquiza prioridades, não estabelece prazos nem metas claras, nem indica quais os meios necessários para atingir os fins a que se propõe, o que se compreende dado que a sua implementação depende mais dos Estados--Membros do que das instituições da União[661]. No fundo, é a própria natureza da União que impede a vinculatividade de um texto deste tipo.

A *Estratégia Global* não é, não pretende, nem poderia ser um texto vinculativo, mas isso não lhe retira o mérito de ter chamado a atenção para os novos desafios que a União Europeia e o mundo enfrentam em matéria de segurança e defesa e de ter evidenciado a necessidade de uma visão integrada dos problemas e de uma resposta célere e eficaz.

---

[661] Neste sentido, Félix Arteaga, "European Defence between the Global Strategy...", p. 3.

Ora, a *Estratégia Global* contribuiu para reativar a discussão na área da segurança e da defesa e a prova disso está nos desenvolvimentos que ocorreram nos meses seguintes.

Reflexo da migração, do terrorismo, da instabilidade política e dos conflitos em Estados próximos, a perceção dos europeus relativamente à defesa mudou, esperando dos seus governos que assumam maiores responsabilidades neste domínio.

30.3. A implementação da *Estratégia Global*

A *Estratégia Global* tem vindo a ser implementada através de diversas medidas, sobretudo, políticas, das quais se destacam as seguintes[662]:

- A Declaração Conjunta UE-NATO de 8 de julho de 2016[663];
- A proposta conjunta franco-alemã de 11 de setembro de 2016;
- O discurso do Presidente da Comissão sobre o estado da União no PE, em 14 de setembro de 2016[664];
- A declaração de Bratislava, de 16 de setembro de 2016[665];
- As conclusões do Conselho de Negócios Estrangeiros de 17 de outubro de 2016[666];
- As ações coordenadas dos Estados-Membros e das instituições europeias, *maxime* da Comissão:
    - Plano de aplicação da Estratégia Global da UE em matéria de segurança e defesa, de 14 de novembro de 2016;

---

[662] Sobre a implementação da Estratégia, ver Félix Arteaga, "European Defence between the Global Strategy...", p. 5 e segs; Annegret Bendiek, "The New «Europe of Security» – Elements for a European White Paper on Security and Defence", *SWP Comments*, junho de 2017.

[663] Declaração conjunta do Presidente do Conselho Europeu, do Presidente da Comissão e do Secretário-Geral da NATO disponível em http://www.consilium.europa.eu/media/21481/nato-eu-declaration-8-july-en-final.pdf.

[664] O discurso está disponível em http://europa.eu/rapid/press-release_SPEECH-16-3043_pt.htm

[665] A Declaração de Bratislava está disponível em http://www.consilium.europa.eu/media/21251/160916-bratislava-declaration-and-roadmap-pt.pdf.

[666] Disponíveis em http://data.consilium.europa.eu/doc/document/ST-13202-2016-INIT/pt/pdf.

– Plano de Ação Europeu de Defesa: para um Fundo Europeu de Defesa adotado pela Comissão, em 30 de novembro de 2016[667].

Na sequência da Declaração Conjunta UE-NATO, foi dado um novo impulso à cooperação entre a União e a NATO no âmbito da segurança nos domínios das ameaças híbridas, das operações civis e militares, da cibersegurança, da ciberdefesa, das capacidades de defesa e do desenvolvimento da indústria e da investigação sobre defesa.

Na Cimeira de Bratislava decidiu-se que a declaração conjunta deveria ser encarada como uma prioridade política para a União.

Na sequência deste compromisso, em 14 de novembro de 2016, os Ministros dos Negócios Estrangeiros e da Defesa, em reunião conjunta, assumiram um novo nível de ambição na segurança e defesa, cujas prioridades são o reforço da capacidade da União de responder mais compreensiva, rápida e efetivamente às crises, especialmente as que ocorrerem na sua vizinhança, a ajuda a tornar os parceiros mais fortes em matéria de segurança e defesa e o reforço da capacidade da União Europeia para proteger os seus cidadãos.

Com o objetivo de alcançar estes objetivos, os Ministros também concordaram em reforçar as capacidades civis e militares bem como as estruturas e os instrumentos de defesa e segurança.

A Comissão apresentou o Plano de Ação Europeu de Defesa, em 30 de novembro de 2016, o qual inclui um conjunto de novos objetivos políticos dos europeus, no sentido de assumirem mais responsabilidades no domínio da segurança e da defesa, novos instrumentos financeiros para apoiar os Estados-Membros e a indústria de defesa europeia e um conjunto de ações concretas.

O Conselho da União Europeia e os Ministros dos Negócios Estrangeiros da NATO adotaram um conjunto de propostas conjuntas, em 6 de dezembro de 2016[668], com o objetivo de cooperação entre a UE e a NATO[669].

---

[667] Disponível em file:///C:/Users/aguer/Downloads/COM_2016_950_F1_COMMUNICATION_FROM_COMMISSION_TO_INST_EN_V5_P1_869631.PDF.
[668] V. Declaração conjunta do Presidente do Conselho Europeu, do Presidente da Comissão e do Secretário-Geral da NATO disponível em http://www.consilium.europa.eu/media/21481/nato-eu-declaration-8-july-en-final.pdf.
[669] Para maiores desenvolvimentos, ver JOCHEN REHRL (ed.), *Handbook CSDP – The Common Security and Defence Policy of the European Union*, vol. I, 3.ª ed., Viena, 2017, p. 26.

De então para cá têm continuado a fazer-se progressos nestes domínios, dos quais já demos nota anteriormente, pelo que não vamos agora retomá-los.

31. Os desafios do ciberespaço à segurança e defesa da União Europeia

Atendendo à relevância e ao caráter inovador que atualmente apresenta o tópico do ciberespaço, da cibersegurança e da ciberdefesa bem como aos desafios que coloca ao direito, à política e às relações internacionais, vamos dedicar-lhe um número autónomo.

31.1. A (in)definição do ciberespaço, cibersegurança e ciberdefesa

Na verdade, o ciberespaço é hoje reconhecido como um domínio de operações, no qual os atores internacionais se têm de defender tão eficazmente como no ar, em terra ou no mar[670].

Porém, a aplicação do direito dos conflitos internacionais, designadamente, do direito das Nações Unidas, ao ciberespaço está longe de ser pacífica[671], havendo quem defenda que é perfeitamente concebível que um ato de um Estado no ciberespaço que consubstancie uma violação do artigo 2.º, n.º 4, da Carta das Nações Unidas possa desencadear o direito de legítima defesa previsto no artigo 51.º da mesma Carta[672], enquanto outros entendem que essa situação se afigura muito difícil[673].

Aliás, a própria definição de ciberespaço[674] já coloca, ao direito e aos sujeitos de direito internacional, um enorme desafio. Palavras como cibersegurança, ciberataque, cibercrime, ciberguerra, ciberterrorismo entraram no espaço e no discurso públicos mas não existe um consenso sobre o que significa cada

---

[670] V. Panagiotis Trimintzios e. a., *Cybersecurity in the EU Common Security and Defence Policy (CSDP) – Challenges and Risks for the EU*, Bruxelas, European Union, 2017, p. 10.

[671] Neste sentido, Panagiotis Trimintzios e. a., *Cybersecurity in the EU...*, p. 10.

[672] V. Andreas Zimmerman, "International Law and "Cyber Space"", *ESIL Reflections*, 2014, p. 4.

[673] Neste sentido, Panagiotis Trimintzios e. a., *Cybersecurity in the EU...*, p. 10.

[674] Sobre as dificuldades inerentes à definição de ciberespaço, v. Vittorio Fanchiotti / Jean Paul Pierini, "Impact of Cyberspace on Human Rights and Democracy", in C. Czosseck / R. Ottis / K. Ziolkowski (eds.), *4th International Conference on Cyber Conflict*, NATO CCD COE Publications, Tallinn, 2012, p. 50.

uma delas, o que torna difícil criar um quadro concetual no âmbito do qual se desenvolvam as relações e os acordos internacionais.

A União Europeia e o SEAE, por exemplo, usam o termo cibersegurança para ameaças relacionadas com o contexto civil, deixando o termo ciberdefesa para as ações militares. Porém, deve notar-se que os dois conceitos estão estreitamente ligados, pois pretendem responder às mesmas ameaças, baseiam-se nos mesmos princípios e usam medidas similares[675].

Não existe, pois, uma definição de ciberespaço universalmente aceite.

O ciberespaço abrange desde a informação digitalizada, as infraestruturas, como as comunicações por satélites, as redes de servidores, a internet, os computadores (que não se conseguem localizar espacialmente), as informações e até os seres humanos que fazem uso da tecnologia.

Uma coisa é certa: o ciberespaço ultrapassa as fronteiras de um Estado, desde logo, por força da diversidade dos atores envolvidos – Estados, organizações internacionais e até privados. Apesar disso, o ciberespaço mantém alguma ligação aos Estados e a certas organizações internacionais, os quais devem estar em posição de regular os comportamentos nele desenvolvidos.

O ciberespaço, como qualquer espaço real, deve, portanto, obedecer a regras de controlo e de governança.

A verdade é que a responsabilidade do que se passa no ciberespaço deve ser partilhada por todos os intervenientes – Estados e demais autoridades públicas, organizações internacionais, mas também pelo setor privado e pelos próprios cidadãos. Daqui decorre que não só a cooperação dos Estados entre si como entre eles e as organizações internacionais é muito importante, mas também as empresas desempenham um papel muito relevante, na medida em que, antes de mais, são elas que fornecem quer o *hardware* quer o *software* militar.

31.2. A União Europeia e o ciberespaço

A União Europeia está tão dependente do ciberespaço como qualquer outra entidade, pelo que é natural que esteja tão interessada no seu acesso livre e

---

[675] Neste sentido, JAN PETER GIESECKE, "Cyber Security / Defence and CSDP", in JOCHEN REHRL (ed.), *Handbook CSDP...*, p. 119.

seguro assim como nos seus controlo e boa governança como qualquer outro dos intervenientes acima referidos.

Na realidade, a tomada de consciência da importância das temáticas do ciberespaço, da cibersegurança e da ciberdefesa por parte da União Europeia é relativamente recente.

Em 7 de fevereiro de 2013, na comunicação conjunta ao Parlamento Europeu, ao Conselho, ao Comité Económico e Social e ao Comité das Regiões, que incluía a *Estratégia da União Europeia para a cibersegurança: Um ciberespaço aberto, seguro e protegido*[676], a Comissão e a Alta Representante alertavam para o facto de os incidentes de cibersegurança, intencionais ou acidentais, terem aumentado e poderem vir a perturbar a prestação de serviços essenciais que se consideram garantidos, como a água, os cuidados de saúde, a eletricidade ou os serviços móveis. Estas ameaças podem ter origens diversas – nomeadamente ataques criminosos, politicamente motivados, terroristas ou patrocinados por Estados, assim como catástrofes naturais e erros involuntários.

Segundo aquela Comunicação, a economia da UE já era afetada pela cibercriminalidade contra o setor privado e os particulares. Os cibercriminosos utilizam métodos cada vez mais sofisticados para se introduzirem nos sistemas informáticos, roubarem dados críticos ou exigirem resgates às empresas. O aumento da espionagem económica e de atividades patrocinadas por Estados no ciberespaço coloca os governos e as empresas dos países da UE à mercê de uma nova categoria de ameaças.

A União também se mostrava preocupada com o facto de nos países não pertencentes à UE, os governos poderem também utilizar de forma abusiva o ciberespaço para a vigilância e o controlo dos seus próprios cidadãos.

Muito recentemente, a União sentiu necessidade de reafirmar e reforçar a sua posição neste domínio, desde logo, porque *"os incidentes de cibersegurança estão a diversificar-se tanto no que se refere aos responsáveis como aos objetivos que pretendem atingir. As ciberatividades maliciosas ameaçam não apenas as nossas economias e o avanço para o mercado único digital, como também o próprio funcionamento das democracias, as liberdades e os valores que defendemos. A nossa segurança futura depende da transformação da capacidade para protegermos a UE contra ciberameaças:*

---

[676] JOIN(2013) 1 final.

tanto as infraestruturas civis como as capacidades militares dependem da segurança dos sistemas digitais"[677].

Assim, em 13 de setembro de 2017, a Alta Representante e a Comissão apresentaram uma comunicação conjunta ao PE e ao Conselho, intitulada *Resiliência, dissuasão e defesa: reforçar a cibersegurança na UE*[678].

Esta Comunicação não se limita a identificar problemas – que, de resto, têm vindo a aumentar – antes propõe soluções concretas para os tentar resolver, as quais se baseiam numa abordagem coletiva, global e transversal.

As ações concretas propostas destinam-se: (i) a desenvolver a resiliência aos ciberataques; (ii) a dissuadir ações maliciosas e criminosas ao nível da União e (iii) a reforçar a cooperação internacional no domínio da cibersegurança.

Tendo em vista o aumento da resiliência aos ciberataques, a Comunicação propõe as seguintes ações chave:

- *"A aplicação, na íntegra, da diretiva relativa à segurança das redes e da informação*[679];
- *A adoção rápida, pelo Parlamento Europeu e pelo Conselho, do regulamento que estabelece um novo mandato para a Agência da UE para a Segurança das Redes e da Informação (ENISA) e um quadro europeu para a certificação;*
- *A iniciativa conjunta da Comissão e da indústria para definir um princípio de «dever de diligência» a fim de reduzir as vulnerabilidades dos produtos/suportes lógicos e promover a «segurança desde a conceção»;*
- *A execução rápida do plano de ação para a resposta a incidentes transfronteiriços em grande escala;*
- *A avaliação de impacto para estudar a possibilidade de uma proposta da Comissão, em 2018, para a criação de uma rede de centros de competências em matéria de cibersegurança e de um Centro Europeu de Investigação e de Competências em matéria de Cibersegurança, partindo de uma fase-piloto imediata;*

---

[677] JOIN (2017) 450 final, p. 2.
[678] JOIN (2017) 450 final.
[679] Diretiva (UE) 2016/1148 do PE e do Conselho, de 6 de julho de 2016, relativa a medidas destinadas a garantir um elevado nível comum de segurança das redes e da informação em toda a União. JOUE L 194/1 de 19/7/2016.

- *O apoio aos Estados-Membros na identificação dos domínios em que projetos de cibersegurança comuns possam ser considerados para efeitos de financiamento pelo Fundo Europeu de Defesa;*
- *A criação de um «balcão único» a nível da UE para ajudar as vítimas de ciberataques, prestando informações sobre as ameaças mais recentes e reunindo recomendações práticas e instrumentos de cibersegurança;*
- *A adoção, pelos Estados-Membros, de medidas para integrar a cibersegurança em programas de competências, na administração pública em linha e em campanhas de sensibilização;*
- *A adoção, pela indústria, de medidas destinadas a intensificar a formação em matéria de cibersegurança para o seu pessoal e adotar o princípio da «segurança desde a conceção» para os seus produtos, serviços e processos".*

Além da resiliência, a Comunicação considera que se afigura necessário criar um conjunto de medidas dissuasoras ao nível da União que sejam eficazes. Ou seja, a União tem de pôr em prática um conjunto de medidas que sejam credíveis e tenham um efeito dissuasor para os potenciais cibercriminosos e autores de ataques.

Reconhecendo que a Diretiva de 2013 relativa a ataques contra sistemas de informação[680] foi um passo importante para melhorar a resposta do direito penal aos ciberataques, a Comunicação avança com outras medidas, a saber:

– *"Iniciativa da Comissão para o acesso transfronteiriço a provas eletrónicas (início de 2018);*
– *Adoção rápida, pelo Parlamento Europeu e pelo Conselho, da proposta de diretiva relativa ao combate à fraude e à contrafação de meios de pagamento que não em numerário;*
– *Introdução de requisitos relativos ao IPv6 nos concursos públicos e no financiamento de investigação e de projetos por parte da UE;*
– *Celebração de acordos voluntários entre os Estados-Membros e os fornecedores de serviços de Internet para promover a adoção do IPv6;*

---

[680] Diretiva 2013/40/UE do Parlamento Europeu e do Conselho, de 12 de agosto de 2013, relativa a ataques contra os sistemas de informação e que substitui a Decisão-Quadro 2005/222/JAI do Conselho.

- *Ênfase renovada e alargada da Europol no domínio da informática forense e da monitorização da Internet obscura (darknet);*
- *Aplicação do quadro para uma resposta diplomática conjunta da UE às ciberatividades maliciosas;*
- *Reforço do apoio financeiro a projetos nacionais e transnacionais para a melhoria da justiça penal no ciberespaço.*
- *Criação, em 2018, de uma plataforma de formação em matéria de cibersegurança para fazer face ao atual défice de competências em matéria de cibersegurança e de ciberdefesa."*

Por último, a Comunicação preconiza o reforço da cooperação internacional em matéria de cibersegurança bem como o aprofundamento da cooperação com a NATO.

Tendo em conta a importância desta parte da Comunicação no contexto deste livro, passamos a transcrevê-la na íntegra:

"4. Reforço da Cooperação Internacional em matéria de Cibersegurança

Sendo guiada pelos valores e direitos fundamentais da UE, tais como a liberdade de expressão e o direito à privacidade e à proteção dos dados pessoais, e pela promoção de um ciberespaço aberto, livre e seguro, a política internacional de cibersegurança da UE pretende fazer face ao desafio em constante evolução da promoção da estabilidade do ciberespaço a nível mundial, bem como contribuir para a autonomia estratégica da Europa no ciberespaço.

4.1 Cibersegurança no âmbito das relações externas

Há estudos que indicam que, por todo o mundo, as pessoas consideram que os ciberataques com origem noutros países se encontram entre as principais ameaças para a segurança nacional. Tendo em conta a natureza global da ameaça, o estabelecimento e a manutenção de alianças e parcerias sólidas com países terceiros são fundamentais para a prevenção e dissuasão de ciberataques, objetivos com uma importância cada vez mais central para a estabilidade e a segurança internacional. A UE dará prioridade à criação de um quadro estratégico para a prevenção de conflitos e a promoção da estabilidade do ciberespaço no âmbito dos seus compromissos bilaterais, regionais, multilaterais e com todos as partes interessadas.

A UE defende vivamente a posição de que o direito internacional, em especial a Carta das Nações Unidas, é aplicável ao ciberespaço. Como complemento do direito internacional vinculativo, a UE apoia as normas, regras e princípios não vinculativos e voluntários relativos ao comportamento responsável dos Estados que foram articuladas pelo Grupo de Peritos Governamentais das Nações Unidas; encoraja igualmente o desenvolvimento e aplicação de medidas regionais de reforço da confiança, tanto na Organização para a Segurança e a Cooperação na Europa como em outras regiões.

A nível bilateral, os ciberdiálogos continuarão a ser desenvolvidos e completados por esforços no sentido de facilitar a cooperação com países terceiros a fim de reforçar os princípios de diligência devida e de responsabilidade dos Estados no ciberespaço. A UE dará prioridade às questões de segurança internacional no ciberespaço, no âmbito dos seus compromissos internacionais, assegurando, ao mesmo tempo, que a cibersegurança não se torne um pretexto para a proteção do mercado e a limitação dos direitos e liberdades fundamentais, nomeadamente a liberdade de expressão e o acesso à informação. Uma abordagem global da cibersegurança pressupõe o respeito dos direitos humanos, e a União Europeia continuará a defender os seus valores fundamentais a nível mundial, tomando como base as diretrizes da UE em matéria de direitos humanos, relativas à liberdade de expressão em linha. A este respeito, a UE salienta a importância do envolvimento de todas as partes interessadas na governação da Internet.

A Comissão também apresentou uma proposta para modernizar os controlos das exportações da UE, incluindo a introdução de controlos sobre a exportação de tecnologias de cibervigilância críticas que possam dar lugar a violações dos direitos humanos ou ser utilizadas contra a própria segurança da UE, e intensificará o diálogo com os países terceiros no sentido de promover uma convergência global e um comportamento responsável neste domínio.

4.2 Reforço das capacidades no domínio da cibersegurança

A estabilidade do ciberespaço a nível mundial assenta na capacidade local e nacional de todos os países para prevenir e reagir a ciberincidentes e investigar e agir judicialmente contra casos de cibercriminalidade. O apoio aos esforços no sentido de reforçar a resiliência nacional de países terceiros aumentará o nível de cibersegurança a nível mundial, com consequências positivas para a UE. A luta contra ciberameaças em rápida evolução pressupõe a necessidade de formação, de esforços para o desenvolvimento de políticas e de legislação, bem como o bom funcionamento de equipas de resposta a emergências informáticas e unidades dedicadas à cibercriminalidade em todos os países do mundo.

Desde 2013, a UE tem assumido um papel de liderança, a nível internacional, no reforço das capacidades em matéria de cibersegurança e na interligação sistemática entre esses esforços e a sua política de cooperação para o desenvolvimento. A UE continuará a promover um modelo de reforço das capacidades baseado nos direitos, em consonância com a abordagem Digital4Development. As prioridades para o reforço das capacidades incidirão em questões relativas ao rápido incremento da conectividade e à exponenciação das ameaças nos países vizinhos da UE e nos países em desenvolvimento. Os esforços da UE complementarão a agenda de desenvolvimento da UE, à luz da Agenda 2030 para o Desenvolvimento Sustentável e dos esforços globais para o reforço das capacidades institucionais.

A fim de melhorar a capacidade da UE de mobilizar as suas competências especializadas coletivas para apoiar este reforço de capacidades, deve ser criada uma rede da UE dedicada ao reforço das capacidades em matéria de cibersegurança, que reúna o SEAE, as autoridades dos Estados-Membros no domínio da cibersegurança, as agências da UE, os serviços da Comissão, os meios académicos e a sociedade civil. Serão desenvolvidas diretrizes da UE para o reforço das capacidades em matéria de cibersegurança, que permitam prestar melhores orientações políticas e definir prioridades nos esforços de assistência da UE a países terceiros.

A UE trabalhará igualmente em conjunto com os outros doadores neste domínio, a fim de evitar a duplicação de esforços e facilitar o reforço de capacidades mais específicas em diferentes regiões.

4.3 COOPERAÇÃO UE-OTAN

Com base nos progressos significativos já realizados, a UE vai aprofundar a sua cooperação com a OTAN em matéria de cibersegurança, ameaças híbridas e defesa, tal como previsto na declaração conjunta de 8 de julho de 2016. As prioridades incidem na promoção da interoperabilidade por via de normas e requisitos de ciberdefesa coerentes, no reforço da cooperação em matéria de formação e de exercícios e na harmonização dos requisitos de formação.

A UE e a OTAN promoverão também a cooperação para a investigação e a inovação em matéria de ciberdefesa e desenvolverão o atual acordo técnico sobre a partilha de informações de cibersegurança entre os respetivos organismos de cibersegurança. *Os recentes esforços conjuntos na luta contra as ameaças híbridas, nomeadamente a cooperação entre a célula de fusão da UE contra as ameaças híbridas e a célula de análise de ameaças híbridas da OTAN, devem ser ainda melhorados de modo a reforçar a resiliência e a resposta às crises de cibersegurança. Será promovida uma maior cooperação entre a UE e a OTAN por meio de exercícios de ciberdefesa, com a participação do SEAE e de outras entidades da UE e dos respetivos homólogos daquela organização, incluindo o Centro de Excelência Cooperativo para a Ciberdefesa da OTAN, sediado em Taline. A OTAN e a UE efetuarão, pela primeira vez, exercícios paralelos e coordenados de resposta a um cenário híbrido, tendo a OTAN assumido a liderança do exercício de 2017, ao que a UE responderá de forma análoga em 2018. O próximo relatório sobre a cooperação UE-OTAN, a apresentar aos respetivos Conselhos em dezembro de 2017, oferecerá uma oportunidade para analisar as possibilidades de expandir a cooperação, nomeadamente garantindo meios de comunicação comuns, seguros e sólidos entre todas as instituições e organismos competentes envolvidos, incluindo a ENISA.*

Ações-chave

- *Avançar com o quadro estratégico para a prevenção de conflitos e a estabilidade do ciberespaço;*
- *Desenvolver uma nova rede de reforço das capacidades para apoiar a capacidade de resposta dos países terceiros às ciberameaças, e elaborar diretrizes da UE para o reforço das capacidades em matéria de cibersegurança que permitam definir melhor as prioridades dos esforços da UE;*
- *Reforçar a cooperação entre a UE e a NATO, incluindo a participação em exercícios paralelos e coordenados e uma maior interoperabilidade das normas relativas à cibersegurança."*

A União Europeia procura, pois, dotar-se dos meios necessários para face aos problemas que o ciberespaço coloca. Depara, contudo, com diversos obstáculos internos: por um lado, a diversidade de instituições, órgãos e agências competentes dentro da União para lidar com estas questões, o que torna imprescindível um elevado nível de coordenação e cooperação entre todos; por outro lado, alguma "oposição" dos seus Estados-Membros, os quais têm níveis de aproximação a estes problemas muito diferentes e, além disso, em relação a alguns deles, designadamente os relacionados com a segurança e defesa, ainda têm muita relutância em abdicar da sua soberania.

31.3. As ameaças híbridas

As ameaças híbridas visam explorar as vulnerabilidades de um país e, muitas vezes, pretendem minar os valores democráticos e liberdades fundamentais[681].

Não existe propriamente uma definição de ameaças híbridas, pois elas têm uma natureza evolutiva. Atualmente, a definição abarca a combinação de atividades coercivas com atividades subversivas, de métodos convencionais com métodos não convencionais (como é o caso dos diplomáticos, militares, económicos, tecnológicos) que podem ser utilizados de forma coordenada por intervenientes estatais ou não estatais para atingir objetivos específicos, mantendo-se, no entanto, abaixo do limiar de uma guerra formalmente declarada. Em geral, exploram-se as vulnerabilidades do objetivo e cria-se ambiguidade para entravar o processo de tomada de decisões.

As ameaças híbridas incluem, muitas vezes, campanhas de desinformação, o uso dos meios de comunicação social para controlar a narrativa política ou para radicalizar, recrutar e dirigir atores que possam depois ser usados como veículos dessas mesmas ameaças híbridas.

A resposta a estas ameaças é, em primeira linha, da responsabilidade dos Estados, dado que são a segurança e a defesa nacionais que estão em causa bem como a manutenção da lei e da ordem. Além disso, as vulnerabilidades nacionais são específicas de cada país. No entanto, muitos Estados-Membros da UE enfrentam ameaças comuns, que podem visar igualmente redes ou infraestruturas transfronteiras, pelo que essas ameaças podem ser abordadas de forma mais eficaz através de uma resposta coordenada a nível da UE, recorrendo às políticas e instrumentos da UE, para tirar partido da solidariedade europeia, da assistência mútua e de todo o potencial do Tratado de Lisboa.

Daí que a Alta Representante e a Comissão proponham uma *"abordagem holística que permitirá à UE, em coordenação com os Estados-Membros, combater*

---

[681] Sobre as ameaças híbridas, v. JOHN MAAS, "Hybrid Threat and CSDP", JOCHEN REHRL (ed.), *Handbook CSDP...*, p. 125 e segs.

especificamente as ameaças de natureza híbrida, criando sinergias entre todos os instrumentos relevantes e promovendo uma cooperação mais estreita entre todos os intervenientes".

Deve notar-se que a consciencialização das ameaças híbridas é relativamente recente, pelo que a preocupação da União Europeia com este assunto também não é antiga.

Embora já existisse consciência do problema anteriormente, coube ao Conselho dos Negócios Estrangeiros, de 18 de maio de 2015, encarregar a Alta Representante, em estreita cooperação com os serviços da Comissão e a Agência Europeia de Defesa, e em consulta com os Estados-Membros da UE, de iniciar os trabalhos no sentido de apresentar um conjunto de propostas suscetíveis de conduzirem a ações para ajudar a fazer face às ameaças híbridas e reforçar a resiliência da UE e dos seus Estados-Membros bem como dos seus parceiros.

Em junho de 2015, o Conselho Europeu recordou a necessidade de mobilizar os instrumentos da UE para ajudar a fazer face às ameaças híbridas.

É, pois, neste contexto que, em 6 de Abril de 2016, a Alta Representante e a Comissão apresentam a Comunicação Conjunta ao Parlamento Europeu e ao Conselho, na qual se estabelece o Quadro comum em matéria de luta contra as ameaças híbridas[682].

A comunicação propõe 22 ações para responder às ameaças híbridas. As propostas visam:

- aumentar o conhecimento da situação;
- reforçar a resiliência;
- prevenir, responder e recuperar das crises;
- intensificar a cooperação com a NATO.

Segundo a Comunicação, o aumento do conhecimento da situação implica um estudo por parte dos Estados-Membros, com o apoio da Comissão e, eventualmente, da Alta Representante, sobre os riscos híbridos, a fim de identificar as principais vulnerabilidades, incluindo indicadores específicos

---

[682] JOIN(2016) 18 final.

ligados às ameaças híbridas, suscetíveis de afetar as estruturas e as redes nacionais e pan-europeias.

A Comunicação propõe a criação de uma célula de fusão da UE contra as ameaças híbridas no âmbito da estrutura existente INTCEN, capaz de receber e de analisar informações classificadas e provenientes de fontes abertas sobre ameaças híbridas. Os Estados-Membros são convidados a criar pontos de contacto nacionais sobre ameaças híbridas para assegurar a cooperação e uma comunicação segura com a célula de fusão da UE contra as ameaças híbridas.

A Alta Representante propõe-se estudar com os Estados-Membros as formas de atualizar e coordenar as capacidades em matéria de comunicações estratégicas proativas e de otimizar o recurso a especialistas no domínio do acompanhamento dos meios de comunicação social e linguistas;

Os Estados-Membros são convidados a ponderar a criação de um centro de excelência para a «luta contra as ameaças híbridas».

Porém, uma vez "atacados" os Estados têm de estar preparados para responder e recuperar. Assim, a palavra de ordem neste campo é a resiliência que deve ser entendida como a capacidade de resistir ao desgaste e de recuperar, saindo reforçado dos desafios.

O combater eficaz às ameaças híbridas depende da abordagem das potenciais vulnerabilidades das infraestruturas essenciais, das cadeias de abastecimento e da sociedade em geral. As infraestruturas a nível da UE podem tornar-se mais resilientes se assentarem nos instrumentos e políticas da UE.

As ações propostas para reforçar a resiliência incidem em áreas como a proteção das infraestruturas críticas (redes de energia, transportes e segurança da cadeia de abastecimento, espaço)[683], a capacidade de defesa, a proteção da saúde e da segurança dos alimentos, a cibersegurança, a focalização no financiamento das ameaças híbridas, o reforço da resiliência contra a radicalização e o extremismo violento e o reforço da cooperação com terceiros.

No que diz respeito à prevenção e à resposta às crises, a Comunicação propõe três ações, a saber:

---

[683] Sobre a proteção das infraestruturas críticas, v. HERBERT SAURUGG, "Excurse: Critical Infrastructure Protection", JOCHEN REHRL (ed.), *Handbook CSDP...*, p. 131 e segs.

a) *"A Alta Representante e a Comissão, em coordenação com os Estados-Membros, estabelecerão um protocolo operacional comum e procederão a exercícios regulares para melhorar a capacidade de tomada de decisões estratégicas em resposta a ameaças híbridas complexas com base nos procedimentos de gestão das crises e do mecanismo integrado de resposta política a situações de crise".*
b) *"A Comissão e a Alta Representante, nos respetivos domínios de competência, analisarão a aplicabilidade e as implicações práticas dos artigos 222.º do TFUE e artigo 42.º, n.º 7, do TUE, no caso da ocorrência de ameaças híbridas graves e de grande amplitude".*
c) *"A Alta Representante, em coordenação com os Estados-Membros, integrará, explorará e coordenará as capacidades de ação militar na luta contra as ameaças híbridas no âmbito da política comum de segurança e defesa".*

Por último, a Comunicação propõe a intensificação da cooperação e da coordenação com a NATO.

Capítulo XI
A dimensão externa do espaço de liberdade, segurança e justiça

32. A passagem da dimensão interna à dimensão externa do ELSJ

Como atrás se disse, o objeto deste capítulo confina-se à dimensão externa do espaço de liberdade, segurança e justiça[684].

Ainda que os assuntos internos e a justiça tenham sido incluídos nos Tratados por razões essencialmente internas e como forma de compensar a abolição, total ou parcial, das fronteiras internas, o que significa que não tiveram uma projeção externa imediata, a verdade é que, após o Conselho Europeu de Tampere, de 15 e 16 de outubro de 1999, essa situação se alterou.

A dimensão externa dos assuntos internos e de justiça passou a ser encarada como uma prioridade política, assim como a abordagem global da migração e do combate à criminalidade (na qual se deve incluir o terrorismo).

Senão vejamos:

Segundo o n.º 11 das conclusões do Conselho Europeu de Tampere, *"A União Europeia carece de uma abordagem global do fenómeno da migração que contemple*

---

[684] Para um estudo desenvolvido da dimensão externa do ELSJ, v. José Martín y Pérez de Nanclares, "The External Dimension of the Area of Freedom, Security and Justice: An essential Part of the European Union's External Action", Piet Eeckhout / Manuel Lopez-Escudero (ed.), *The European Union's External Action in Times of Crisis...*, p. 510 e segs; Jörg Monar, "The External Dimension of the EU's Area of Freedom, Security and Justice – Progress, potential and limitations after the Treaty of Lisbon", *SIEPS*, 2012:1.

questões políticas, de direitos humanos e de desenvolvimento em países e regiões de origem e de trânsito. Para tal, haverá que combater a pobreza, melhorar as condições de vida e as oportunidades de emprego, prevenir os conflitos e consolidar Estados democráticos, assim como garantir o respeito dos direitos humanos, em especial os das minorias, das mulheres e das crianças. Nessa perspetiva, convida-se a União e os Estados-Membros a contribuírem para uma maior coerência das políticas interna e externa da União, no âmbito das respetivas competências que lhes são atribuídas pelos Tratados. A parceria com os países terceiros em causa constituirá igualmente um elemento-chave para o êxito dessa política, tendo em vista promover o co-desenvolvimento."[685]

Nos termos do n.º 62 das mesmas conclusões:

> *"O Conselho Europeu manifesta o seu apoio a uma cooperação regional contra a criminalidade organizada, que envolva os Estados-Membros e os países terceiros limítrofes da União. Nesse contexto, regista com agrado os resultados práticos e concretos obtidos pelos países situados em torno da região do Mar Báltico. O Conselho Europeu atribui especial importância à cooperação regional e ao desenvolvimento na região dos Balcãs. O Conselho Europeu congratula-se com a realização de uma Conferência Europeia sobre Desenvolvimento e Segurança na zona do Adriático e do Jónio, a organizar pelo Governo Italiano em Itália, no primeiro semestre de 2000, e manifesta a intenção de nela participar. Essa iniciativa será de grande valia no contexto do Pacto de Estabilidade para a Europa do Sudeste".*

Apesar, de hoje em dia, as dimensões, interna e externa, do espaço de liberdade, segurança e justiça se encontrarem intrinsecamente ligadas, nem sempre essa abordagem global se afigura fácil.

Por exemplo, em termos de política de imigração, o equilíbrio entre o controlo da imigração ilegal, a livre circulação dos migrantes regularmente residentes na União e a cooperação ao desenvolvimento colocam um enorme desafio à União.

Aliás, o espaço de liberdade, segurança e justiça continua à procura da difícil conciliação entre liberdade e segurança.

---

[685] Disponíveis em http://www.europarl.europa.eu/summits/tam_pt.htm

Como vimos, o Tratado de Lisboa inovou, no domínio da atribuição de competências externas da União, designadamente, em sede de espaço de liberdade, segurança e justiça, pelo que remetemos para o que já dissemos a esse propósito.

Por ora, importa-nos, essencialmente, notar que os acordos internacionais – quer bilaterais quer multilaterais – com domínio mais vasto, celebrados pela União ou pela União e pelos seus Estados-Membros com terceiros Estados e organizações internacionais incluem, de um modo geral, cláusulas relacionadas com o espaço de liberdade, segurança e justiça.

As mais comuns são as chamadas "cláusulas de readmissão" que consagram o princípio da readmissão de imigrantes ilegais, a cooperação entre a UE e o Estado terceiro relativamente às questões de readmissão e muitas vezes preveem até a negociação de acordos específicos sobre essa matéria.

Além disso, após o 11 de setembro de 2001, passou a ser frequente incluir nos acordos internacionais que a União celebra com terceiros uma cláusula de luta contra o terrorismo. Essa cláusula prevê normalmente a cooperação na prevenção e no combate ao terrorismo, através da troca de informações e de pontos de vista, do reforço dos controlos de fronteiras e da cooperação na execução do direito anti-terrorismo.

A título de exemplo, refira-se que todos os acordos de associação concluídos, na última década, contêm cláusulas deste tipo.

Por outro lado, algumas agências – não todas[686] – da União Europeia relacionadas com o ELSJ, como sejam a Europol, a Eurojust, a Frontex, a Academia Europeia de Polícia (CEPOL) e o Gabinete Europeu de Apoio em matéria de Asilo (EASO) têm poderes – que lhe são conferidos pelos respetivos estatutos – para negociar acordos internacionais com terceiros Estados, com organizações internacionais e até com as autoridades congéneres[687].

---

[686] A Agência de Direitos Fundamentais da União Europeia, por exemplo, não tem esses poderes.
[687] Para maiores desenvolvimentos, ver Jörg Monar, "The External Dimension of the EU's Area of Freedom, Security and Justice...", p. 43 e segs.

Estes acordos levantam questões muito complexas, designadamente, em termos de coerência e consistência da ação externa da União que não vamos aqui desenvolver[688].

Além disso, a União Europeia ratificou os protocolos à Convenção de Palermo sobre o crime organizado transnacional.

Por último, refira-se que a União também celebrou alguns acordos com terceiros Estados no domínio da cooperação judiciária em matéria penal e policial.

33. A resposta (ou falta dela) da União Europeia à recente crise migratória

Não obstante a evolução do espaço de liberdade, segurança e justiça, nos últimos anos, a verdade é que a União Europeia enfrentou recentemente uma das crises migratórias mais graves da sua história – a qual tudo indica que se manterá no futuro – tendo ficado demonstrado – pelo menos, é opinião generalizada – que não esteve à altura do desafio. Desde logo, o acordo adotado, no dia 20 de março de 2016, entre a União Europeia e a Turquia relativo ao retorno forçado à Turquia dos refugiados e imigrantes que chegassem depois dessa data à Grécia e a outros países da Europa foi severamente criticado, do ponto de vista político, e até foi invocada a violação dos direitos humanos e do direito humanitário por parte da União Europeia.

Com efeito, nos últimos anos, especialmente, em 2015 e 2016, a União Europeia conheceu um afluxo de migrantes, refugiados e requerentes de asilo sem precedentes, ao qual nenhum Estado sozinho estava preparado para fazer face. Mais de um milhão de pessoas chegaram à União Europeia. Na sua maioria, essas pessoas fogem da guerra e do terror na Síria e em outros países.

A migração não é, portanto, um fenómeno sazonal. A pressão vai continuar. Daí que seja necessário encarar a migração como um tópico de futuro em que a conexão entre a segurança interna e externa não pode deixar de ser equacionada.

---

[688] Para o estudo destas questões, v. José Martín y Pérez de Nanclares, "The External Dimension of the Area of Freedom, Security and Justice...", p. 522 e 523.

A UE adotou diversas medidas para fazer face a esta crise que, no seu conjunto, se revelaram insatisfatórias.

Algumas delas consistiram em tentar resolver as causas profundas da crise, bem como em aumentar substancialmente a ajuda às pessoas necessitadas de assistência humanitária, tanto na União como no seu exterior.

Foram igualmente tomadas medidas para a recolocação dos requerentes de asilo que já se encontram na Europa, a reinstalação de pessoas necessitadas de países vizinhos e o regresso das pessoas que não reunissem as condições para beneficiar de asilo.

A UE está a melhorar a segurança nas fronteiras, combatendo o tráfico de migrantes e proporcionando formas seguras de entrada legal na União Europeia.

A migração é um tema muito complexo, pois inclui aspetos muito diversos – humanitários, de emprego, sociais, de segurança, etc.

A solução do problema pode passar pela PCSD mas esta não será, com toda a probabilidade, o principal instrumento de resposta a este desafio. Contudo, a utilidade da PCSD na gestão dos fluxos migratórios está provada[689]. A imigração foi expressa ou implicitamente mencionada nos mandatos de muitas missões e operações. O treino e aconselhamento das forças militares e policiais, a construção de instituições que contribuam para a sustentabilidade da *rule of law*, a criação das condições económicas e políticas para fixar as populações nos territórios exteriores à União são alguns dos aspetos das missões e operações PCSD que podem contribuir para gerir os fluxos migratórios.

As missões e operações da PCSD podem igualmente contribuir para melhorar o controlo de fronteiras quer terrestres quer marítimas, para agilizar o procedimento relativo aos migrantes irregulares, através da formação e assistência técnica, para agir contra os traficantes de pessoas e para rever o sistema de segurança.

---

[689] Sobre este assunto ver JOCHEN REHRL, "Migration and CSDP", in JOCHEN REHRL (ed.), *Handbook CSDP...*, p. 104 e segs.

34. A luta contra o terrorismo na União Europeia

34.1. Enquadramento do problema

Um outro desafio que a União Europeia e os seus Estados-Membros têm obrigatoriamente de enfrentar, hoje em dia, é o terrorismo, o qual não tem parado de aumentar quer em solo europeu quer fora dele.

Se os atentados de 11 de setembro de 2001, nos EUA, serviram para despertar a União Europeia para a ameaça do terrorismo, a verdade é que aqueles ainda foram encarados como algo que vinha do exterior. Só após o primeiro atentado, em 2004, em Madrid, a União Europeia parece ter-se dado conta que o terrorismo lhe tinha entrado em casa. Daí que tenha começado a tomar medidas não só reativas mas também de prevenção.

34.2. Definição de terrorismo

Ainda que não exista uma definição jurídica de terrorismo comummente aceite pela comunidade internacional, o terrorismo abrange atos de violência, com objetivos políticos ou ideológicos, atos esses que atingem civis.

De qualquer modo, existem declarações, resoluções e tratados universais e setoriais que contribuem para definir certos aspetos ou até os principais elementos do conceito de terrorismo.

Assim, em 1994, a Assembleia Geral das Nações Unidas adotou a Declaração relativa às medidas para eliminar o terrorismo internacional, através da resolução 49/60, na qual considerou que o terrorismo inclui *"atos criminosos que pretendem provocar um estado de terror no público em geral ou num grupo de pessoas ou em certas pessoas com fins políticos"* e que tais atos *"não têm justificação em nenhuma circunstância, seja ela política, filosófica, ideológica, racial, étnica, religiosa ou de qualquer outra natureza"*.

Em 2004 o Conselho de Segurança adotou a resolução 1566 (2004), na qual definiu os atos terroristas como *"atos criminosos, inclusivamente contra civis, cometidos com a intenção de causar a morte ou ferimentos graves, ou de fazer reféns, com o intuito de provocar um estado de terror no público em geral, num grupo de pessoas ou em certas pessoas, intimidar a população ou compelir o Governo ou uma organização internacional a adotar ou abster-se de adotar um certo ato"*.

Atualmente estão em curso, no seio das Nações Unidas, as negociações de uma Convenção Global contra o Terrorismo que tem em vista completar as convenções antiterrorismo setoriais.

Já há acordo sobre algumas normas mas sobre outras, como é o caso da definição de terrorismo, continua a haver divergências, até porque os Estados definem terrorismo no seu direito interno de modo diferente[690].

O terrorismo pretende destruir a democracia e a *rule of law* bem como os direitos humanos, o que já foi reconhecido ao mais alto nível das Nações Unidas, pelo Conselho de Segurança, pela Assembleia Geral, pela antiga Comissão de Direitos Humanos e pelo novo Conselho de Direitos Humanos.

O terrorismo também não é exclusivo de certos grupos. Ao longo da história tem-se assistido a vários tipos de terrorismo – islâmico, separatista, de esquerda, de direita, etc.

Os Estados têm o dever de proteger os indivíduos sob a sua jurisdição dos ataques terroristas quaisquer que eles sejam.

34.3. A estratégia de luta contra o terrorismo da União Europeia

Como se disse, os atentados terroristas de 11 de setembro de 2001, nos EUA, bem como todos os que se lhe seguiram na Europa – Madrid (2004), Londres (2005), Paris (Charlie Hebdo e Bataclan – 2015), Bruxelas/Zaventem (2016), Nice (2016), Berlim (2016), Barcelona (2017) e outros – e fora dela despertaram a União Europeia para a necessidade de combater o terrorismo. Além disso, o crescimento do Estado Islâmico, no Iraque e na Síria, pôs igualmente a Europa de sobreaviso em relação à ameaça terrorista[691].

Na sequência do ataque de Madrid, em 11 de março de 2004, o Conselho Europeu adotou a Declaração de Combate ao Terrorismo, acompanhada do Plano de Ação da União de Combate ao Terrorismo, o qual incluía uma lista de medidas a adotar, indicava os órgãos competentes e os respetivos prazos.

---

[690] Para maiores desenvolvimentos, ver *Human Rights, Terrorism and Counter-terrorism*, Office of the United Nations High Commissioner for Human Rights, Fact Sheet No. 32, p. 5 e segs.

[691] Para um estudo desenvolvido da caracterização destes vários ataques, ver AAVV, *The European Union's Policies on Counter-Terrorism – Relevance, Coherence and Effectiveness*, European Union, 2017, p. 30 e segs. Disponível na internet: http://www.europarl.europa.eu/supporting-analyses

Em abono da verdade, diga-se, porém, que só após os ataques de Londres a resposta da União ao terrorismo deixou de ser *ad hoc* e reativa.

Assim, em 2005, a UE aprovou uma *estratégia e um plano de ação globais para a luta contra a radicalização e o recrutamento para o terrorismo*[692], os quais visavam combater o terrorismo em todo o mundo e tornar a Europa mais segura, tendo considerado que a luta contra o terrorismo era uma prioridade absoluta da UE, dos seus Estados-Membros e dos seus parceiros[693].

A estratégia antiterrorista da União assentava em quatro pilares: a prevenção, a proteção, a perseguição e a resposta. Em todos eles, se reconhecia a importância da cooperação com países terceiros e instituições internacionais.

Começando pelo pilar da prevenção, o combate às causas da radicalização e do recrutamento de terroristas constituía uma prioridade fundamental para a UE. O Conselho atualizou a estratégia da UE de combate à radicalização e ao recrutamento para o terrorismo em 2008 e 2014.

Esta última revisão teve em conta as novas tendências, como o fenómeno dos terroristas solitários e o dos combatentes estrangeiros ou a crescente utilização das redes sociais pelos terroristas.

Em dezembro de 2014, o Conselho adotou orientações para a implementação da estratégia revista pelos Estados-Membros.

O segundo pilar da estratégia de combate ao terrorismo é a proteção dos cidadãos e das infraestruturas e a redução da vulnerabilidade a atentados, o que abrange a segurança das fronteiras externas, o reforço da segurança dos transportes, a proteção de alvos estratégicos e a redução da vulnerabilidade das infraestruturas críticas.

Neste domínio, a UE adotou uma diretiva que regulamenta a utilização dos dados dos registos de identificação dos passageiros (PNR), em 2016[694]. Os Estados-Membros terão de dar cumprimento às novas regras no prazo de dois anos.

---

[692] Disponível em http://register.consilium.europa.eu/doc/srv?f=ST+14469+2005+REV+4&l=pt.

[693] Para um estudo exaustivo das medidas da União Europeia no âmbito do contra terrorismo, ver AAVV, *The European Union's Policies on Counter-Terrorism...*, p. 43 e segs.

[694] Diretiva (UE) 2016/681 do Parlamento Europeu e do Conselho, de 27 de abril de 2016, relativa à utilização dos dados dos registos de identificação dos passageiros (PNR) para efeitos de prevenção, deteção, investigação e repressão das infrações terroristas e da criminalidade grave, JOUE L 119/132 de 4.5.2016.

A terceira prioridade da UE é a perseguição dos terroristas com o intuito de limitar a sua capacidade de planeamento e organização e de os levar a tribunal.

Para tanto, a UE reforçou as capacidades nacionais, melhorou a cooperação prática e a troca de informações entre as autoridades policiais e judiciais, combate o financiamento do terrorismo e tenta privar os terroristas dos meios de apoio e de comunicação.

Em maio de 2015, o Conselho e o Parlamento Europeu adotaram novas regras para impedir o branqueamento de capitais e o financiamento do terrorismo[695].

O último pilar da estratégia é a preparação, gestão e minimização das consequências de um atentado terrorista.

Para tal, a União reforçou as capacidades para gerir a fase pós-atentado, a coordenação das respostas e as necessidades das vítimas.

Neste domínio, a União tem em vista desenvolver o mecanismo da UE de coordenação em situações de crise; rever o mecanismo de proteção civil; desenvolver instrumentos de análise do risco e partilhar as boas práticas na assistência às vítimas do terrorismo.

Assim, o Conselho adotou, em junho de 2014, uma decisão que definiu as regras de execução, pela UE, da cláusula de solidariedade[696].

Em junho de 2013 o Mecanismo da UE de Coordenação em Situações de Emergência e de Crise foi substituído pelo Mecanismo Integrado da UE de Resposta Política a Situações de Crise (IPCR) e no final de 2013 reviu-se a legislação da UE em matéria de proteção civil.

---

[695] Diretiva (UE) 2015/849 do Parlamento Europeu e do Conselho, de 20 de maio de 2015, relativa à prevenção da utilização do sistema financeiro para efeitos de branqueamento de capitais ou de financiamento do terrorismo, que altera o Regulamento (UE) n..º 648/2012 do Parlamento Europeu e do Conselho, e que revoga a Diretiva 2005/60/CE do Parlamento Europeu e do Conselho e a Diretiva 2006/70/CE da Comissão

[696] Decisão 2014/415/UE do Conselho, de 24 de junho de 2014, relativa às regras de execução da cláusula de solidariedade pela União, JOUE L 192 de 1.7.2014, p. 53.

34.4. Cooperação com parceiros internacionais

A estratégia antiterrorista da UE só será eficaz se operar numa dimensão global. Com efeito, a segurança da UE está estreitamente relacionada com a situação noutros países, em particular nos países vizinhos.

Em junho de 2014, o Conselho Europeu apelou a uma política eficaz de luta contra o terrorismo, que integrasse os aspetos internos e externos.

Em fevereiro de 2015, os dirigentes da UE destacaram a necessidade de a UE colaborar mais com países terceiros em questões de segurança e na luta antiterrorista. Para tanto o combate ao terrorismo foi incluído nas relações entre a UE e os países terceiros através dos diálogos políticos de alto nível, da adoção de cláusulas em acordos de cooperação ou em projetos específicos de assistência e de projetos de desenvolvimento de capacidades levados a efeito com países estratégicos.

A UE coopera, em matéria de luta contra o terrorismo, com países dos Balcãs Ocidentais, de África (do Sael, do Norte de África, do corno de África), do Médio Oriente, da América do Norte e da Ásia.

A cooperação com os EUA é um elemento fundamental da estratégia da UE. Nos últimos anos, alcançaram-se acordos de cooperação em domínios tão díspares, como o financiamento do terrorismo, os transportes e fronteiras, a assistência jurídica mútua e a extradição. As autoridades dos EUA têm trabalhado em colaboração cada vez mais estreita com a Europol e a Eurojust.

A União Europeia colabora com as Nações Unidas e o Fórum Mundial contra o Terrorismo, bem como com organizações regionais, tais como o Conselho da Europa, a OSCE, a Liga dos Estados Árabes e a Organização da Cooperação Islâmica.

No quadro da sua cooperação com as Nações Unidas e na sequência de várias resoluções do Conselho de Segurança da ONU, a UE adotou medidas restritivas contra pessoas ou entidades associadas à rede da Alcaida, às quais já nos referimos anteriormente.

34.5. A resposta à radicalização dos europeus

Um dos problemas que a União enfrenta atualmente é a ameaça colocada pelos europeus que se radicalizam, muitos dos quais também se deslocam ao estrangeiro para combater. Tudo indicando que esta ameaça se vai perpetuar no tempo, a resposta eficaz exige uma abordagem global e um empenhamento a longo prazo.

A principal responsabilidade na luta contra o terrorismo cabe aos Estados‑Membros. Contudo, a UE pode e deve desempenhar um papel de apoio que contribua para fazer face à natureza transfronteiras da ameaça.

A problemática da radicalização e dos combatentes terroristas estrangeiros tem estado regularmente na ordem do dia do Conselho da UE e do Conselho Europeu, os quais desenvolveram uma resposta global, incluindo linhas de ação internas e externas.

Assim, após os atentados terroristas de Paris, em janeiro de 2015, a União Europeia decidiu reforçar a sua resposta e acelerar a execução das medidas acordadas.

Em 12 de fevereiro, os dirigentes da União aprovaram uma declaração para orientar os trabalhos da UE e dos Estados-Membros nos meses seguintes. Essa declaração apelava a que se tomassem medidas específicas, centradas em três domínios de ação:

- garantir a segurança dos cidadãos;
- prevenir a radicalização e proteger os nossos valores;
- cooperar com os parceiros internacionais.

Em dezembro de 2015, os Chefes de Estado ou de Governo da UE observaram que a plena execução das medidas definidas na declaração continuava a ser uma prioridade[697].

34.6. O reforço da segurança interna da União Europeia

Um outro aspeto muito importante no combate ao terrorismo prende-se com o reforço da segurança interna da União. Note-se que o combate ao terrorismo é parte integrante do espaço de liberdade, segurança e justiça (artigo 67.º, n.º 3, do TFUE).

---

[697] As conclusões estão disponíveis em http://data.consilium.europa.eu/doc/document/ST-28-2015-INIT/pt/pdf

Assim sendo, a União tem vindo a adotar um conjunto de medidas que incidem, designadamente, sobre o controlo de fronteiras, o financiamento do terrorismo, o comércio das armas de fogo, a troca de informação criminal, a redefinição dos crimes relacionados com o terrorismo e o agravamento das respetivas penas.

A) Controlo das armas de fogo

Em 17 de maio de 2017, o Parlamento Europeu e o Conselho adotaram uma diretiva relativa ao controlo da aquisição e da detenção de armas[698]. Esta diretiva visa melhorar a legislação em vigor no rescaldo dos mais recentes atentados terroristas na Europa. Prevêem-se medidas destinadas a aumentar a rastreabilidade das armas de fogo e a impedir a reativação ou conversão de armas de fogo. Contém também regras mais rigorosas para a aquisição e detenção das armas de fogo mais perigosas.

B) Criminalização das infrações terroristas

Em 15 de março de 2017, o Parlamento Europeu e o Conselho adotaram uma diretiva relativa à luta contra o terrorismo[699]. As novas regras reforçam o quadro jurídico da UE com o objetivo de prevenir atentados terroristas e fazer face ao fenómeno dos combatentes terroristas estrangeiros.

A diretiva criminaliza:

- deslocar-se dentro da UE, para fora da UE ou com destino à UE para fins de terrorismo, como, por exemplo, participar em atividades de um grupo terrorista ou com o intuito de cometer um atentado terrorista.
- organizar e facilitar essas deslocações, nomeadamente através de apoio logístico e material, como a compra de bilhetes ou o planeamento de itinerários;

---

[698] Diretiva (UE) 2017/853 do Parlamento Europeu e do Conselho, de 17 de maio de 2017, que altera a Diretiva 91/477/CEE do Conselho relativa ao controlo da aquisição e da detenção de armas, JOUE L 137/22 de 24.5.2017.

[699] Diretiva (UE) 2017/541 do Parlamento Europeu e do Conselho, de 15 de março de 2017 relativa à luta contra o terrorismo e que substitui a Decisão-Quadro 2002/475/JAI do Conselho e altera a Decisão 2005/671/JAI do Conselho, JOUE L 88/6, de 31.3.2017.

- treinar e ser treinado para fins de terrorismo, como, por exemplo, fabricar ou utilizar explosivos, armas de fogo, substâncias nocivas ou perigosas, refletindo a disposição existente relativa à prestação, com conhecimento de causa, deste tipo de treino;
- fornecer ou recolher fundos com a intenção de os utilizar, ou com o conhecimento de que serão utilizados, para cometer infrações terroristas e infrações relacionadas com grupos ou atividades terroristas.

A diretiva complementará também a legislação vigente sobre os direitos das vítimas do terrorismo e inclui um catálogo de serviços para satisfazer as necessidades específicas das vítimas de terrorismo, como o direito de beneficiar de um acesso imediato a serviços de apoio profissionais que dispensem tratamentos médicos e psicossociais, ou de receber aconselhamento jurídico ou prático, bem como assistência relacionada com pedidos de indemnização. Os mecanismos de resposta de emergência imediatamente após um atentado serão igualmente reforçados.

C) Controlos reforçados nas fronteiras externas

Em 15 de março de 2017, o PE e o Conselho adotaram também um regulamento[700] que altera o Código das Fronteiras Schengen para reforçar os controlos nas fronteiras externas por confronto com as bases de dados pertinentes. A alteração obriga os Estados-Membros a controlarem sistematicamente, por confronto com as bases de dados pertinentes, todas as pessoas que atravessem as fronteiras externas.

D) A nomeação do novo comissário para a União da Segurança

Em 19 de setembro de 2016, o Conselho, em comum acordo com o Presidente da Comissão, Jean-Claude Juncker, nomeou Julian King novo comissário para a União da Segurança. Com esta nova pasta, o comissário apoiará a execução da agenda europeia para a segurança.

---

[700] Regulamento (UE) 2017/458 do Parlamento Europeu e do Conselho, de 15 de março de 2017, que altera o Regulamento (UE) 2016/399 no que diz respeito ao reforço dos controlos nas fronteiras externas por confronto com as bases de dados pertinentes, JOUE L 74/1, de 18.3.2017.

E) Melhoria do intercâmbio de informações

Nas suas conclusões de 18 de dezembro de 2015, o Conselho Europeu apelou à urgente melhoria da interoperabilidade dos sistemas de informação[701].

Em 10 de junho de 2016, o Conselho de Justiça e Assuntos Internos aprovou um roteiro para a melhoria do intercâmbio e da gestão de informações, o qual inclui soluções de interoperabilidade.

Em 9 de junho de 2017, o Conselho de Justiça e Assuntos Internos adotou conclusões sobre a via a seguir para melhorar o intercâmbio de informações e garantir a interoperabilidade dos sistemas de informação da UE. Estas conclusões vêm no seguimento do relatório final do Grupo de Peritos de Alto Nível em matéria de Sistemas de Informação e Interoperabilidade, criado pela Comissão em 2016.

F) Centro Europeu de Luta contra o Terrorismo

Em janeiro de 2016, foi lançado o Centro Europeu de Luta contra o Terrorismo, na sequência de uma decisão do Conselho (Justiça e Assuntos Internos) de 20 de novembro de 2015. Trata-se de uma plataforma que permite aos Estados-Membros aumentarem a partilha de informações e a cooperação operacional no que toca ao acompanhamento e investigação de combatentes terroristas estrangeiros, bem como ao tráfico de armas de fogo ilegais e ao financiamento do terrorismo.

G) Combate à radicalização em linha

Em março de 2015, o Conselho mandatou a Europol para criar uma unidade dedicada especificamente ao combate à propaganda terrorista na Internet. A Unidade da UE de Sinalização de Conteúdos na Internet (IRU da UE) foi criada em julho de 2015. O seu objetivo é, nomeadamente, identificar conteúdos terroristas e conteúdos violentos extremistas em linha e aconselhar os Estados-Membros sobre a questão.

No Conselho Europeu de junho de 2017[702], os Chefes de Estados e de Governo instaram o setor em linha a ajudar a combater o terrorismo e a

---

[701] Conclusões disponíveis em http://data.consilium.europa.eu/doc/document/ST-28-2015-INIT/pt/pdf

[702] Ver as conclusões deste Conselho Europeu em http://www.consilium.europa.eu/media/23986/22-23-euco-final-conclusions-pt.pdf

criminalidade nessa área. Os dirigentes esperam que as empresas do setor criem um fórum setorial e melhorem a deteção e extração automáticas dos conteúdos relacionados com o terrorismo. Esta ação deverá ser complementada pelas medidas legislativas que forem pertinentes a nível da UE, se necessário.

H) Cooperação reforçada com países terceiros

Em fevereiro de 2015, o Conselho decidiu intensificar a ação externa na luta contra o terrorismo, em especial nas regiões do Mediterrâneo, Médio Oriente, Norte de África, Golfo e Sael:

– Será reforçada a cooperação com parceiros importantes;
– Serão lançados novos projetos para apoiar o desenvolvimento de capacidades;
– Será intensificada a ação para combater a radicalização e o extremismo violento.

A estratégia da UE de luta contra o terrorismo na vertente dos combatentes estrangeiros, que é centrada na Síria e no Iraque, foi adotada pelo Conselho em outubro de 2014. Esta estratégia define vários domínios prioritários, incluindo a melhoria da cooperação com países terceiros a fim de identificar redes de recrutamento e combatentes estrangeiros.

34.7. Síntese conclusiva

Do exposto resulta que se se comparar a atuação da União e dos seus Estados-Membros, no domínio da luta contra o terrorismo, em 2018, com a que existia há quinze anos atrás, verifica-se que se tem feito um enorme esforço para dar uma resposta eficaz, rápida e coerente à ameaça terrorista.

Aliás, uma das principais preocupações da União Europeia atualmente é, sem dúvida, o terrorismo, como resulta da *Estratégia Global para a Política Externa e de Segurança da União Europeia* bem como de muitos outros documentos oficiais da União Europeia.

A visão de que o terrorismo deve ser combatido de forma global, abrangendo tanto a política interna como a política externa, é relativamente recente e espera-se que venha a revelar-se mais eficaz.

No entanto, os obstáculos à luta contra o terrorismo são múltiplos:

a) a multiplicidade dos atores envolvidos;
b) a imprevisibilidade da atuação dos terroristas;
c) a dificuldade de chegar a acordo sobre estas matérias no seio da União, devido à sua ligação intrínseca ao núcleo mais duro da soberania dos Estados-Membros, os quais dispõem de diferentes agendas, neste domínio;
d) os direitos humanos envolvidos tanto do lado das vítimas como do lado dos terroristas;
e) a delicadeza e, muitas vezes, o caráter secreto da informação que necessita de ser partilhada;
f) as dificuldades inerentes à necessidade de criar uma cultura comum europeia de polícia, pois só assim as várias polícias conseguirão atuar eficazmente.

Tendo em consideração estes e outros obstáculos, facilmente se compreende que a tarefa da União não é fácil. Apesar disso, alguma coisa se tem feito no combate ao terrorismo. Aliás, deve notar-se que muito desse trabalho é quase invisível, como é o caso do desmantelamento das redes de terroristas e todo o trabalho de prevenção que impede a perpetração de novos ataques.

O combate ao terrorismo na União Europeia está longe de ter atingido a perfeição. Pelo contrário, verificam-se insuficiências, desde logo, relacionadas com os recursos financeiros alocados ao combate ao terrorismo, as quais são consequência de anos de restrições e reduções no setor da segurança, devidas à crise económica e financeira que a Europa atravessou e que ainda não foram recuperadas. A troca rápida de informação entre polícias nem sempre funciona adequadamente, devido a vários fatores, designadamente, a diferença de sistemas de informação[703].

---

[703] Neste sentido, SEBASTIAN WOJCIECHOWSKI, "Contemporary Terrorism in The European Union – The Hydra Syndrome", *Przegląd Strategiczny*, 2017, n..º 10, p. 300 e 301.

Capítulo XII
O impacto do *Brexit* na política externa, de segurança e de defesa da União Europeia

35. Enquadramento jurídico-político da saída de um Estado-Membro da União Europeia

Antes de nos pronunciarmos sobre o *Brexit* propriamente dito assim como sobre o impacto que ele poderá vir a ter na política externa, de segurança e de defesa da União Europeia, importa começar por enquadrar juridicamente a retirada de um Estado-Membro.

Para tanto, começaremos por dar nota do estado da discussão acerca da retirada de um Estado-Membro no quadro das anteriores Comunidades Europeias e da União Europeia antes da entrada em vigor do Tratado de Lisboa.

Em seguida, estudaremos o processo de retirada de um Estado-Membro da União previsto no artigo 50.º TUE, chamando especialmente a atenção para as dificuldades provenientes da sua interpretação assim como para os entraves com que, eventualmente, o Estado que pretende sair da União se vai deparar.

35.1. A discussão acerca da retirada de um Estado-Membro das Comunidades Europeias antes do Tratado de Lisboa

Em primeiro lugar, importa realçar que a questão de saber se os Estados-Membros das Comunidades tinham o direito de sair dela, em termos idênticos aos que se colocavam nos tratados internacionais em geral (cfr. artigo 56.º, n.ºs 1 e 2, da CVDT), sempre foi um tema controverso na doutrina do direito comunitário.

Para alguns, a vigência ilimitada dos Tratados, a ausência de norma expressa que o permitisse, a natureza da própria União e a autonomia da ordem jurídica criada pelos Tratados, os quais criam direitos e deveres para os cidadãos que não devem ser postos em causa pelos Estados de um momento para o outro, constituíam obstáculos ao direito de saída[704]. No fundo, décadas e décadas de cooperação política e jurídica que resultam numa interligação e interação das ordens jurídicas nacionais e da União Europeia com envolvimento dos governos, das empresas e dos cidadãos não podem ser apagadas de um dia para o outro[705]. Assim, para esta corrente doutrinária, se um Estado pretendesse sair da União teria de negociar essa saída.

Para outros, os Estados-Membros deveriam manter o direito de saída fundado nas regras de direito internacional, designadamente na cláusula *rebus sic stantibus* (artigo 62.º da CVDT)[706] [707].

---

[704] Neste sentido, THEODOR SCHILLING, "Treaty and Constitution. A Comparative Analysis of an Uneasy Relationship", *MJ*, 1996, p. 62; ULRICH EVERLING, "Zur Stellung der Mitgliedstaaten der Europäischen Union als "Herren der Verträge", *in* ULRICH BEYERLIN *et al.*, *Recht zwischen Umbruch und Bewahrung, Festschrift für Rudolf Bernhardt*, Berlim, 1995, p. 1175; JEAN-VICTOR LOUIS, *L'ordre juridique communautaire*, 6ª ed., Bruxelas, 1993, p. 90; MICHEL WAELBROECK, "Art 240.º", *in Commentaire* MEGRET. *Le droit de la CEE*, vol. 15, Bruxelas, 1987, p. 564; ULRICH EVERLING, "Sind die EG-Mitgliedstaaten der Europäischen Gemeinschaft noch Herren der Verträge?", *Festschrift für Hermann Mosler*, Berlim, 1983, p. 183; J. A. HILL, "The European Economic Community: the Right of Member State Withdrawal", *Ga. J. Int'l & Comp. L.*, 1982, p. 355, *maxime* p. 357; MANFRED ZULEEG, "Der Bestand der Europäischen Gemeinschaft", *in Das Europa der zweiten Generation, Gedächtnisschrift für Christoph Sasse*, Baden-Baden, 1981, p. 62.

[705] Neste sentido, RAMSES A. WESSEL, "You Can Check Out Any Time you Like, But Can You Really Leave?", *International Organizations Law Review*, 2016, p. 197.

[706] PETER M. HUBER, "Der Staatenverbund der Europäischen Union", *in* JÖRN IPSEN *et al.* (dir.), *Verfassungsrecht im Wandel*, Colónia, 1995, p. 355.

[707] Os argumentos a favor e contra as duas posições vejam-se, por todos, em J. A. HILL, "The European...", p. 350 e segs.

35.2. O processo de retirada previsto no artigo 50.º no TUE

35.2.1. Antecedentes

Os antecedentes do artigo 50.º TUE remontam à Convenção sobre o Futuro da Europa, na qual se tentou criar um quadro constitucional de governação da União e deixar definitivamente para trás o quadro internacional.

O direito de saída voluntária da União foi consagrado no artigo I-60.º do TECE para compensar os opositores à perspetiva constitucional dos Tratados[708].

O texto da disposição acima referida, apresentado na Convenção sobre o futuro da Europa, mudou bastante da primeira para a última versão. Por exemplo, inicialmente não se estabelecia que a decisão de estender o prazo de dois anos para as negociações só poderia ser adotada por unanimidade nem se previa que um Estado, depois de sair, para voltar a ser membro da União tivesse de cumprir os requisitos do processo de adesão[709].

Os autores da disposição estavam de tal modo confiantes que ela nunca viria a ser usada que acabaram por criar uma disposição demasiado complexa e que coloca muitas dúvidas de interpretação e aplicação.

Essa disposição foi incorporada no Tratado de Lisboa sem dificuldade nem discussão.

Vejamos então o que diz o artigo 50.º TUE, o qual está a ser aplicado pela primeira vez[710].

---

[708] Sobre o direito de retirada dos Estados-Membros da União Europeia no TECE, cfr. JEAN--VICTOR LOUIS, "Union Membership: Accession, Suspension of Membership Rights and Unilateral Withdrawal. Some Reflections", in INGOLF PERNICE / JIRI ZEMANEK (eds.), *A Constitution for Europe: The IGC, the Ratification Process and Beyond*, Baden-Baden, 2005, p. 229 e segs.

[709] V. PIET EECKHOUT / ELENI FRANTZIOU, "Brexit and Article 50 TEU: A Constitutionalist Reading", *UCL European Institute, Working Paper* December 2016, p. 5-6; 12-13.

[710] Para um estudo do processo do artigo 50.º do TUE na ótica da retirada do Reino Unido, v. "Editorial Comments", *CMLR*, 2016, p. 1491-1500; CHRISTOPHE HILLION, "Le retrait de l'Union européenne – une analyse juridique", *RTDE*, 2016, p. 719 e segs.

35.2.2. Artigo 50.º, n.º 1, TUE – a retirada do Estado-Membro de acordo com as suas regras constitucionais

Em primeiro lugar, este preceito estabelece, no seu n.º 1, que "[q]*ualquer Estado-Membro pode decidir, em conformidade com as respetivas normas constitucionais, retirar-se da União*".

Daqui resulta que o Estado que pretende sair da União não tem de fundamentar a sua decisão, mas tem de agir de acordo com o seu direito constitucional.

Ora, o primeiro problema com que o Reino Unido se defrontou na aplicação deste preceito foi precisamente do foro do seu direito constitucional. Enquanto o Governo se considerou competente para desencadear o processo, através da notificação da intenção de se retirar ao Conselho Europeu, na sequência do caso *Miller*[711] [712], a *Supreme Court*, confirmando a decisão do *Divisional Court*[713], decidiu que só o Parlamento teria competência para este efeito[714].

A principal questão colocada à *Supreme Court* (e antes ao *Divisional Court*) foi a de saber se a notificação, de acordo com o artigo 50.º do TUE, pode ser feita pela Coroa, através do Governo em funções, com base nos *prerogative powers* ou se o mecanismo do artigo 50º do TUE terá de ser acionado pelo Parlamento ou sujeito a uma autorização prévia do Parlamento.

Partindo do princípio que o artigo 50.º, n.ºs 1 e 2, do TUE vai ser acionado, o *Supreme Court* não discutiu o carácter revogável, ou não, da notificação porque as partes estavam de acordo quanto a esse ponto, antes considerou que, uma vez enviada a notificação, ela teria inevitavelmente como efeito a saída do Reino Unido da União.

---

[711] Disponível em https://www.supremecourt.uk/cases/docs/uksc-2016-0196-judgment.pdf

[712] Para um comentário desta decisão ver, por todos, PAUL CRAIG, "Miller, Structural Constitutional Review and the Limits of Prerogative Power" (April 19, 2017), *Oxford Legal Studies Research Paper No. 32/2017*. Available at SSRN: https://ssrn.com/abstract=2955011. Também publicado em *Public Law*, 2017, p. 48-72.

[713] Acessível em https://www.judiciary.gov.uk/judgments/r-miller-v-secretary-of-state-for-exiting-the-european-union-accessible/

[714] Sobre as relações entre o Parlamento e o Governo do Reino Unido no que diz respeito ao processo do *Brexit*, ver MICHAEL DOUGAN, "Brexit: The relationship between the UK Parliament and the UK Government", in MICHAEL DOUGAN (ed.), *The UK after Brexit – Legal and Policy Challenges*, Cambridge, intersentia, 2017, p. 15 e segs.

O tribunal analisou os princípios de direito constitucional em causa, designadamente o princípio da soberania do Parlamento, o princípio das *prerogative powers* do Governo bem como a relevância desses princípios para o caso em análise.

O tribunal considerou que o *European Communities Act* de 1972 confere precedência ao direito da UE sobre a legislação primária do Parlamento. Tratando-se da única exceção ao princípio da soberania do Parlamento, a qual, aliás, foi diversas vezes reconhecida na jurisprudência e na doutrina, só o próprio parlamento pode revogar o Ato de 72.

Por outro lado, o tribunal analisou a extensão dos poderes da Coroa com base na sua prerrogativa, princípio que também consta do direito constitucional do Reino Unido, mas com os limites que constam do Bill of Rights de 1688. Em regra, a condução das relações internacionais e o poder de fazer (e de desfazer) tratados é considerado prerrogativa da Coroa, mas o Governo não pode alterar o direito interno sem intervenção do Parlamento, caso esteja em causa legislação que confira ou retire direitos às pessoas.

Ora, tendo em conta os direitos e obrigações provenientes das Comunidades Europeias, e, mais tarde da União Europeia, e a criação do direito da UE pelos tratados e pelas instituições, conjugados com o princípios de direito da UE, não é possível à Coroa no exercício dos seus poderes de prerrogativa retirar todos estes direitos às pessoas. Tendo sido necessária a intervenção do Parlamento para permitir a alteração da ordem jurídica nacional aquando da adesão às Comunidades Europeias assim como sempre que o *European Communities Act* foi revisto, então também será necessária a intervenção do Parlamento para a retirada da União. Segundo o tribunal, o Governo representado no processo pelo Secretário de Estado não tem poder para a notificação da retirada, com base no artigo 50º do TUE.

Esta decisão causou algum mal-estar no Reino Unido. Para alguns, os queixosos não deveriam ter colocado o tribunal no olho do furacão de uma questão política, enquanto para outros o tribunal deveria ter suspendido o processo e ter colocado uma questão prejudicial ao TJUE.

A *Supreme Court* confirmou a decisão da *Divisional Court*, em 24 de Janeiro de 2017. Além disso, este Tribunal decidiu que não é necessário o consentimento da Assembleia da Irlanda do Norte antes da aprovação do ato do Parlamento.

As dúvidas quanto à questão de saber a quem compete dentro de cada Estado-Membro a decisão de sair da União Europeia não será exclusiva do Reino Unido. Muito provavelmente, se o problema se vier a colocar noutros Estados-Membros surgirão igualmente questões que terão de ser dirimidas judicialmente. E nesse caso, poderá colocar-se a questão de saber quem é competente para dirimir esses conflitos.

Ora, do nosso ponto de vista, a competência para aferir da conformidade de alguns aspetos do processo de retirada de um Estado-Membro da União com as suas normas constitucionais só pode caber aos tribunais nacionais e dentro destes – quando existam – aos tribunais constitucionais. O TJUE não tem competência para interpretar as normas internas dos Estados-Membros, pelo que a questão que se colocou, no Reino Unido – isto é, saber se é o Parlamento ou o Governo que deve iniciar formalmente o processo de retirada – é da exclusiva competência dos tribunais nacionais.

No caso *Miller* colocou-se ainda um outro problema – o de saber se, uma vez iniciado o processo de retirada, ele será ou não reversível. O *Supreme Court* declinou competência para se pronunciar sobre ele, enquanto o *Divisional Court* tinha considerado que não necessitava de se pronunciar porque havia acordo das partes.

A posição do Governo do Reino Unido quanto a este assunto pode ter sido consequência do facto de a resposta a esta questão não depender do direito interno dos Estados-Membros, mas antes da interpretação do artigo 50.º do TUE, a qual cabe, em exclusivo, ao Tribunal de Justiça da União Europeia[715].

Ora, se o Governo do Reino Unido se tivesse oposto à interpretação do artigo 50.º TUE sustentada por *Miller*, muito provavelmente teria sido necessário recorrer ao artigo 267.º TFUE, ou seja, suscitar ao Tribunal de Justiça uma questão prejudicial de interpretação do artigo 50.º TUE, o que atrasaria ainda mais o processo de notificação de saída do Reino Unido. Por isso, o Governo aceitou que, uma vez iniciado, o processo não poderia ser parado[716], o que não significa que isso não possa vir a suceder no futuro, como veremos.

---

[715] Neste sentido, Paul Craig, "The Process: Brexit and the Anatomy of Article 50", in Federico Fabbrini (ed.), *The Law & Politics of Brexit*, Oxford, Oxford University Press, 2017, p. 63 e 64.

[716] Neste sentido, Catherine Barnard, "Law and Brexit", *Oxford Review of Economic Policy*, 2017, p. S8.

35.2.3. Artigo 50.º, n.º 2, TUE – a notificação da intenção de se retirar e o acordo que estabelece as condições de saída

Em segundo lugar, de acordo com o n.º 2 do artigo 50.º do TUE," "[q]ualquer Estado‑Membro que decida retirar‑se da União notifica a sua intenção ao Conselho Europeu. Em função das orientações do Conselho Europeu, a União negocia e celebra com esse Estado um acordo que estabeleça as condições da sua saída, tendo em conta o quadro das suas futuras relações com a União. Esse acordo é negociado nos termos do n.º 3 do artigo 218.º do Tratado sobre o Funcionamento da União Europeia. O acordo é celebrado em nome da União pelo Conselho, deliberando por maioria qualificada, após aprovação do Parlamento Europeu.

A) A notificação da intenção de se retirar ao Conselho Europeu

O n.º 2 do artigo 50.º TUE levanta, desde logo, o problema de saber se a notificação está sujeita a algum prazo, isto é, se, ocorrendo, por exemplo, um referendo, como sucedeu no Reino Unido, no sentido da saída ou uma decisão do órgão constitucional competente de um qualquer Estado‑Membro no mesmo sentido, o Estado‑Membro em causa está obrigado a proceder à notificação e se o deve fazer num determinado prazo.

Na verdade, a saída de um Estado‑Membro da União é um elemento muito perturbador da vida normal da União Europeia. Assim sendo, mesmo não existindo nenhum prazo definido, diríamos que se impõe que essa notificação seja feita num prazo razoável, por força do princípio da cooperação leal que continua a aplicar‑se nas relações entre a União e o Estado que pretende sair e viceversa[717].

B) A (ir)revogabilidade da notificação

Uma outra questão que o n.º 2 do artigo 50.º TUE deixa em aberto é a de saber se a notificação da intenção dc se retirar da União é irrevogável ou se, durante o processo de saída, o Estado pode voltar atrás na sua decisão e optar por permanecer na União. O preceito também não responde a esta questão, mas o n.º 5 afirma que ""[s]e um Estado que se tenha retirado da União voltar a pedir

---

[717] Neste sentido, DORA KOSTAKOPOULOU, "Brexit, Voice and Loyalty: Reflections on Article 50 TEU", *ELR*, 2016, p. 488.

a adesão, é aplicável a esse pedido o processo referido no artigo 49.º", o que poderia apontar no sentido da irreversibilidade do processo, uma vez desencadeado.

Aliás, existem boas razões para uma interpretação deste tipo – impedir que os Estados usem este processo como forma de pressão para conseguirem o que querem dentro da União ou então impedir que os Estados revoguem a notificação quando se aproxima o fim do prazo de dois anos para ela previsto no n.º 3 do artigo 50.º TUE, se não estiverem satisfeitos com os resultados atingidos e alguns meses ou dias depois voltam a notificar a decisão de saída.

Mas farão estes argumentos algum sentido?

A doutrina largamente maioritária considera que não[718].

Em primeiro lugar, note-se que o n.º 5 do artigo 50.º TUE não é aplicável pois a retirada ainda não se teria consumado. A revogação da notificação nas vésperas do fim do prazo dos dois anos para voltar a notificar a decisão de sair não seria suscetível de produzir os efeitos desejados, pois muito provavelmente perante um cenário destes nem a União nem os seus Estados-Membros cederiam nos pontos em que se verificavam divergências anteriormente[719].

A favor da possibilidade de revogação da notificação da intenção de saída podem alinhar-se o seguintes argumentos:

- o respeito das regras constitucionais do Estado-Membro em causa – se, entretanto, os órgãos internos competentes, designadamente o parlamento, considerarem que a retirada da União não se deve realizar ou o povo expressando a sua vontade através de referendo se pronunciar no sentido de o Estado se dever manter na União, por se ter chegado à conclusão, durante as negociações que fica pior fora do que dentro da União, a revogação da notificação de saída afigura-se admissível, sob pena de a posição contrária levar à violação das regras constitucionais do Estado em causa[720]. Parece-nos, pois que, pelo menos, até

---

[718] V. Paul Craig, "The Process: Brexit and the Anatomy of Article 50", p. 63 e segs; Piet Eeckhout / Eleni Frantziou, "Brexit and Article 50 TEU..." p. 38 e segs; Tamara Capeta, "Brexit and the EU Constitutional Order: A three Act Tragedy", *CYELP*, 2016, 19.

[719] Neste sentido, Paul Craig, "The Process: Brexit and the Anatomy of Article 50", p. 65.

[720] Neste sentido, Paul Craig, "The Process: Brexit and the Anatomy of Article 50", p. 64.

à assinatura do acordo de saída, a que se refere o artigo 50.º, n.º 2, do TFUE, a revogação da notificação de saída permanece em aberto.
- o respeito da democracia – se, entretanto, se realizarem eleições e ganhar um partido favorável à manutenção do Estado, como membro da União, tem de ser possível a revogação da notificação de saída, pois só assim se respeita o princípio democrático.
- a revogação da notificação de saída pode resultar de razões que se prendem com a gravidade das consequências da saída para o Estado ou para a União que só durante as negociações se tornaram totalmente conhecidas.
- O direito internacional, nomeadamente a CVDT, não se opõe à revogação.

Com exceção do último, estes argumentos parecem-nos convincentes.

Mas, como já vimos, se esta questão se vier efetivamente a colocar, e se se verificarem divergências de interpretação do artigo 50.º, n.º 2, TUE, tratando-se de uma questão de interpretação do Tratado e não do direito interno dos Estados-Membros, caberá ao TJUE resolvê-la. O meio contencioso a utilizar dependerá de muitos fatores que é impossível, neste momento, prever. Desde logo, pode equacionar-se o processo das questões prejudiciais do artigo 267.º do TFUE, se se tratar de uma questão dirimida nos tribunais nacionais.

Já o processo consultivo, previsto no artigo 218.º, n.º 11, do TFUE[721], que atrás estudámos, não é líquido que possa ser utilizado neste contexto, uma vez que o artigo 50.º, n.º 2, do TUE apenas refere que o acordo de retirada é celebrado com base no artigo 218.º, n.º 3, do TFUE. Não é, pois, seguro que os restantes números deste preceito se apliquem ao acordo em causa, até porque o acordo de retirada não é um acordo internacional com um terceiro Estado como qualquer outro.

Mas a verdade é que o artigo 50.º TUE também não exclu a aplicação do artigo 218.º, n.º 11, TFUE.

---

[721] No sentido de que é possível desencadear este processo no âmbito do acordo de retirada de um Estado-Membro da União, ver Tamara Capeta, "Brexit and the EU...", p. 20.

C) O acordo que estabelece as condições da saída

O processo previsto para a retirada implica a negociação de um acordo internacional entre a União e o Estado-Membro que se retira dela, nos termos do artigo 218.º, n.º 3, do TFUE.

Trata-se, portanto, de um acordo entre a União Europeia e o Estado que sai e não de um acordo entre os Estados-Membros da União e o Estado que sai.

Por conseguinte, em função das orientações do Conselho Europeu, a Comissão recomenda a abertura de negociações ao Conselho, o qual adota uma decisão que autoriza a abertura de negociações e designa o negociador ou o chefe da equipa de negociação.

O acordo de retirada é celebrado em nome da União pelo Conselho, deliberando por maioria qualificada, após aprovação do Parlamento Europeu.

Os principais intervenientes, do lado da União, neste acordo são, portanto, a Comissão e o Conselho. O Parlamento Europeu, ainda que não participe nas negociações, acaba por desempenhar um papel com alguma relevância. Devendo aprovar o acordo no final, a Comissão tenta incorporar algumas das suas posições no texto do acordo para que não se recuse a aprová-lo.

Este acordo deve estabelecer, antes de mais, as condições da saída, as quais acabarão por ter de incluir forçosamente os aspetos financeiros, os assuntos relacionados com os direitos das pessoas e das empresas assim como as questões relacionadas com os controlos de fronteiras[722].

Além destas, muitas outras questões têm de ser negociadas, como veremos adiante.

O acordo-quadro das futuras relações desse Estado com a União deve ficar definido no acordo de retirada, mas note-se que as relações entre o Estado que sai e a União não ficam totalmente definidas nesse acordo. Elas serão objeto de um acordo posterior, o qual pode ser ainda mais complicado de negociar do que o acordo de retirada. Tudo depende das matérias que nele estejam incluídas. Nada impede que além das matérias comerciais estejam abrangidas outras, como, por exemplo, a cooperação no domínio da segurança interna e externa.

---

[722] V. PAUL CRAIG, "The Process: Brexit and the Anatomy of Article 50", p. 61-62.

O acordo posterior deve obedecer às regras de celebração de acordos internacionais entre a União e terceiros Estados previstas nos Tratados e que já foram objeto de estudo neste livro.

De qualquer modo, importa notar que se se tratar de matérias em que a União não dispõe de poderes exclusivos, os Estados-Membros também terão de intervir, o que torna a conclusão do acordo muito mais complexa e demorada, como atrás estudámos. Desde logo, porque um acordo misto implica a ratificação de 27 Estados-Membros, das Regiões de alguns deles e da União Europeia[723].

Como veremos, a Primeira-Ministra do Reino Unido – Theresa May – tentou que as negociações da retirada do Reino Unido corressem paralelamente às de um acordo de comércio, mas a União Europeia, através do Presidente do Conselho Europeu, secundada pelos 27 Estados-Membros e pelo Parlamento Europeu, rejeitou liminarmente essa hipótese.

35.2.4. Artigo 50.º, n.º 3, TUE – o prazo de celebração do acordo de retirada e a sua prorrogação

Uma vez celebrado o acordo de retirada, nos termos do n.º 3 do artigo 50.º do TUE, "[o]*s Tratados deixam de ser aplicáveis ao Estado em causa a partir da data de entrada em vigor do acordo de saída ou, na falta deste, dois anos após a notificação referida no n.º 2, a menos que o Conselho Europeu, com o acordo do Estado-Membro em causa, decida, por unanimidade, prorrogar esse prazo*".

Ou seja, uma vez realizada a notificação de saída, inicia-se a contagem do prazo de dois anos para a conclusão da fase da negociação.

Esse prazo pode ser prorrogado se o Conselho Europeu, por unanimidade, com o acordo do Estado que sai, decidir nesse sentido.

Ao imporem este prazo ao processo negocial, os autores do Tratado parecem ter querido tornar as negociações o mais céleres possível, evitando assim cenários de indefinição prolongada que seriam prejudiciais tanto para a União como para o Estado que está de saída.

---

[723] V. Piet Eeckhout / Eleni Frantziou, "Brexit and Article 50 TEU…", p. 23-24.

No entanto, é possível prorrogar esse prazo, se, do lado do Conselho Europeu e do Estado que está em vias de sair, houver acordo nesse sentido. Essa prorrogação pode até ser por tempo indeterminado, pois não há previsão de qualquer limite. Naturalmente que a regra de votação no seio do Conselho Europeu – a unanimidade – torna difícil, para não dizer impossível, uma solução deste tipo.

Se não se prorrogar o prazo, pode continuar-se a negociar com o Estado fora da União como Estado terceiro. Note-se que tanto a doutrina como os decisores políticos são, mais ou menos, unânimes em considerar que este cenário é de evitar.

35.2.5. Idem: as consequências da entrada em vigor do acordo de retirada

A entrada em vigor do acordo de retirada implica, segundo o artigo 50.º, n.º 3, TUE, a não aplicação dos Tratados ao Estado em causa, ou seja, a cessação de vigência de todo o direito da União Europeia no Estado em causa.

Ora, sendo os níveis de integração tanto económica e financeira como política na União Europeia muitíssimo elevados, se o direito da União Europeia cessasse a sua vigência de um momento para o outro no espaço territorial do Estado que sai, isso implicaria certamente ruturas, no plano jurídico, que não seriam benéficas nem para a União nem para o Estado em causa.

Daí que, apesar de não haver qualquer referência no artigo 50.º TUE a um período transitório, destinado à adaptação de ambas as partes à nova situação, nem a acordos transitórios, a verdade é que eles têm vindo a ser equacionados no processo de negociação do *Brexit* em curso, por se considerarem politicamente necessários. Há, no entanto, quem duvide da sua legalidade[724].

Acrescente-se ainda que, tendo em conta o caráter constitucional da União Europeia, o conteúdo do acordo de retirada está, do lado da União Europeia, sujeito a determinadas condicionantes, designadamente, o respeito dos valores e dos princípios previstos nos Tratados, no que diz respeito à atuação externa da União Europeia.

Assim sendo, alguns direitos tanto dos cidadãos do Reino Unido na União como dos cidadãos da União no Reino Unido terão de ser respeitados[725].

---

[724] Neste sentido, PAUL CRAIG, "The Process: Brexit and the Anatomy of Article 50", p. 66-68.
[725] Neste sentido, PIET EECKHOUT / ELENI FRANTZIOU, "Brexit and Article 50 TEU...", p. 15 e segs.

35.2.6. Artigo 50.º, n.º 4, TUE

Segundo o artigo 50.º, n.º 4, do TUE, as decisões do Conselho Europeu e do Conselho relativas à retirada de um determinado Estado-Membro são tomadas sem a participação do membro destas instituições que pretende sair da União, sendo a maioria qualificada definida nos termos do artigo 238.º, n.º 3, al. b), do TFUE.

36. A saída do Reino Unido da União Europeia – o *Brexit*

36.1. Antecedentes jurídico-políticos do *Brexit*

Concentrando-nos agora no *Brexit* propriamente dito, vejamos quais foram os seus antecedentes jurídico-políticos bem como os entraves jurídico-constitucionais com que se tem vindo a deparar quer do lado do Reino Unido quer do lado da União Europeia.

36.1.1. A promessa e a realização do referendo

Em 2013, o então Primeiro-Ministro, David Cameron, prometeu um referendo, o qual acabou por se realizar, em 23 de junho de 2016[726].

Apesar das muitas críticas de que tem sido alvo o instituto do referendo, enquanto modo de decisão política, a verdade é que, sendo uma manifestação de democracia direta, acaba também por ter muitos adeptos[727].

Após algumas vicissitudes que não cabe analisar nesta obra[728], a Lei do Referendo Europeu de 2015 acabou por ser aprovada pela Câmara dos Comuns, e através dela, o Reino Unido devolveu ao povo a questão de saber se aquele Estado deveria permanecer (*remain*) na União Europeia ou sair (*leave*)

---

[726] Sobre o contexto político que levou à realização do referendo ver Paul Craig, "Brexit: A Drama in Six Acts", *ELR*, 2016, p. 447 e segs.
[727] Neste sentido, Kenneth A. Amstrong, *Brexit Time Leaving the EU – why, how and when?*, Cambridge, Cambridge Univ. Press, 2017, p. 45.
[728] Sobre essas vicissitudes, v., por exemplo, Kenneth A. Amstrong, *Brexit Time Leaving the EU...*, p. 45 e segs.

dela. Desta lei constavam, igualmente, pelo menos, dois aspetos que podem ter sido determinantes para o resultado do referendo. Em primeiro lugar, os jovens de 16 e 17 anos não tiverem direito de voto, ao contrário do que tinha sucedido no referendo sobre a independência da Escócia e, em segundo lugar, os cidadãos da União, residentes no Reino Unido, com exceção dos irlandeses, assim como os cidadãos do Reino Unido, residentes há mais de quinze anos no estrangeiro, foram excluídos do colégio eleitoral, o que foi muito criticado pela doutrina, dado que tanto o primeiro como o segundo grupo eram particularmente interessados na questão[729] e segundo cálculos posteriormente realizados poderiam ter alterado os resultados do referendo.

A verdade é que, em 2015, após o sucesso eleitoral e a aprovação da Lei do Referendo Europeu, David Cameron sentiu-se confiante para exigir aos seus parceiros europeus a renegociação das condições de permanência do Reino Unido na União, com o objetivo de ter algo diferente dos Tratados e da legislação europeia em vigor com que pudesse convencer o povo a votar no sentido da permanência do Reino Unido na União.

Por seu turno, os parceiros acabaram por aprovar, no Conselho Europeu, de 18 e 19 de fevereiro de 2016, o projeto de uma decisão relativa a um novo quadro para o Reino Unido na União Europeia, a qual seria juridicamente vinculativa no sentido da confirmação e reafirmação do seu estatuto especial. Esta decisão destinava-se a vigorar a partir da notificação da decisão de permanência do Reino Unido.

Deve notar-se que esta decisão, adotada pelos Chefes de Estado e de Governo reunidos no Conselho Europeu, foi um dos argumentos mais usados durante a campanha a favor do *remain* pelo então Primeiro-Ministro[730].

O Governo do Reino Unido divulgou mesmo vários documentos[731] de apoio à permanência na UE, de entre os quais se deve destacar *The best of two worlds: the United Kingdom's special status in a reformed European Union*, em fevereiro

---

[729] V. Jo Shaw, "The quintessentially democratic act? Democracy, political community and citizenship in and after the UK's referendum of June 2016", *Journal of European Integration*, 2017, p. 2 e segs.

[730] Para uma análise desta decisão, ver Agustín José Menendéz, "Can Brexit be Turned into a Democratic Shock? Five Points", *ARENA Working Paper* 4/2016, p. 1-7.

[731] Ver, por exemplo, *The process for withdrawing from the European Union* (February 2016); *Rights and obligations of European Union Membership* (April 2016); *Alternatives to membership: possible models for the United Kingdom outside the European Union* (March 2016); *The UK's cooperation with*

de 2016[732], o qual refletia bem o estatuto especial que o Reino Unido sempre tinha tido – e continuaria a ter – na UE.

36.1.2. O referendo – resultados e consequências jurídico-políticas

Importa sublinhar que, antes da realização do referendo, muitos foram os que alertaram para os perigos da vitória do sim à saída[733]. Porém, esse cenário foi encarado com alguma ligeireza por parte dos defensores do sim à permanência, incluindo pelo então Primeiro-Ministro, que até permitiu aos seus Ministros fazerem campanha pela saída.

Independentemente das razões que levaram à vitória do *Brexit*[734], que não cabe nesta sede analisar, a verdade é que logo no dia seguinte se adiantavam os cenários mais catastróficos e se sublinhava a imprevisibilidade das suas consequências quer para o Reino Unido quer para a União Europeia[735].

Com efeito, como já tivemos oportunidade de realçar noutra sede[736], a saída do Reino Unido da União Europeia coloca problemas constitucionais complexos tanto do lado da União Europeia[737] como do lado do Reino Unido[738] e dos outros Estados-Membros, com os quais os europeus nunca antes se tinham confrontado.

Tendo em conta a natureza jurídica da União Europeia bem como os níveis de integração tanto económica e financeira como política que atingiu – muito mais elevados do que os de qualquer outra organização internacional

---

the EU on justice and home affairs, and on foreign policy and security issues. Todos disponíveis em www.gov.uk/government/publications.

[732] Disponível em www.gov.uk/government/publications.
[733] Gregor Irwin, *Brexit: the impact on the UK and the EU*, Global Counsel, 2015, p. 1-42, disponível em www.global-counsel.co-uk.; Swati Dhingra / Gianmarco Ottaviano / Thomas Sampson, "Should We Stay or Should We Go? The Economic Consequences of Leaving the EU", Centre for Economic Performance, 2015.
[734] V. Paul Craig, "Brexit: A Drama in Six Acts", p. 454 e segs; Agustín José Menendéz, "Can Brexit be Turned into a Democratic Shock?...", p. 7-22.
[735] "Editorial – Brexit: The Age of Uncertainty", *ELR,* 2016, p. 445 e segs.
[736] Ana Maria Guerra Martins, *Manual*..., p. 173 e segs.
[737] V. Piet Eeckhout / Eleni Frantziou, "Brexit and Article 50 TEU...", p. 12 e segs.
[738] Para uma análise destas questões, v. Holger Hestermeyer, "How Brexit Will Happen? A Brief Primer on European Union Law and Constitutional Questions Raised by Brexit", *Journal of International Arbitration*, 2016, p. 429-450.

conhecida – a saída de um Estado levanta questões muito complexas, desde logo, de direitos fundamentais, mas também económico-financeiras, de segurança interna e externa que não podem ser resolvidas de um dia para o outro.

Além disso, constituindo o artigo 50.º do TUE uma condicionante constitucional da saída de um Estado-Membro e sendo, como vimos, o processo nele previsto bastante complexo, são de antecipar muitas dificuldades na sua aplicação.

Acresce que o Reino Unido não é um Estado-Membro qualquer. É a quinta maior economia do Mundo e a segunda da União Europeia. É um contribuinte líquido para o orçamento da União. É o terceiro Estado-Membro mais populoso da União (12,7 % da população da UE). É o Estado da União que mais investe em defesa, pelo que, em matéria de política externa, de segurança e de defesa, a União perde um membro fundamental.

O Reino Unido tem, pois, um enorme peso na UE, pelo que a sua saída terá seguramente um grande impacto no futuro modelo constitucional da União. Mas estando a retirada de um Estado-Membro da União a ser testada, pela primeira vez, a União tem de mostrar a si própria, aos seus Estados-Membros e ao Mundo que é capaz de se manter coesa e unida.

Note-se que, após o referendo, várias foram as vozes que se manifestaram no sentido de que a saída do Reino Unido poderia ter um efeito de contágio noutros Estados-Membros – especialmente, se for bem sucedida – e levar à desintegração da União a médio prazo. O receio do aumento da votação em partidos populistas, nacionalistas e protecionistas em países, como a França, a Holanda, ou na Alemanha era, na época, fundado, mas acabou por não se verificar. Porém, este tipo de cenário não se pode considerar definitivamente afastado. Veja-se, mais recentemente, o caso de Itália.

É de sublinhar que também há quem sustente que a saída do Reino Unido – que sempre se comportou como um Estado travão a maiores avanços da integração europeia – poderá ser um estímulo para uma reforma constitucional da União no sentido de maior integração[739], por influência do eixo Paris – Berlim.

---

[739] V. FEDERICO FABBRINI, "Brexit and EU Treaty Reform – A Window of Opportunity for Constitutional Change?", in FEDERICO FABBRINI (ed.), *The Law & Politics of Brexit...*, p. 267 e segs.

Este cenário também não é isento de perigos, pois, como decorre, por exemplo, do discurso, de 26 de setembro de 2017, que o Presidente Macron, proferiu, na Sorbonne[740], poderá implicar uma maior diferenciação.

Vejamos o estado em que se encontram as negociações do acordo de saída, as quais – como não podia deixar de ser – se estão a revelar extremamente difíceis.

36.2. As negociações do acordo de saída

Ao contrário do que nos dias a seguir ao *Brexit* se defendeu, inclusivamente nos órgãos da União, de que a saída do Reino Unido deveria ser rápida e com condições severas para dar o exemplo a outros que eventualmente quisessem sair (ver resolução do PE de 28/6/2016 e declarações da Comissão e do Conselho), a verdade é que rapidamente se percebeu que a saída do Reino Unido deveria ser feita com toda a serenidade e no tempo certo, para permitir pesar bem os prós e os contra das soluções que viessem a ser negociadas.

Com efeito, a negociação dos termos da saída assim como a escolha do modelo para as futuras relações entre o Reino Unido e a União Europeia tem de ser muito bem pensada, o que não se compadece com uma negociação rápida e dura. Em consequência, ambas as partes perceberam rapidamente a dimensão do problema e tanto do lado do Reino Unido como do lado da União assistiu-se ao refrear dos ímpetos dos dias a seguir ao referendo.

36.2.1. Os obstáculos constitucionais do lado Reino Unido

O Reino Unido confronta-se com problemas constitucionais internos, para os quais também se chamou a atenção antes e durante a campanha e que se tornaram mais evidentes nos dias seguintes ao referendo. O primeiro deles tem a ver com os próprios equilíbrios internos dentro do Reino Unido. Com efeito, existe uma divisão muito clara entre os que querem sair (Inglaterra e País de Gales) e os que querem ficar (Escócia e Irlanda do Norte). Houve mesmo quem tivesse sustentado que poderia ocorrer a desagregação do Reino

---

[740] Disponível em http://www.elysee.fr/declarations/article/initiative-pour-l-europe-discours-d-emmanuel-macron-pour-une-europe-souveraine-unie-democratique/

Unido e a criação de uma federação em que a Escócia e a Irlanda do Norte continuariam a pertencer à UE. Esta não é, contudo, a questão mais premente no momento atual. Apesar de as vozes da independência na Escócia se terem reativado logo a seguir ao referendo, tudo indica que, entretanto, se acalmaram, ainda que haja quem sustente que existe um enorme descontentamento das Regiões porque – ao contrário do que a Primeira-Ministra prometeu – a sua participação nas negociações é insuficiente.

Após várias vicissitudes que se traduziram, no caso *Miller,* já mencionado, em 29 de março de 2017, o Reino Unido, através de uma carta enviada pela Primeira-Ministra ao Presidente do Conselho Europeu, nos termos do artigo 50.º do TUE, notificou a sua intenção de sair da União.

A partir dessa notificação, como já se disse, as negociações só podem durar dois anos – ou seja, o prazo termina em 29 de março de 2019 – a menos que o Conselho Europeu, por unanimidade, com o acordo do Estado que sai, decida prorrogar esse prazo. Também já alertámos para as eventuais dificuldades na obtenção dessa unanimidade.

Da carta da Primeira-Ministra May ao Presidente do Conselho Europeu constava não só a referida notificação como também uma proposta de princípios de negociação[741], na linha das 12 prioridades do Reino Unido afirmadas por Theresa May nos seus discursos e no *White Paper* do Governo intitulado *The United Kingdom's exit from and new partnership with the European Union*[742] apresentado ao Parlamento, em fevereiro de 2017.

Das 12 prioridades do Reino Unido para as negociações são de destacar o controlo sobre as leis e o fim da jurisdição do TJUE, o controlo da migração e a não participação no mercado interno. O futuro das relações comerciais deveria ser resolvido por um acordo global de comércio entre o Reino Unido e a União. As questões referentes aos cidadãos e as relativas à fronteira entre a Irlanda e a Irlanda do Norte também deveriam ser objeto das negociações.

O Reino Unido pretendia, no fundo, negociar os termos da saída ao mesmo tempo que negociava o futuro das relações comerciais com a União Europeia.

---

[741] Sobre a estratégia de negociação do Reino Unido, ver PAUL CRAIG, "Brexit, a Drama: The Interregnum", *Yearbook of European Law,* n.º 1, 2017, p. 3 e segs.

[742] Disponível em https://assets.publishing.service.gov.uk/government/uploads/system/uploads/attachment_data/file/589191/The_United_Kingdoms_exit_from_and_partnership_with_the_EU_Web.pdf

36.2.2. Os limites impostos pela União Europeia às negociações

Se o Reino Unido parecia mais preocupado com as futuras trocas comerciais com a União Europeia, essa não era de todo a principal preocupação do lado da União Europeia, pelo que, numa reunião extraordinária do Conselho Europeu, em 29 de abril de 2017, os 27 adotaram as orientações gerais da negociação do *Brexit*, as quais incluíam os princípios e objetivos que deveriam nortear as negociações, a saber:

- A saída ordenada do Reino Unido, a fim de reduzir a incerteza e, na medida do possível, minimizar a perturbação causada pela mudança abrupta;
- Assegurar um acordo sobre os direitos dos cidadãos da União que vivem no Reino Unido;
- Assegurar que o Reino Unido cumpra os seus compromissos financeiros;
- Evitar uma fronteira rígida entre a Irlanda e a Irlanda do Norte.

Segundo o Conselho Europeu, a primeira fase das negociações deveria focar-se nestes aspetos e noutros relacionados com a separação, só se passando à fase seguinte se e quando estas questões estivessem resolvidas.

Daqui resulta que a estratégia de negociação da Senhora May foi rapidamente afastada pela União[743]. Apesar de o Reino Unido não se ter dado imediatamente por vencido, muito pouco pode fazer, na realidade, pois a União estava unida no seu propósito.

Apesar de, inicialmente, não se terem verificado grandes progressos nas negociações, a partir de outubro alcançaram-se alguns acordos de princípio, o que permitiu passar à segunda fase das negociações[744].

Assim, em 29 de janeiro de 2018, os 27 adotaram um novo conjunto de diretivas para a negociação do período transitório, o qual deverá terminar em 31 de dezembro de 2020. Durante o período transitório todo o *acquis* se deve

---

[743] Paul Craig, "Brexit, a Drama: The Interregnum", p. 28 e segs.
[744] Sobre a primeira fase das negociações ver Paul Craig, "Brexit, a Drama: The Interregnum", p. 32 e segs.

continuar a aplicar no Reino Unido como se fosse membro, assim como as modificações de normas. O Reino Unido deve ficar vinculado às obrigações que resultam de acordos concluídos pela UE, mas não participa dos órgãos criados por esses acordos. Como terceiro Estado, o Reino Unido não participa nas instituições nem nos processos de decisão. Todos os instrumentos de regulamentação, orçamentais, de controlo, judiciais, incluindo a jurisdição do TJUE devem continuar aplicar-se. Nesse mesmo dia a Comissão foi mandatada para iniciar as negociações com o Reino Unido relativas aos acordos transitórios.

Em 28 de fevereiro de 2018, a Comissão apresentou um primeiro projeto de acordo de saída com base no artigo 50.º TUE[745], o qual será naturalmente objeto de muitas alterações.

Tendo em conta que o objeto deste livro não abrange o *Brexit* no seu conjunto, não nos vamos debruçar sobre todas as matérias que estão em discussão, mas apenas sobre as relativas à política externa da União Europeia, incluindo a sua segurança e defesa. Antes, porém, umas breves palavras sobre o futuro acordo das relações da União com o Reino Unido.

36.3. O futuro acordo das relações da União Europeia com o Reino Unido – modelos possíveis

Se em relação ao acordo de saída, não nos podemos inspirar na história, na medida em que não existem exemplos anteriores, já em relação ao quadro das futuras relações do Estado que se retira com a União é possível recorrer aos modelos de acordos entre a União e terceiros Estados já existentes[746], dos quais se devem destacar:

– o modelo do Espaço de Económico Europeu ou modelo norueguês[747];

---

[745] Disponível em http://europa.eu/rapid/press-release_IP-18-1243_en.htm

[746] Para maiores desenvolvimentos sobre estes modelos e as dificuldades da sua aplicação à retirada do Reino Unido, v. Francesco Martucci / Sébastien Platon, "«My tailor is rich». Quels habits pour le Royaume-Uni? – Études des scénarios de l'après retrait", *RTDE*, 2016, p. 735 e segs.

[747] Sobre este modelo e as consequências da sua eventual adoção pelo Reino Unido, ver Sohil Khurana, "The Legal Basis for the UK to adopt the Norway Model: Reducing Potential Negative-Impacts of Brexit", in Jennifer Hillman / Gary Horlick (eds.), *Legal Aspects of Brexit – Implications of the United Kingdom's Decision to Withdraw from the European Union*, Washington,

- o modelo dos acordos bilaterais ou modelo suíço;
- o modelo dos acordos de associação sem adesão ou modelo turco;
- o modelo do acordo económico e comercial global ou modelo canadiano (acordo CETA).

Parece, no entanto, que estes modelos não servem os propósitos do Reino Unido nem os da União Europeia[748]. Aliás, num documento oficial divulgado pelo Governo britânico, em Março de 2016, todos estes modelos eram considerados menos favoráveis ao Reino Unido do que a situação de membro da União que então se verificava[749]. É claro que esse documento deve ser enquadrado no contexto da campanha eleitoral de então, em que o Governo defendia o *remain*. Mesmo assim, a situação do Reino Unido é completamente diferente da dos outros terceiros Estados, pois existem décadas de interação jurídica, económica, política e social com a União Europeia e com os seus Estados-Membros que não devem ser apagadas, pelo que será necessário encontrar uma nova via, o que aliás, se está a tentar atualmente nas negociações em curso.

37. As eventuais consequências do *Brexit* na política externa, de segurança e de defesa da União Europeia

37.1. Enquadramento

Após o primeiro embate dos resultados do *Brexit* começaram a discutir-se temas como o futuro do comércio, da soberania e da imigração, tendo a segurança e a defesa sido relegadas para segundo plano. Porém, deve notar-se que o *Brexit* vai ter repercussões muito significativas em toda a política externa da União, e muito particularmente, na segurança e na defesa europeias a curto, a médio e a longo prazo.

2017, p. 42 e segs; Cirián Burke / Ólafur Ísberg Hanneson / Kristin Bangsund, "Life on the Edge: EFTA and the EEA as a Future for the UK in Europe", *EPL*, 2016, p. 69-96.

[748] Para um estudo desenvolvido dos prós e contra de cada um destes modelos, v. Francesco Martucci / Sébastien Platon, "«My tailor is rich»...", p. 735 e segs.

[749] *Alternatives to membership: possible models for the United Kingdom outside the European Union* (March 2016), disponível em www.gov.uk/government/publications.

Além disso, o facto de – como temos vindo a sublinhar ao longo deste livro – atualmente ser incontestável que as questões de segurança necessitam de uma abordagem global, isso implica que o estudo do impacto do *Brexit* na segurança convoca não só a segurança externa que faz parte da PESC como também a segurança interna que se inclui no ELSJ.

Assim sendo, na impossibilidade de um estudo exaustivo de todos os aspetos relacionados com a política externa de segurança e defesa, escolhemos três tópicos:

- o impacto do *Brexit* nos acordos comerciais;
- o impacto do *Brexit* na dimensão externa da segurança interna;
- o impacto do *Brexit* na segurança e defesa.

Não existindo ainda qualquer acordo entre a União e o Reino Unido relativamente ao futuro das suas relações no-pós *Brexit* nem à forma como o Reino Unido se vai posicionar no Mundo, apenas se podem equacionar alguns cenários que, com alguma probabilidade, se poderão vir a verificar.

Mas, naturalmente, que o futuro ao futuro pertence e, como tal, tudo o que se disser a partir deste momento pode nunca vir a tornar-se realidade.

37.2. O impacto do *Brexit* na política comercial

Apesar de todas as incertezas, o mais certo é que o Reino Unido não se mantenha na união aduaneira e, como tal, não estará vinculado pela política comercial comum. Também se afigura plausível, neste momento, que o Reino Unido não fará parte do mercado interno, pelo que os termos do futuro acordo entre o Reino Unido e a União serão cruciais.

Na verdade, será esse acordo que vai regular as relações comerciais entre ambos, mas os efeitos desse acordo vão extravasar as fronteiras da União europeia e do Reino Unido. Isto porque não será indiferente para os Estados terceiros que com este último vierem a negociar se existe, ou não, acesso privilegiado ao mercado interno por parte do Reino Unido[750].

---

[750] Neste sentido, MARISE CREMONA, "UK Trade Policy", in MICHAEL DOUGAN (ed.), *The UK after Brexit – Legal and Policy Challenges*, Cambridge, intersentia, 2017, p. 264.

Além disso, a política comercial é uma das mais antigas políticas comuns e, como tal, exclusivas da União, pelo que as relações comerciais do Reino Unido com o resto do Mundo têm sido estabelecidas, numa larga escala, através da União. Ora, todos os acordos comerciais concluídos pela União, ao abrigo da política comercial comum, implicam direitos para terceiros Estados, os quais, agindo de boa fé, partiram do princípio – e bem – que o âmbito territorial do acordo abrangia o Reino Unido. Por conseguinte, os seus direitos têm de ser acautelados.

Veja-se o caso dos acordos abrangidos pelo sistema de preferências generalizadas. Tem de haver alguma continuidade desses acordos, pois, se assim não for, os terceiros Estados sairão prejudicados[751].

Essa continuidade pode ser assegurada, nalguns casos, através da aprovação de um protocolo que inclua o Reino Unido, mas, noutros casos, como, por exemplo, quando existe um quadro institucional associado, essa solução não se afigura tão linear, dado que a futura posição do Reino Unido depende de negociações com os terceiros Estados, o que, naturalmente, demora tempo[752].

Acresce que, em matéria comercial, existem igualmente acordos mistos que, como vimos, são aqueles em que coexistem matérias exclusivas e não exclusivas da União, o que, ao invés de facilitar a futura posição do Reino Unido, ainda a complica mais, na medida em que tem de negociar com a União e com 27 Estados-Membros. É o caso, por exemplo, do acordo CETA.

Por último, as relações comerciais entre o Reino Unido e o resto do Mundo não dependerão do direito da União Europeia, como até aqui. Mas isso não significa que este Estado passe a ser livre de negociar com terceiros Estados como bem entender, na medida em que tem de se conformar com as regras da OMC.

Admitindo que o Reino Unido não vai precisar de aderir à OMC, uma vez que já é membro de pleno direito, poderá vir a assumir alguns compromissos que anteriormente eram da responsabilidade da União Europeia, o que se revelará muito mais complexo quando se trate de direitos ou obrigações calculados numa base quantitativa. Além disso, passará a negociar sozinho

---

[751] Neste sentido, MARISE CREMONA, "UK Trade Policy", p. 251 e segs.
[752] Neste sentido, MARISE CREMONA, "UK Trade Policy", p. 251 e segs.

e não com o peso da União Europeia[753]. Apesar de se tratar da quinta maior economia do Mundo – ou talvez até por isso – as negociações poderão não se mostrar tão fáceis como, à primeira vista, se poderia supor[754].

37.3. O impacto do *Brexit* no espaço de liberdade, segurança e justiça, em especial na segurança interna

Como já tivemos oportunidade de salientar várias vezes ao longo deste livro, a segurança internacional e a defesa estão hoje intimamente ligadas à segurança interna, pelo que é fundamental que continue a colaboração, entre a União Europeia e o Reino Unido, também neste domínio, de modo a não só não se perder o que já se atingiu como até incrementar a partilha de informação, o trabalho conjunto em órgãos como a Europol e o mandato de detenção europeu[755].

Será, pois, importante que o *Brexit* não venha a alienar o *acquis* em matéria de segurança entre a União Europeia e o Reino Unido e que se consiga chegar a acordo no sentido de continuar a cumprir os compromissos já alcançados.

Recorde-se que o Reino Unido nunca participou plenamente no espaço de liberdade, segurança e justiça, o que, à partida, não se afigura negativo. Por um lado, isso poderá facilitar as negociações futuras, tornando-as menos duras do que sucederá noutras matérias em que a integração é mais profunda e, por outro lado, até há quem defenda que a situação do Reino Unido

---

[753] Neste sentido, Aakanksha Mishra, "A Post Brexit UK in the WTO: the UK's New GATT Tariff Schedule", in Jennifer Hillman / Gary Horlick (eds.), *Legal Aspects of Brexit – Implications of the United Kingdom's Decision to Withdraw from the European Union*, Washington, 2017, p. 13.

[754] Para maiores desenvolvimentos sobre o futuro do Reino Unido na OMC, v. Aakanksha Mishra, "A Post Brexit UK in the WTO...", p. 14 e segs; Gregory Messenger, "Membership of the World Trade Organization", in Michael Dougan (ed.), *The UK after Brexit...*, p. 225 e segs; Panos Koutrakos, "Negotiating International Trade Agreements After Brexit", *CMLR*, 2016, p. 477 e 478; Isabelle Bosse-Platière / Catherine Flaesh-Mougin, "*Brexit* et action extérieure de l'Union européenne", *RTDE*, 2016, p. 772 e segs.

[755] Para maiores desenvolvimentos sobre estas questões, v. James Black e. a., *Defence and Security after Brexit...*, p. 121 e segs.

pós-Brexit poderá vir a ser de maior envolvimento em algumas áreas, como, por exemplo, a cooperação judicial e policial no âmbito penal[756].

Recorde-se ainda que o Reino Unido não faz parte dos acordos Schengen, pelo que manteve, *grosso modo*, o direito de exercer os controlos nas suas fronteiras. Não aceitou o princípio da integração do acervo Schengen realizado pelo Tratado de Amesterdão. Goza, todavia, de um *opt in*, isto é, pode, a todo o tempo, requerer a possibilidade de aplicar, no todo ou em parte, as disposições deste *acquis*[757][758].

O Reino Unido também não participa na adoção pelo Conselho de medidas, cuja base jurídica seja o título V da parte III do TFUE relativo ao espaço de liberdade, segurança e justiça[759], pelo que nenhuma disposição adotada com base nele lhes será aplicável, a menos que este Estado decida participar na adoção e aplicação dessas disposições[760] ou mesmo ficar vinculado por atos já em vigor[761], ou seja, a menos que exerça o direito de *opt in*. Além disso, o Reino Unido goza de um *opt out* relativamente às medidas propostas ou adotadas com base no título V da parte III do TFUE que alterem uma medida existente à qual estejam vinculados.

O Reino Unido exerceu o direito de *opt in* relativamente a diversas medidas, no domínio da cooperação policial e judicial em matéria penal, incluindo a participação nas agências europeias Europol e Eurojust, na chamada Diretiva PNR (*Passenger Name Record* / registo de identificação dos passageiros), a qual visa prevenir, detetar, investigar e reprimir infrações terroristas e a criminalidade grave e, assim, reforçar a segurança interna e aceitou a decisão-quadro sobre o mandato de detenção europeu bem como as decisões provenientes da Convenção de Prüm que define um quadro legal que visa o desenvolvimento da cooperação entre os Estados-Membros contratantes, no domínio da luta contra o terrorismo, a criminalidade transfronteiras e a imigração ilegal.

---

[756] Neste sentido, VALSAMIS MITSILEGAS, "Cross-Border Criminal Cooperation After Brexit", in MICHAEL DOUGAN (ed.), *The UK after Brexit...*, p. 204.
[757] V. artigo 4.º do Protocolo n.º 19.
[758] Sobre o *opt out* e *opt in* do Reino Unido relativamente ao acervo de Schengen, ver, por todos, MARIA FLETCHER, "Schengen, the European Court of Justice and Flexibility under the Lisbon Treaty: Balancing the United Kingdom's 'Ins' and 'Outs'", *EuConst*, 2009, p. 89 e segs.
[759] V. artigo 1º do Protocolo n.º 21.
[760] V. artigos 2º e 3.º do Protocolo n.º 21.
[761] V. artigo 4.º do do Protocolo n.º 21.

A convenção regula, assim, o intercâmbio de informações sobre dados ADN, impressões digitais, registo de veículos e dados pessoais e não pessoais no âmbito da cooperação policial transfronteiriça entre as partes contratantes.

Ora, a saída do Reino Unido da União Europeia levará à cessação de vigência de todas estas medidas no seu território – se não antes – após a expiração do período transitório[762]. Ou seja, as medidas que antes eram consideradas vitais pelo Reino Unido e, por isso, delas fazia parte, deixarão de se aplicar.

Importa, todavia, notar que a segurança dos cidadãos tanto do lado da União Europeia como do lado do Reino Unido, continuará a ser uma prioridade, após o *Brexit*, pelo que tudo indica que terá de se encontrar uma solução conveniente para ambas as partes.

Essa solução poderá passar por um de três cenários:

- a celebração de acordos entre a União Europeia e o Reino Unido;
- a celebração de acordos bilaterais entre o Reino Unido e cada um dos Estados-Membros;
- a sujeição às regras internacionais, designadamente as do Conselho da Europa[763].

A solução que passa pela negociação e conclusão de um acordo ou de vários nestes domínios, entre a União Europeia e o Reino Unido, como, aliás, já existem alguns exemplos atualmente (com a Noruega e com a Islândia), está longe de ser pacífica e os termos desse acordo dificilmente podem ser antecipados.

Note-se que, nessa altura, o Reino Unido já será um terceiro Estado e, como tal, os acordos que a União com ele celebrar estão sujeitos às regras, acima estudadas, relativas a princípios e valores, isto é, a União deverá não só a respeitar como promover os seus valores, entre os quais se incluem a proteção dos direitos fundamentais e o Estado de direito. Ora, ao contrário do que agora sucede, parece que o Reino Unido não poderá continuar a escolher as

---

[762] Neste sentido, DEIRDRE CURTIN, "Brexit and the EU Area of Freedom, Security and Justice – Bespoke Bits and Pieces", in FEDERICO FABBRINI (ed.), *The Law & Politics of Brexit...*, p. 190.
[763] Neste sentido, VALSAMIS MITSILEGAS, "Cross-Border Criminal Cooperation After Brexit", p. 217.

regras que quer cumprir após a celebração do acordo[764], o que poderá vir a constituir um obstáculo intransponível.

Caso não seja possível chegar a acordo com a União Europeia, poderá ser ensaiada a via da conclusão de acordos bilaterais com os Estados-Membros em alguns destes aspetos, naturalmente com respeito das regras de repartição de atribuições entre a União e os Estados-Membros em matéria de relações externas.

Por último, se não se conseguir chegar a qualquer acordo, restarão as regras do Conselho da Europa relativas à cooperação no domínio policial e penal, as quais são muito menos eficazes que as da União Europeia.

Para, finalizar este ponto, vejamos um exemplo ilustrativo: o caso da participação do Reino Unido na Europol.

Antes de mais deve sublinhar-se que o Reino Unido foi um dos arquitetos da Agência e tem tido tido nela uma participação muito ativa e até de liderança que não estará interessado em perder.

Ora, como já atrás mencionámos, a Europol tem capacidade para concluir acordos internacionais com terceiros Estados, pelo que poderá vir a existir um acordo entre o Reino Unido e a Agência. Convem, todavia, sublinhar que algumas das condições que têm sido exigidas do lado da União Europeia, em casos similares, dificilmente serão aceites pelo Reino Unido, como é o caso do reconhecimento da jurisdição do TJUE[765].

37.4. O impacto do *Brexit* na política de segurança e defesa

37.4.1. O peso do Reino Unido na segurança e defesa

Além da perda de um Estado-Membro muito relevante, nos aspetos económicos, designadamente no que diz respeito às trocas comerciais internacionais, a União perde igualmente um parceiro muito importante, nos domínios da segurança e da defesa.

---

[764] Neste sentido, VALSAMIS MITSILEGAS, "Cross-Border Criminal Cooperation After Brexit", p. 206.
[765] Neste sentido, DEIRDRE CURTIN, "Brexit and the EU Area of Freedom...", p. 192.

Para se ter uma ideia: o Reino Unido é o Estado que mais investe em matéria de defesa e dispõe do quinto maior orçamento de defesa do Mundo. O contributo do Reino Unido para a capacidade coletiva de defesa europeia está estimado em 1/4. O Reino Unido investe 2% do seu PIB em defesa. É (a par da França) uma das duas potências nucleares europeias[766].

O Reino Unido tem fornecido meios humanos, conhecimentos e equipamento muito significativo para certas missões e operações militares e civis levadas a cabo pela União, como, por exemplo, as que decorrem no Corno de África, em matéria de combate à pirataria, ou as que são levadas a cabo no Mediterrâneo, no domínio da prevenção do tráfico de pessoas.

Tendo em conta este cenário, uma coisa é certa: o *Brexit* terá um enorme impacto na política de segurança e defesa da União Europeia. Será difícil encontrar dentro da União quem possa substituir o Reino Unido[767].

Mas não é só a União que vai perder. O Reino Unido também terá algo – que não será pouco – a perder com a saída.

Parece-nos, portanto, que é do interesse de ambas as partes chegarem a um acordo que permita a participação do Reino Unido em condições previamente determinadas na política de segurança e de defesa da União.

O risco de ambos os lados se tornarem mais fracos e menos seguros e de arrastarem consigo o Mundo é enorme, especialmente se não houver acordo quanto à saída e quanto à futura relação do Reino Unido com a Europa. Este cenário afigura-se, neste momento, mais longínquo, mas como "nada está acordado, até que tudo esteja acordado", tem de se esperar para ver.

37.4.2. Os desafios para a União e para o Reino Unido decorrentes do *Brexit*

A saída do Reino Unido também coloca desafios práticos, políticos e estratégicos nas capacidades futuras em matéria de defesa do Reino Unido e da União Europeia, nos níveis de ambição e na estratégia global da União, incluindo nas Nações Unidas e na NATO. Na verdade, o Reino Unido tem uma capacidade

---

[766] Louvamo-nos em CHRISTIAN HERDESON, "Brexit and International Peace and Security", in MICHAEL DOUGAN (ed.), *The UK after Brexit...*, p. 298-299.

[767] Neste sentido, V. CHRISTIAN HERDESON, "Brexit and International Peace and Security", in MICHAEL DOUGAN (ed.), *The UK after Brexit...*, p. 299.

militar importante, pelo que a sua retirada implica, consequentemente, uma diminuição considerável das capacidades operacionais da União.

Assim sendo, o Reino Unido, em condições a definir, deveria continuar a participar nas missões e nas operações civis e militares levadas a cabo pela União. O modelo dessa participação terá de ser definido.

Mas vejamos um pouco mais em pormenor alguns aspetos em que a saída do Reino Unido vai ter um grande impacto no futuro da União.

Um primeiro aspeto em que se devem realçar as consequências, a curto prazo, é o da despesa da União em defesa, da indústria de defesa e da investigação em defesa[768].

No que diz respeito ao investimento em defesa e indústria de defesa, o *Brexit* representa um desafio para os planos da União Europeia atrás enunciados, mas deve notar-se que também implica um risco para os ambiciosos planos de despesa do Reino Unido, especialmente devido à previsível queda do valor da libra. É certo que na eventualidade de um *hard Brexit*, o Reino Unido tem muito mais a perder noutras áreas, dado que as exportações para países da UE são escassas (4%). Apesar disso, o *Brexit* vai implicar perda de influência do Reino Unido na indústria de defesa e na Agência Europeia de Defesa.

Uma outra área de preocupação do Reino Unido é a investigação e inovação no domínio da indústria de defesa. O Reino Unido vai perder o acesso aos fundos da UE, dos quais tem, desde 2007, beneficiado em 1/5, totalizando cerca de £8 biliões. Estando a UE a planear investir centenas de milhares de euro nesta sede, o Reino Unido não lhes terá acesso.

A saída do Reino Unido vai implicar também a cessação da sua participação nos órgãos e nos mecanismos europeus, designadamente, na Agência Europeia de Defesa, ou seja, a sua capacidade de influenciar as decisões da União no domínio da segurança e defesa.

Um segundo aspeto que será afetado pela saída do Reino Unido da União é a participação da União em algumas organizações internacionais[769] assim como a própria posição do Reino Unido nessas organizações.

---

[768] Para maiores desenvolvimentos, v. JAMES BLACK e. a., *Defence and Security after Brexit – Understanding the possible implications of the UK's Decision to leave the EU – Compendium Report*, Rand Europe, Cambridge, 2017, p. 33 e segs.

[769] V. CHRISTIAN HERDESON, "Brexit and International Peace and Security", in MICHAEL DOUGAN (ed.), *The UK after Brexit*..., p. 288 e segs; ISABELLE BOSSE-PLATIÈRE / CATHERINE

Note-se que o Reino Unido é membro permanente do Conselho de Segurança das Nações Unidas, o que lhe confere um peso inestimável na comunidade internacional. A sua saída da União é suscetível de diminuir esse peso. Com efeito, ainda que o Reino Unido seja membro fundador da ONU, pode, no futuro, vir a perder protagonismo, se, por exemplo, estiver em causa um cenário de reforma da Carta ou um contexto de desagregação do Reino Unido.

Senão vejamos.

Começando pela eventual reforma da Carta, um dos seus aspetos mais controversos, é o direito de veto por parte dos membros permanentes do Conselho de Segurança, entre os quais se inclui o Reino Unido. Muitas são as vozes no sentido de que esse direito deveria ser eliminado assim como o caráter permanente de membro. Para outros, o direito de veto deveria manter-se mas deveriam ser outros Estados a assumir essa função. Ora, o Reino Unido terá menos peso sozinho para defender a sua posição do que se estivesse integrado na UE[770].

Além disso, num contexto de desagregação do Reino Unido – que ainda não está totalmente afastado – devido a divergência internas quanto à saída da União, por exemplo, por parte da Escócia e da Irlanda do Norte. Mesmo que não houvesse qualquer reforma da Carta das NU, a questão que se coloca é a de saber se o estatuto de membro permanente do Reino Unido se manteria no caso de haver um referendo na Escócia no sentido da sua independência do Reino Unido[771].

Neste momento, este quadro não passa de mera ficção mas, de um momento para o outro, pode muito bem tornar-se realidade, como, aliás, sucedeu com o próprio *Brexit*.

Mas o facto de o Reino Unido sair da União vai afetar, no imediato, sobretudo, a influência da União nas Nações Unidas que deixa de poder contar com um elemento importante a seu favor[772].

FLAESH-MOUGIN, "*Brexit* et action extérieure de l'Union européenne", *RTDE*, 2016, p. 770 e segs.
[770] Neste sentido, CHRISTIAN HERDESON, "Brexit and International Peace...", p. 291.
[771] Neste sentido, CHRISTIAN HERDESON, "Brexit and International Peace...", p. 290.
[772] Neste sentido, ISABELLE BOSSE-PLATIÈRE / CATHERINE FLAESH-MOUGIN, "*Brexit* et action extérieure ...", p. 773.

Acrescente-se ainda que o facto de o Reino Unido sair da União pode levá-lo a virar-se mais para a NATO, organização internacional de que é igualmente membro fundador, posição que não é minimamente afetada com a saída da União. Aliás, este Estado poderá até reforçar a sua posição na NATO[773]. Se o Reino Unido se virar para a NATO em detrimento da União Europeia, isso terá um impacto muito negativo na União Europeia.

Ora, num tempo em que a Europa e o Mundo enfrentam desafios tão importantes como os relacionados com o ressurgimento da ameaça da Rússia, o terrorismo, a crise migratória, o conflito no Médio Oriente, as ameaças híbridas, as ameaças do ciberespaço, da cibersegurança e do ciberdefesa, a incerteza e as alterações que a saída do Reino Unido vai provocar em nada contribuem para minorar ou solucionar estes problemas.

Acresce que os domínios da segurança e da defesa estão no Mundo atual sujeitos a alterações constantes, pelo que, durante as negociações do *Brexit*, podem vir a verificar-se mudanças que tornem ainda mais difícil chegar a um acordo nestes domínios.

As sanções internacionais são outro domínio que sofrerá o impacto da saída do Reino Unido. Tendo em conta que este Estado tem sido um firme defensor da aplicação de sanções internacionais, designadamente de medidas restritivas, a quem não cumpre as suas obrigações internacionais, como, por exemplo, a Rússia, a Síria, a Coreia do Norte e o Irão, a sua saída é suscetível de conduzir a um enfraquecimento das mesmas[774]. A União passará a funcionar mais na base do *soft power*, o que, como sabemos, nem sempre é muito eficaz.

Em relação a todos estes aspetos o futuro das relações entre o Reino Unido e a União vai depender do modelo que se vier a adotar. A doutrina tem encarado três cenários: a integração, a associação ou a separação[775], sendo certo que o último é o que se afigura mais perturbador.

---

[773] Neste sentido, CHRISTIAN HERDESON, "Brexit and International Peace...", p. 292 e segs.
[774] JAMES BLACK e. a., *Defence and Security after Brexit*..., p. 80 e segs.
[775] V. RICHARD G. WHITMAN, "The UK and EU Foreign, Security and Defence Policy after Brexit: Integrated, Associated or Detached?", *National Institute Economic Review*, n.º 238, Nov. 2016, p. 47 e segs. ANNE BAKKER / MARGRIET DRENT / DICK ZANDEE, "European Defence: how to engage UK after Brexit?", Clingeandael Report, Julho de 2017, p. 10 e segs.

Há, no entanto, quem defenda que o impacto do *Brexit* na defesa União Europeia será bastante menor, devendo manter-se a trajetória atual, sem grandes sobressaltos[776].

37.4.3. Os efeitos internos do *Brexit* com repercussões internacionais

O *Brexit* poderá vir a produzir dois efeitos internos relacionados com a independência da Escócia[777] e com o processo de paz e a fronteira da Irlanda do Norte e da Irlanda[778], os quais terão repercussões internacionais.

No que diz respeito à independência da Escócia, tendo presente que os escoceses votaram no sentido do *remain*, o *Brexit* reativou o debate sobre a independência da Escócia. Se a independência se viesse a verificar, isso teria várias implicações, ao nível internacional, das quais, por ora, se destaca que a força nuclear do Reino Unido que se situa na Escócia deixaria de pertencer ao Reino Unido, o que causaria problemas práticos, financeiros e políticos, no domínio da segurança e defesa, com implicações para o Reino Unido, para a UE, para a NATO[779] e para o Mundo.

Um outro desafio que o *Brexit* coloca diz respeito à situação da Irlanda do Norte e da segurança da sua fronteira com a Irlanda. É necessário definir novos acordos relativamente à fronteira do Reino Unido com a República da Irlanda. A Irlanda do Norte beneficia muito das fronteiras abertas e dos subsídios da União, incluindo fundos para o processo de paz[780].

---

[776] JAMES BLACK e. a., *Defence and Security after Brexit...*, p. 75 e segs.
[777] Sobre a questão escocesa ver SIONAITH DOUGLAS-SCOTT, "Brexit and the Scottish Question", in FEDERICO FABBRINI (ed.), *The Law & Politics of Brexit*, p. 115 e segs; DAVID EDWARD / NIAMH NIC SHUIBHNE, "«While Europe's Eye is Fix'd on Mighty Things: Implications of Brexit vote for Scotland", *CMLR*, 2016, p. 481 e segs.
[778] Sobre os riscos que o *Brexit* acarreta para o processo de paz e para a fronteira da Irlanda do Norte, ver MICHAEL DOUGAN, "The "Brexit" Threat to the Northern Irish Border: Clarifying the Constitutional Framwork", in MICHAEL DOUGAN (ed.), *The UK after Brexit...*, p. 53 e segs; JOHN DOYLE / EILEEN CONNOLY, "Brexit and the Northern Ireland Question", in FEDERICO FABBRINI (ed.), *The Law & Politics of Brexit...*, p. 139 e segs.
[779] Para maiores desenvolvimentos, v. JAMES BLACK e. a., *Defence and Security after Brexit – Understanding the possible implications of the UK's Decision to leave the EU – Compendium Report*, Rand Europe, Cambridge, 2017, p. 81 e segs.
[780] JAMES BLACK e. a., Defence and Security after Brexit..., p. 109 e segs.

37.5. E se o *Brexit* fosse um catalisador de novas oportunidades?

Deve, todavia, notar-se igualmente que o *Brexit* pode funcionar como catalisador de avanços, em vários domínios, incluindo a defesa europeia, na medida em que o Reino Unido deixa de poder vetar as decisões e a aproximação do eixo Berlim – Paris é inevitável[781].

Aliás, os avanços mais recentes, no domínio da cooperação estruturada permanente (PESCO) e da criação do Fundo Europeu de Defesa – atrás referidos – devem ser equacionados muito provavelmente como um dos primeiros efeitos do *Brexit* na defesa[782].

Na verdade, o Reino Unido sempre se opôs a aprofundamentos tanto políticos como institucionais em matéria de segurança e defesa, como é o caso do desenvolvimento das capacidades, da cooperação industrial em matéria de defesa assim como resistiu durante muito tempo ao aumento do orçamento da Agência Europeia de Defesa e vetou a Cooperação Permanente Estruturada bem como a criação de um quartel geral permanente em Bruxelas[783].

No que diz respeito às operações e missões militares e civis, o Reino Unido, apesar de todo o seu potencial militar, participa quando a operação em causa serve os seus interesses políticos e económicos, como é o caso da Somália, mas nos outros casos não passa do quinto lugar, em sede de operações militares, e do sétimo lugar, em sede de operações civis, pelo que a sua participação é relativamente reduzida[784].

No fundo, tudo está em aberto e só futuro dirá quais as reais consequências do *Brexit*.

---

[781] V. Nicole Koenig / Marie Walter-Franke, France and Germany: Spearheading a European Security and Defence Union?", Policy Paper 202, Jacques Delors Institute, 19 de Julho de 2017, p. 3 e segs.
[782] James Black e. a., *Defence and Security after Brexit...*, p. 72 e segs.
[783] Neste sentido, Christian Herdeson, "Brexit and International Peace...", p. 300 e segs; Isabelle Bosse-Platière / Catherine Flaesh-Mougin, "*Brexit* et action extérieure ...", p. 784 e 785.
[784] Neste sentido, Christian Herdeson, "Brexit and International Peace...", p. 300-301.

Além disso, o Brexit vai implicar necessariamente alterações aos Tratados atualmente vigentes nos domínios, por exemplo, institucional e orçamental, o que poderá constituir um impulso para uma mais ampla revisão dos mesmos[785].

---

[785] V. FEDERICO FABBRINI, "Brexit and EU Treaty Reform – A Window of Opportunity for Constitutional Change?", in FEDERICO FABBRINI (ed.), *The Law & Politics of Brexit...*, p. 267 e segs.

ÍNDICE IDEOGRÁFICO

Ação Externa da União Europeia
- Base axiológica – 5.
- Diálogo político – 26.3.
- Objetivos e interesses – 6.; 6.1.; 6.2.
- V. Alto Representante da União…
- V. Atribuições da União
- V. Convenções internacionais…
- V. Política Comum de Segurança e Defesa
- V. Política Externa e de Segurança Comum
- V. Repartição de Atribuições Externas …
- V. Serviço Europeu de Ação Externa
- V. Valores da União

"Ação da União na Cena Internacional" –
    V. Ação Externa da União Europeia

Alto Representante da União para os Negócios Estrangeiros e para a Política de Segurança – 6.2.; 12.1.2.; 13.4.3.; 14.1.; 14.2.3.; 17.1.; 17.2.; 17.3.; 18.2.; 23.2.2.; 23.3.2.; 23.7.; 23.9.; 24.3.; 25.6.; 25.7.; 25.8.; 30.1.

Alto Representante para a política externa e de segurança comum – 21.4.1.; 22.1.

Ameaças híbridas – 31.3.

Ato Único Europeu – 11.1.
- Atribuições externas – 11.1.
- Cooperação Política Europeia – 11.1.

Atribuições da União Europeia –
- Ações destinadas a apoiar, coordenar e completar a ação dos Estados-Membros – 12.2.2
- Antes do Tratado de Lisboa – 11. – 11.3.; 12.

461

- Ao nível externo – 12.2. – 12.3.2.
- Ao nível interno – 12.2 – 12.3.2.
- Após o Tratado de Lisboa – 12. – 12.3.2.
- Categorias – 12. – 12.3.2.
- Coordenação das políticas económicas e de emprego dos Estados-Membros – 12.2.2.
- Exclusivas – 12.2.1.
- Expressas – 12.3.1. – 12.3.1.3.
- Implícitas – 12.3.2.
- Não Exclusivas – 12.2.2.
- No TECE – 12.1.1.
- Partilhadas – 12.2.2.

BREXIT – 36.-37.5.
- Antecedentes – 36.1.
- Impacto – 37. – 37.5.
- Limites – 36.2.2.
- Negociações – 36.2.
- Questões constitucionais – 36.2.
- Referendo – 36.1.1.; 36.1.2.

CARTA DAS NAÇÕES UNIDAS – 5.1.6.

CARTA DOS DIREITOS FUNDAMENTAIS DA UNIÃO EUROPEIA – 3.2.; 5.1.4.; 5.1.5.; 23.8.; 28.

"CLÁUSULA DE FLEXIBILIDADE" (Artigo 352.º do TFUE) – 12.3.2.

CIBERDEFESA – 31.; 31.1.

CIBERESPAÇO – 31.; 31.1.; 31.2.

CIBERSEGURANÇA – 31.; 31.1.

CIDADÃO DA UNIÃO – 28.; 29. – 29.4.

COMUNIDADE EUROPEIA DE DEFESA – 21.2.

COMUNIDADE POLÍTICA EUROPEIA – 21.2.

CONFERÊNCIA INTERGOVERNAMENTAL
- CIG 2003/2004 – 12.1.1.; 12.1.2.
- CIG 2007 – 2.2.3.; 7. ; 12.1.2.; 22.2.
- CIG 1996 – 11.2.2.

CONSELHO DA EUROPA – 17.2.

CONSTITUCIONALISMO DA UNIÃO EUROPEIA – 1.

CONSTITUCIONALISMO MULTINÍVEL – 1.

CONVENÇÃO EUROPEIA DOS DIREITOS DO HOMEM – 3.2.
- Adesão da União à CEDH – 14.2.4.; 19.2.

CONVENÇÕES INTERNACIONAIS DE QUE A UNIÃO É PARTE
- Controlo judicial – 16. – 16.2.5.
- Ação de responsabilidade – 16.2.4.
- Controlo preventivo – 16.1. – 16.1.6.
- Processo das questões prejudiciais – 16.2.1.
- Processo por incumprimento – 16.2.3.
- Recurso de anulação – 16.2.2.
- Efeito direto – 15.2.
- Efeitos indiretos – 15.3.
- Primado das convenções sobre o direito derivado – 15.4.
- Procedimentos de conclusão – 14 – 14.2.4.

ÍNDICE IDEOGRÁFICO

- Procedimento comum – 14.1.
- Processos específicos – 14.2.
- Tipos – 13.
- Acordo de adesão da UE à CEDH – 14.2.4.
- Acordos comerciais – 13.1.; 14.2.1.
- Acordos de associação – 13.3.
    - Base jurídica -13.3.1.
    - Exemplos de acordos de associação – 13.3.3.
    - Função – 13.3.2.
- Acordos mistos – 13.4.
    - Noção – 13.4.1.
    - Razão de ser – 13.4.2.
    - Problemas – 13.4.3.
    - Relevância após Tratado de Lisboa – 13.4.4.
- Acordos monetários e cambiais – 14.2.2.
- Acordos no âmbito da PESC – 14.2.3.
- Acordos no âmbito da Política Europeia de Vizinhança – 13.2.2.
- Acordos pré-União – 15.5.

COOPERAÇÃO POLÍTICA EUROPEIA – 11.1.; 21.2.; 21.3.

DIGNIDADE HUMANA
- V. VALORES DA UNIÃO

DIREITO INTERNACIONAL – 3.
- Convenção de Viena sobre direitos dos tratados de 1969 – 3.1.
- Decisões das organizações internacionais – 3.2.
- Influência no direito da União Europeia – 3.

- Influência da União Europeia – 4. – 4..4
- Direito à autodeterminação – 4.2.2.
- Execução – 4.3.3.
- Fontes – 4.1.
- Organizações internacionais – 4.2.3.
- Responsabilidade internacional – 4.3.1.
- Solução de conflitos internacionais – 4.3.2.
- Sujeitos – 4.2.
- Normas e princípios de direito internacional geral ou comum – 3.1.
- Resoluções do Conselho de Segurança das Nações Unidas – 3.2.

DIREITOS HUMANOS, DEMOCRACIA E ESTADO DE DIREITO NA POLÍTICA EXTERNA DA UNIÃO EUROPEIA – 29.1.; 29.2.; 29.3.
- Plano de Ação para os Direitos humanos e para a Democracia – 29.2.
- Quadro Estratégico para os Direitos humanos e para a Democracia – 29.2.

ESPAÇO DE LIBERDADE, SEGURANÇA E JUSTIÇA – 32.
- Dimensão interna – 32.
- Dimensão externa – 32.
- Crise migratória – 33.
- Terrorismo – 34. – 34.7.
    - Combate – 34.
    - Cooperação com países terceiros – 34.4.

– Definição – 34.2.
– Estratégia de luta contra o terrorismo da União Europeia – 34.3.
– Reforço da segurança interna da União Europeia – 34.6.

Estratégia Europeia em matéria de Segurança de 2003 – 24.2.

Estratégia Global para a política e de Segurança da União Europeia – 28.; 30. – 30.3.
– Conteúdo – 30.1.
– Implementação – 30.3.

Estrutura política e militar da União Europeia – 24.3.
– Centro de Satélites – 24.3.
– Colégio Europeu de Segurança e Defesa – 24.3.
– Comité Militar – 21.4.2.; 24.3.; 25.7.
– Comité Político e de Segurança – 11.2.3.; 21.4.2.; 24.3.; 25.6.; 25.7.
– Instituto de Estudos de Segurança – 24.3.

Identidade europeia – 2.2.3.; 5.1.1.; 11.2.2.; 21.2.; 21.4.1.; 29.1.

Igualdade
– V. Valores da União Europeia

Jurisprudência do TJUE – 11.3.; 15.2. – 15.6.

Mandato da CIG 2007 – 22.1.; 22.2.

Ministro dos Negócios Estrangeiros – 12.1.2.; 22.1.

Organizações internacionais – relações com a União Europeia
FMI – 3.2.; 4.2.3.
Gatt – 11.3.; 13.1.; 15.2.; 15.3.
Nações Unidas – 4.2.3.; 17.1; 17.2.; 20.2.;
Nato – 3.2.; 4.2.3.; 17.1.; 31.2.
Ocde – 4.2.3.; 11.3.; 17.2.
Oece – 4.2.3.
OIT – 4.2.3.
OMC – 3.2.; 4.2.3.; 11.3.; 13.1.; 15.3.; 19.2.; 20.2.
OSCE – 17.2.

Órgãos da União Europeia com competências externas
– Comissão – 23.3.; 23.3.1; 23.3.2.; 23.4.
– Conselho – 23.3.; 23.3.1; 23.3.2.; 23.4.; 23.7.
– Conselho Europeu – 23.3.; 23.3.1; 23.3.2.; 23.4.; 23.7.; 23.9.
– Parlamento Europeu – 23.3.; 23.3.1; 23.3.2.; 23.4.

Personalidade jurídica internacional – 1.; 2.
– Da União Europeia – 2.– 2.2.3.
– Das Comunidades Europeias – 2.1.
– Direitos inerentes à – 2.2.3.
– Direito de celebração de convenções internacionais – 9. – 16.2.5.
– Direito de legação 18. – 18.2.
– Direito de participação em organizações internacionais – 4.2.3.; 17. – 17.3.
– Direito de participação no sistema internacional de controvérsias – 4.3.2.; 19. – 19.3.

- Responsabilidade internacional – 4.3.; 4.3.1.20. – 20.2.
- Em geral – 1.
- Evolução – 2.2.; 2.2.1.; 2.2.2.
- No Tratado de Lisboa – 2.2.3.

Planos Fouchet – 21.2.

Política Comum de Segurança e Defesa – 24. – 25.9.
- Antes do Tratado de Lisboa – 24–24.3.
    - Avanços – 24.2.
    - Dificuldades – 24.1.
    - Estrutura Política e Militar – 24.3.
    - Evolução – 24.
- Após o Tratado de Lisboa
    - Agência Europeia de Defesa – 25.1.; 25.7.; 25.8.; 37.5.
    - Âmbito – 25.3.
    - Antecedentes próximos – 25.1.
    - Atuação da União – 26. – 27.
    - Cláusula de assistência mútua – 25.5.
    - Cláusula de solidariedade – 25.6.
    - Cooperação estruturada permanente – 25.1.; 25.7; 37.5.
    - Fundo de Lançamento – 25.8.
    - Luta contra o Terrorismo –25.4
    - Medidas preventivas – 26.2.
    - Medidas restritivas – 26.2.
    - Missões de Petersberg – 25.4.
    - Operações e missões civis e militares – 25.2.; 26.1.;
    - Poderes dos Estados-Membros – 25.9.
    - *Smart Sanctions* – 26.2.

Política Externa e de Segurança comum – 21. – 23.9.
- Âmbito – 23.3.1.
- Antecedentes – 21.2.; 21.3., 21.4.; 21.4.1.; 21.4.2.
- Articulação com a restante ação externa – 23.2.2.
- Atuação da União – 26. – 27.
- Controlo jurisdicional – 23.7.
- Disposições específicas – 23.3.
- Disposições gerais – 23.2.
- Domínios de atuação – 23.1.
- Financiamento – 23.9.
- Instrumentos jurídicos – 23.6.
- Poderes dos Estados-Membros – 23.5.
- Procedimento de decisão – 23.8.
- Quadro institucional – 23.4.
- V. Interesses
- V. Objetivos
- V. Princípios
- V. Valores da União

Princípio da atribuição – 10.

Princípio da autonomia da Ordem Jurídica da União Europeia – 2.2.3.; 11.1.; 19.2. ; 19.3.; 35.1.

Princípio da coerência – 7.; 8.
- Antes do Tratado de Lisboa – 7.
- Coerência ao nível horizontal – 8.2.
- Coerência ao nível vertical – 8.3.
- Definição – 8.1.

Princípio da cooperação leal – 8.3.; 12.2.1.; 35.2.3.

Princípio da interpretação conforme – 15.3.

Princípio do paralelismo das atribuições internas e externas – 11.2.1.; 11.2.2.; 11.3.; 12.3.2.

Princípios Gerais
- de Direito da União Europeia – 3.2.; 29.1.
- de Direito Internacional – 3.1.; 3.2.

Relatório Davignon – 21.2.; 24.1.

Repartição de atribuições externas entre a União Europeia e os seus Estados-Membros – 12. – 12.3.2.
- Antecedentes próximos – 12.1.
- Antes do Tratado de Lisboa – 10. a 11.3.
- Após o Tratado de Lisboa – 12.2. a 12.3.2.
- Evolução – 11. – 11.2.3.
- Génese – 11.
- Mandato da CIG 2007 – 12.2.
- TECE – 12.1.1.

Serviço Europeu de Ação Externa – 2.2.3.; 6.1.; 18.2.; 23.3.2.
- V. Coerência

Soft law – 5.1.5.; 23.6.; 29.4.

Tradições constitucionais comuns aos Estados-Membros – 3.2.; 5.1.1.; 5.1.5.

Tratado de Amesterdão – 2.2.2.; 5.1.; 5.1.1.; 5.1.5.; 11.2.2.; 21.4.1.; 21.5.; 21.6.; 24.1.; 24.2.

Tratado de Lisboa

- Personalidade jurídica da União – 2.2.3.
- PESC – 22. – 23.9.

Tratado de Maastricht – 2.2.; 2.2.1.; 2.2.3.; 7.; 10.; 11.2.1.; 21.2.; 21.3.; 21.5.; 21.6.; 24.1.; 29.2.

Tratado de Nice – 2.2.2.; 7.; 10.; 11.2.; 11.2.3.; 21.4.; 21.4.2.; 24.2.

Tratado que estabelece uma Constituição para a Europa – 12.1; 22.1.

Tribunal de Justiça da União Europeia
V. Jurisprudência
V. Convenções internacionais de que a União é Parte (controlo judicial)

Relação Direito internacional / Direito da União Europeia – 15.6.

Retirada de um Estado-Membro da União Europeia – 35.
- Artigo 50.º TUE – 35.2. – 35.2.6.
- Enquadramento jurídico-político – 35.
- Procedimento – 35.2.2. – 35.2.6.

Sujeitos de direito internacional – 1.2.
- Estados – 1.2.
- Organizações internacionais – 1.2.
- Pessoas singulares e coletivas – 1.2.

Terrorismo –
    V. Espaço de liberdade, segurança e justiça

Valores da União na "cena internacional" – 5.
    – Democracia – 5.1.1.
    – Dignidade humana – 5.1.; 5.1.3.; 5.1.4.; 29.2.
    – Estado de direito – 5.1.2.
    – Igualdade – 5.1.5.
    – Liberdade – 5.1.5.
    – Respeito dos princípios da Carta das Nações Unidas e do direito internacional – 5.1.6.
    – Universalidade e indivisibilidade dos direitos – 5.1.3.